Nicolaus von Salis-Soglio

Die Familie von Salis

Gedenkblätter aus der Geschichte des ehemaligen Freistaates der drei Bünde in

Hohenrhätien (Graubünden)

Nicolaus von Salis-Soglio

Die Familie von Salis
Gedenkblätter aus der Geschichte des ehemaligen Freistaates der drei Bünde in Hohenrhätien (Graubünden)

ISBN/EAN: 9783743396876

Hergestellt in Europa, USA, Kanada, Australien, Japan

Cover: Foto ©ninafisch / pixelio.de

Manufactured and distributed by brebook publishing software (www.brebook.com)

Nicolaus von Salis-Soglio

Die Familie von Salis

Die Familie von Salis.

Die Familie von Salis.

Gedenkblätter

aus der

Geschichte des ehemaligen Freistaates der

drei Bünde in Hohenrhätien

(Graubünden).

Von

P. Nicolaus von Salis-Soglio,

Benediktiner aus der Beuroner-Congregation

(Abtei Emaus).

Lindau i. B.

Verlag von Joh. Thom. Stettner.

1891.

Vorwort.

Indem wir hiemit den erstmaligen Versuch einer Geschichte der Familie von Salis der Oeffentlichkeit übergeben, glauben wir von einer eingehenden Erörterung unseres Zweckes absehen zu können. Wer einen Blick in die Geschichte des ehemaligen Freistaates der drei Bünde geworfen, weiss, dass das Haus Salis mit derselben auf das Engste verknüpft, ja dass seine Geschichte mit der des Landes vielfach identisch ist. Es war uns nicht etwa um eine vollständige Haus- und Familienchronik zu thun, vielmehr stellten wir uns zur Aufgabe, aus dem reichen Quellenmaterial dasjenige herauszuheben, was zur Beleuchtung der Beziehungen der Familie Salis zu den Geschicken ihres Vaterlandes beitragen konnte. Wenn hiebei die Entwickelung der religiösen und kirchenpolitischen Verhältnisse seit der Reformation besondere Berücksichtigung fand, so bedarf dies wohl keiner Rechtfertigung. Wir geben uns vielmehr der Hoffnung hin, damit allen Jenen, welche sich mit dem Studium jener gewaltigen Sturm- und Drangperiode befassen, einen Dienst geleistet zu haben.

Unsern Standpunkt, der freilich von demjenigen der protestantischen Autoren Graubündens bedeutend abweicht, haben wir rückhaltslos bekannt, hoffen jedoch, man werde, so mangelhaft unsere Arbeit sonst ist, das aufrichtige Streben nach objectiver Wahrheit nicht verkennen.

Den Anforderungen einer exacten Forschung wurde *nach Möglichkeit* durch eingehende archivalische Studien entsprochen, wobei freilich die weite Entfernung vom Schauplatze unserer Geschichte manche unübersteigliche Hindernisse mit sich brachte. Um so grösseren Dank schulden wir allen Jenen, welche durch ihr anerkennenswerthes Entgegenkommen wesentlich zur Ermöglichung dieser

Arbeit beigetragen haben, so namentlich den Herren: Anton von Salis-Soglio zu Chur, derzeitiger Vorstand des v. Salis'schen Familien-Verbandes, Graf Wilhelm Salis-Zizers, Freiherr Anton Salis-Soglio auf Gemünden, bischöfl. Archivar Canonicus Tuor zu Chur. Besonderer Dank gebührt ferner den Herren Professor Dr. R. L. von Salis zu Basel, von Planta zu Fürstenau und Professor Rampa zu Brescia für manche werthvolle Aufschlüsse über die ältere Geschichte der Familie.[1]

Die im I. Theile des Buches enthaltene übersichtliche Darstellung der ältern Familiengeschichte dürfte einem wohl schon öfter empfundenen Bedürfnisse entgegenkommen, indem dieser Gegenstand, der zugleich die nothwendige Grundlage zu den folgenden Abschnitten bildet, bisher noch niemals in kritischer Weise behandelt wurde. Wo wir hiebei die Werke älterer Historiker benützten, glauben wir die nothwendige Vorsicht und Reserve nicht ausser Acht gelassen zu haben, wie denn z. B. Bucelin's Angaben fast ausschliesslich nur da in Betracht gezogen wurden, wo es sich um die Berichtigung der sich daran knüpfenden falschen Traditionen handelte.

Der III. und IV. Theil mag zwar dem Fachgelehrten nicht viel Neues bieten; allein abgesehen davon, dass das Buch auch für weitere Laienkreise berechnet ist, so glauben wir doch, die neue Behandlung dieser Materie und die Zusammenstellung der verschiedenen Berichte dürfte auch für erstere immerhin von einigem Interesse sein. Einen V. Theil oder Anhang, enthaltend Convertitenbilder aus der Familie von Salis (1594—1873), entschlossen wir uns in letzter Stunde, durch verschiedene Rücksichten bewogen, später in einer besondern Broschüre folgen zu lassen.

Die meistens in Anmerkungen angebrachten genealogischen Notizen sollen den Wünschen von Fachmännern auch nach dieser Seite hin Rechnung tragen und zugleich die in den Geschichtswerken nicht selten vorkommenden Fehler berichtigen. Ebenso suchten wir durch biographische Notizen, die, wo der Rahmen der „Gedenkblätter" es nicht anders zuliess, ebenfalls in Anmerkungen angebracht sind, die Geschichte so weit möglich zu vervollständigen.

---

[1] Es sei gleich hier bemerkt, dass bei Wiedergabe der Quellen die ursprüngliche Orthographie überall genau beibehalten wurde.

So sei denn diese Erstlingsarbeit der gütigen Nachsicht und jener Billigkeit sachkundiger Leser empfohlen, welche das Streben, der Wahrheit stets und ohne Rückhalt Zeugniss zu geben, anerkennt, und Irrthümliches in humaner Weise namhaft macht.

Die Familie von Salis aber wolle diese Blätter als Erinnerung an alte, entschwundene Zeiten gütigst entgegennehmen. Wenn sich darin Manches findet, was diese Erinnerungen trübt, so möge man nicht vergessen, dass es sich um Thatsachen handelt, die nicht zum ersten Male zur Sprache kommen, und die zu verschweigen weniger vortheilhaft sein dürfte, als ein freimüthiges Bekennen menschlicher Schwachheit und Irrung. Mögen die Erfahrungen und Schicksale der Vorfahren uns und alle folgenden Generationen in der Ueberzeugung bestärken, dass wahrhaft christlicher Sinn und strenge Rechtlichkeit die wahre Ehre einer Familie viel dauernder begründen als alle irdischen Vortheile.

> „Trage Sorge für einen guten Namen, denn er wird länger währen als tausend kostbare Schätze. Die Tage eines guten Lebens haben ihre Zahl, ein guter Name aber bleibet ewiglich." (Sirach 41. 15, 16.)

Prag, Abtei U. L. Fr. von Montserrat-Emaus,
den 15. August 1890.

Der Verfasser.

U. J. O. G. D.

Inhaltsübersicht.

I. Aus katholischer Zeit.

Einleitung:

3. Capitel: **Am Scheidewege.** Seite 116—139.

—=—

III. Aus der Zeit des dreissigjährigen Krieges.

1. Capitel: **Hie Welf, hie Waiblingen.** S. 143—161.

und Exil des Ministers Ulysses von Salis-Marschlins († 1800 zu
Wien). Confiscation sämmtlicher Familiengüter im Veltlin und
Cläfen. S. 313–322; neue Parteistellung: die „Patrioten" unter
Tscharner, Gaudenz v. Planta und Jac. Ulr. v. Sprecher und die
„Vaterländer" oder Aristokraten unter Führung der Salis; Bonaparte decretirt die Vereinigung der Bünde mit Helvetien. Widerstand der Salis'schen Partei, Verfolgung der Familie Salis und
ihr Sturz. S. 322–331; letztmaliger misslungener Versuch der
Salis'schen Partei, die Bünde von der Schweiz wieder loszutrennen
(1814) und das Veltlin und Cläfen zurückzuerobern (Rudolf Max
und Gubert von Salis). Schluss. S. 331–337.

Beilagen
zum 1. Theil des Capitels: Drei Bischofswahlen.
(Seite 341–349.)

I.

AUS KATHOLISCHER ZEIT.

eber den ältesten Ursprung der Familie von Salis bestehen verschiedene Ansichten. Einige Historiker und Genealogen des XVI., XVII. und XVIII. Jahrhunderts umgaben denselben, dem Geschmacke ihrer Zeit huldigend, mit dem Nimbus des höchsten Alterthums. Nach ihnen soll das Geschlecht schon lange vor der Erbauung Roms in Blüthe und Ansehen gestanden haben,[1] und 527 vor Christus mit dem tuscischen Anführer und Fürsten Rhätus im jetzigen Schweizerkanton Graubünden eingewandert sein.[2] Nach einer andern Version stammen die Salis von den alten Römern ab.[3] Bucelin vermuthet sogar unter den sogen. „Salii“, den tanzenden Priestern des Mars, die ältesten Ahnherren des Geschlechtes,[4] während ein Dritter die Familie von den Longobarden abstammen lässt und ihr Geschlecht bis zu den Zeiten Alboin's zurückführt.[5]

---

[1] Bucelin Nucleus Histor. universal. Pars III. Frankfurt 1664. (II. Abschnitt in der Dedicatio, vergl. auch Raetia sacra et profana. Aug. Vindel. 1666 div. locis.

[2] Joh. Jac. Leu, Eidgen. Lexicon. Zürich 1759. Tom. XVI, S. 31.

[3] Ulrich Campell († 1582) Raetiae alpestris Topographica Descriptio, nach der neuen Ausgabe v. G. J. Kind, Staatsarchivar des Kant. Graubünden. Basel 1884, pg. 253.

[4] Nucleus Hist. univers, loc. cit.

[5] Jacobi Malvetii Chronicon Brixiense, cap. XXIV. bei Muratori, Antiquitates Medii Evi Tom. XIV, pag. 821.

Weniger fabelhaft klingt die Hypothese des Baron Zurlauben, die den Namen des Geschlechts von Lehen herleitet, welche es zu Beginn des X. Jahrhunderts von König Konrad dem Salier innegehabt haben soll.[1] Doch kann sich auch diese Angabe auf kein historisch beglaubigtes Dokument stützen. Mehr Anspruch auf Wahrscheinlichkeit hat vielleicht die uns schon von verschiedener Seite ausgesprochene Vermuthung, dass die zuerst in der Lombardei urkundlich auftretende Familie Salis sal-fränkischen Ursprungs sei. So lange man in Oberitalien überhaupt die Volksstämme unterschied, geschah auch der „Salici", welche sich anlässlich der italienischen Feldzüge römisch-deutscher Kaiser in der Lombardei niedergelassen hatten, oft Erwähnung, woraus sich dann leicht ein Geschlechtsname bilden konnte.

Wie dem auch sei, historisch beglaubigte und von den lombardischen und allen rhätischen Geschichtsschreibern bestätigte Thatsache ist es, dass das Geschlecht derer von Salis überall, wo immer es aus dem Dunkel der Vorzeit auftaucht, im altererbten Adelstande erscheint.[2] Wir haben übrigens drei verschiedene Ge-

---

[1] Essai historique et critique sur plusieurs monuments de l'antiquité et du moyen age; mémoire lû le 2 May 1769 à l'academie Royale des Inscriptions et belles Lettres — in Fol.

[2] Auch Johannes v. Müller bezeugte in einem Atteste vom 12. Dezember 1803, er habe „bei diplomatisch-kritischer Bearbeitung der Geschichte der Schweizerischen Eidgenossenschaft und der ihr zugewandten drey Bünde in Hohenrhätien die vielfältige Veranlassung gehabt, von der Abkunft und vom Stand und Wesen des uralt-adeligen Hauses von Salis .... nach urkundlichen und anderen ächt historischen Quellen sichere Notiz zu sammeln" und er habe gefunden, dass „dasselbe von ursprünglichem, in die Finsterniss der Vorzeit sich verlierendem Adel ... entsprossen und sowohl im Vaterland auf beiden Seiten der Alpen, als auch überall an Höfen und in allen Würden aller Art dafür gehalten und angenommen worden" sei. Vergl. auch Ardyser, Beschreibung ettlicher herrlicher und hochvernampter Personen in alter freyer Rhätia, Lindaw 1598, S. 112. — Dasselbe bezeugen auch die zahlreichen, von den römisch-deutschen Kaisern und anderen Fürsten ertheilten Diplome, so z. B. das Grafen-Diplom Kaiser Leopold I., wo es unter Anderm folgendermassen heisst: „Considerantes itaque, Joannes Liber Baro de Salis, iis te parentibus et Majoribus progenitum esse, quos a multis saeculis in Dioecesi Curiensi non solum praenobili et antiquissimo generis origine .... conspicuos, sed etiam variis insignibus obsequiis ..... praeclarum praecipuumque nomen ..... gessisse, variis rerum Documentis, maxime vero vetustissimis Caesariis ac Regiis Diplomatibus .... constat." (Wien, 26. Aug. 1694.)

schlechtsstämme des Namens Salis zu unterscheiden, die höchst wahrscheinlich ein und desselben Ursprungs waren: zwei in der Lombardei (zu Brescia und zu Como) und einen in Hohenrhätien. Eine vierte Familie Salis blühte im aquitanischen Gallien. Ob dieselbe mit dem rhätisch-lombardischen Geschlechte in irgend welcher verwandtschaftlichen Beziehung stand, ist zwar fraglich;[1] es soll aber auch dieser Familie hier kurz Erwähnung geschehen, weil namentlich eines ihrer Mitglieder unser Interesse verdient.[2]

Es ist dies der selige Gerald von Salis, der in der Kirchengeschichte Frankreichs eine nicht unbedeutende Stelle einnimmt und dessen Leben, von einem nicht näher bekannten Mönche der Cisterzienser-Abtei Notre-Dame-des-Chatelliers gegen Ende des XIII. Jahrhunderts verfasst, und von den Maurinern Martène und Durand in deren Collectio amplissima veterum Scriptorum[3] zum ersten Male veröffentlicht wurde.

Gerald war ungefähr um das Jahr 1070 in der Landschaft Périgord geboren, als der älteste Sohn seiner Eltern, welche sich nicht nur durch Adel der Geburt und Reichthum, sondern noch mehr durch Gottesfurcht auszeichneten.[4] Noch sehr jung an Jahren, trat er in das Augustiner-Chorherrenstift Saint-Avit-Senieur ein und schloss sich später, nachdem er auch einige Zeit als Einsiedler gelebt, seinem Ordensgenossen, dem seligen Robert d'Arbrisselle, an, der im Jahre 1096 von Papst Urban II. als Buss- und Kreuzzugsprediger aufgestellt worden war.[5]

---

[1] Ulrich Campell behauptet zwar an einer Stelle (Historia Raetiae, neue Ausgabe von Pl. Plattner, Basel 1887, Tom. I, pag. 14), die Salis stammten aus der Gallia Narbonensis, wofür er indess keine andern Gewährsmänner zu citiren weiss, als T. Livius, Plinius und Ptolemaeus.

[2] Es sei hier bemerkt, dass die Familie des hl. Franz von Sales zu der hier in Rede stehenden rhätisch-lombardischen Familie in keiner Beziehung steht, obwohl auch die letztere, namentlich im XVI. Jahrhundert, oft unter dem Namen *Sales* vorkommt.

[3] Tom. VI, pag. 99 ff.

[4] „Fulco dicebatur ejus pater, Adeardis (Aldeardis) mater: ambo incliti et locupletati, generosi et famosi juxta nomen magnorum . . . . ., ambo milites ex conditione, christiani professione, religiosi devotione." Vita B. Geraldi de Salis, Distinctio I.

[5] Martène. Collect. Ampl. Tom. VI. Praef. pag. XXI., vergl. Montalembert, Les Moines d'Occident, Tom. VII., pg.163; Fleury, Histor.eccles., TomXVI., pag.731.

In den Jahren 1112—1120 gründete Gerald von Salis, theils gemeinsam mit Robert d'Arbrisselle, theils selbstständig, eine ganze Reihe von Klöstern, welchen er merkwürdigerweise die Regel des hl. Benedikt gab[1] und die eine eigene Congregation (von Cadouin) bildeten.[2] Auch unterstützte er Robert bei der Gründung des berühmten Frauenklosters Fontévraud besonders durch Unterweisung der Nonnen im geistlichen Leben. Gerald starb den 28. April 1120 zu Notre-Dame-des-Chatelliers, wo sein Grab lange Zeit hindurch von zahlreichen Pilgern besucht wurde. Die Kirche von Poitiers verehrt ihn als Seligen.[3]

Geralds Vater hatte auf dem Todbette die Ordensgelübde abgelegt,[4] worauf dann auch seine Wittwe den Schleier nahm. Auch die zwei jüngeren Söhne widmeten sich dem Mönchsstande und starben im Geruche der Heiligkeit. Grimoald wurde trotz seiner Abneigung gegen alle Würden[5] Abt von Notre-Dame-des-Alleux und 1140 zum Bischof von Poitiers erwählt. Papst Innocenz II. bezeugte dem Clerus und Volke von Poitiers durch Sendschreiben vom 20. Mai 1141 seine grosse Freude über diese glückliche Wahl.[6] Grimoald, obwohl den 27. Januar 1141 consekrirt, konnte, da König Ludwig VII. von Frankreich seiner Wahl aus unbekannten Gründen

---

[1] „in quibus (i. e. Monasteriis) omnibus instituit in victu et vestitu secundum Regulam S. Benedicti, nihil minui, nihil superaddi, nihil iterari, nihil ommitti praeceptorum, nil converti vetitorum, nec supra cogi, nec citra cohiberi." Vita B. Ger. de Salis, Dist. 12.

[2] Vergl. Martène Collect. ampl. Tom. VI, Praefatio, pag. XXVII; Mabillon, Annales Ord. S. Benedicti, Tom. V, pag. 423, 585, 595, Tom. VI, pag. 53; Janauschek, Originum Cisterciensium Tomus primus, pag. 11, 65, 75, 81, 127, 150; Duval, Cartulaire des Chatelliers, div. loc.; Migne, Patrologie, Tom. 162, pag. 1088 (B. Roberti de Arbrissello diplomata) etc.

[3] Vgl. Acta Sanctorum Bolland. Tom. Octobr. X, pag. 240. Die vigesima tertia Octobris: De Beato Giraldo de Salis, confessore, Castellariensi, in dioecesi Pictaviensi, mit Commentar v. J. van Hecke.

[4] „Fulco ergo, pater Giraldi, modo asper, modo lenis, secundum exigentiam temporis . . . . . valefecit saeculo. Cum enim ageret in extremis, suscepit religionis habitum . . . ." Vita B. Ger. de Salis, Dist. 14.

[5] »Saepius protestatus est, se malle fore leprosum, quam Abbatem, exulem vel martyrem, quam praesulem.« Vita B. G. de S., Dist. 15.

[6] Vgl. Innocentii II Papae Epistolae et Privilegia bei Migne, Patrologie Tom. 179, pag. 547. (Daselbst auch der Brief des Papstes an Grimoald.) Gallia Christiana, Tom. II, pag. 1174 u. 75.

entgegenstand, erst am folgenden Pfingstfest seinen Einzug in Poitiers halten, nachdem der hl. Bernard von Clairveaux sich für ihn verwendet hatte.[1] starb aber schon nach kurzer Zeit, den 27. Juli desselben Jahres. Er wurde im Beisein vieler Bischöfe und einer unzähligen Volksmenge in der Abteikirche zu Fontévraud begraben. Sein Standbild ist heute noch an der Façade der Kirche des alten Cisterzienserklosters Moreaux in Poitou, dessen Wohlthäter er war, zu sehen.

Fulko, der jüngste Bruder Geralds, soll Einsiedler gewesen sein. 1130 gründete er in seinem Heimathlande das Cisterzienserkloster Bouchaud, wo er auch starb.[2] Sein Leib wurde, als man ihn nach vielen Jahren vom Kapitelsaale in die Kirche übertrug, vollständig unversehrt aufgefunden.[3] Möglich, dass mit ihm diese Familie, welche alle ihre Besitzungen zu frommen Stiftungen verwendet hatte, erlosch.

---

[1] S. Bernardi Ab. Claraevall. Epistolae (CCCXLII) bei Migne, Tom. 182, pag. 546, vgl. auch Mabillon. Annales O. S. B. Tom. VI, pag. 343.

[2] Gallia Christ. II. 1505. Duval, Cartulaire les Chatell. pg. XXXI. Janauschek, Orig. Cist. Tom. I, pag. 150.

[3] Vita B. Geraldi de Salis, Dist. 16.

Die rhätisch-lombardische Familie von Salis.

(Uebersicht der Geschichte derselben bis zum Jahre 1500.)

In der Lombardei finden wir die Familie von Salis zugleich zu Brescia und zu Como niedergelassen. Die Salis zu Brescia zählten daselbst mit den Bruxati, Fontana, Gaëtani, Martinenghi u. s. w. zu den ältesten und hervorragendsten oligarchischen Familien.[1] Von den zahlreichen Mitgliedern dieser Familie, die sich im Dienste der Kirche und des Staates auszeichneten, nennen wir hier nur die wichtigsten. Als Konsuln werden unter Andern erwähnt: Salvus de Salis 1101[2], Albertus 1110[3], Ardericus 1173—1185,[4] Lanfrancus 1218 bis 1221,[5] Gerold 1219[6] u. s. w. Unter denselben machte sich besonders Ardericus de Salis durch Abstellung mancher Missstände und Beilegung von Streitigkeiten,[7] ferner durch Hebung des Handels,

---

[1] Jac. Malvetii Chronicon Brixiense, bei Muratori, antiquit. Ital. Med. Evi, Tom. XIV, pag. 821. J. v. Müller, Gesch. der Schweiz. Eidgenoss. I, Seite 295, Note 289.

[2] Biemmi, Breve recordationis de Ardicio de Aymonibus, Brescia 1759, pg. 15.

[3] ibid, pag. 86.

[4] Liber Potheris Civitatis Brixiae (Documenten-Sammlung des Brescianischen Gemeinderathes aus dem XII. Jahrh.) Doc. 125, Fol. 270: Doc. 68, Fol. 130; Doc. 9 u. 191, Fol. 419; Historia de rebus Patriae Comitis de Madiis, pag. 22. Cronache di S. Salvatore bei Zanetti, Zecche d'Italia, Tom. II, pag. 472. Statuta Brixiae saeculi XII et XIII in cod. pergam. in Fol. 21, pag. 598. Faino, Famigle illustri Bresciane. Muratori, antiquit. Ital. Medii Evi, Tom. II, pag. 139·

[5] Hist. de reb. Patriae. Com. de Madiis, pag. 42; Liber Potheris doc. 134, auch in den annali di Ottavio Rossi genannt; Lib. Poth. fol. 130. Hist. de reb. Patriae. Com. de Madiis, pag. 43.

[6] Histor. de reb. Patriae, Comitis de Madiis l. cit.

[7] Lib. Poth. Fol. 272.

Herstellung eines neuen Marktplatzes[1] und durch die Erbauung einer Citadelle[2] verdient. In den zwischen den Ghibellinen und den Welfen so heftig entbrannten politischen Kämpfen hingen die Salis zu Brescia der letztern Partei an.[3] Bemerkenswerth scheint uns, dass ihr Name sich dabei am häufigsten da findet, wo es sich um Verträge oder Friedensschlüsse handelt. So betheiligte sich z. B. der genannte Konsul Ardericus von Salis an dem den 10. October 1173 zwischen den Städten Brescia, Mantua, Parma, Rimini, Bologna und Piacenza in Gegenwart des päpstlichen Legaten mit Modena abgeschlossenen Bündnisse.[4] 1183 an den Friedensunterhandlungen zwischen dem Kaiser Friedrich I. Barbarossa und den welfischen Städten Ober-italiens[5] und 1185 an der Bestätigung des Friedens zu Constanz.[6]

Ribaldus, Gerold und Lanfrank von Salis verhandeln den 26. Juli 1192 mit Andern des Gemeinderathes von Brescia über einen vortheilhaften Vertrag mit Kaiser Heinrich VI.;[7] derselbe Gerold 1219 auch Podestà von Mantua[8] und sein Bruder Lanfrank traten als Zeugen auf bei der zwischen Cremona und dem Ritterrathe von Brescia im Jahre 1200 und 1208 eingegangenen Concordanz,[9] ebenso 1206 die Gebrüder Rudolph,[10] Evorardus und Jacobus,[11] Söhne des Ribald von Salis, bei einem Uebereinkommen zwischen Brescia, Bergamo und Parma.[12] Lanfrank unterhandelt ferner den 6. Okt. 1215

---

[1] Cronaca di S. Pietro in Oliveto bei Zanetti, Zecche d'Ital. Lib. IV, pag. 468 und im Codex des Kardinals Quirini. Raccolta di varie notizie spettanti a Brescia C. I. 13.

[2] Lib. Potheris Doc. IX.

[3] Chron. Brix. von Malvetius bei Muratori, Tom. YIV, pag. 951.

[4] B. Pallastrelli, Osservazioni sugli atti della pace di Costanza 1862 Documenti aus dem Registro magno della Communità di Piacenza bei Vignati, Storia diplomatica della Lega Lombarda, Milano 1877, pag. 372. Muratori, Antiq., Tom. II. pag. 291.

[5] Alfredo Oderici, Storie Bresciane, Tom. VI, pag. 22.

[6] Confirmatio pacis Constantiae 1185, XI. Kal. Januarii.

[7] Lib. Potheris, pag. 35, 36.

[8] Capreolus, Historiae Brixienses l. VI, fol. 33.

[9] Oderici, Tom. V, pag. 247, 289 und Tom. VII, pag. 43 ex secreto Archivio Cremonae.

[10] Kommt schon 1198 oder 99 vor. cf. Collectanea Cosmae de Lauris, fol. 18.

[11] Kommt noch 1217 vor, citirt in den Manuscripta S. Juliae.

[12] Oderici, Tom. VII. pag. 47.

mit den Cremonesen,[1] tritt den 17. Nov. 1216 Namens seiner Vaterstadt einem Bunde mit Mantua bei[2] und schliesst 1227 als Rector von Brescia einen Friedensvertrag mit dem Haupte der Ghibellinen, Ezelino da Romano und mit Verona.[3] Bonifacius von Salis war Gesandter Brescias beim Friedensschlusse vom 9. Mai 1267 zwischen Bergamo, Mantua, Como und Mailand einerseits und dem Markgrafen Oberto Pallavicini andererseits.[4] Brixianus von Salis, Ritter, vermittelt 1277 mit Obizo de Lomolo einen für Brescia sehr vortheilhaften Frieden mit Verona.[5] Derselbe Ritter Brixian unterstützt 1298 den Vorschlag des Hauptes der Welfenpartei, Theobald de Bruxati, die exilirten Ghibillinen zu amnestiren.[6] Später betheiligt sich die Familie freilich auch an der den 24. Februar 1314 in der Kirche St. Maria de Calcharia angezettelten Verschwörung gegen die Ghibellinen,[7] bietet aber schon im folgenden Jahre wieder die Hand zur thatsächlichen Ausführung des neuerdings erfolgten Uebereinkommens zwischen beiden Parteien, laut welchem der Friede durch Heirathen zwischen den welfischen und ghibellinischen Adelsgeschlechtern bekräftigt werden sollte.[8] Indess dauerte das gute Einvernehmen trotzdem nicht lange; denn 1330 werden die Salis mit vielen andern welfisch-gesinnten Häusern, darunter die Grafen Casaalto, die Martinenghi u. s. w. aus dem Rathe ausgeschlossen.[9]

Besonders erwähnt sei noch Emanuel Conrad Gazia von Salis, der 1295 zum Hüter der zu Brescia aufbewahrten kostbaren Kreuzreliquie ernannt wurde.[10] Loradinus de Salis, welcher 1311 beim Einzug des Kaisers Heinrich VII. von Luxemburg (Grossvater Kaiser Karl IV.) die Zügel des kaiserlichen Pferdes führte[11] und „Dominus Philippinus miles de Salis", der 1338 die Burg Mariano kaufte.[12]

---

[1] Lib. Poth. doc. 34 et 35.

[2] Oderici, Tom. V. pag. 291 aus den Documenten des Grafen von Arco.

[3] Savaina, Histor. Veron. l. III, c. 61.

[4] Malvetii, Chron. bei Muratori, Antiq., Tom. XIV. pag. 945.

[5] Ibid. pag. 952: Oderici, Tom. VI. pag. 121.

[6] Malv. bei Muratori, Tom. XIV, pag. 951, 962.

[7] Ibid. pag. 966. — [8] Ibid. pag. 978. — [9] Ibid. pag. 1000.

[10] Oderici, Tom. VI, pag. 249.

[11] Malv. Chron. Brix. bei Muratori. Tom. XIV, pag. 1003.

[12] Archiv. Manuser. Reg. B., fol. 188: Oderici, Tom. VII. pag. 166. Vergl. auch Castelli de Castello Chronicon Bergomense Guelpho-Ghibellinum ab anno 1372—1409, bei Muratori, Antiquit. Tom. XVI, pag. 849.

Von den dem geistlichen Stande angehörenden Familiengliedern sind Folgende von Interesse: Bruno de Salis, Canonicus der Kathedrale von Brescia 1105, ein sehr kriegerischer Herr,[1] der die Burgen Vobarno und Venzago erobert haben und in einer Fehde gegen Ardicio de Aymonibus beim Brande des Dorfes Nuvalento umgekommen sein soll.[2]

1148 erscheint Richelda de Salis als die XXII. Aebtissin des berühmten, 760 von Ansa, Gemahlin des letzten Longobardenkönigs Desiderius, gestifteten Benedictinerinnenklosters von S. Salvator, später zu S. Julia genannt, in welchem 9 Königinnen und 107 Prinzessinnen den Schleier nahmen. Sie erhielt am 8. Sept. 1148 ein Privileg von Papst Eugen III.,[3] wird im nämlichen Jahre in einem Vergleiche zwischen ihrem Kloster und der Stadt Piacenza erwähnt und erhält 1163 ein Privileg von Kaiser Friedrich I. Barbarossa.[4] Gegen Ende desselben Jahrhunderts stand dem ungefähr 1112 gestifteten, adeligen Frauenkloster der regulirten Augustinerinnen zu S. Florian bei Brescia ebenfalls eine Richelda von Salis vor. Sie restaurirte die wahrscheinlich schon seit längerer Zeit bestehende Klosterkirche, bei welcher Gelegenheit der Leib des hl. Calimäus gefunden wurde. Aebtissin Richelda starb im Jahre 1199 und fand ihre Ruhestätte im Kreuzgange ihres Klosters, wo ihre Grabinschrift noch lange Zeit zu lesen war.[5]

---

[1] „ductorum strenuissimus.“

[2] Breve recordationis etc., pag. 34; Oderici, Storie Brixiane, Tom. IV, pag. 169—173.

[3] Migne, Patrologie 180, fol. 1363. Eugenii III Epistolae et Privilegia. Margarini, Bullet. Casin. II, 167.

[4] Astezati, Indice Alphabetico-istorico-chronologico dell' Archivio del monastero di S. Salvatore et S. Giulia di Brescia, codice quiriniano autografo in folio, pag. 123. Im Liber Necrologii von St. Giulia werden auch Beatrix de Salis cum matre et patre ejus, „Donella et fratres Lambertinus et Vionesius“ genannt.

[5] Die Inschrift lautet:
„Tollitur ex vita mundana morte Richelda
„Et tegitur cocis intumulata thoris.
„Sobria, casta fuit, claro de sanguine nata,
„Atque magistra fuit, mente manuque potens.
„Tu quicunque legis, Dominum rogitare memento
„Ut sibi dignetur veniam praestare . . . . .

Laurentius de Salis stand 1222 dem Benediktinerkloster S. Faustinus und Jovita als Abt vor.[1] Die bedeutendste Persönlichkeit unter den Salis zu Brescia war ohne Zweifel der Bischof Cavalcha von Salis.[2] Geboren etwa zu Anfang des XIII. Jahrhunderts, tritt er zuerst 1234 als Erzpriester der Cathedrale von Brescia auf, indem er im Namen des Kapitels einen Kaufvertrag mit der Gemeinde Brescia abschliesst.[3] Ferner schlichtet er Ende April 1240 im Auftrage des apostolischen Legaten Montelungo eine Streitigkeit zwischen den Dominikanern und dem Rektor der Kirche S. Faustino[4] und unterschreibt auch noch 1250 als Erzpriester ein Dokument, laut welchem einem Frauenkloster in Manerbio Privilegien bestätigt und erweitert werden.[5] Als dann Papst Innocenz IV. von Frankreich nach Rom zurückkehrend Anfangs September 1251 nach Brescia kam, baten ihn die Bürger der Stadt, Cavalcha von Salis zum Coadjutor des Bischofs Azzo und zwar mit dem Rechte der Nachfolge zu ernennen,[6] was der Papst um so bereitwilliger that, als er Cavalcha schon früher in Rom als einen vortrefflichen, in der Theologie gut versirten Priester[7] von untadelhaftem Wandel kennen gelernt hatte.[8] Zwei Jahre später, nachdem Bischof Azzo den

„Spiritus alta petit, caro vermibus esca paratur,
„Haec perit, hic durat, miser est, qui terrea curat.
„Mille nonaginta centum superaddito nono
„Transierant anni, fuit haec clausa sepulcro.
„Genere de Salis fuit haec praeposita talis.
Jacobi Malvetii Chron. bei Muratori Tom. XIV, pag. 894.

[1] Oderici, Tom. VIII. pag. 105.

[2] Cavalcha (Cavalcans), ein zu damaliger Zeit in Oberitalien, auch im Veltlin häufig gebräuchlicher Name. Ein Dom. Cavalcha de Sancto Fidele (San Fedele, ein altes Veltliner Adelsgeschlecht, cf. Sprecher, Rhaetia, pag. 49) de Cumis (Como) kommt z. B. in einer Urkunde vom 20. October 1304 vor. Cf. Th. v. Mohrs Codex Diplom. Tom. II, No. 116,

[3] Hieronymus Gradenicus (Gradenigo), Brixia sacra, Brixiae 1755, pag. 267.

[4] Joh. Ludov. Lucchi, Codex diplomaticus Brixiens, pag. 61; Oderici. Tom. VI, pag. 160.

[5] Gradenic., pag. 272.

[6] Ibid., pag. 275 ff.

[7] „Vir bonitate praecipuus, Sacrarum scripturarum dogmate sufficienter instructus.“ Malvet. Chron. bei Muratori, Antiquit. Tom. XIV, pag. 921.

[8] „Virum sane probum et sacerdotium profitentem, quem jam Romae cognoverat.“ Capreolus, Chronica de rebus Brixianorum, 1503, lib. V, XXXVI.

18. Oktober 1253 gestorben war, folgte er demselben auf dem bischöflichen Stuhle nach.

Eine seiner ersten Unternehmungen als Ordinarius war es, die minderen Brüder (Franziskaner) nach Brescia zu berufen, wo denselben auf öffentliche Kosten ein Kloster erbaut worden war.[1] Bischof Cavalcha, der den hl. Franciskus von Assisi († 17. Sept. 1224) und den hl. Dominicus († 4. Aug. 1221) noch persönlich gekannt haben mochte, da beide öfter in der Lombardei und speciell in Brescia sich aufgehalten hatten, weihte zu Ehren derselben zwei Kirchen ein.[2] Auch unterschrieb er die Stiftungsurkunde des Cassinesischen Klosters S. Jacob zu Casteneto.[3]

Die von den Chronisten allgemein als sehr segensreich bezeichnete Wirksamkeit Bischof Cavalcha's sollte aber nur von kurzer Dauer sein. Sie fiel in jene unglückliche Zeit, wo Ezzelino da Romano, jenes berüchtigte Haupt der Ghibelinen, dessen Grausamkeiten »die Hölle staunen, den Himmel erschaudern machten,«[4] das ganze nordöstliche Italien sich unterworfen hatte und mit blutiger Strenge beherrschte. Geboren 1194, nach Andern 1204, und von einem deutschen Rittergeschlechte abstammend, welches von Kaiser Konrad II. mit den Burgen Quara und Romano belehnt worden, von welch letzterer Besitzung der Familienname herrührte, schloss sich Ezzelin enge an Kaiser Friedrich II. an, erhielt dessen natürliche Tochter Salveggia zur Gemahlin und 1237 das Amt eines Oberstatthalters von Padua. Mehr als 50,000 Menschen, darunter viele Verwandte und seinen leiblichen Bruder liess der Wütherich hinrichten oder in schauerlichen Gefängnissen verschmachten und zu Padua und Verona rottete er viele der edelsten Geschlechter bis auf den letzten Sprössling aus. Der Bannfluch, den Papst Innocenz IV. im Jahre 1252 über ihn verhängt hatte, blieb erfolglos. Alexander IV., durch die heftigen Klagen vieler oberitalischen Städte bewogen, erneuerte die Exkommunication und trug Bischof Cavalcha

---

[1] Franciscus Florentinus, Antistitum Brixianorum index chronologicus, gedruckt 1613, ad annum 1254—1258.

[2] Malvet. Chron. R. J. S. f. P. 21, cap. VII.

[3] Franc. Florentinus, loc. cit.

[4] Monachi Paduani Chronicon, Lib. 2.

von Brescia durch Bulle vom 17. Juni 1255 auf, dieselbe in allen Kirchen seines Sprengels feierlich verkünden zu lassen und die benachbarten Prälaten aufzufordern, das Nämliche zu thun.[1]

Der Bischof von Brescia kam diesem Auftrage getreu nach, lud aber dadurch den ganzen Zorn Ezzelinos auf sich. Letzterer wusste die Ghibellinen in Brescia zu einer neuen Verschwörung gegen ihre welfischen Mitbürger zu verleiten, worauf diese letzteren Griffo de Griffis zu ihrem Anführer wählten und im März 1256 die Feindseligkeiten eröffneten. Es schien zwar im folgenden Jahre 1257, als ob die Predigten des vom apostolischen Legaten nach Brescia entsandten Dominicaners Euverardus vom besten Erfolg gekrönt werden sollten, indem die Ghibellinen ihre Gefangenen entliessen und alle ihre Gegner in den Besitz ihrer Güter wieder einsetzten. Aber Ezzelin, über diesen in Gegenwart des päpstlichen Legaten beschworenen Friedenschluss in Wuth versetzt, bewog Griffo und dessen Anhänger zum Bruche desselben und liess sich zum Herrn der Stadt erklären, worauf der Bürgerkrieg erst in aller Form und mit grösster Heftigkeit entbrannte. In diesem Zeitpunkte muss es gewesen sein, wo die Brescianer, soweit sie der Welfenpartei angehörten, Bischof Cavalcha auch zu ihrem Podestà und Rektor erwählten, in welcher Eigenschaft er den 10. Mai 1258 erscheint.[2]

Cavalcha rief Padua, Ferrara und andere Städte zu Hilfe und scheute keine Opfer, um seine Vaterstadt vor der Tyrannei Ezzelin's zu bewahren.[3] Nach der unglücklichen Schlacht bei Gambara, als Ezzelin mit dem Markgrafen Oberto Pallavicini in Brescia eingezogen war, wurde er aber, wie Oderici im Anschlusse an die meisten Chronisten meldet,[4] gefangen gesetzt, dann nach Erlegung einer beträchtlichen Geldsumme vertrieben. Er begab sich nach Lovere am Lago d'Iseo, wo er im Januar 1263 starb und in der

---

[1] cf. Potthast, Regesta Pontificum Romanorum (Fortsetzung von Jaffés Werk), Tom. II (15897), pag. 1309: Gradenigo, Brixia sacra, loc. cit.

[2] Lib. Potheris, pag. 374 „episcopo, potestate et rectore communis brixiensis" —

[3] Liber Poth., pag. 395.

[4] Gradenigo, loc. cit.; Franc. Florentinus, Antistit. Brix. index chronol. ad annum 1254—1258.

Kirche des hl. Georg begraben wurde.[1] Noch im vorigen Jahrhundert fand Gradenigo daselbst einen kleinen Rest von Cavalcha's Grabinschrift.

Ezzelino da Romano ereilte aber bald nach der Vertreibung des Bischofs von Brescia ein schreckliches Gericht. Noch im Jahr 1258 trat ein neuer Städtebund gegen ihn auf, dem sich nun auch seine bisherigen Verbündeten, der Markgraf Pallavicini und Buoso da Dovera anschlossen, und der den gefürchteten Tyrannen den 25. September 1259 in der Schlacht bei Cassiano besiegte. Ezzelino, der in der Schlacht schwer verwundet und gefangen worden war, riss nach 11 Tagen den Verband von seiner Wunde und starb, ohne sich mit Gott versöhnt zu haben, eines unbussfertigen, unseligen Todes. Kaum ein Jahr später, den 25. Aug. 1260, musste sein Bruder Alberich das Schloss Romano bedingunslos übergeben und wurde, nachdem seine Söhne und Töchter beschimpft und vor den Augen des Vaters unter grässlichen Martern hingerichtet worden waren, an den Schweif eines Pferdes gebunden und zu Tode geschleift. Mit ihm ging das Geschlecht der Romano unter.[2] Warum Bischof Cavalcha nach dem Tode Ezzelino's nicht mehr nach Brescia zurückkehrte, ist nicht ersichtlich.

Von den Mitgliedern der Familie Salis zu Brescia ist dann ferner aus dem XV. Jahrhundert besonders der »Nobile Giovanni de Salis di Brescia« zu erwähnen. Derselbe war Doktor der Rechte und Podestà zu Trient, wo er im Jahre 1475 im Auftrage des Fürstbischofs Johannes Hinderbach den berühmten Kriminal-Prozess gegen die Juden leitete, die das hl. Kind Simon von Trient ermordet hatten. Johannes von Salis bewies sich hiebei als einen ebenso besonnenen wie unbestechlichen Richter. Der Jude Donato aus Soncino bot ihm so viel Geld an, als er nur wünsche, wenn er die Angeklagten freigebe. Als der Podestà dieses wie alle andern ähnlichen Anerbietungen von sich wies, trachteten ihm die Juden nach dem Leben, was ihn aber nicht abhielt, die Mörder am 23. Juli 1475 der wohlverdienten Todesstrafe zu überliefern.[3]

---

[1] Gradenigo, loc. cit.

[2] Verci, Storia degli Ezzelini, Tom. III, Bassano 1779; Venezia 1844.

[3] Bonelli, dissertatio apologetica, Pars I, in der Collectanea in Judaeos B. Simeonis interemptores. Original in der k. k. Haus-Hof- und Staatsbibliothek

Wann die Brescianischen Salis erloschen, ist uns nicht bekannt. Im XVII. Jahrhundert existirten noch eine Anzahl Familien dieses Namens, die ihre Mitglieder im Rathe der Stadt sitzen hatten.[1] 1682 lebte noch ein gewisser P. Clemente de Salis di Brescia, Dominikaner daselbst und Verfasser mehrerer noch erhaltener Schriften.[2]

Wie schon bemerkt, war ein Zweig der Familie Salis auch zu Como ansässig. Wir sind anzunehmen geneigt, dass derselbe in Folge irgend eines politischen Ereignisses, wie es ja bei den damaligen welfisch-ghibellinischen Parteikämpfen sehr häufig vorkam, etwa in der zweiten Hälfte des XII., vielleicht auch erst zu Beginn des XIII. Jahrhunderts von Brescia dahin übersiedelt sei. Nach den uns bekannt gewordenen Urkunden[3] erscheint hier zuerst Johannes von Salis,[4] der, etwa um die Mitte des XII. Jahrhunderts geboren, den 17. August 1219 zu Plurs[5] mit Otto de Guadrio, Rufinus de Beccaria, Otto de Vicedomini, Ubertus de la Torre und einigen andern aus den hervorragendsten Comenser- und Veltliner-Geschlechtern Namens der Stadt Como den Frieden mit dem Bischofe von Chur, Arnold von Mätsch, beschwor.[6] Aus dem Umstande, dass

---

zu Wien, vgl. auch Civiltà Catolica, Ser. XI, vol. X, 768; Aug. Rohling: „Meine Antwort an die Rabbiner". Prag 1883, Seite 59 ff., 99 ff. Schreier's Chronik, Nürnberg 1493, Fol. 254.

[1] Reformatio Consilii Generalis Illmae civitatis Brixiae, anno 1680.

[2] Ronetta, Biblioth. Dominic. ad. anno. 1682, nach welchem er folgende Schriften verfasste: Varia illustrium virorum elogia, I. Band, Variorum Principum historia; Quadragesimale; Vita Pii V. D. PP., welch letzteres allein gedruckt wurde. Echard. Biblioth. Scriptorum Ord. Praedicatorum Tom. II, pag. 693. Zedler's Universallexicon. Leipzig 1742 ad verb. Salis, nennt ihn einen gelehrten Mann und „Liebhaber von curiosen Sachen."

[3] Wir zweifeln nicht daran, dass sich auch über diesen Zweig noch eingehendere Notizen sammeln lassen, müssen dies aber Andern überlassen.

[4] 1216 erscheint auch zu Brescia ein Joh. de Salis. Odorici Tom. VII, pag. 84, Cod. dipl.

[5] Plurs, eine den 4. Sept. 1618 durch einen Bergsturz verschüttete, nahe an der schweizerischen Grenze gelegene Ortschaft.

[6] Cod. dipl. bei Th. v. Mohr Tom. I, 186. Quadrio, Dissertazioni critico-historiche intorno alla Rhaetia Tom. I, pag. 436. Auf der Seite des Bischofs von Chur sind unter Andern genannt: Freiherr Walter III von Vatz, Ulrich von Aspermont; Nanus von Marmels, Friedrich und Andericus von Juvalt, Albert von Castelmur, Egon von Ceron (Cernetz, der ursprüngliche Name der Familie von Mohr) u. s. w.

wenige Monate später, den 3. Juli 1220, das Mitglied einer der bekanntesten Brescianer-Familien, Lodoringus de Martinengo, als Podestà in Como auftritt,[1] kann man schliessen, dass zu Beginn des XIII. Jahrhunderts auch andere Brescianer-Familien, sei es bleibend oder auch nur zeitweilig, in Como sich niedergelassen hatten.

Gegen Ende des XIII. Jahrhunderts lebte auch noch Friedrich von Salis, dessen Sohn „Dominus frater Johannes" den 13. und 28. Juli 1321 als Ritter der seligsten Jungfrau Maria (Deutsch-Orden) erscheint,[2] wie denn im Laufe des XIV. und XV. Jahrhunderts noch zahlreiche andere Mitglieder dieses Stammes genannt werden.[3]

Nachdem wir den Ursprung der Familie Salis in ihrer ältern Heimat zu verfolgen gesucht, wenden wir uns nun dem Geschlechtszweige zu, dessen spätere Schicksale uns in den vorliegenden Blättern beschäftigen sollen, zu den Salis in Hohenrhätien.

Nach Bucelin und andern Autoren sollen dieselben schon im Jahre 1060 in der Person eines Andreas von Salis und einiger Verwandten desselben in Hohenrhätien, dem jetzigen Schweizerkanton Graubünden, aus der Lombardei eingewandert sein und daselbst im Thale Bergell die Burg Castellazzo erbaut haben.[4] Ferner nennt Bucelin einen andern Andreas, der 1092 die allerdings seit unvor-

---

[1] Codex dipl. Tom. I, 187. Wie Martinengo zu Como, so finden sich auch mehrere Salis von Brescia als Podestaten in andern lombardischen Städten, so z. B. Gerold v. Salis 1213 zu Mantua cf. oben S. 8 u. 9, Ardericus 1185 Podestà zu Lodi (Jaino, Fam. illustr. Bresc.) Lanfranc 1254 Podestà zu Pozzolengo (Lib. Potteris pag. 380) u. s. w.

[2] Urkunde von obigem Datum, cf. Stemmatographia Fam. à Salis im Prolegomenon.

[3] Wir nennen hier nur noch folgende: „Anselmo e Tommaso de Salis di Como" in einer Urkunde vom 13. Sept. 1388 (cf. Marchioli, Storia di Poschiavo I, 3to 59) Tomasius de Salis von Como, Sohn des Ritters, Herrn Maffaeus, Urk. vom 13. Febr. 1379; Turcolus de Salis war Erzpriester der Collegiatkirche S. Lorenzo zu Chiavenna 1394—1409; Venerabilis et circumspectus Vir Dominus Presbyter Turchinus de Salis, Archipresbyter S. Euphemiae de Insula, Cumanae Dioecesis. Urk. vom 10. Nov. 1459, 31. Okt. und 7. Nov. 1401 u. s. w.

[4] Bucelin Rhaetia sacra et prof. pag. 218. Leu, XVI, 32. Die Urkunde vom 10. Aug. 913, laut welcher Erzbischof Hatto von Mainz bezeugt, dass die freien Männer Rudolph und Andreas (von Salis) in Bergell ihn auf dem Septimerpasse empfangen, in ihrer Burg Castellazzo beherbergt und für die salischen Lehen, in deren Besitz sie durch König Konrad des Saliers Gunst sich befinden, 9 Solidos entrichtet haben (Cod. dipl. I, 39; Röder und P. C. von Tscharner

denklicher Zeit bis auf den heutigen Tag im Besitze der Familie verbliebenen Julieralpen angekauft habe[1] und einen dritten desselben Namens, welcher als Hauptmann an allen italienischen Feldzügen Kaiser Friedrich I. Barbarossa's theilgenommen und ihn 1188 auch auf seinem Kreuzzuge begleitet haben soll.[2] Nach gewöhnlicher Annahme war dieser Andreas III. der Grossvater des Ser Rodolph de Salis oder de Salicis de Solio, mit welchem die urkundlich beglaubigte Geschlechtssuccession der rhätischen Familie von Salis beginnt. Rodolph von Salis mochte im ersten Viertel des XIII. Jahrhunderts geboren sein, war nach Bucelin's Angabe 1259 Podestà der Grafschaft Bergell und einer der angesehensten rhätischen Edeln seiner Zeit[3]. Er starb vor 1300.[4]

Manche Geschlechtstabellen führen den oben angeführten Johannes von Salis zu Como als den Vater Rudolphs an und wenn dies wegen Abganges der betreffenden, wohl bei der Zerstörung des ältern Palazzo auf Soglio durch die Spanier im Jahre 1621

„Der Kanton Graubünden, histor. geogr. und statistisch geschildert" 1838, Abth. I, S. 117), ist unzweifelhaft gefälscht. Vgl. Will. „Regesten der Mainzer Erzbischöfe", S. 90 und 42 zu c. 905 und 82 zu c. 913; Calendar. Merseburg bei Höfer, Zeitschrift I, 114: Zürich. Antiquar. Gesellsch. VI, 59. Böhmer, Font. IV, 142.

[1] Rhaet. sacra et prof. pag. 224. Diese Alpen (Sorganda und Castronera) sind schon seit Menschengedenken an die bekannten Bergamasker Schafhirten verpachtet, cf. Joh. Ulrich von Salis-Seewis, Gesammelte Schriften (bei Mohr) S. 285. Lehmann, d. Rep. Graubünden I, 296.

[2] Rhaetia sacra et prof. pag. 420. Leu Tom. XVI, pag. 32. Hottinger, Helvetische Kirchengeschichte, Zürich 1698, Tom. I, S. 670. Historisch sicher ist, dass Friedrich Barbarossa bei allen seinen italienischen Feldzügen zahlreiche, sowohl comensische als rhätische Hilfsvölker in seinem Heere hatte (Sprecher, Pallas rhaetica pag. 119, 120. Guler, Rhaetia, pag. 132 u. s. w.) Die Bergeller zeichneten sich unter der Anführung Rudolfs von Castelmur, wenn anders die Urkunde bei Mohr Cod. dipl. I, 147 wirklich ächt ist, namentlich bei der Eroberung von Mailand (1. März 1162) aus. Gewiss ist ferner, dass zahlreiche rhätische Edle schon auf Grund ihrer Lehenspflicht die Kaiser auf ihren Kreuzzügen begleiteten (C. v. Moor, Currhätien I, 197), so z. B. Ritter Rudolf von Rothenbrunn (à Porta, Histor. reform. I. 39), Ulrich von Tarasp (Moor pag. 196) und Rudolf von Greifenstein, der 1233 oder 1234 den Bischof Berthold I. von Chur ermordet hatte und dem zur Busse dafür von Papst Gregor IX. eine Kreuzfahrt ins hl. Land auferlegt wurde. Dat. Lateran. 23. Dez. 1237 (Cod. dipl. I, 215).

[3] Rhaetia, sacra et profana, pag. 257.

[4] Cod. dipl. II, 93.

oder durch die oft unsinnige Behandlung der Archive in Verlust gekommenen urkundlichen Zeugnisse auch nicht strikte bewiesen werden kann, so dürfte doch schon der bei den beiden Zweigen zu Como und auf Soglio sehr häufig vorkommende Name Johannes auf eine nahe Verwandtschaft derselben hinweisen.[1] Dass die rhätischen Salis wirklich von Como herstammen, stellt einer der bedeutendsten dortigen Historiker, Porcacchio, in seiner Descrizione della Nobiltà di Como schon im XVI. Jahrhundert als eine geschichtliche Thatsache fest.[2]

Eine noch nicht vollständig gelöste Frage ist es, *wann* die Familie *thatsächlich* ins Bergellerthal eingewandert sei. Wir

---

[1] So heisst z. B. auch der ältere Sohn Rudolphs Johannes.

[2] Lib. I, fol. 29. Wie uns von glaubwürdiger Seite mitgetheilt wird, lässt auch das Stammwappen der Familie (Schild horizontal getheilt, das untere Feld sechs Mal roth und weiss senkrecht gestreift, im oberen Felde auf goldenem Grunde eine natürliche, entwurzelte Salweide [Salix]) auf comensische Abstammung schliessen. Eine uns diesbezüglich zugegangene Notiz spricht sich hierüber folgendermassen aus: „Die horizontale Zweitheilung, wie sie beim Salis'schen Wappen vorkommt, ist in Como sehr häufig, meistens ist das obere Feld Gold mit einer Figur, das untere Farbe, blau mit Silber oder roth mit Silber (oder weiss). Manche dieser Wappen werden auf die Zeit Friedrich Barbarossa's zurückgeführt." Die ältesten noch erhaltenen Siegel datiren von 1372, 1390 und 1396. Sogenannte Verbesserungen und Vermehrungen des Wappens wurden der Familie ertheilt von den Kaisern Friedrich III. 1487; Rudolph II. 1582 und 1588; Ferdinand II. 1632; Ferdinand III. 1638 und 1639; Leopold I. 1694; Franz I. 1748 (Salis-Haldenstein und Salis-Soglio, ersteres mit dem Wappen der Familie von Schauenstein vereinigt); Ludwig XVI. von Frankreich 1776, Maria Theresia 1777. Dann auch von König Wilhelm I. der Niederlande 1822 und von Sr. M. dem Kaiser Franz Joseph I. 1858. Vergl. Wappenbuch der öster. Monarchie, Tom. XV, 92 und XIX, 41. Siebenmachers Wappenbuch pag. 202. Histor. herald. Handbuch der gräfl. Häuser S. 899 ff. Freiherrl. Taschenbuch von Gotha in den Jahrgängen 1855 S. 519; 1857 S. 640, 643; 1858 S. 626; 1860 S. 709; 1862 S. 658, 664. Dr. Kneschke „Deutsche Grafenhäuser der Gegenwart II, 326 ff. u. s. w." Die unseres Wissens vollständigste Sammlung Salis'scher Wappen befindet sich in der Dr. Amrhein'schen Wappensammlung im Museum der Histor.-antiquar. Gesellschaft zu Chur. Entsprechend dem Wappen (resp. der Salix) wurde seit Beginn des XIII. Jahrh. der *ursprüngliche* Name *Salis* sowohl beim Comenser als beim Bergeller Zweige de Salice (so 1219 und in Bergell, wie überhaupt auf italienischem Gebiet bis zum Beginn dieses Jahrhunderts am gebräuchlichsten), de Salicibus de Cumis (1321, 39, 46 u. s. w.), de Salicibus de Solio (Cod. dipl. III, 57, 74, 163 u. s. w.), de Salicis, Salix (1300, 1301 u. s. w., Cod. dipl. II, 93, 110 u. s. w.), geschrieben. Cf. Leu, Tom. XVI, 31.

glauben uns nicht zu irren, wenn wir diese Einwanderung in die
erste Hälfte des XIII. Jahrhunderts verlegen; möglicher Weise konnte
gerade jener in fast unmittelbarer Nähe von Soglio geschlossene
Friedensvertrag vom Jahre 1219 den Anlass dazu gegeben haben.
Bemerkenswerth ist es auch, dass weder Urkunden, noch auch ältere
Geschichtsschreiber von Castellazo, sondern nur von Soglio als dem
Stammsitze der rhätischen Familie Salis sprechen.[1]

Das Thal Bergell, italienisch Bregaglia, lateinisch Praegallia,
so genannt, weil es mit dem angrenzenden Gebiete von Chiavenna
das Vorland der Gallia cisalpina bildete, die Heimat der rhätischen
Salis, ist eines der grossartigsten und interessantesten schweizerischen Bergthäler. Es stuft sich jenseits der Alpen und als kürzeste
Verbindung zwischen dem Engadin und Italien vom Maloja und
Septimer in einer Ausdehnung von etwa 5 Stunden terrassenförmig
ab. Der rasche Abfall gegen Süden stempelt das Thal zu einem
Lande der Contraste, wo gleichsam der Winter dem Sommer, der
Norden dem Süden die Hand reicht, und wo wilde Alpenlandschaft
unmittelbar an fruchtbare Gefilde italienischen Klima's grenzt. Hier
bunte Wiesen, blühende oder mit köstlicher Frucht beladene Bäume,
herrlicher Kastanienwald, dort dunkle Nadelholzwälder, in denen
der schwarzgraue Bär noch nicht zur Seltenheit geworden, purpurne
Alpenrosenfelder,[2] schäumende Wildbäche, majestätische Alpenzinnen
und prachtvolle Gletscherfirnen. Nachdem man bei der Ruine Castelmur einen Engpass, die sog. „Porta" passirt hat, zeigt sich bald

---

[1] „Ibique (i. e. Solii) antiquitus nobilissimae Salicaeorum familiae fuit
sedes", Ulrich Campell, Raet. Alp. Topogr. bei G. J. Kind, pag. 253. Ebenso
Sprecher, Pallas Rhaet. pag. 334. Die unterhalb Soglio gelegene Burg Castellazo, von der nur wenige Mauerreste mehr übrig sind, dürfte eines jener zahlreichen, an der von Deutschland nach Italien führenden Heerstrasse gelegenen
Castelle (oder Wachtthürme) gewesen sein und kam wohl erst in späterer
Zeit in den Besitz der Familie. Lechner, das Thal Bergell, Leipzig 1874, vermuthet, Castellazzo sei schon 1219, als Soglio niedergebrannt wurde, zerstört
worden. Doch könnte dies, wenn man überhaupt eine gewaltsame Zerstörung
annehmen will, auch später während der Chiavenna-Bergeller Fehde (1264 bis
1272) geschehen sein. Leu, Tom. V, 159, glaubt, die Burg sei, nachdem die
Familie Salis ihren Wohnsitz von da nach Soglio verlegt habe, allmählich in
Trümmer zerfallen.

[2] In Bondo erblickt man die Alpenrose neben dem Nussbaum und der
zahmen Kastanie.

rechts oben auf hoher Bergterrasse das Dorf Soglio mit seinem prachtvollen Ausblick auf die gegenüberliegenden Bondascagletscher und auf das schöne Thal.

Die ehemals unzugängliche Lage von Soglio, wohin, wie Leu noch im vorigen Jahrhundert berichtet,[1] nur „ein gäher mit etlich hundert steinernen Blatten oder Tritten gleichsam wie eine lange Stägen belegter" Saumweg hinaufführte, mochte den Vorfahren des Salis'schen Geschlechtes im fehdelustigen Mittelalter eine um so erwünschtere Sicherheit bieten, als das Raubritterthum auch im Bergellerthal nicht ganz unbekannt war. So überfiel z. B. der wilde Ritter Andreas von Marmels im Jahre 1193 den von Dänemark nach Rom zurückkehrenden Kardinal-Legaten Cincius, als derselbe den Septimer passirte, und entführte ihn sammt seiner Begleitung auf die im benachbarten Averserthale gelegene Burg Marmels, ein von Felsen förmlich überdachtes Raubnest. Rudolph von Castelmur — nach Andern[2] war es ein Planta oder ein Vaz — zwang den kecken Raubritter, seinen Fang unversehrt wieder herauszugeben.[3]

Dass die rhätische Familie Salis auch nach ihrer Niederlassung auf Soglio ihren Wohnsitz noch oft in Italien, namentlich in dem benachbarten Chiavenna nahm, geht aus mehreren Urkunden hervor. Von Ser Gubertus Sussus von Salis,[4] dem jüngern Sohne des oben[5] genannten Ser Rudolf, heisst es z. B. ausdrücklich, dass er theils zu

---

[1] Tom. XVII. S. 250.

[2] Sprecher, rhät. Chronik 83. 84. Salis-Seewis, Ges. Schriften bei Mohr S. 22 und 175.

[3] Mohrs Cod. dipl. 147, Anm. 2; Lechner, Bergell S. 38. Beide Ritter, sowohl Marmels als Castelmur, sind indirekte Vorfahren eines grossen Theiles der Familie Salis. Das Geschlecht der Marmels, seit 1160 in zahlreichen Urkunden erwähnt, theilte sich nach Verschiedenheit des Wappens in die Schwarzmarmels und Weissmarmels. Es ist noch nicht erloschen, aber schon seit zwei Jahrhunderten gänzlich verarmt. Die Castelmur, früher in die Corn. Schuler (Scolares) und Manusa (oder Minüsch) unterschieden, kommen seit 1179 sehr häufig vor und zählen mit den Juvalt (1149), Planta, Mohr u. s. w. zu den ältesten eingeborenen, jetzt noch blühenden Bündner Adelsgeschlechtern.

[4] Erscheint seit dem 12. April 1300 (Cod. dipl. II. 93) in vielen Urkunden,

Soglio, theils zu Chiavenna gewohnt habe,[1] und ebenso von Guberts
Enkeln Augustin und Andriotta,[2] wie denn überhaupt Chiavenna, zu
deutsch Cläfen — „der Garten Italiens" bis in unser Jahrhundert
herein, so lange die Familie auf Soglio residirte, vielen ihrer Mitglieder stets ein sehr beliebter Aufenthaltsort blieb.

Um einen Blick auf die Stellung der rhätischen Salis in den
in Oberitalien noch lange fortdauernden welfisch-ghibellinischen
Parteikämpfen zu werfen, so scheinen sie — vielleicht auch die
Salis zu Como — in dieser Hinsicht eine andere Gesinnung an den
Tag gelegt zu haben, als ihre Geschlechtsvettern zu Brescia. Dies
ergibt sich zunächst aus den freundschaftlichen Beziehungen, in
welchen die Familie zu den ghibellinischen Visconti in Mailand
stand.[3] Johann Galeazzo Visconti, kaiserlicher Reichsvikar und nachmals Herzog von Mailand, ertheilte Rudolph Sussus von Salis, dem
Sohne Guberts, noch vor dem Jahre 1372 das Privilegium, Liegenschaften, Häuser und sonstige beliebige Objekte im Bisthume Como
anzukaufen, entgegen den Statuten der Stadt Como, d. h. ohne das
Bürgerrecht daselbst zu besitzen.[4] Diese Befugniss machten sich
denn auch Rudolphs Söhne, Augustin und Andriotta, durch den Ankauf zahlreicher Güter besonders auf dem Gebiete von Cläfen trefflich
zu Nutzen.[5] Wahrscheinlich um etwaigen Klagen von Seite der

---

[1] Ser Redulf von Salis filius quondam Ser Guberti dicti Sussi de Salis
de Solio habitantis in loco de Solio et aliquando in burgo Clavennae etc." Cod.
dipl. II, 169.

[2] „Cum pro magna parte Anni ibidem (i. e. Clav.) habitent." Cod.
dipl. IV, 66.

[3] Der Stammvater dieses Geschlechts, Otto, erwarb 1075 das Amt eines
Vicecomes des Erzbisthums Mailand — daher der Name Visconti. Matheo I.
gelang es 1312 Guido de la Torre zu verdrängen, und Matheo II. oder dessen
Sohn Azzo II. erhielt das Reichsvikariat über das ganze mailändische Gebiet,
mithin auch über Chiavenna.

[4] So kauft Rudolf von Salis den 26. Juli 1372 von Zanulus di Oliverio
ein Viertel der Alp Madris: „Venditio haec facta est ex vigore litterarum magni-
„fici Domini Galeazzo comitis Virtuensis, imperialis vicarii generalis Milani,
„Cumarum etc. concessarum dicto emtori Rodulfo „„emendi et acquirendi terras,
„domos et res quas ei placuerint in episcopatu Cumarum usque ad quantum
„contentum in dictis litteris, non obstante statuto communis Cumarum in con-
„trario loquente." Codex dipl. III, 167.

[5] „cum in dicto burgo et territorio sint multa Bona inmobilia, videlicet
Terre, Domus et Possessiones acquisite et que detinentur per Andreatem et

Städte Como und Cläfen vorzubeugen, schenkte Galeazzo den beiden Brüdern Augustin und Andriotta und deren Nachkommenschaft wieder das Bürgerrecht ihrer alten Vaterstadt Como.[1] Als sie dann aber auf Grund dieser Schenkung, vielleicht noch mehr wegen eines Guthabens, das sie von ihrem Vater, Ser Rudolph, her bei Cläfen stehen hatten,[2] sich weigerten, wie bisher Steuern und Abgaben zu bezahlen, da entstand zwischen der Familie Salis und Cläfen ein heftiger Streit. Cläfen führte über die Salis Klage bei Galeazzo und stellte ihm nicht mit Unrecht vor, dass wenn die Reichen von den Steuerabgaben befreit würden, weder die Armen unterhalten, noch auch die fürstlichen Gefälle eingezogen werden könnten.[3] Unterm 3. August 1379 entschied Visconti die Sache dahin, dass die Gebrüder von Salis ungeachtet ihres Bürgerrechtes die betreffenden Abgaben zu bezahlen hätten.[4] Mit diesem Bescheide unzufrieden, scheinen die Salis Rekurs ergriffen zu haben, denn im Herbste 1383 wurde mit Zustimmung Galeazzo's und der beiden streitenden Parteien ein aus den ange-

---

fratrem de Salis de Solio, Dioeces. Curiens." Cod. dipl. IV, 66. Später, im Jahre 1563, kaufte Rudolph von Salis auf dem Bundestage zu Ilanz den Schlossberg zu Chiavenna, den er mit allerlei kostbaren Gewächsen und Früchten bepflanzte und durch Testament vom 30. September 1599 (er starb im März 1600) mit einigen andern im Veltlin gelegenen Gütern zu einem Fideikommiss erklärte, dessen jeweiliger Inhaber den Titel eines Freiherrn zu Paradies führte.

[1] Cod. dipl. II. 66, I. Theil.

[2] Ibid. III. Thl. des Spruchbriefes, wo von einem debitum die Rede ist, „de quo predicti Commune et Homines (Clavennae) tenentur et obligati sunt in manibus predicti Augustini seu Ser Rudolphi quond. patris seu vigore cujusdam Instrumenti traditi ... et subscripti per Johannem Lupum notarium de Clavenna, Anno et Die in ipso Instrumento contento." Dieses Instrument ist uns nicht bekannt. Johannes Lupus kommt in einer Urkunde vom 13. März 1368 ebenfalls als Notar und Siegler vor (cf. Collectio Instrumentorum in der Stematographia Fam. à Salis). Der Codex dipl. (Tom. III, 167) gibt die Urkunde vom 26. Juli 1372 nur im Auszuge wieder und nennt den Notar nicht.

[3] Nam Divitibus exemptis, Pauperes non possunt sustinere nec Intratas Vestras defendere". Cod. dipl. IV, 66. Die Supplik der Gemeinde Chiavenna bemerkt am Schlusse, „fore justum et Debitum, quod Bona, Domus et Possessiones. .... suprascriptorum fratrum de Salicibus de Solio obnoxia sint et teneantur cum ipsis, Communi et Hominibus Burgi nostri Clavennae onera more solito supportare non obstante quod cives facti sint civitatis nostrae Cumanae, cum Privilegium Principis non intellegatur cuipiam in prejudicium alterius fore concessum."

[4] Cod. dipl. l. cit.

sehensten Männern des Landes bestehendes Schiedsgericht aufgestellt, welches unter dem Vorsitze des fürstlichen Vicarius Bartholomaeus de Gandia, „zur Verhütung grösserer Zwistigkeiten und Unkosten" in gütlicher und freundschaftlicher Weise einen Vergleich zwischen den Parteien vermitteln sollte.[1] Eine am 28. Oktober 1383 tagende, allgemeine und ausserordentliche, durch ein Glockenzeichen einberufene Plenarsitzung der Stadträthe und beiderseitiger Schiedsrichter ermächtigte letztere, ihre Unterhandlungen so oft und wo sie wollten zu halten, an Werktagen oder Sonntagen, stehend oder sitzend, wie es ihnen beliebe, in Anwesenheit oder Abwesenheit der citirten Personen u. s. w., nur musste — dies wurde nachdrücklich eingeschärft — das Recht gewahrt bleiben und das Ergebniss eine freundschaftliche Vereinbarung sein. Den 8. Dezember des nämlichen Jahres kam dann nach Verrichtung frommen Gebetes[2] ein gütlicher Vergleich zu stande, in welchem den Ansprüchen beider Theile Rechnung getragen wurde.[3]

---

[1] „Cum quaestiones et Controversiae forent et majores viderentur oriri „in futurum ... idcirco predicti Domini Arbitri et Arbitratores et amicabiles „Compositores volentes dictas Partes reducere ad concordiam et bonam Pacem „et eis parcere laboribus et expensis ..." u. s. w. ibid. Unter den Schiedsrichtern werden unter Andern genannt: Dominus Andreas de Piperello, Ser Jakobus de Piperello, Ser Parinus de Ponte, Franciscus de la Pongia, Antonius Pestalozza, Johannes de Castello u. s. w.

[2] „Christi nomine invocato".

[3] Die sieben Punkte des Uebereinkommens lauten dahin: 1) Augustin von Salis habe für alle seine auf dem Gebiete von Cläfen liegenden Güter statt 16 Pfund Mailändisch nur 7 zu bezahlen. 2) Nach Verlauf von 11 Jahren habe er wie alle Andern die Steuern und übrigen Lasten zu tragen mit Ausnahme der Steuer für das Salz, für das Haus und seine Hausthiere. Nicht mit inbegriffen in diese Ausnahme ist der Fall, wenn Augustin mit seiner Familie während des halben Jahres in Cläfen wohne. 3) Soll Augustin von Salis für ewige Zeit oder solange er Besitzungen in Cläfen habe, das Bürgerrecht daselbst geniessen und sollen 4) Gemeinde und Bürger von Cläfen verpflichtet sein, Augustin vor den Angriffen von irgend welcher Seite, seien es Gemeinden oder Bürger, zu sichern, und falls er durch die Vertheidigung seiner Rechte irgend welche Ausgaben zu machen oder sonst irgend einen Schaden zu erleiden habe, so müsste ihm Alles ersetzt werden, und er soll dann die nämliche Exemption geniessen, wie vor dem Spruche des Schiedsgerichtes; 5) sollen die Auslagen, welche Augustin für Steuern, Zölle u. s. w. zu machen habe, von der Summe, welche die Gemeinde Cläfen ihm von seinem Vater her schulde, abgerechnet werden; 6) sei Augustin gehalten, 2 Gulden, als die Hälfte der

Es scheint demnach, Galeazzo Visconti habe der Familie Salis mehr Freiheiten eingeräumt, als Recht und Billigkeit erlaubten, was er, der seine Feinde bekanntlich mit grosser Grausamkeit zu verfolgen pflegte, sicherlich nicht gethan hätte, wenn die Familie der Welfenpartei angehangen oder, was in Oberitalien und den angrenzenden Alpenthälern kaum möglich war, sich auch nur neutral verhalten hätte. Visconti war 1372, also gerade zur nämlichen Zeit, da er Ser Rudolph von Salis privilegirte, als ein „Feind der Kirche", vom Papst Gregor IX. exkommunicirt und seiner Herrschaft verlustig erklärt worden, worauf Gregor XI. am 27. Februar 1374 Bischof Johann von Brixen beauftragte, Schloss, Stadt und Gebiet von Cläfen vorläufig in Verwaltung zu nehmen.[1] Der Bischof von Brixen, durch sein Kanzleramt am erzherzoglich-österreichischen Hofe verhindert, übertrug die Ausführung dieses Auftrages dem Vogte Ulrich von Mätsch, Grafen von Kirchberg.[2] Bald darauf, den 6. Juni 1374, wurde auf Vermittlung des Hauses Oestreich zwischen dem Papste und Visconti ein Waffenstillstand geschlossen, dem 1376 ein definitiver Frieden und die Lösung vom Banne folgte.

Durch diese verschiedenen Ereignisse waren indess die freundlichen Beziehungen der Familie von Salis zum Mailändischen Herrscherhause keineswegs gestört worden und wenige Jahre später ertheilte Galleazzo Visconti Augustin von Salis, der ihm inzwischen namentlich im Kriege gegen den Grafen von Armagnac sehr gute Militär-

---

zur Erlangung der fürstlichen Vollmachtsdekrete ausgelegten Gebühren zu bezahlen und zum Schlusse werden beide Parteien unter Androhung einer Geldstrafe von 50 Goldgulden verpflichtet, das Uebereinkommen unverbrüchlich einzuhalten. „Actum in Burgo Clavennae sub lobio (lobium-Laube, porticus, Galerie) Domús Regiminis Communis Clavennae in contratha (contrada) S. Petri". Als Zeugen werden genannt: Servatius de Surlls, Quarnerius de Sutri und Antonius de Vercell; Bartholomaeus de Surdis von Piacenza schrieb und siegelte das Instrument. Das ganze umfangreiche Document ist in Mohr's Archiv für Graubünden Codex diplomaticus Tom. IV. 66 in extenso wiedergegeben.

[1] Codex dipl. III, 174.

[2] Ibid. 177—181. Ritter Thomas Planta und Rutinus de Azzolinis, letzterer aus Como, hielten Cläfen Namens des Papstes besetzt. Den 13. Mai 1374 werden dieselben von Bischof Johann v. Brixen aufgefordert, Stadt und Land dem Vogte von Mätsch zu übergeben. Vergl. auch Quadrio. Dissertazioni I, 24 ff.

dienste geleistet hatte, durch Dekret vom 24. Februar 1393 neuerdings das Privilegium einer beschränkten Steuer- und Zollfreiheit. Auch später, als die Sforza den Visconti in der Herrschaft nachgefolgt waren, widmeten sich die Salis mit Vorliebe dem Mailändischen Kriegsdienste und wurden hiefür mit neuen, grössern Vorrechten ausgezeichnet. Campell berichtet, die Familie habe sich auch dadurch besonders die Gunst des Herzogs Philipp Maria Visconti erworben, dass Rudolph von Salis, genannt Doxia, und ein gleichnamiger Vetter desselben, wie auch Marco Vertemate zu Plurs, ein Ritter von Marmels und ein Edler de Castello seinem aus der Schweiz flüchtenden Gesandten [1] gastfreundlich beherbergt und auf alle Weise zu trösten und zu erheitern getrachtet hätten. [2] Herzog Philipp Maria befreite die Familie durch Dekret vom 31. August 1440 von allen ausserordentlichen Steuern und sonstigen Lasten, [3] ein Privilegium, welches Herzog Franz Sforza unterm 7. Mai 1457 [4] und 4. September 1460 bestätigte. [5] Den 4. Juni 1478 ertheilte die Herzogin

---

[1] Eine Ursache der Flucht wird nicht angegeben.

[2] Band II, 81, bei Mohr. Campell verlegt diese Begebenheit irrthümlicher Weise ins Jahr 1375.

[3] Salis-Seewis, Gesammelte Schriften bei Mohr, Seite 61, Anmerk. 37. Stemmatographia Fam. à Salis, Tab. III.

[4] Salis-Seewis, Seite 61, Urkunde.

[5] Letzterer Freibrief, der uns in einer Copie vorliegt, hat folgenden Wortlaut: „Franciscus Forzia vice Comes, Dux Mediolani, rè Papiae, Angleriaeque Comes ac Cremonae Dominus: Cum nobiles nunc quondam Andreas et Rodolphus fratres de Salicibus, exigentibus eorum virtutibus et meritis habuerint exemptionem pro bonis suis in territorio nostro existentibus, et proinde caros habeamus et acceptos nobiles Augustinum, Gibertum et Andream fratres, filios quondam dicti Rudulli (gen. Doxia) sperantes *ut ipsi sint secuturi normam prelibati quondam Patris et Patrui suorum in fide et devotione nobiscum* et quemlibet eorum, ac eorum et uniuscujusque eorum filios et descendentes pro sese et quibuscumque proprietatibus et bonis suis, ubivis in territorio nostro jacentibus suisque Massariis (Verwalter), Colonis (die auf den Gütern angesessenen, halbfreien Bauern), Mazadris (Coloni partiarii, denen einzelne Parzellen zur Bebauung oder zur Pacht überlassen waren), lictabilibus (Lictorum seu servientium testes et stipatores), pensionariis et reddituariis praesentibus et futuris .... ab omnibus taleis, taxis, praestitis, mutuis subsidiis, impositionibus, contributionibus et aliis quibuscumque oneribus extraordinariis, realibus, personalibus atque mixtis de cetero quomodolibet imponendis — aliis datiis, pedagiis (Brücken- und Strassenzoll), gabellis (Salzsteuer), imbotatturis et taxis equorum ... ex certa scientia et de nostrae potestatis plenitudine immunes faci-

Bona als Vormünderin ihres Sohnes Galleazzo Maria II. Sforza[1] eine abermalige Bestätigung der erwähnten Privilegien mit Ausdehnung derselben auf volle Immunität für Augustin, Gubert und Andreas von Salis und deren ganze Descendenz, nochmals bestätigt den 9. Januar 1480.[2] Ob und in wiefern diese Privilegien der Familie nach dem Erlöschen des Hauses Sforza von dessen Nachfolgern im Herzogthume anerkannt und erneuert wurden, wird uns nicht berichtet. Man weiss nur, dass Kaiser Karl V., welcher Blanca Maria Sforza zur Gemahlin hatte und 1535 das Herzogthum als erledigtes Reichslehen an sich zog, durch Patent vom 14. Juni 1544 „dem edeln und gestrengen Gubert von Salis", jüngstem Sohne Rudolph des Langen und Enkel des oben genannten Gubert, und dessen Nachkommenschaft das Bürgerrecht von Mailand schenkte.[3]

Einen weitern Anhaltspunkt für die politische Stellung der Familie von Salis im XIV. und XV. Jahrhundert bieten ihre Allianzen mit mehreren der hervorragendsten ghibellinischen Adelsgeschlechter der Grafschaft Cläfen und des Veltlins, so z. B. mit den Vertemate-Franchi zu Plurs, in deren Haus Kaiser Ludwig der Bayer auf seinem Römerzuge im Jahre 1328 Einkehr nahm, bei welcher Gelegenheit er sie durch Vermehrung ihres Wappens mit dem Reichsadler aus-

---

mus ac liberos reddimus protinus et exemptos, mandantes regulatori et Magistris Intratarum nostrarum tam ordinariarum quam extraordinariarum ac universis et singulis officialibus et subditis nostris praesentibus et futuris, ad quos spectat … quatenus has nostras exemptionis litteras firmiter observent et faciant inviolabiliter observari: Datum Mediolani sub nostri Impressione Sigilli, die quarto Septembris 1460."

[1] Wurde von seinem Oheim Herzog Ludovico Moro Sforza der Herrschaft beraubt und 1494 vergiftet.

[2] Stemmatographia Fam. à Salis, Tab. III. Die Originale der betreffenden Freibriefe befinden sich im Archive des gräflich Salis'schen Palastes zu Tirano im Veltlin. Anton von Salis und Andreas von Prevost vermitteln 1467, als Gesandte der Thalschaften Bergell, Engadin, Oberhalbstein, Schams und Avers, die Chiavenna 1460 befehdet hatten, einen Friedensvertrag mit der Herzogin Blanca von Mailand, laut welchem den Bergellern zollfreie Einfuhr von 300 Scheffel Korn und 80 Fuder Wein, den Engadinern für 100, Schams 55, Oberhalbstein und Avers 50 Fuder Wein bewilligt wurden, wofür sie allen Feinden des Herzogthums die Pässe zu verwehren hatten: cf. Salis-Seewis, Seite 76.

[3] Stemmatographia Fam. à Salis Tab. IV; Leu, Tom. XVI, pag. 40.

zeichnete,[1] ebenso mit den Vicedomini, einer der urkundlich ältest bekannten und mächtigsten Familien des Veltlins, deren feste Schlösser im Walde von Rovolo und Piagno den Ghibellinen einen sehr erwünschten Hinterhalt boten.[2] So viel über die Beziehungen der Familie Salis zu Italien. Nun noch Einiges über ihre Stellung in Hohenrhätien und besonders über ihr Verhältniss zum Bisthume Chur.[3]

---

[1] Ehebündnisse mit den Vertemati kamen öfter vor. Das erste, soweit uns bekannt, um die Mitte des XIV. Jahrhunderts, wo Antonia von Salis, Tochter des Ser Rudolph gen. Sussus und der Magdalena von Castelmur, sich mit Georg de Vertemate vermählte.

[2] Die Vicedomini oder Visdomini stammen von Heribert Busca gen. Negotiator ab, der 983 von Kaiser Otto II. († 7. Dec. 983) in seiner Eigenschaft als Vice-Dominus von Como bestätigt wurde. Das Geschlecht, das sich im Beginne des XI. Jahrhunderts zu Cosio im Veltlin niederliess, wurde von den Kaisern mit sehr zahlreichen und grossen Freiheiten, Privilegien und Zehnten ausgestattet (cf. Giuler, Rhätia, Fol. 184, 185): Quadrio, Dissertazioni intorno alla Valtellina I. 1801 und III. 308, 309 u. s. w.) und erlangte für einige Zeit die Reichsunmittelbarkeit, die es 1127 wieder verlor (Salis-Seewis, Ges. Schriften bei Mohr S. 191). Johannes de Vicedominis, Sohn des Barnabinus, vermählte sich etwa 1450 mit Luna von Salis, Tochter Rudolphs gen. Doxia und der Eleonore geb. Gräfin von Sax zu Monsax. Die aus dieser Ehe Vicedomini-Salis entsprossene Nachkommenschaft führte den Namen Laneta („ab hoc conjugio prognati vocabantur Lanetae", Stemmat. Fam. à Salis, Tab. III). Luna von Salis vermählte sich 1471 in zweiter Ehe mit Paolo de Bellettis aus Parma Von andern bekannten Veltliner- und sonstigen oberitalischen Geschlechtern, mit welchen die Salis sich alliirten, nennen wir noch die Alberti (1326), de Rumo (1360), de Zulino (1448), Beccaria (1478), ebenfalls eines der ältesten und mächtigsten Veltliner Adelsgeschlechter, dessen Schlösser Masegra bei Sondrio mit den dazu gehörigen Rechten und Zehnten 1593 in den Besitz der Familie Salis übergingen: in späteren Zeiten die Besta, Castello (in beiden Zweigen von Aronia und San Nazaro), Caïmi, Guarinoni, Guicciardi, Omodei, Paravicini, Pestalozza, Piatti, Quadrio, Scandolera, Schenardi, Visconti di Cosio (Nebenlinie des Mailändischen Herzogshauses) u. s. w. u. s. w. Gegenwärtig erinnert die 1851 vom Grafen Rudolph Salis von Tirano (wohnhaft zu Mailand, wo dieser Zweig seit dem Beginne dieses Jahrhunderts das Bürgerrecht erwarb) mit der Contessa Marietta Attendolo-Sforza-Bolognini (stammt von Mutio Attendolo, gen. Sforza [† 1423], dem Vater Franz Sforza's, ab) eingegangene Ehe an die einstigen Beziehungen der Familie Salis zu den ehemaligen Herzögen von Mailand. Allianzen mit hohenrhätischen Familien finden sich, soweit uns bekannt, im XIV. und XV. Jahrhundert nur mit den Castelmur, Hohenhewen, Marmels, Planta, à Porta, Prevost, Sax und Stampa.

[3] Das alte Rhätien, angeblich nach Rhaetus, einem sagenhaften Helden und Anführer der 597 v. Chr. eingewanderten Etrusker oder Tusker (von der-

Die Niederlassung der Familie Salis in Hohenrhätien fällt in die Regierungszeit Kaiser Friedrichs II. (1215 -1250). Das fast unmittelbar darauf folgende Interregnum wurde, wie fast überall im römischen Reiche, so auch hier vom Adel dazu benützt, um seine Macht und seinen Besitzstand zu vergrössern. Neben dem Bisthume Chur und der Abtei Disentis, die schon früher durch die reichen Vergabungen von Seiten der Kaiser zu grosser Macht gelangt waren, traten jetzt besonders die Dynastengeschlechter Vaz, Rhäzünz, Belmont, Sax, Mätsch und Aspermont, dann auch die von den Pfalzgrafen von Tübingen abstammenden Montfort und Werdenberg auf, welche das Land als ein Conglomerat von Herrschaften unter sich theilten.[1] Daneben finden sich zahlreiche andere adelige Geschlechter als Dienstleute der Dynasten, besonders aber als Ministerialen und Vasallen der Kirche von Chur.

Die Salis waren wohl noch im Laufe des XIII. Jahrhunderts in Lehensverhältnisse zum Bisthume von Chur getreten und zwar nicht als eigentliche Ministerialen im strengeren Sinne, sondern als

---

selben sprechen Livius V, cap. 33; Plinius, Hist. nat. III, 24 und Trogus Pompejus, Hist. XX, 5) benannt, erstreckte sich vom Bodensee bis zum Comersee, Verona und Brescia (letzteres wurde 397 v. Chr. von den Rhätiern unterworfen, cf. Livius V, 35), vom Gotthard und der Grenze Helvetiens bis nach Steier, Kärnthen und Krain. Es umfasste also ausser dem jetzigen Kanton Graubünden noch St. Gallen, Appenzell, dann auch Vorarlberg und Tirol. 15 v. Chr. wurde es römische Provinz. Vom Jahre 452 datirt die erste urkundliche Nachricht vom Bisthume Chur, indem Abundantius, Bischof von Como, seine Zustimmung zu den Beschlüssen des Concils von Chalcedon auch im Namen des Bischofs Asimo von Chur ausspricht (Cod. dipl. I, 1). Dass das Christenthum in Rhätien aber schon viel früher, spätestens Ende des II. Jahrhunderts, eingeführt worden, wird ziemlich allgemein angenommen (Eichhorn, Episcop. Curiens, praef. XIII). Nachdem Rhätien 476—536 unter ostgothischer Herrschaft gestanden, wurde es (600—784), aber mit bedeutend verringertem Umfange, von eigenen Grafen, dem Geschlechte der Victoriden, verwaltet, in welche Zeit die Gründung der Klöster Disentis, Katzis und Pfävers fällt. 784 kam Rhätien unter fränkische Herrschaft, wurde 829 von Ludwig dem Frommen zu Alemannien geschlagen und schliesslich von 951—1250 von schwäbischen Herzögen verwaltet.

[1] Zuvor waren in Rhätien auch die Grafen von Gamertingen, von Achalm, Nellenburg, Kirchberg und Pfullendorf begütert gewesen: später, im XV. Jahrhundert, ging die Herrschaft Rhäzünz durch Erbschaft an die Grafen von Zollern über, welche dieselbe aber bald um die Herrschaft Heigerloch in Schwaben eintauschten. Die von Tarasp, eines der mächtigsten rhätischen Dynastengeschlechter, waren schon 1185 erloschen.

Vasallen, welche mit dem Bischofe blos einen vertragsmässigen, auf beiden Seiten kündbaren Lehensnexus eingingen. Der Bischof ertheilte einzelnen oder mehreren Familiengliedern verschiedene und zwar meist erbliche Lehen, bestehend in Gütern, Zehnten und sonstigen Einkünften. Eines der ältesten Lehen der Familie Salis war z. B. das sogenannte pretium comitis, in der Bergeller Sprache prad cunt genannt, der Grafenschatz von Bergell unter Porta,[1] entweder eine von der Gemeinde zu entrichtende Abgabe, oder wie es auch anderwärts vielfach der Fall war, eine Militärpflichtersatzsteuer der Landbewohner.[2] Ferner besass sie einen Theil des Kornzehnten zu Coltura, mehrere Lehensgüter bei Vicosaprano u. s. w.[3]

Die jeweiligen Lehensinhaber leisteten dem Bischofe den Eid der Treue, kraft dessen sie sich besonders zur Heerfolge verpflichteten. „Von dieser Lehenschaft", sagt Augustin von Salis in seinem unterm 6. Mai 1396 ausgestellten Lehensrevers, „han ich „gesworen ain geleerten aid zu den heiligen, dem vorgenannten „meinem gnädigen herrn Bischof Hartmann und dem gotzhus zu „Cur zu dienan als ein man tun sol seinem herrn von seiner lehen „wegen."[4] Diesem Gelöbnisse thatsächlich zu entsprechen, dazu gab die damalige kriegerische Zeit Anlass genug. So betheiligte sich die Familie z. B. auch an der heftigen Fehde des Bischofs Rudolph Grafen von Montfort gegen den Freiherrn Donat von Vaz, was ihr einen Absagebrief von Seiten der Neffen des letzteren, der Grafen von Werdenberg-Sargans, einbrachte. Dieser Fehdebrief

---

[1] Cod. dipl. IV, 45. In ob Porta besass die Familie von Prevost das pretium comitis; cf. ibid. 150.

[2] Ueber die Bedeutung des pretium comitis bestehen verschiedene Ansichten. Mohr, Cod. dipl. IV, 45, Anm. 2 versteht darunter die Gebühren desjenigen, der die Verrichtungen der einstigen Grafen, z. B. als Vorstand des Gerichtes, besorgte. Der auch in manchen andern Gegenden vorkommende „Grafenschatz" dürfte aber, wie uns von bewährter Seite versichert wird, mit mehr Wahrscheinlichkeit auf obige Erklärung deuten.

[3] Cod. dipl. IV, 45. Bischof Johannes II. bestätigte den 3. Januar 1383 Augustin von Salis und dessen männlicher Nachkommenschaft den Besitz dieser Lehen, die Augustin von „seinen Altvordern" ererbt habe. „Cum nos informati simus legitime, quod subscripta bona et redditus ... ad fidelem Augustinum de Salicibus de Solio ... sint a suis prioribus devoluta": ibid.

[4] Cod. dipl. IV, 210.

hat folgenden Wortlaut: „Wir Rudolph und Hartmann, geprudere
„von Werdenberg, grafen ze Sangans, tun üw Gubert von Salis von
„Sulg (Soglio) ze wissen, daz sintemal der edelknecht Rudolf von
„Salis üwer sun und der edelknecht Swicher von Salis üwer vetter,[1]
„mit üwer eigen lütten und dienstmannen dem herr ze Cur by-
„ständig gsin und hantlich ghölfen hand wider unsren lieben vetter[2]
„Johann Donau vry ze Vaz in den urlügen und stössen, so unter
„ihnen ufgangen sind auch . . . mit gros widerdries und schädigung
„siner und siner dienstmanen hand gethan. Swarumbe der eegenannt
„ze Vaz des gros schwäri (Beschwerde) wider üw verbotschaffet,
„mit manung im behulfen ze sin, alz wir auch gebunden sind ze
„volfurene, so meinen wir dem obgenannten unserem lieben vetter
„behulffen und meinen üwer viend ze sin und wellend uns gegen
„üw bewart han mit dirrem brief gesieglet mit unserem Insigel,
„der geben ist ze Sangans in der vesti, da man zalt von gottes
„gepurde drizehnhundert und dry und zwenzig jar am montag nach
„mitten Merz" (21. März 1323).[3]

---

[1] In damaliger Zeit verstand man unter Vetter sowohl Oheim, als Neffe
und Vetter. Ein Schwiker von Salis wird in der Stemmatographia Fam.
à Salis (Tab. I) als Sohn Ulrichs, also als Guberts Bruderssohn, angeführt.

[2] Hier Oheim.

[3] Codex dipl. II, 198. Die Aechtheit dieser Urkunde wird zwar von
Einigen bezweifelt, von dem sehr kritischen Historiker Salis-Seewis aber anerkannt (Gesammelte Schriften bei Mohr, S. 183 u. 204, 205), ebenso in neuester
Zeit von Emil Krüger, die Grafen von Werdenberg, St. Gallen 1887, S. 297
und in den Regesten Nr. 215; vergl. auch Schweizer. Geschichtsforscher I, 297,
Zurlauben, Essay historique etc. Auffallend sind die Worte: „mit üwer eigen
lütten und Dienstmannen". Zwar hatten auch die Vasallen und Ministerialen
eigene Leute, d. h. Hörige (Leibeigene), wie z. B. Ritter Egino von Caminada,
der 1271 zwei Frauen sammt deren Besitzthum dem Hospital St. Peter auf
dem Septimer schenkt (Cod. dipl. I, 260), Ritter Conrad v. Juvalt, der dem
Hochstift Chur eine Hörige schenkt 10. Dec. 1286 (Cod. dipl. II, 79) und Georg
v. Planta, der den 5. März 1368 seiner Leibeigenen Anna Marendon, dem „Ehe-
weibe" des Conrad v. Planta, die Freiheit schenkt (Cod. dipl. III, 140; vergl.
ferner Cod. dipl. II, 267, 346, III, 189 u. s. w.). Im Bergeller Thale, das von
den Kaisern mit grossen Freiheiten begabt war, gab es jedoch fast gar keine
Leibeigenen. Wenn daher die Familie Salis Hörige besass, so müssten dieselben
im Averserthale oder auf italienischem Gebiete gewesen sein. Cod. dipl. III, 163
ist von Gütern die Rede, welche die Familie „citra montes Septimi Vallis Prae-

In ihrer Eigenschaft als Vasallen und Lehensmänner der Kirche von Chur[1] betheiligten sich die Salis mit ihren Standesgenossen, den adeligen Ministerialen, und dem Domcapitel, als Beiräthe des Bischofs oder als Vertreter der dem letztern unterthänigen Gotteshausgemeinden an den zeitlichen Angelegenheiten des Bisthums, an den Verträgen mit Auswärtigen und an den Vereinbarungen der verschiedenen Stände des bischöflichen Staates.[2] „Redulfus de Salicibus de Solio vallis brigaliae" wird z. B. unter den Edeln genannt, welche den 6. August 1358 zu Celerina im Engadin die heftigen Zwistig-

galliae, Vallis Averi et denique ultra aquam Luveri (Lovero) et alibi ubicumque citra montes Septimi" hatte (1372). Zu Plurs war sie schon 1304 (Cod. dipl. II, 93) und 1309 (Cod. dipl. II, 130 u. s. w.) begütert. Halbfreie Bauern, Coloni, hatte sie auf ihren mailändischen Besitzungen, vergl. den Freibrief Franz Sforza's vom 4. Sept. 1460; daselbst werden auch noch andere Arten von Clienten der Familie, Massarii, Mezadri, fictabiles, pensionarii etc. genannt. Auch ertheilte sie oftmals Erblehen, so z. B. Gubert Sussus den 24. April 1321, den 6. März 1332 (an Johann Caralbus, Sohn des Rudolph Rossi), Rudolph von Salis den 29. April 1371, derselbe mit seinem Bruder Andreas den 6. April 1376, Augustin v. Salis den 19. März 1388, 1. Oct. 1393 und mit Zanolus von Marmels den 9. März 1394; die Herren Rudolph und Guidott v. Salis den 5. Jan. 1354 u. s. w. In einem Erblehenbrief des Albrecht von Straiff, den 31. Oct. 1371, verpflichtet derselbe seinen Lehensmann Hans Walser auf Stürfis und dessen Erben ausdrücklich dazu, „zu diennen zu unser notdurft und zu unsern eren mit *schilden und mit spiessen* nach unser recht wann oder wenn wir ir dürffint wider *menniklich*" u. s. w. (Cod. dipl. III, 161). Die Möglichkeit ist also nicht ausgeschlossen, dass die Familie ausserhalb des Bergellerthales eigene Leute, und wenn nicht Dienstmannen im eigentlichen Sinne, so doch sonstige abhängige Leute, Clienten und Söldner zur Verfügung hatte, die sie nöthigen Falls ihrem Lehensherrn, dem Bischofe, zuführen konnte.

[1] „Vasallum et hominem Ecclesiae Curiensis." Cod. dipl. IV, 45. Auch die Dynasten nannten sich, insofern sie vom Bisthume Lehen erhielten, „Mann", so z. B. Graf Friedrich von Toggenburg, der die Burg Winegg zu Lehen empfangen hatte (27. Nov. 1338). „Darumb so haben wir im (ihm, dem Bischof Ulrich) gesworen zu den heilgen, von den lehen ze tund, *was ein man von recht tun sol* von sinen lehen sim herren". Cod. dipl. II, 253, vergl. oben den Lehensrevers Augustins v. Salis.

[2] Tobias von Pontresina wird z. B. von Bischof Volkard „de consilio et approbatione canonicorum, vassallorum et ministerialium per communem . . . sententiam" des Kanzleiamtes im Oberengadin enthoben. Cod. dipl. I, 220; vergl. auch Wolfgang von Juvalt, Forschungen über die Feudalzeit im Curischen Rhätien, Zürich 1871, II. Heft, Seite 229—231.

keiten zwischen dem Bischof Peter dem Böhmen[1] und den Herren
von Marmels schlichten.[2] Hans von Salis betheiligt sich für sich
selbst und „für die commun gemeinlich in Valbrigell, edel und un-
edel, ob port und under port" an einem zu Chur „an dem nächsten
Fritag vor unser Fraventag ze der Lichtmess" (29. Januar) 1367
zwischen dem Domcapitel und sämmtlichen Gotteshausgemeinden
abgeschlossenen Vertrage,[3] und Ritter Andreas von Salis war einer
der Schiedsrichter, welche 1422 die zwischen Bischof Johannes IV.
Naso und der Stadt Chur ausgebrochenen Misshelligkeiten bei-
legten[4] u. s. w.

In der fehdelustigen Zeit des Mittelalters, wo man es vorzog,
sein Recht oder auch Unrecht mit dem eigenen Schwerte zu vertheidigen, konnte es nicht fehlen, dass der Bischof auch der Familie
Salis gegenüber sein Amt als Schiedsrichter zu üben Gelegenheit
fand. Dies war z. B. im Jahre 1390 der Fall, als die Gebrüder
Augustin, Rudolfet und Antoni von Salis einer- und Jacob von
Castelmur anderseits „an dem nächsten Samstag nach sant Martins-
tag (15. November) mit Willen und Rath ihres ehrwürdigen wohl-
geborenen und gnädigen Herrn, Bischof Hartmann" und auf Zureden
ihrer Freunde und „anderer ehrbaren Leute" hin nach längerer,
heftiger Befehdung Frieden schlossen. „Des ersten", heisst es unter
Anderm im Compromiss genannten Datums, „so haben wir unser
trüw in aides wis verhaisen und gelobt ain getrüw gut früntschaft
mit enander ze halten"; wenn es aber nicht gelingen sollte „ihre
misshellung vnd stös", so sie bisher mit einander gehabt „in fründ-
schaft vnd mit mine" beizulegen, so verpflichten sich die beiden
Parteien nach der Anweisung des Bischofs, ihren Streit vor dem
Vogte zu Chur zum Austrage zu bringen. Damit sie aber „dester
fliessiger sleut zu dem rechten ze kommen" wird der Friedensbruch
mit einer Geldstrafe von hundert Mark „je acht pfund mailisch für

---

[1] So genannt, weil aus Böhmen stammend: sein Geschlechtsname war
de Geleyta, Kanzler Kaiser Karls IV., 1355 Bischof von Chur, 1369 nach Olmütz
und 1371 als Erzbischof nach Magdeburg transferirt.

[2] Cod. dipl. III, 74.

[3] Ibid., 134.

[4] Urkunde vom 9. Sept. 1422, siehe bei Eichhorn, Episcop. Curiens. Cod.
prob. 140. Leu XVI, 35.

aine Mark ze raiten"[1] bedroht, deren eine Hälfte dem Kläger, die andere dem Bischofe zufallen soll. Hans Friedrich von Stampf,[2] der den Vertrag mitsiegelt, wird von beiden Parteien als „bürge und tröster" mit der Aufsicht über die Einhaltung der beiderseits eingegangenen Verpflichtungen, im gegebenen Falle auch mit der Einziehung der Geldbusse beauftragt, welche „pen" sie „gentzlichen an (ohne) all widerred bezallen" sollen.[3]

Wir schliessen diesen Abschnitt, indem wir zum bessern Verständnisse des Folgenden noch kurz die Verzweigung und Verbreitung des Salis'schen Geschlechtes berühren. Mit den 2 Söhnen des oben[4] erwähnten Ser Rudolph de Salis de Soglio (1259), Johannes († 1314) und Gubert Sussus († 1334), theilte sich das rhätische Geschlecht in 2 Hauptstämme, in den Johannes- und den Gubertus-Stamm, welche beide im Laufe der Zeit sich wieder in zahlreiche Branchen und Nebenlinien verzweigten. Bei den Verhältnissen eines so armen und kleinen Gebirgsthales, wie das Bergell, mussten sich die zahlreichen Mitglieder der Familie Salis um so bälder in die Nothwendigkeit versetzt sehen, nach neuen Niederlassungen sich umzusehen, als noch andere, sehr angesehene Adelsgeschlechter, wie die Castelmur, Prevost und Stampa, ebenfalls dort ansässig waren.

Zuerst waren es namentlich die verschiedenen Zweige des Johannes-Stammes, welche sich im Bergeller-Thale ausbreiteten und im Laufe des XIV. und XV. Jahrhunderts zu Castasegna, Promontogno, Stampa und Vicosoprano und bald darauf auch im Engadin zu Samaden, Zuz und Celerina sich niederliessen. Seit dem XVI. Jahrhundert wanderten besonders viele der sehr zahlreich gewordenen Nachkommen des Gubert Sussus über die Alpen und siedelten sich zunächst zu Malans, Seewis und Grüsch im X-Gerichtenbund, dann auch zu Mayenfeld, Jenins, Chur, Zizers, Haldenstein, zu Sils im Domleschger-Thale u. s. w. an, wo sie sich überall Herrensitze

---

[1] Eine Mark zu 8 mailändisch Pfund gerechnet.

[2] von Stampa.

[3] Cod. dipl. IV, 155. Ueber den hier und oben schon mehrfach genannten Augustin, Podestà von Bergell, vergleiche Bucelin, Rhaetia sacra et profana, pag. 286 ad annum 1398.

[4] Siehe oben Seite 18.

entweder erwarben oder neu gründeten. Auch in das Ausland begaben sich viele Familienmitglieder, so dass das Haus Salis jetzt noch in der Schweiz,[1] in Italien,[2] in Oesterreich seit dem XVI. Jahrhundert,[3] Holland und Frankreich seit Ende des XVII. Jahrhunderts, England und Irland seit 1735, Preussen seit 1815 und seit 1839 sogar in Australien blüht,[4] während der alte Stammsitz, Soglio,

---

[1] In Graubünden, Basel und Neufchâtel.

[2] In Tirano, Mailand und Genua.

[3] Balthasar von Salis (wahrscheinlich aus der Samadener Linie), Herr auf Dobrosov, und sein Bruder Franz, Herr auf Stubersdorf und Korzen, erhielten 1579 und 1585 das adelige Incolat des Königreiches Böhmen, lt. Urk. in den Instrumenten-Büchern der k. k. Landtafel und des Grundbuchamtes zu Prag, Tom. 20, sub lit. M 23 anno 1575; Tom. 22, lit. O 24 anno 1585 und Tom. 166, sub lit. C 5 anno 1589.

[4] Graf Leopold Fane v. Salis-Soglio, geb. 1816, vierter Sohn des 1836 verstorbenen Grafen Jérôme, 1845 vermählt, mit einer Miss Mac Donald aus der bekannten schottischen Familie dieses Namens, wanderte 1839 nach Australien aus, wo er in Tharwa eine reiche Farm besitzt. *Erloschen sind folgende Linien:*

I. Vom Johannes-Stamme:
    a) Theodosianische Linie zu Promontogno, Vicosoprano, Stampa und Zuz, erlosch. XVII. Jahrhundert (Tab. I), prot.
    b) Samaden zu Samaden (Tab. II), erloschen 1814, prot.
    c) Sils (Tab. II), erloschen 1830, prot.
    d) Rudolph Fracapan'sche (Rudolph, gen. Fracapan, lebte 1410) oder Oliverische Linie zu Castasegna im Bergell und zu Zuz im Engadin (Tab. I), erloschen 1603, prot.
    e) Linie zu Celerina im Engadin (im Prolegomenon der Stemmatographia Fam. à Salis), erloschen 1716 (?), prot.

II. Vom Gubertus-Stamme:
    1. Von der Nachkommenschaft *Rudolph des Langen* († 1515):
        a) Cläfen-Malanser-Linie (Tab. IV), reichsfreiherrlich, erloschen 1674, prot.
        b) Aeltere Grüscher Linie (Tab. V), reichsfreiherrlich, erloschen 1732, prot.
        c) Augustinische Linie zu Chur (Tab. VII), erloschen 1666, prot.
        d) Nachkommen Guberts (3. Sohns Rudolph des Langen, Tab. VIII):
            aa. Aeltere Regensburger Linie, reichsfreiherrlich, erloschen 1669, kath.
            bb. Zweig zu Teglio im Veltlin, erloschen 1769 (?), kath.
            cc. Jüngerer Regensburger Zweig, reichsfreiherrlich, erloschen zu Beginn des XVIII. Jahrh., kath.
    2. Rietberg (Tab. IX):
        a) Aelterer Zweig, erloschen um die Mitte des XVII. Jahrh., kath.
        b) Jüngerer Zweig, erloschen 1851, prot.
    3. Aus der Linie Mayenfeld (Tab. X):
        a) Bothmar, erloschen 1791, prot.
        b) Haldenstein, reichsfreiherrlich, erloschen 1866, prot.
        c) Soglio-Mayenfeld in Holland, freiherrlich, erloschen 1874, prot.
    4. Zizers, älterer, freiherrlicher Ast vom Untern Schlosse (Tab. XI), erloschen 1819, kath.
    5. Tagstein (Tab. XIV), Nebenlinie von Soglio, erloschen 1872, prot.

Noch blühende Linien:
I. Vom Johannes-Stamme:
    1. Samaden in Frankreich (Tab. II), reichsfreiherrlich, kath. (Neuere Nachrichten über diesen Zweig fehlen gänzlich.)

schon seit mehreren Dezennien verlassen und verödet dasteht.[1] Zur bessern Uebersicht über die Verzweigung des Geschlechtes mögen beifolgende zwei Stammtabellen dienen.

2. Samaden in Oesterreich (Tab. II, XX u. im Prolog), freiherrlich, kath.

II. Vom Gubertus-Stamme (seit 1487 Reichsritter):

1. Marschlins (Tab. VI), im Mannesstamme erloschen 1886, reichsfreiherrlich, prot.
2. Mayenfeld zu Mayenfeld (Tab. X), prot.
3. Jenins und Aspermont (Tab. X und XVI), prot.
4. Zizers (Tab. XI), reichsgräflich, kath.
   a) Ast vom Unteren Schlosse in Zizers (zu Tirano im Veltlin und Mailand).
   b) Ast vom Oberen Schlosse zu Zizers.
5. Soglio, als freiherrlich anerkannt von Oesterreich und Preussen:
   a) Casa Battista (Tab. XII, XVII, XVIII), prot. und kath.
   b) Casa di Mezzo (Tab. XIII), prot.
   c) Casa Antonio (Tab. XIV):
      1) Freiherrliches Haus zu Gemünden, kath.
      2) Reichsgräfliches Haus von Bondo, anglikanisch.
6. Seewis (Tab. XV und XIX):
   a) Haus Bothmar, gräflich und reichsfreiherrlich, kath. und prot.
   b) Haus Ruhenberg zu Malans, reichsfreiherrlich, prot.
7. Neuere Gräscher Linie (abgezweigt von Seewis), reichsfreiherrlich, prot.

Eine Familie Salis existirt jetzt noch zu Wangen im Allgäu, zwar im bürgerlichen Stande, die aber bestimmt behauptet, von dem rhätischen Geschlechte abzustammen, dessen adeliges Wappen sie beibehalten hat. Sie ist wahrscheinlich als Nachkommenschaft des Hauptmanns Friedrich von Salis-Samaden (2. Sohnes des 1556 verst. Hauptmannes Rudolph von Salis und der Katharina v. Planta, claruit 1602, 9, 14) zu betrachten, der, mit einer gewissen Feldmann verheirathet, nach Thiengen in der Grafschaft Klettgau in Schwaben auswanderte (cf. Stemmatogr. à Salis, Tab. II und Leu, Tom. XVI, pag. 32). Ebenso gibt es in Montafun eine Familie dieses Namens, die auch aus Bünden herstammen soll. Sodann finden sich noch zahlreiche andere Salis im Averserthale und im Bergell. Letztere werden für Abkömmlinge von Seitensprösslingen der eigentlichen Bergeller Familie gehalten, während erstere, die Salis in Avers, *möglicher Weise* von irgend einem der ziemlich zahlreichen Mitglieder des Johann'schen Hauptstammes herrühren, deren Descendenz im Salisschen Stammbaume nicht weiter verfolgt wird. Da sie ihre Abstammung von der adeligen Familie Salis nicht zu beweisen vermögen, werden sie von letzterer nicht als zu ihr gehörig anerkannt.

[1] Im Jahre 1843 und 44 drohte dem ganzen Dorfe der Untergang durch einen Bergsturz.

Uebersicht über die Verzweigung des Rhätischen Geschlechtes derer von Salis ab Soglio.[1]

I. Haupt- oder Johannes-Stamm.

Ser Rudolph de Salis de Solio, claruit 1260,
† vor 1300.

Johannes, † circa 1314.	*Ser Ubertus Saxona,* siehe folgende Tafel.	*Ulrich,* † circa 1327. seine Descendenz erlischt schon mit seinen Söhnen Rudolph gen. Carta und Schwicker.
Ser Gaudenz gen. Mudoelius, 1382, † zu Beginn des XV. Jahrh., Enkel des Johannes.		
Anton, 1412–1478, Gesandter an Herzogin Bona v. Mailand.	*Rudolph* gen. Fracapan, claruit 1410, Stifter der Linie zu Castasegna im Bergell etc., erloschen 1605. Tab. I.	
Rudolph, 1443, 1456, 1464, Stammvater der Linie zu Promontogno, Vicosoprano u. Stampa. Tab. I.		
Theodosius vulgo Tuosch, 1526. Seine Descendenz erlischt im XVII. Jahrhundert. Tab. I.	*Rudolph,* † 1571, Stifter der Linie Samaden zu Samaden, erloschen 1814. Tab. I. u. II.	*Johannes,* 1524, Stifter der Linie zu Celerina, erloschen 1716. (?)
	Friedrich, geb. 1510, † 1570.	*Rudolph,* † 1556, Stammvater der Linie Samaden in Oesterreich. Tab. II. u. XX.
	Andreas, geb. 1586, † 1668. Enkel Friedrichs.	
	Andreas, geb. 1627, † 1690.	Friedrich, geb. 1634, † 1711.
	Vincenz, geb. 1681, † 1755. Stifter der Linie Sils, erloschen 1890. Tab. II.	*Vincenz,* geb. 1677, † 1736. Stifter der Linie Samaden in Frankreich. Tab. II.

[1] NB. Die Nummern der Tab. beziehen sich überall auf die Stammtafeln der Stemmatographia Familiae à Salis. Auch sei bemerkt, dass wir hier nur jene Familienglieder anführen, welche als Stifter oder als Stammvater der verschiedenen Linien in Betracht kommen.

II. Haupt- oder Gubertus-Stamm.

Ser Gubertus Sussus
zweiter Sohn Ser Rudolph's, † 1334.
Tab. III.

Gubert der Grosse, † 1400.
Ururenkel des Gubert Sussus.

Rudolf der Lange, † 1515.

Herkules, geb. 1503, † 1578,
Stifter der Cläfner-Maluuser
Linie, erloschen 1674.
Tab. IV.

Herkules, geb. 1566, † 1629,
Enkel des vorigen Herkules.

Abundius,
geb. 159., † 1661,
Stammvater
der ältern Ortflscher
Linie,
erloschen 1732.
Tab. V.

Ulysses,
geb. 1594, † 1674,
Stifter der Linie
Marschlins,
im Mannesstamme
erloschen 1806.
Tab. VI.

Augustin der Lange,
† ca. 1555,
Stifter der ältern
Churer Linie;
erloschen 1666.
Tab. VII.

Gubert, 1521. 1541.
Stammvater der Linien
zu Regensburg;
Aeltere erloschen 1668,
Jüngere erloschen zu
Beginn des XVIII.
Jahrhunderts.
Tab. VIII.

Gubert.
Enkel des vor. Gubert,
Stifter der Linie zu
Teglio im Veltlin,
erloschen 1769.
Tab. VIII.

Gubert,
geb. 1661, † 1730.
Stifter des Hothmar-
zweiges zu Malans,
erloschen 1791.
Tab. X.

Herkules,
geb. 1661, † 1722.
Mayenfeld zu Mayenfeld.

Joh. Lucius,
geb. 1672, † 1722.
Stifter der Linie Jhnhlen-
stein, erloschen 1866.
Tab. X.

Andreas, † 1540.

Anton gen. Rungonius,
† 1554,
Stifter der Linie Rietberg,
(später zu Chur),
erloschen 1854.
Tab. IX.

Vespasian,
geb. 1566, † 1612.
Stifter der Linie
Jenins-Aspermont.
Tab. X und XVI.

Gubert.
Gubert,
geb. 1638, † 1710.
Enkel des Vor-
hergehenden.
Stifter der Linie
Mayenfeld
zu Mayenfeld.
Tab. X.

Gubert, 1569.

Rudolph,
† 1597.

Johannes Baptista,
geb. 1521, † 1597.
Stifter der Linie
Soglio.
Tab. XII.

Johannes Baptista,
geb. 1570, † 1626.

Rudolph Anton,
geb. 1686, † 1745.
Stifter der Linie Mayen-
feld (später Salis-
Soglio-Mayenfeld) in
Holland, erloschen 1874.
Tab. X.

Johann Rudolph,
geb. 16.., † 1689,
führt den freiherrl.
Ast weiter, der
1810 erlischt.

Rudolph Andreas,
geb. 1594, † 16..
Enkel des obigen
Rudolph,
Stifter der Linie
Zizers.
Tab. XI.

Johannes,
geb. 1628, † 1697.
Stifter der
gräflichen Linie zu
Zizers u. Tirano.

Rudolph Franz,
geb. 1687, † 1738.
Enkel des
Grafen Johannes.

Rudolph,
geb. 1730, † 1781.
Zweig zu Tirano.

Simon,
geb. 1731, † 1827.
Zweig zu Zizers.

**Dietegen der Grosse,
geb. 1473, † 1531.
Stammvater der Linie Seewis.
Tab. XV.**

Hieronymus Dietegen, geb. 1612, † 1705.
Ururenkel Dietegen des Grossen.

Anton Dietegen,
geb. 1652, † 1718.
Seewis.
Tab. XV. und XX.

Albert Dietegen,
geb. 1650, † 1740.
Stifter der Neben-
linie Grüsch.
(Neueres Haus.)
Tab. XV.

Friedrich,
geb. 1606,
† 1681.
Casa Battista.
Tab. XII, XVII.
und XVIII.

Rudolph,
geb. 1608,
† 1690.
Stifter der
Casa di Mezzo
auf Soglio.
Tab. XIII.

Anton,
geb. 1609, † 1682.
Stifter
der
Casa Antonio
auf Soglio.
Tab. XIV.

Anton,
Enkel Anton's,
geb. 1673,
† 1735.

Peter,
Enkel Anton's,
geb. 1675, † 1749.
Stifter des gräfl.
Hauses von Bondo.
Tab. XIV.

Anton,
geb. 1698, † 1740.
Casa Antonio.

Herkules,
geb. 1699, † 1744.
Stifter der Neben-
linie Tagstein,
erloschen 1872.
Tab. XIV.

II.

AUS DER REFORMATIONSPERIODE.

Zwei Beförderer der Reformation.

Wenige Jahre nachdem Ulrich Zwingli in seiner Neujahrspredigt
von 1519 den Anstoss zur religiösen Umwälzung auf eidgenössischem
Gebiete gegeben hatte, wurde dieselbe auch nach Graubünden ver-
pflanzt und fand bald grossen Anhang. Als dann im Jahre 1526
der rhätische Bundestag die sogenannten Ilanzer-Artikel erliess und
dadurch die Auflehnung gegen die kirchliche Auktorität zum for-
mellen „Gesetze" stempelte, da war es, wie es selbst protestantische
Geschichtsschreiber[1] nicht ohne Wehmuth bestätigen, nicht nur um
die Einheit des Glaubens, sondern auch um den sozialen Frieden
in der erst vor Kurzem entstandenen Republik der drei Bünde in
Hohenrhätien geschehen.[2]

Im Bergell, dem Heimatthale der Salis, wurde die neue Lehre
zumeist von italienischen Apostaten verkündigt. Dieselben hatten
sich, um der Inquisition zu entgehen, auf Graubündnergebiet, sei es
in die „herrschenden" oder in die „Unterthanen-Lande" geflüchtet[3]

---

[1] C. v. Moor, Geschichte von Currätien etc. Band II, Seite 97.

[2] Zu Ende des XIV. und im XV. Jahrhundert waren die geistlichen und
weltlichen Herren, sammt ihren mit vielfachen Freiheiten ausgestatteten Unterthanen zu mehreren Bündnissen zusammengetreten, um durch Steuerung
der unaufhörlichen Fehden Land und Leuten mehr Sicherheit zu gewähren
und den immer lauter werdenden Anforderungen an grössere Freiheit Rechnung zu tragen. So entstand 1392 der Gotteshausbund (Gotteshausleute waren
die Unterthanen des Bisthums [Gotteshauses] Chur): 1424 der Obere Graue
(d. i. Graven-) Bund und 1439 der Zehn-Gerichten-Bund, aus deren gegen-
seitiger Verbündung (1471 und 1524) die Republik der drei Bünde in alt fry
und Hohenrhätien hervorging.

[3] Unter den Unterthanenlanden verstand man — dies zur Erläuterung
für den mit der Geschichte Graubündens weniger bekannten ausländischen
Leser — die beiden Herrschaften Veltlin und Bormio mit der Grafschaft

und verbreiteten neben den Lehren Zwingli's und Calvin's noch
mancherlei eigene Irrthümer. Unter diesen Verkündigern des neuen
„Evangeliums" that sich besonders Vergerius, ehemaliger apostolischer Nuntius und Bischof von Capo d'Istria, durch einen wahrhaft
infernalen Hass gegen die katholische Kirche hervor.

Peter Paul Vergerius, geboren 1498, anfangs Kriminalrichter
zu Padua, dann Konsulent und Rechtsanwalt zu Venedig, trat ungefähr 1530 in den geistlichen Stand und wurde seiner ausgezeich-
neten Talente wegen von Papst Clemens VII. sogleich zu seinem
Hausprälaten und bald darauf zum Nuntius an den Wiener Hof
ernannt. Später wurde er von Paul III. nach Deutschland entsendet,
um für das Concil zu wirken, 1536 zum Bischof von Modrusio in
Kroatien ernannt, und bald darauf auf den Bischofssitz seiner Vaterstadt Capo d'Istria im Küstenlande versetzt. 1540 an König Franz I.
von Frankreich abgesendet, soll er besonders von der Königin
Margaretha von Novarra zu Gunsten der Reformation beeinflusst
worden sein. Ende des Jahres 1540 begab er sich — ob aus Auftrag
des Papstes, oder aus eigener Initiative, ist nicht sicher — nach
Worms, um an dem von Kaiser Ferdinand I. angeordneten Colloquium
theilzunehmen. Nach Rom zurückgekehrt, sah er sich in seiner Erwartung, zum Cardinalate befördert zu werden, gründlich getäuscht;
er wurde vielmehr, da er sich schon den Verdacht der Zuneigung zum
Lutherthum zugezogen hatte, mit Misstrauen empfangen. Aber erst
sechs Jahre später, als Vergerius öffentlich den Protestantismus zu
predigen begann, schritt die Curie energischer gegen ihn ein, worauf
er sich vor dem Trienter-Concil zu rechtfertigen suchte, was ihm
indess nicht gelang. Am 13. December 1548 erklärte er in einem
offenen Schreiben an seinen früheren Weihbischof Rotta seinen for-
mellen Abfall von der katholischen Kirche. Trotzdem erfolgte die
feierliche und öffentliche Excommunication und Degradation des
apostasirten Bischofs erst den 3. Juli 1549. Vergerius war schon
vorher geflüchtet, zuerst in's Veltlin, dann nach Pontresina im

Chiavenna, welche 1404 von Mastino Visconti dem Bischof von Chur geschenkt,
1512 in den Besitz der drei Bünde gelangt waren. Letztere liessen als sou-
veräner „Fürst" ihre „Unterthanen" durch Landeshauptmänner und Kommis-
sarien regieren.

Engadin, wo er sogleich als protestantischer Prediger auftrat und die Reformation einführte. Im folgenden Jahre 1550 nahm er die Stelle eines Prädikanten zu Vicosoprano in Bergell ob Porta an und glaubte sich in erster Linie dazu berufen, durch schriftstellerische Thätigkeit, besonders durch masslose, gegen das Papstthum und gegen das Trienter-Concil gerichtete Schmähschriften zu wirken. Seine Kampfesweise charakterisirt sich am besten dadurch, dass er unter Anderem auch das Mährchen von der Päpstin Johanna in's Feld führte, wie ihm denn überhaupt, gleich Luther, zur Verunglimpfung der katholischen Kirche und des Papstes keine Zote zu gemein und schmutzig war. Dass Vergerius ein ehrgeiziger Streber gewesen, muss selbst von seinen Lobrednern zugegeben werden.[1]

Als Vergerius nach Vicosoprano kam, war die Reformation daselbst wie auch in den übrigen Gemeinden von Ob-Porta schon seit geraumer Zeit (seit 1529), besonders auf Betreiben der Familie Prevost eingeführt worden. In Unter-Porta hingegen war die Einführung der neuen Lehre bisher hauptsächlich am Widerstande der Familie von Salis gescheitert, die, wie Anhorn sagt, „hartnäckig

[1] „Es ist eine grosse Metamorphose mit mir vorgegangen," schreibt Vergerius bei Anlass seiner Ernennung zum Nuntius an seinen Freund Pietro Aretino (vgl. Lettere scritte al Signor Pietro Aretino da molti Signori, Communità, Donne di valore, Poëti ed altri Eccell^mi Spiriti, divise in II libri, acre al Rever^mo Cardinale de Monte, 1552, 8°, pag. 162), „ich bin aus einem Advokaten ein Orator geworden. Du wirst mich nun fragen: Wie gefällt Dir diese Wandlung? Nicht übel, antworte ich ... einen solchen Beruf habe ich mir immer gewünscht, während die Advokatur mir immer verhasst war. Meine gegenwärtige Stufe ist eine Vorstufe zu höhern Dingen und ist sie es nicht, so gehört sie schon nicht zu den untergeordnetsten. Ich will den weitern Verlauf abwarten und mich über die Wandelbarkeit unseres Schicksals freuen... *Möchten alle Sprünge, die ich etwa noch zu machen habe, verhältnissmässig ebenso gross sein, wie dieser."* Noch unwürdiger zeigt sich seine Gesinnung bei der Uebernahme des Bisthums Modrusio, das er „in Anbetracht der Renten eine geringfügige Sache" nennt. Doch tröstet er sich mit dem Gedanken: „es kommt schon einmal etwas Anderes nach und am Ende ist das (Bisthum) eine Braut, die man verschmähen und vertauschen kann." Vergerius an Aretino. 24. Juni 1536, Lettere etc. pag. 174. Vergl. Chr. Heinrich Six, Petrus Paulus Vergerius, päpstl. Nuntius, kath. Bischof und Vorkämpfer des Evangeliums, 2. Ausgabe, Braunschweig 1871, S. 162 ff., 174 etc. Ed. v. Kauser und Theod. Schott, Briefwechsel zwischen Herzog Christoff von Würtemberg und Petrus Paulus Vergerius. Für den literarischen Verein in Stuttgart, Tübingen 1875. Nr. 204, 205, 206.

dem altererbten Aberglauben anhing.“[1] In der That setzte die Familie damals noch ihre Ehre darein, ihren von den Vorfahren ererbten heiligen katholischen Glauben unversehrt zu erhalten. Dass es blos die Anhänglichkeit an das Althergebrachte gewesen, was die Familie „dem frischen Geisteswehen der neuen Lehre“ gegenüber zum Widerstande gereizt habe, wie einer der neuesten Historiker[2] annimmt, möchte doch zu bezweifeln sein. Nichts steht der Annahme entgegen, dass manche und wohl die durch religiöse Bildung hervorragenderen Familienmitglieder jenen Grad von Einsicht besassen, der sie erkennen liess, dass man viele Beschwerden, welche gegen die herrschenden Missbräuche erhoben wurden, zu würdigen vermöge, ohne diese Schäden der Kirche als solcher zu imputiren und das Kind mit dem Bade auszuschütten.

Auch in dieser Periode fehlte es der Familie nicht an Mitgliedern, die sich dem Dienste der Kirche, sei es im Säcular- oder im Regularklerus, gewidmet hatten. Dass es unter denselben leider auch einen oder den anderen gab, der, die Heiligkeit seines Berufes verkennend, sein Augenmerk mehr auf das Einkommen und auf kirchliche Würden als auf den Nutzen der Kirche richtete, werden wir später noch erfahren. Ebenso konnten ihr diejenigen, welche nach damaligem Missbrauche schon in ihren Knabenjahren zu kirchlichen Würden gelangten, keine moralische Stütze bieten. Doch fehlte es nicht an solchen, welche befähigt und dazu berufen waren, ihren Blutsverwandten in der ihrem Glauben drohenden Gefahr mit Unterweisung und Rath beizustehen. Es ist zwar zweifelhaft, ob der Dominicaner Joh. Baptista von Salis, der 1488 zu Nürnberg eine Moraltheologie, betitelt Summa Casuum, nach ihrem Verfasser auch Baptistana genannt, im Druck herausgab,[3] damals, beim Ausbruche der religiösen Revolution, noch lebte; ebenso ist uns nicht bekannt, ob Friedrich von Salis, der 1538 den Klöstern San Nicola di Piona und San Pietro di

---

[1] Anhorn, Historia Eccles. Reformationis in Raetia, Lib. II, 47: „In Praegalliae inferioris praealto colle eminet Solium oppidum natalibus Salicaeorum inclitum; ex quibus quia perplures avitis superstitionibus mordicus (sic) adhaerebant, adeo facile et celeri gradu reformatio non processit.“

[2] Conrad. von Moor, Gesch. von Currätien, II, Seite 148.

[3] Leu. Tom. XVI, 54. Ein Exemplar dieses sehr selten gewordenen Werkes befindet sich in der v. Sprecher'schen Privat-Bibliothek zu Mayenfeld.

Vallate im Veltlin als Abt vorstand,[1] in der Lage war, auf seine Verwandten einigen Einfluss auszuüben. Wohl aber dürfte dies der Fall
gewesen sein bei dem wackern Pfarrer von Zuz im Engadin, Joh.
Baptista von Salis,[2] der, die Gefahren der neuen Lehre würdigend,
dieselbe nach Kräften bekämpfte. Er war einer jener Priester, welche
1526 unter der Führung des Dekans und Pfarrers zu Camogask, Joh.
Bursella, den Irrlehren des Philipp Gallicius, eines der hervorragendsten „Reformatoren" Graubündens, energisch entgegentraten
und die zeitweilige Verbannung desselben bewirkten.[3] Ferner
sind als Geistliche in dieser Periode noch zu nennen Bartholomäus
von Salis, seit 1520 Erzpriester der Collegiatkirche zu Sondrio im
Veltlin, seit 1523 auch des Collegiatstiftes zu Berbegno, später
Domherr zu Chur und dessen Bruder Friedrich, ebenfalls Canonikus
zu Chur, sowie Johannes von Salis, 1509 bis 1520 Pfarrcurat auf
Soglio.[4]

Bei dem gewaltthätigen Vorgehen der protestantischen Partei
konnte es nicht fehlen, dass die Familie von Salis sich oftmals veranlasst sah, mit Energie für die katholische Sache einzutreten. Im
Januar 1533 beschweren sich Augustin und Andreas von Salis ab
Soglio vor dem Gerichte zu Vicosoprano, die dortigen Protestanten
hätten es darauf abgesehen, dass „die Pfarr und derselb Stift (zu
St. Gaudenzius) zerstört und abthan möcht wärden und villeicht hiemit
vermeinten, yrem Pfarrer zu Vespron[5] sin Narung darvon zu nemmen."
Sie „mügend das," erklären sie nachdrücklich, „nit lyden und be-
gärend darin Gericht und Recht Soliches abzustellen", worauf das
Gericht entschied, es solle dem Verlangen der Petenten entsprochen
werden, so lange „der mer Teil da (in San Gaudentio) will Mäss

---

[1] Urkunde vom 26. Januar 1538: Stemmatographia Fam. à Salis (Tab. I).

[2] Aus dem zu Promontogno im Bergell niedergelassenen Zweige, Stemmat.
(Tab. I).

[3] Ulrich Campell, II, 253, nach Mohrs Uebersetzung. Gallicius stammte
aus dem adeligen Geschlechte Saluz, geb. 1504, nahm den Namen seiner
Mutter an, 1524 zum Priester geweiht, apostasirte wenige Monate später, starb
ungefähr 1583 an der Pest.

[4] Honorabilis Presbyter Johannes de Salicibus, filius quond. Gianotti
dicti Matarel. Ros. à Porta, Vallis Praegalliae Reformatio, pag. 49. Er war
der drittletzte katholische Seelsorger auf Soglio.

[5] Vicosoprano.

lassen han.“[1] So blieb es auch bis zum Jahre 1551, wo der ehemalige Bischof Vergerius diese sehr besuchte Wallfahrtskirche in gottloser Weise entweihte und verwüstete. Zur Ausführung seines Vorhabens wählte er die Nacht vor Christi Himmelfahrt, an welchem Feste alljährlich grosse Pilger-Schaaren sich einzufinden pflegten. Mit einigen verwegenen Gesellen aus Casaccia drang er durch ein mittelst eines Brecheisens geöffnetes Fenster in die Kirche ein. Das Reliquiar, welches die Gebeine des hl. Gaudentius, des Apostels der dortigen Gegend, enthielt, wurde erbrochen, die Reliquien warf man in die Maira; dann gings an die Verwüstung des Gotteshauses. Alles Silber und alle Kostbarkeiten wurden geraubt, die Kruzifixe von der Wand und von den Altären heruntergerissen und in bübischer Weise verunehrt, die Statuen und Bilder der Heiligen verstümmelt und zertrümmert. Auch stachen die Bilderstürmer, wohl um ihrer Gesinnung der katholischen Familie Salis gegenüber an den Tag zu legen, dem als Stifter eines Altarbildes unterhalb desselben gemalten Ritter Dietegen von Salis († 1531) die Augen aus. In solcher Weise verwüsteten diese Eiferer für das neue „Evangelium“ unter Schmähungen auf den Papst die ganze Kirche, welche die Freude und der Stolz des gläubigen Volkes gewesen war.[2] Als dann die Pilger andern Tages erfuhren, was geschehen, da brach gegen den Anstifter der sacrilegischen Entweihung ein solcher Sturm der Entrüstung los, dass er in Lebensgefahr gerieth und schleunigst nach Cläfen flüchten musste, was ihm wahrscheinlich nicht gelungen wäre, wenn nicht gerade zufällig alle Salis — aus welchem Anlasse ist nicht ersichtlich — abwesend gewesen wären.[3] Die Katholiken des Thales, besonders aber das Haus Salis, bot Alles auf, um die Thäter der verdienten Strafe zu überliefern.[4] Vincenz de Quadrio zu Ponte im Veltlin, der noch am nämlichen Tage von dem Vorgefallenen unterrichtet worden war und auch

---

[1] Urkunde von St. Lucien (Luzius-) Tag 1533.

[2] Vincenz Quadrio an Bartholomäus von Salis (damals in Rom) vom 3. Juni 1551. Vergl. unten Beilage Nr. 2.

[3] „La buona sorte (nämlich für Vergerius) volse, che niuno dei Salici „era in Praegallia, quando acascò questa cosa.“ Quadrio l. c.

[4] „la Valle et praecipue la Casa dei Salici hanno fatto et fanno quello „sia possibile per vindicar et volevano occider Vergerio.“ Ibid.

erfahren hatte, dass Vergerius sich von Chiavenna in's Veltlin begeben wolle, brach noch in der folgenden Nacht mit vier Andern nach Novate auf, wo er den ganzen nächsten Tag auf Vergerius wartete, um ihn festzunehmen. Als er aber nicht kam, begab sich Quadrio nach Cläfen und erfuhr daselbst zu seinem grössten Leidwesen,[1] dass Vergerius von den Bergellern zwar verfolgt und auch eingeholt worden war, dann aber, wohl auf Betreiben der Protestanten, nachdem er Kaution geleistet, wieder entlassen worden und nach Vicosoprano zurückgekehrt sei. Vergerius selbst lässt sich in einem Schreiben vom 20. Mai (1551) sehr unwirsch über „einige Mächtige" aus, deren Zorn ihm fast das Leben gekostet hätte, aus keinem anderen Grunde, als dass er, wie er sich ausdrückt, den „Cadaver" des Gaudentius „zur Ehre Gottes" aus der Kirche hinausgeworfen, die Statuen zertrümmert und die Messe abgeschafft habe.[2] Unmittelbar nach dem darauffolgenden Pfingstfest hielt der Pater Lector der Dominicaner zu Como auf Veranlassung Quadrio's und unter dem Schutze der Familie Salis mehrere Predigten im Bergellerthale, namentlich auf Soglio und zu Vicosoprano, welche von dem besten Erfolge begleitet waren, indem viele Protestanten zur Kirche zurückkehrten.[3]

Die Familie erkannte es überhaupt als ihre Pflicht, die Dominicaner auf ihren gefahrvollen Missionsreisen durch Graubünden nach bestem Vermögen zu schützen und zu unterstützen.[4]

Auch ersehen wir aus dem schon öfter angeführten Briefe Quadrio's, dass die Salis auf dem Bundestage von 1551, wohl um

---

[1] „Jo tornai a Casa tutto sconsolato."

[2] „Qui sono stato vessato in giudizio con molte contenzioni, e poco è mancato, che la rabbia *d'alcuni potenti* non mi ha oppresso, et tutto per il cadaver Gaudenziano, che fu gittato via, e per le statue distrutte e per la Messa cietta fuor d'un altra terra in gloria di Dio." Auch in manchen anderen Briefen bezeichnet er die Salis nur mit den Worten „quidam potentes." Vergl. Six, Seite 192; à Porta II, 46; I, 231.

[3] Vincenz Quadrio im nämlichen Briefe.

[4] „Io non ho mai abbandonato el Lector, perch' è stato di bisogno grande, per che ha havuto grandissimo contrasto per la fede ...." „... per non haver io potuto lassere el Lector in le sue occurentie, non ho avuto tempo ..." Friedrich Hektor v. Salis an seinen Bruder Bartholomaeus, 17. April 1551.

den masslosen Angriffen der Reformatoren auf Kirche und Papst und den Gewaltthätigkeiten der protestantischen Partei Schranken zu setzen, die gesetzliche Bestimmung zum Vorschlag brachten und auch durchsetzten, dass bei der Veröffentlichung von Schriften der Name des Verfassers angegeben werden müsse und dass ein Prädikant sich nur da aufhalten dürfe, wo die Mehrzahl des Volkes damit einverstanden sei.[1]

Eine Ausnahme in dieser von der schon damals sehr zahlreichen Familie Salis an den Tag gelegten katholischen Gesinnung machten, so weit uns bekannt, nur zwei Mitglieder, Oberst Herkules von Salis zu Cläfen und Friedrich von Salis zu Samaden, die sich bald der Neuerung anschlossen und ihr nach Kräften Vorschub leisteten.

Es ist eine der betrübendsten Wahrnehmungen, die man in der Reformationsgeschichte machen kann, dass manche der Kirche bisher aufrichtig ergebene und fromme, aber kurzsichtige Seelen in ihrem Unmuthe über die vielfach herrschenden Missbräuche sich dazu verleiten liessen, an der Wahrheit und Vortrefflichkeit der Lehren und Einrichtungen der katholischen Kirche überhaupt zu verzweifeln. Wie wenig erleuchtet und wie thöricht es aber ist, die Lehren und Vorschriften der Kirche aus dem Grunde zu verwerfen, weil sie, wie auch heutzutage nur allzu oft, missachtet werden, dürfte doch wohl für jeden vernünftig Denkenden auf der Hand liegen. Und warum sah man nur auf die Mängel und Aergernisse? Warum unterstützte man nicht die guten Elemente unter dem Klerus, der gerade in Graubünden, wie es selbst protestantische Historiker bezeugen, Beispiele von grosser Frömmigkeit, Gelehrsamkeit und Pflichttreue aufzuweisen hatte? Aber der Reiz der Auflehnung gegen die Autorität und des Umsturzes war eben zu

---

[1] „Li Salici hanno fatto ordinar, che tutti possano stampar o far stampare, ma che si pongano il nome suo a le opere. Poi hanno operato, che nissun Praedicante stia nel Paese, salvo se il più del Populo si contenta.“

mächtig geworden, um leidenschaftslosen Vernunftgründen das Ohr
zu leihen.

Wir wollen es nicht in Frage stellen, dass es den beiden oben
erwähnten Herren wirklich um die Verbesserung der Glaubenslehre
und der Disziplin zu thun war; dass sie sich aber nur durch dies
eine Motiv leiten liessen, scheint indess, besonders in Bezug auf
Herkules Salis, doch nicht ganz ausser allem Zweifel zu stehen.

Geboren im Jahre **1503** als der älteste Sohn des 1515 als
General-Capitain der Rhätischen Hülfstruppen in der Schlacht von
Marignano gefallenen Ritters Rudolf des Langen[1] und der Gräfin
Maria von Sax zu Mousax, mochte Herkules schon in seiner Jugend
von Seite naher Verwandter nachtheilige Eindrücke empfangen
haben. Das Aergerniss, welches sein Vater, ein sonst gut gesinnter
aber etwas gewaltthätiger Herr, durch die widerrechtliche Aneig-
nung kirchlicher Güter erregte, wird zwar auf das Gemüth des
damals erst sieben- bis achtjährigen Knaben umsoweniger einen
Einfluss ausgeübt haben, als die Angelegenheit bald durch unmittel-
bares Eingreifen des apostolischen Stuhles geordnet wurde.[2] Sehr
wohl kann man aber annehmen, dass das Missgeschick eines dem
geistlichen Stande angehörenden Oheims mütterlicher Seite Herkules
in späteren Jahren zum Vorwande für seine Abneigung gegen katholische Institutionen gedient habe.

Johann Baptista Graf von Sax zu Mousax[3] war, wie es scheint,

---

[1] Rudolf der Lange („dictus Longus ob corporis Proceritatem, Stemmato-
raphia, Tab. III), ältester Sohn Gubert des Grossen, diente unter Herzog
Ludwig Sforza von Mailand, war dessen Rath, Gouverneur von Pavia und zu
verschiedenen Malen General-Obrister der Rhätischen Hülfstruppen in Mailändischen Diensten; zeichnete sich als solcher auch in der Schlacht von Novarra, 6. Juli 1513, aus, wobei er schwer verwundet wurde, Sprecher, Chronik,
Lib. V, **214.** Ardüser, Chron. Msc. ad Verb. Salis; Porcacchio in notis ad Guic-
iardinum sub fine Lib. IV; Bucelin, Rhaetia s. et prof. ad annum 1515; Cam-
bell, Histor. Rhaet. Lib. II, 49; Jacobi Augusti Thuani Opera histor. Tom. I, 2,
pag. **972;** Leu, XVI, **35.**

[2] Durch Bulle Julius II. vom 1. September 1512. Vgl. „Registro o vero
via Inventario delli Documenti, che ritrovansi a Coïra, nella Casa del fu Ill᷾mo
Sigr Antonio de Salis filio quond. Sigr. Commissario Battista di Soglio." Msc.
in Archiv des Obern Schlosses zu Zizers.

[3] Derselbe war in der Bündnergeschichte bisher ganz unbekannt. Nach

ohne jeden Beruf in das Kloster Einsiedeln eingetreten, wo seine beiden Grossoheime, die Grafen Rudolf und Gerold, ersterer 1439 bis 1447, letzterer 1452—1469[1] als Fürstäbte regiert hatten. Seit 1504 unter dem Fürstabte Conrad von Rechberg als einziger Mönch der altehrwürdigen, damals gerade an einer ernsten Krisis angelangten Stiftung des hl. Meinrad übrig geblieben, lebte er mit seinem Obern in beständigem Zerwürfnisse, welches sich schliesslich so zuspitzte, dass der Abt, da er sich sogar am Leben bedroht sah, genöthigt war, den renitenten und äusserst jähzornigen Untergebenen im Schlosse Pfäffikon einkerkern zu lassen, aus welcher Haft er im Jahre 1509 durch Vermittlung der Landeshäupter von Schwyz entlassen wurde.[2]

Es ist nicht bekannt, welches Ende dieser bedauernswerthe, unglückliche letzte Sprosse des einst so mächtigen und hochberühmten Dynasten- und Grafengeschlechtes der Monsaxe genommen, dessen tragisches Schicksal freilich einen tiefen Einblick in die viel-

---

seinem Alter zu schliessen — 1509 wird er als ein noch junger Mann geschildert —, ist es sehr wahrscheinlich, dass er der Bruder der Gräfin Maria war. Bucelin (in seiner Germania topo-chrono-stemmographica sacra et prof. II. 257) nennt den Vater der letzteren (im Diplom Kaiser Rudolfs II. vom 12. Mai 1508 heisst es ausdrücklich, sie sei die Tochter des letzten Grafen von Monsax gewesen) *Donat,* dessen Richtigkeit von J. U. v. Salis-Seewis (Seite 253, nota 68), wie uns scheint, mit Recht bezweifelt wird. Graf Johann Peter, der die Grafschaft Misox 1480 an den Grafen Trivulzio verkauft hatte, lebte noch 1509 (Salis-Seewis S. 253). Dessen Gemahlin war Clemente von Hewen, aus erster Ehe verwittwete Gräfin von Monfort. Die Schwester Johann Peters, Gräfin Eleonore, war vermählt mit Rudolf von Salis gen. Doxia, dem Grossvater Rudolf des Langen. Zu bemerken ist, dass noch unter der Regierung des Fürstabtes Gerold auch ein Barnabas von Monsax als Mönch in Einsiedeln lebte (mit ihm noch Conrad v. Rechberg und der Dekan Albrecht v. Bonstetten). Barnabas starb als Pfleger des Stiftes 1501.

[1] Fürstabt Gerold resignirte 1469, starb 1480.

[2] Mittheilungen des historischen Vereins des Kantons Schwyz, Einsiedeln etc. bei Gebrüder Benziger, 1882, I. Heft, Seite 85 ff. Schon früher hatte sich Sax bei den Häuptern als den Kastvögten des Klosters Einsiedeln beklagt, dass sein Abt sich weigere, ihn zum Priester weihen zu lassen (Brief vom 11. Jan. 1505), worauf man ihm erwiderte, er solle zuerst die sieben Tagzeiten regelmässig beten. In einem sehr kläglichen Schreiben vom 9. Febr. 1509 bittet er den Landammann und den Rath von Schwyz, sie möchten sich für seine Befreiung verwenden.

fach trostlosen Zustände der damaligen Zeit thun lässt, wo die Klöster oft nur als eine Versorgungsanstalt des Adels betrachtet wurden.[1]

Indess dürfte auch diese traurige Erfahrung Herkules von Salis doch noch nicht unmittelbar in seiner religiösen Ueberzeugung geschädigt haben. Eine Begebenheit aus dem Jahre 1529, die von allgemein historischem Interesse ist, zeigt uns vielmehr, dass er damals, also in seinem sechsundzwanzigsten Altersjahre, noch zu den entschiedensten Katholiken des Landes zählte.

Es war an einem kalten Dezembertag des Jahres 1528, als eine vornehme Reisegesellschaft mit zahlreicher Dienerschaft von Italien her auf der Höhe des Splügener Passes anlangte. Es war Clara de Medicis,[2] die in Begleitung ihrer Brüder Johann Jakob, später Markgraf von Marignano, und Johann Angelus, damals Erzpriester zu Mazzo im Veltlin, ihre Brautfahrt nach Feldkirch angetreten hatte, wo binnen Kurzem ihre Vermählung mit dem Grafen Wolf Dietrich von Hohenems stattfinden sollte. Unversehens von einem heftigen Schneesturme überrascht, sandten die hohen Reisenden, um die Strasse für ihre Sänften und Pferde passirbar machen zu lassen, einen Boten nach Splügen, der einem dortigen Wirthe namhafte Summen für die Oeffnung des Passes anbot. Der Wirth schöpfte daraus den Verdacht, die Medici, welche mit den drei Bünden schon seit mehreren Jahren auf Kriegsfuss lebten,[3] möchten feindliche Absichten im Schilde führen und nahm den Boten fest. Es sollen bei demselben, was schon an und für sich sehr unwahrscheinlich klingt, Briefe vorgefunden worden sein, die auf nichts Geringeres hindeuteten, als auf die Niedermetzelung aller Protestanten

---

[1] Die Grafen von Sax (de Sacco, oder de Saches etc.) stammen, wie Th. v. Mohr (Cod. dipl. I, 66, Anmerk. 2) und Conr. v. Mohr (Currätien I, 208, nota 22) vermuthen, von den alten Grafen von Bregenz ab. Ihrem Geschlechte entsprossten der hl. Gerold, Einsiedler, und seine beiden hl. Söhne Cuno und Ulrich (diese Annahme hat wenigstens, wie auch Mabillon [Acta Sanctor., Ord. S. Bened.] annimmt, viel mehr Wahrscheinlichkeit für sich, als dass sie Herzöge von Sachsen gewesen seien), der hl. Notker Balbulus von St. Gallen, die beiden Minnesänger Heinrich und Eberhard von Sax u. s. w.

[2] Ihre Schwester, Margaretha Medici, Gemahlin des Grafen Gilbert Borromeo, war die Mutter des hl. Carl Borromeo.

[3] Der sog. Müsser-Krieg (Medici war damals Castellan von Müss im Veltlin).

zu Chur und auf die Absicht, den Bischof Paulus Ziegler zur Abdankung zu bewegen, um an seine Stelle den thatkräftigen Erzpriester von Mazzo, Joh. Angelus Medici, zu setzen. In aller Eile berichtete man diese Entdeckung nach Chur, wo sie nur zu bereitwilligen Glauben fand. Den Medici wurde der Durchpass durch Bünden verweigert, so dass sie, um Feldkirch zu erreichen, den weiten Umweg über Uri und Schwyz einschlagen mussten.

Damit war die Sache aber noch nicht abgethan. Es galt nun, die Theilnehmer an diesem „Komplotte“ im eigenen Lande ausfindig zu machen und zur Rechenschaft zu ziehen. Als solche wurden ausser dem Bischofe selbst der Prämonstratenser-Abt Theodor Schlegel von St. Luzi zu Chur, Herkules von Salis und dessen Oheim Ritter Dietegen von Salis, der namentlich mit dem Erzpriester Medici sehr befreundet war, sowie der Landeshauptmann Georg Beli von Belfort bezeichnet und mit Ausnahme des Bischofs, der sich schon seit längerer Zeit im Auslande aufhielt, in der Neujahrsnacht 1529 verhaftet. Die Prädikanten waren schnell entschlossen, die darüber im Lande entstandene Aufregung ausgiebigst zu verwerthen. Johann Comander, der hervorragendste Reformator Graubündens und Pfarrer zu Chur, hatte in einem Briefe an Vadian,[1] datirt vom 3. Februar 1528, die Ueberzeugung ausgesprochen, dass „die Löwen, Panther, Tiger, Bären, die Basilisken, Vipern und Schlangen“, d. h. die Papisten, „auf keine andere Weise, als *durch gänzliche Vernichtung zu bändigen*“ seien und gerade in diesen Tagen hatte er, indem er Zwingli seine Neujahrswünsche darbrachte, den frommen Wunsch geäussert: „In diesem Jahre 1529 hoff' ich, werde die Hofkirche, der Sitz des Baaldienstes, zertrümmert werden und untergehen.“ Die Prädikanten gossen ihren Ingrimm in erster Linie über den Abt Theodor Schlegel aus, welcher selbst nach dem Zeugnisse seiner Feinde[2] „ein in jeder Beziehung feingebildeter Mann,“ bei verschiedenen Religionsdisputationen mit „seinen scholastischen Syllogismen“ den Gegnern recht unbequem geworden war und mit Energie die Sache der hl. Kirche vertrat. Wenn es nun auch richtig ist, dass

---

[1] Joachim Watt nannte sich Vadian, war Bürger von St. Gallen und intimer Freund Zwingli's.

[2] Campell II, 316.

Abt Schlegel im Interesse des Bisthums den Bischof Paulus zur Resignation zu bewegen und die Erhebung Medicis, der dreissig Jahre später unter dem Namen Pius IV. den päpstlichen Thron bestieg, auf den bischöflichen Stuhl zu Chur zu verwirklichen suchte, so war dies trotz der Bundesartikel von 1525, nach welchen nur ein „Bundesmann" Bischof oder Domherr werden durfte, dennoch kein todeswürdiges Verbrechen. In der That sahen sich seine „Richter", um das von vornherein beschlossene Todesurtheil zu notiviren, genöthigt, Schlegel noch mehrerer anderer Verbrechen anzuklagen, ohne jedoch dieselben beweisen zu können und ohne der Bitte des Abtes, jene in Splügen aufgefangenen Briefschaften im Original vorzulegen und zur Verlesung zu bringen, zu entsprechen.[1] Nach einem sehr eilfertigen und höchst gewaltthätigen Gerichtsverfahren zum Tode durch Henkersbeil verurtheilt, wurde Abt Schlegel, dem selbst die entsetzlichsten Folterqualen kein compromittirendes Geständniss zu entlocken vermocht hatten, am 23. Jan. 1529 zur Richtstätte geschleppt.[2] Da er in Folge der ausgestandenen Misshandlungen unter den Händen der Schergen zu sterben drohte, musste die Enthauptung, ehe man den Richtplatz erreicht hatte, auf offener Strasse in aller Eile vollzogen werden.

Ritter Dietegen von Salis, vom Gerüchte als Hauptagitator der Medici bezeichnet und mit denselben, wie schon bemerkt, intim

---

[1] Die zwei deutschen Uebersetzungen von Peter Tschudi und Nikolaus Baling — Beides Protestanten — widersprachen sich in sehr auffälliger Weise. Darauf aufmerksam gemacht, erklärten die Richter, „ihnen seien die Briefe gut genug verdeutscht."

[2] Nur mit einem Hemde bekleidet und mit einem sehr grossen Steine an den Füssen belastet, hatte der Abt zwei volle Stunden am Seile hängen müssen. Wenn er die Hülfe Gottes und der allerseligsten Jungfrau anrief und vor Schmerz aufschrie, dann sagten seine Peiniger spöttelnd: „Jetzt singt er die Metten, jetzund Prim, Terz, Sext, Non, Vesper, Komplet," und wenn er stillschwieg, hiess es: „Jetzt ist er in der stillen Messe." Diese Tortur wurde mehrmals mit raffinirter Grausamkeit wiederholt, worauf man den Gemarterten mit eiskaltem Wasser übergoss und dasselbe an ihm gefrieren liess. Zuletzt wurde das Angesicht des Abtes ganz schwarz, und „sind ihm die Augen vor dem Kopf haussen gestanden." S. den ausführlichen Bericht Johann Winterthur's, Kaplan's in Feldkirch (bei Joh. Gg. Mayer, S. Luzi bei Chur. Lindau 1876. S. 84 ff.).

befreundet,[1] und der Landeshauptmann Beli wurden in Zuz ebenfalls der peinlichen Frage unterworfen, aber bald mit der Erklärung entlassen, dass diese Untersuchung ihre Ehre nicht beeinträchtigen solle. Dietegen musste Bürgschaft leisten, keinen Ausländer ohne Erlaubniss der Bünde in das Land zu ziehen, und Beli hatte die Kosten des Gerichtes zu tragen. Herkules Salis scheint am glimpflichsten davon gekommen zu sein; immerhin wäre dieses traurige Erlebniss gewiss dazu angethan gewesen, ihm die Augen über die Endzwecke der Reformatoren zu öffnen. Auch der gemordete Abt war, wie es wohl bei allen wahrhaft christkatholisch Gesinnten der Fall sein musste, für eine Reform der Kirche an Haupt und Gliedern sehr eingenommen, sah aber bald ein, dass es den Anhängern der neuen Lehre mehr um den Umsturz der Kirche, als um die Heilung ihrer Schäden zu thun war.

Als dann im folgenden Jahre 1531 zum zweiten Male der Krieg zwischen den drei Bünden und Johann Jakob de Medicis ausbrach, betheiligten sich sowohl Herkules von Salis, als sein Oheim Dietegen an dem Feldzuge, wobei Letzterer schon im Beginne der Feindseligkeiten, bei der Eroberung von Morbegno, fiel. Der Scharfsinn und die Geschicklichkeit, mit welcher Herkules v. Salis den Transport der für die Belagerung der Burg Müss im Veltlin bestimmten schweren Belagerungswerkzeuge trotz der grössten Schwierigkeiten über die unwegsamsten Gebirgspässe — die Heerstrasse war vom Feinde besetzt — glücklich bewerkstelligte,[2] legte den Grund zu seinem militärischen Rufe, welchen er später als General-Obrister der Rhätischen Truppen im Dienste Franz I. von Frankreich besonders bei der Eroberung von Landrecy (Depart. du Nord), 1543,

---

[1] Der Erzpriester Joh. Angelus hatte zwei Jahre zuvor den gleichnamigen, einzigen Sohn Dietegens, den nachmaligen Landvogt auf Castels, aus der Taufe gehoben und behielt auch später als Propst sein Pathenkind stets in gutem Andenken.

[2] „Mox etiam machinis bellicis, mira dexteritate et industria Herculis, filii Rodolphi à Salis, Praegalli, juvenis intrepidi, et postea Rhaeticarum copiarum, sub auspiciis Galliae regis Francisci, summi ducis, adductis, Datio primum, turri et loco munito, quo praeclas suas hostes deportabant, potiuntur." Sprecher. Pallas Rhaet., lib. IV. 197. Vergl. Campell I. 325 bei Mohr.

glänzend bethätigen sollte.[1] Die Theilnahme am Müsser Kriege und der dabei bewiesene Eifer der beiden Salis mochte um so eher auf dem Streben beruhen, den Verdacht eines Einverständnisses mit Medici von sich abzuwenden, als dieser sich gerühmt haben soll, er habe im Bergell „sieben oder gar zwölf Lichter, deren er sich nach Belieben bedienen könne.“[2]

Herkules' Entfremdung von der Mutterkirche wurde wahrscheinlich in erster Linie durch seine Heirath mit Maria von Pestalozza angebahnt, deren Familie in Cläfen zu den ersten und entschiedensten Anhängern der neuen Lehre zählte. Der offene Bruch erfolgte ungefähr 1539, in welchem Jahre er zu Cläfen, wo er sich nach seiner Verheirathung niedergelassen hatte, einen apostasirten Augustiner-Conventualen aus Piemont, Namens Augustin Maynardo, bei sich aufnahm und ihm erlaubte, in seiner Hauskapelle zu predigen. Er wies demselben ein Wohnhaus sammt Garten und gewissen Grundzinsen an.[3] Um die Gründung einer eigentlichen Gemeinde anzubahnen, erwirkte Herkules Salis im Jahre 1544 beim Bundestage einen Beschluss, wonach es den Protestanten in den Unter-

---

[1] Campell II, cap. 67; Sprecher: Pallas, lib. IV, V; Bucelin: Rhaetia sacra et prof. ad annum 1543; Guler: Historia Rhaet., lib. 13 etc.

[2] Sprecher: Chronik, 147. Campell berichtet (II, 321 bei Mohr): „Auch von den Anführern (der Bündner) fielen Einige, denn sie waren genöthigt, gegen ihr besseres Wissen und Dafürhalten in den Kampf hineinzustürzen, um nicht beim gemeinen Mann als Verräther zu gelten; denn bereits waren einige Stimmen dieser Art lautgeworden, als Jene Gegenvorstellungen zu machen versucht hatten“. Unter den gefallenen Anführern werden ausser Dietegen von Salis besonders Martin von Travers und Johann von Marmels genannt.

[3] Campell (bei Mohr) II, 391. Ein anderer italienischer Flüchtling, der im Salis'schen Hause zu Chiavenna Zuflucht und namentlich an Rudolf, dem älteren Sohne des Herkules, einen eifrigen Gönner fand, war der berühmte Literat Ludwig Castelvetro aus Modena, der im Jahre 1561 nach Chiavenna kam, später einige Zeit zu Basel und unter dem Schutze des Kaisers Max II. zu Wien sich aufhielt, dann nach Chiavenna zurückkehrte, wo er den 20. Februar 1571 starb. Er wurde im Garten des Palazzo Salis begraben. Das ihm von Rudolf von Salis gesetzte Denkmal wurde 1791 vom Obersten Friedrich Anton von Salis-Soglio (C. d. Mezzo) renovirt und mit einer Büste Castelvetro's versehen und besteht jetzt noch. Vergl. Crollalanza, Storia del Contado di Chiavenna, Milano 1870, pag. 197; Cantù, gli eretici d'Italia, Tom. II, pag. 168, 169.

thanenlanden gestattet war, protestantische Erzieher und Religions-
lehrer zu halten. Später, nachdem die volle Religionsfreiheit auch
für die Unterthanenlande proklamirt worden, räumte die protestantisch
gewordene Familie Mascranici zu Cläfen die seit 1253 in ihrem Besitze befindliche Kirche Santa Maria del Patarino oder di Ladragno
dem evangelischen Gottesdienste ein.[1] Bemerkenswerth scheint uns,
dass Herkules Salis ungefähr zur nämlichen Zeit seinen jüngern,
damals wohl kaum sechzehnjährigen Sohn Abundius als Propst der
genannten Kirche investiren liess, was auf seine Reformbestrebungen
ein etwas sonderbares Licht wirft.[2] Ebenso hielt ihn der Eifer für
das „lautere Evangelium" durchaus nicht ab, sich um bischöfliche
Lehen zu bewerben. Dabei darf nicht übersehen werden, dass er diejenigen Lehen, welche er im Jahre 1568 erhielt und die früher dem
Hause Planta angehört hatten, nicht wie sonst aus der Hand des
Bischofs, sondern „vom Bisthume" empfing.[3] Die Rechtmässigkeit der
Erwerbung dieser Lehen erscheint daher aus dem Grunde zweifelhaft, weil gerade in jener Zeit (seit 1565) gewisse, dem Lehensinhaber nicht sehr fernstehende Persönlichkeiten, wie wir später
sehen werden, häufig in sehr gewaltthätiger Weise in die Besitz-
rechte des Churer Bisthums eingriffen.

Im Uebrigen bewies er freilich bis zu seinem Lebensende bei
jeder Gelegenheit eine entschieden protestantische Gesinnung, so
namentlich auch bei der Nachricht von der Pariser Bartholomäusnacht (1572), die ihn so sehr empörte, dass er sich trotz seines
hohen Alters nicht abhalten liess, sofort nach Chur zu reisen, um
dem französischen Gesandten persönlich den Verzicht auf seine Pension von 600 Lires zu erklären. Er könne, sagte er voller Ent-

---

[1] Breve Ragguaglio dello Stato delle Chiese Evangeliche nel Contado di
Chiavenna, von à Porta, Msc. Noch vor 1568 wurde den Protestanten zu Cläfen
durch Dekret der Bünde auch die Kirche San Pietro zugewiesen.

[2] Abundius, der 1567 erst 33jährig als kaiserl. Oberstlieutenant zu Wien
starb, muss wohl sehr jung in den Militärdienst eingetreten sein. 1542 erscheint der damals jedenfalls auch noch sehr jugendliche Prosper Paravicini,
der später die Wittwe des Abundius von Salis, Hortensia Gräfin von Martinengo,
heirathete, als Propst der genannten Kirche. Stemmatogr. Fam. à Salis, Tab. IV.

[3] Stemmatogr., Tab. IV. Auch vom Bischof von Como, Berhardinus della
Croce (1543—59), wurde Herkules Salis den 10. Dez. 1551 mit verschiedenen
Lehen investirt. Sprecher, Kriege und Unruhen, I. 580 bei Mohr.

rüstung, nicht ferner Pensionirter eines Potentaten bleiben, der auf so grausame Weise „so viele treue Diener Christi" habe ermorden lassen.[1]

Herkules von Salis brachte seine letzten Lebensjahre auf Soglio zu und starb daselbst im Jahre 1578 im Alter von 75 Jahren. Früher von grossem Einflusse auf alle Angelegenheiten des Landes, hatte er sich später fast ausschliesslich der Erziehung seines Enkels Herkules gewidmet, den er nach dem frühen Tode seines Sohnes Abundius und nach der bald darauf erfolgten Wiedervermählung seiner Schwiegertochter zu sich genommen hatte. Herkules der Jüngere[2] scheint von seinem Grossvater jene starre antikatholische Gesinnung ererbt zu haben, die ihn später zum Haupte der protestantischen Partei so wohl geeignet machte.

Dem Beispiele des Obersten Herkules folgte bald Friedrich von Salis zu Samaden. Geboren im Jahre 1512 als der dritte von den sieben Söhnen des Obersten und Podestà des Bergells, Rudolf von Salis zu Promontogno, war er nach Anhorn[3] schon während seiner Studienzeit in Basel[4] durch Simon Grynäus für den Protestantismus gewonnen und mit vielen reformatorischen Grössen, auch mit Erasmus von Rotterdam, bekannt geworden.[5] In seine

---

[1] Ulysses von Salis-Marschlins, Denkwürdigkeiten (bei Mohr), S. 2, 3.

[2] Wird von den bündnerischen Geschichtsschreibern häufig mit seinem Grossvater verwechselt oder für dessen Sohn gehalten.

[3] Wiedergeburt der rhätischen Kirche, S. 44.

[4] Wahrscheinlich 1531—34.

[5] Simon Grynäus, 1493 zu Vehringen im Hohenzoller'schen geboren, vollendete seine Studien zu Wien, ward daselbst Magister der griechischen Sprache, wandte sich dort dem Calvinismus zu, wurde trotzdem unter dem Schutze des ungarischen Adels Schulrektor zu Ofen, 1523 nach Heidelberg, 1529 nach Basel berufen; 1530 auf Veranlassung des Landgrafen Philipp von Hessen nach England entsendet, um dort für die Reformation zu wirken. König Heinrich VIII. beauftragte ihn, bei den deutschen evangelischen Theologen Gutachten für seine Ehescheidung einzuholen; Grynäus kehrt 1531 nach Basel zurück, wird 1534 von Herzog Ulrich von Würtemberg nach Tübingen berufen, um daselbst „Schule und Kirche zu verbessern," kehrt 1537 abermals als Professor des neuen Testamentes nach Basel zurück, wohnt 1540 mit Melanchton, Bucer, Calvin u. s. w. dem Colloquium von Worms bei. 1541 Rektor der Universität zu Basel, stirbt daselbst im nämlichen Jahre an der Pest. Verfasser zahlreicher Schriften. Vergl. Leu, Tom. IX, S. 287.

Heimat zurückgekehrt, unterhielt er mit Grynäus, Bullinger, Vergerius und anderen Vorkämpfern der neuen Lehre einen regen, brieflichen Verkehr.

Zu Samaden im Oberengadin, wo er sich mit einigen seiner Brüder niederliess, da die Mutter, Anna von Mysani, daher stammte, hatte der Protestantismus besonders durch die Anstrengungen des Prädikanten Philipp Gallicius und Jakob Biveroni's viele Anhänger gewonnen. Aber erst im Jahre 1551 gelang es den vereinten Bemühungen des Vergerius und Friedrichs von Salis, den katholischen Gottesdienst abzuschaffen und an die Stelle des Priesters einen „Diener am Worte" zu setzen.[1] Natürlich hatte sich Friedrich dadurch sowohl bei den Prädikanten, als auch bei der protestantischen Regierung bestens empfohlen. Sein Ansehen wurde noch dadurch gehoben, dass er beiläufig im Jahre 1544 Ursina von Travers, die Tochter des in der Geschichte des Landes als hervorragender Staatsmann und Kriegsführer, sowie als Beförderer der Reformation bekannten Landeshauptmanns und bischöflichen Kanzlers Johann von Travers heirathete.[2]

Wie einflussreich seine Stellung namentlich in den Kreisen der Prädikanten war, ist daraus ersichtlich, dass dieselben bei ihren unablässigen Lehrstreitigkeiten stets seiner Gunst sich zu versichern trachteten. So dedicirte ihm z. B. ein gewisser Camillo Renato, früher Mönch eines sizilianischen Klosters, der später wegen seiner „gefährlichen Irrthümer" aus der rhätischen Synode ausgeschlossen wurde, seine poetische Umschreibung des Symbolums, bei welcher Gelegenheit er seinem Gegner, dem uns schon bekannten Maynardo in Cläfen, nicht weniger als 125 Ketzereien nachwies.

Es war besonders ein wichtiges Unternehmen Bullinger's und des Fabricius, wobei dieselben Friedrich's Einfluss sich nutzbar zu machen gedachten — bei der schon lange angestrebten, bei jeder

---

[1] C. v. Moor, Gesch. v. Currätien II, S. 143.

[2] Travers stammte aus einer altadeligen Familie aus Ravenna, welche sich im XV. Jahrhundert in Zuz im Engadin niedergelassen hatte, Sohn Jakob's v. Travers, 1470 Oberstlieut. im Dienste Kaiser Friedrich III. Vom ältesten Sohne Johanns, Jakob, der nicht formell zum Protestantismus übertrat, stammt die katholische, von Ludwig XVI. in den französischen Grafenstand erhobene Familie Travers.

passenden und unpassenden Gelegenheit wieder zur Sprache gebrachten Säkularisation des Hochstiftes und Bisthums Chur. Bei der entschieden ablehnenden Haltung, welche die ganze Familie Salis und auch Johann von Travers dieser Frage gegenüber an den Tag legte, war es Fabritius bisher noch nicht gelungen, Friedrich für diesen seinen Lieblingsplan zu gewinnen. Ein neuer Anlass, die Sache in Fluss zu bringen, bot sich dar, als die Abtei Pfävers im Jahre 1558 von den drei Bünden den ihr schon lange vorenthaltenen Zehnten von St. Salvator bei Chur zurückforderte und dabei vom Domkapitel kräftig unterstützt wurde, worüber die löblichen Stadtväter von Chur und die Protestanten in nicht geringen Zorn geriethen. Fabritius glaubte diesen künstlich erregten Aufruhr um so weniger unbenützt vorübergehen lassen zu sollen, als er, wie der Protestant Kind in seiner Reformationsgeschichte[1] sagt, noch Alles von „jenen unter den Kämpfen der Reform ergrauten Männern" erhoffte, „während ihm die jüngere Generation bereits weit weniger „Vertrauen einflösste. Den Bischof," sagt Kind weiter, „hoffte er „durch Auskauf (der Herrschaftsrechte), die Capitularen durch Pen- „sionen zufrieden zu stellen. Verfahre man dabei mit Vorsicht, „meinte er, sodass die Sache *nicht zu früh unter die Bauern komme*, „so werde auch für Kirchen, Schulen und Arme etwas Ziemliches übrig „bleiben. Zur Einleitung sollte Bullinger mit Friedrich von Salis, der „eben nach Zürich reiste, sich in's Vernehmen setzen. Salis, wiewohl „auch er Bedenken trug, liess sich gewinnen und übernahm es, mit „dem Bischof zu sprechen. Bullinger versprach einen umfassenden „Reformations-Plan auszuarbeiten. Allein Bischof Thomas (von „Planta), der in der durch Caraffa's (Paul IV.) Auftreten so wesent- „lich ermuthigten katholischen Partei bereits eine Stütze sehen durfte, „weigerte sich aller ihm gemachten Vorschläge,[2] und Bullinger „warnte den Churer Antistes (Fabritius), irgend etwas Gewalt- „thätiges zu unternehmen, zumal der Pfäverserstreit doch nicht „lange genug dauerte, um die Aufregung zu erhalten."

---

[1] Die Reformation in den Bisthümern Chur und Como, Chur 1858, S. 132.

[2] Ein schönes Zeugniss für die Pflichttreue dieses so viel verleumdeten Kirchenfürsten !

Die protestantischen oder sonst akatholisch gesinnten Bundeshäupter, welche in Friedrich von Salis das geeignetste Werkzeug
zur Ausführung ihrer „reformatorischen" Verordnungen, d. h. Ge-
waltakte, erkannt hatten, ertheilten ihm mit besonderer Vorliebe
ihre Aufträge, wenn es galt, die über die Zudringlichkeit der Prädikanten aufgebrachten katholischen Unterthanen im Veltlin wieder
zum Gehorsam zurückzuführen. Im Jahre 1559, nachdem er das
wichtige Amt eines Kommissarius (Gouverneurs) der Grafschaft
Cläfen erhalten hatte, wurde er unter Anderm auch mit der Ausführung eines Dekretes betraut, das den Protestanten Antheil an
den Einkünften der St. Laurentiuskirche zu Cläfen, der Abtei San
Abondio zu Como und an den bischöflichen Veltliner-Gefällen einräumte und dadurch zum ersten Male in den Besitzstand der katholischen Kirche im Veltlin eingriff.

Dass Friedrich von Salis nicht zu den wenigen bündnerischen
Parteimännern zählte, welche es unter ihrer Würde hielten, durch
französisches Geld in ihrem „evangelischen" Eifer gegen Oestreich
sich bestärken zu lassen, ersehen wir aus Campell's Geschichte, wo
er als der „erste und einflussreichste der französischen Pensionäre"
bezeichnet wird.[1] Friedrich starb den 14. Juni 1570 im Alter von
68 Jahren mit Hinterlassung eines Sohnes und zweier Töchter und
dürfte seine Ruhestätte in der zwanzig Minuten nordwestlich oberhalb Samaden gelegenen, uralten Begräbnisskirche zu St. Peter
gefunden haben, deren Fussboden heute noch mit Grabmälern der
Familien Planta, Salis, Juvalt u. s. w. bedeckt ist.

---

[1] II, S. 444 bei Mohr.

Drei Bischofswahlen.

Herkules und Friedrich von Salis waren indess, wie schon erwähnt, die einzigen, welche sich schon in der ersten Hälfte des XVI.
Jahrhunderts der Neuerung anschlossen, während gerade die nächsten
Anverwandten dieser beiden Beförderer der Reformation sich als
besonders eifrige Katholiken erwiesen, so besonders der jüngste
Bruder des Herkules, Gubert von Salis,[1] dessen Nachkommenschaft,
der hl. Kirche stets treu bleibend, das von religiösen und politischen
Wirren zerrissene Vaterland verliess und in Bayern (Regensburg)
und Italien (Teglio) eine neue Heimat suchte.[2] Nicht weniger treue
Anhänglichkeit an den apostolischen Stuhl bewies Oberst Josua von
Salis, der jüngste Stiefbruder Friedrichs zu Samaden, der, in veneianischen Diensten stehend, in der Schlacht bei Lepanto (1571)
mitkämpfte und von Papst Pius V. zum Ritter des Goldenen Sporns,

[1] Vermählt mit Anastasia von Prevost, Tochter des Fabius v. Pr. und
der Anna von Castelmur. Er hatte seinen Wohnsitz zu Mailand, dessen Bürgerrecht er von Kaiser Karl V. erhalten hatte. Vergl. oben S. 27. Gubert hatte
zuerst unter Kaiser Ferdinand I. in kaiserlichen, später in französischen Diensten
gestanden.

[2] Der ältere Regensburger Zweig erlosch im männlichen Stamme mit
Freiherr Kaspar Rudolf, Domherr zu Chur und zu Regensburg und Propst der
Collegiatkirche St. Johann Baptist zu Regensburg; † 16. Juni 1669. Seine
Schwester Elisabeth war damals Fürst-Aebtissin des adeligen Damenstiftes
Obermünster zu Regensburg; † 1683. Der Zweig zu Teglio im Veltlin erlosch
mit Gian Battista, geb. 1741, seit 1764 Weltpriester (Todesjahr unbekannt).

Der jüngere Regensburger Zweig erlosch mit den beiden Schwestern
Maria Elisabeth Albertina, vermählt mit Hieron. Franz Baron von Welden,
Hofmarschall des Fürstbischofs von Eichstädt etc. und Mar. Anna Maximiliana,
verm. mit Marquard Sebastian Segesser von Bruneck, Töchter des Reichsfreiherrn Albert. geb. 1618, † 1649, und der Maria Anna, geb. Reichsgräfin zu
Pappenheim (geb. 1627, † 1695, ist neben ihrem Gemahl in der Niedermünsterkirche zu Regensburg beigesetzt).

zum Lateranensischen Pfalzgrafen und St. Georgs-Ritter ernannt wurde,[1] und der vollbürtige Bruder Friedrich's, Anton, kaiserlicher Artillerie-Commissär unter Karl V und Ferdinand I.[2]

Wenn es später, etwa sechzig Jahre nach Beginn der Reformation, dennoch dazu kam, dass auch die übrige Familie Salis von der Kirche sich abwandte und in ihrem Vaterlande sogar vielfach der Hort des Protestantismus wurde, so ist man bei ihr mehr als sonst berechtigt, diese vollständige Sinnesänderung auf eine ganz besondere Ursache zurückzuführen. Eine solche zu finden hält denn auch nicht schwer, und wir glauben nicht fehlzugehen, wenn wir eine der traurigsten Episoden der Geschichte Graubündens und speziell der Familie von Salis als den entscheidenden Wendepunkt in ihrer kirchlich-religiösen Haltung bezeichnen. Wir meinen das von der Familie im Jahre 1565 in Scene gesetzte Schisma der Kirche von Chur.

Um Ursache und Verlauf des eben angedeuteten Ereignisses besser zu verstehen, bedarf es vorerst der Erörterung eines Umstandes, der die Geschichte des Salis'schen Hauses in den drei letzt verflossenen Jahrhunderten besonders charakterisirt. Nachdem im Laufe des XV. und in den ersten Jahren des XVI. Jahrhunderts fast sämmtliche Dynastengeschlechter erloschen waren, traten namentlich zwei Familien aus dem bisherigen Ministerialadel, die Planta und Salis, immer mehr in den Vordergrund des politischen und sozialen Lebens der Republik. Mit den Dynasten mehrfach verschwägert,[3] hatten diese beiden Geschlechter schon seit geraumer Zeit sehr häufig in die Geschicke des Landes mit eingegriffen und waren allmählig

---

[1] 1569 warb er für die venetianische Flotte 600 katholische Bündner als Ruderknechte an. J. A. v. Sprecher: Gesch. der drei Bünde im 18. Jahrh. II, 151. Oberst Josua scheint unverheirathet geblieben zu sein. Sein Todesjahr ist uns nicht bekannt. Ob Rudolf, der vollbürtige Bruder Josua's (verm. mit Katharina von Planta), † 1556 zu Samaden, und dessen Söhne Johann Baptist und Friedrich katholisch blieben, ist nicht ersichtlich. Die Söhne Johann Baptist's wanderten zu Beginn des XVII. Jahrhunderts nach Mähren aus. Seine Nachkommenschaft folgt dem katholischen Bekenntnisse.

[2] 1558 zu Linz in Oberösterreich unvermählt gestorben.

[3] Die Planta mit den Grafen von Werdenberg (-Sargans), die Salis mit den Grafen von Sax-Monsax, mit den Freiherrn von Hohenhewen u. s. w.

zu einem verhältnissmässig bedeutenden Besitzstand gelangt, standen
sich aber feindselig gegenüber. Die Annahme Heinrich Lehmann's,[1]
der Ursprung dieser traditionellen Feindschaft sei in der zu Ende des
XIV. Jahrhunderts durch Bischof Hartmann (Graf Werdenberg) erfolgten Belehnung Jakobs von Planta mit dem Schlosse zu Vicosoprano im Bergell zu suchen, dürfte kaum haltbar sein. Es kann
freilich kein Zweifel darüber herrschen, dass die Familie Planta
in Bezug auf Belehnungen und Privilegien von Seite der Bischöfe
immer bevorzugt war.[2] Man darf daher wohl annehmen, dass es
die Salis nicht sehr gerne sahen, wenn die Planta im Bergellerthale
festen Fuss fassten, dass ihnen hingegen der Ankauf der ehemals
Planta'schen Güter bei Soglio im Jahre 1300[3] um so erwünschter
war. Trotzdem findet sich nirgends eine Spur von ernstlicheren
Zerwürfnissen, wie die Familie Salis solche z. B. 1372 mit den Herren
von Marmels,[4] namentlich aber mit denen von Castelmur im Jahre
1390[5] und auch späterhin auszukämpfen hatte. Mehr Grund zu einer
Verwickelung der beiderseitigen Interessen, als es bei der oben
erwähnten Belehnung der Fall war, dürfte wohl im Jahre 1372 vorhanden gewesen sein, als Bischof Friedrich II. der Familie von Planta
den Zoll im Bergell für die Dauer von 31 Jahren verpachtete. Doch
kam auch hier ohne besondere Schwierigkeiten ein Vergleich zu

---

[1] Republik Graubünden I, 29.

[2] 1244 erhielten die Planta das Kanzlei-Amt im Oberengadin, 1275 sämmtliche Lämmerzehnten im Oberengadin, den Kornzehnten, die Burg Guardaval
mit dem dazu gehörigen Zoll, das Vicedominat u. s. w., 1288 den See zu St. Moritz
zu Lehen und kauften 1295 die hohe Gerichtsbarkeit des Oberengadins, welche
1470 an die Gemeinde überging. Bis Ende des vorigen Jahrhunderts wurde
aber der Landammann oder wenigstens dessen Stellvertreter stets aus der Familie Planta gewählt und noch zu Beginn dieses Jahrhunderts wurde die neugewählte Obrigkeit stets vor dem Planta'schen Stammhause zu Zuz vereidigt.

[3] Cod. dipl. II, Nr. 93.

[4] Ibid. III. Nr. 163. „Carta pactis et concordiis inter Ser Redulfum Sus-
sum de Salicibus de Solio filium quond. Ser Guberti Sussi de Salici de Solio
ex una parte, Et Johannem fqud. Ser Schwickeri de Marmorea ex altera parte....
actum Vicosuprano ante canipam quondam Luichi..." Zeugen: Ser Andreas
von Marmels, Eginolf von Juvalt, Petrus von Unterwegen, Schayffuss von
Marmels, Ser Dorigallus von Castelmur gen. Mennxe, Zanonus von Castelmur.
Datum: 10. Mai 1372.

[5] Siehe oben S. 33. 34.

Stande, laut welchem Ritter Thomas Planta und die übrigen „Planten"
„Rudolfen von Salis gen. Madogg und seinen gesellen" besondere
Rechte an der Pachtung einräumten.[1] — Auch im 15. Jahrhundert
dauerte das gute Einvernehmen zwischen den beiden Familien fort.
Dies ist nicht nur daraus ersichtlich, dass z. B. Friedrich von Salis zu
Zuz als kaiserlicher Notar von den Planta zur Siegelung aller ihrer
Urkunden erbeten wurde, was nach damaliger Auffassung als ein
Freundschaftserweis betrachtet werden muss,[2] sondern noch mehr
aus dem Umstande, dass sie in sehr zahlreichen Schiedsgerichten
gemeinschaftlich mitwirkten. So traten z. B. 1452, Montag vor S. Ni-
colaustag, bei dem Rechtsstreite zwischen dem Gotteshause von
Chur und dem Gerichte Belfort, „Junkher Nuttin Planten, Junkher
Rudolf Salesch" und Janutt von Schauenstein als Bevollmächtigte
der ersteren Partei auf. Noch deutlicher offenbarte sich dies freund-
schaftliche Verhältniss bei den Anständen, welche sich wegen der
Silberbergwerke im Oberengadin zwischen dem Bisthume und den
Planta erhoben hatten. Auf Seiten des Bischofs (Ortlieb von Brandis)
standen Graf Hugo von Montfort, Graf Ulrich von Mätsch und Frick
Fröwis von Feldkirch, während die Planta den Grafen Georg von
Werdenberg, Rudolf von Salis[3] und Rudolf von Castelmur zu ihren
Vertretern am Pfalzgerichte sich erbeten hatten (1461).

Ueber die einige Jahrzehnte später zum unberechenbaren Nachtheile des Vaterlandes und der beiden Geschlechter eingetretene

---

[1] Codex diplom. III, Nr. 170. Datum „an dem nächsten montag vor unser
frowentag in dem Herbst (6. Sept.) 1372. Nach Lechner („Das Thal Bergell;
Leipzig 1874, S. 31) wäre die Zollpacht nach Ablauf der Pachtzeit an die Familie Salis übergegangen.

[2] In Rhätien, wie auch mehrerorts in Frankreich (cf. La Roque, Traité
de la noblesse, c. 148, éd. de 1710) waren dazumal alle oder doch die meisten
Notäre („publici Imperiali auctoritate Notarii") von Adel. Montalembert führt
u. A. auch diesen Umstand als Beweis gegen die Behauptung an, dass der
mittelalterliche Adel sich eine Ehre daraus gemacht habe, *jede* Pflege der
Wissenschaft zu vernachlässigen und dass er *als solcher* nicht schreiben
konnte („ils ne savent pas signer, attendu leur qualité de gentilshommes").
Cf. „Les Moines d'Occident", Tom. VII, pag. 689 (im Append.). Noch ein anderer grosser Gelehrter, Kardinal Pitra, hat (in der Vita s. Leodegarii c. 3.
Act. Sanctor. O. S. B.) die Unrichtigkeit dieser Behauptung dargethan.

[3] Wahrscheinlich Rudolf *Doxia*.

ödtliche Feindschaft spricht sich Herr von Moor in seiner „Geschichte von Currätien"[1] folgendermassen aus: „Als mit dem Be-
,ginne der französischen Feldzüge in der Lombardei und mit dem
,Uebergang des Herzogthums Mailand in spanischen Besitz einer-
,seits bei Frankreich der Bedarf an den damals so geschätzten
,eidgenössischen und bündnerischen Soldtruppen, andrerseits bei
,Spanien die Nothwendigkeit sich geltend machte, eine Verbindung
,zwischen Mailand und dem östreichischen Gebiete nördlich der
,Alpenkette zu ermöglichen, da erwachte bei den Mächten das Interesse
,für unsere Alpenwinkel. Bald mochten sie aber die Erfahrung
,machen, dass sie ihre Zwecke nicht zu fördern vermochten, wenn
,sie sich nicht an eine einflussreiche Partei im Lande selbst anzu-
,lehnen im Stande waren. Bei dem Charakter unseres Volkes, das
,goldgierig und ehrgeizig zugleich und dem Fraktionswesen hold
,war, fiel es derjenigen Macht, welche hierin die Initiative ergriff,
,nicht schwer, sich eine der hervorragendsten Persönlichkeiten der
,durch Ansehen und Einfluss, wie auch durch Besitz von Glücks-
,gütern obenanstehenden Familien zu gewinnen. Zu solchen quali-
,fizirten sich die beiden Geschlechter Salis und Planta am besten,
,da sie durch ausgeprägten Familiengeist in sich stark und in zahl-
,reichen Gliedern vertreten, die heimatlichen Thäler Bergell und
,Engadin nach ihrem Willen lenkten .... Was in Europa hundert
,und fünfzig Jahre lang der Kampf zwischen Frankreich und Oest-
,reich-Spanien war, das spiegelte sich in Bünden im Kleinen durch
,die ruhelosen Streitigkeiten der beiden, jene Mächte repräsentiren-
,den Familien Planta und Salis ab, und wie die fortwährenden
,Kriege Jener Europa verheerten, so hielt der Ehrgeiz zweier an
,Einfluss sich gleichstehender Geschlechter Bünden über ein Jahr-
,hundert in Athem."

Hatten sich die Planta also auf die Seite Oestreich-Spaniens,
die Salis aber auf Seiten Frankreichs gestellt, so war dies wohl
der *hauptsächlichste*, aber nicht der *einzige* Anlass zur Zwietracht,
zumal die Beziehungen zwischen dem französischen Hofe und dem
Salis'schen Hause, wie wir noch sehen werden, um die Mitte des

---

[1] Band II, 341—344.

XVI. Jahrhunderts wie auch später von Zeit zu Zeit durch manche Zwischenfälle gestört wurden. Einen Zankapfel gaben, wie uns Feldmarschall Ulysses von Salis-Marschlins in seinen ein Jahrhundert später geschriebenen Memoiren berichtet,[1] auch die Aemter ab, namentlich die sehr einträglichen in den Unterthanenlanden, wie das eines Landeshauptmanns des Veltlins, eines Commissärs (Gouverneurs) der Grafschaft Cläfen u. s. w. Wenn sie sich in dieser letztern Hinsicht so ziemlich die Wage hielten, so waren die Salis hingegen in Bezug auf die auswärtigen Kriegsdienste entschieden im Vortheile, indem sie sich viel häufiger und oftmals sehr bedeutender Militärchargen im Dienste des römisch-deutschen Kaisers, des Königs von Spanien und anderer europäischer Fürsten, hauptsächlich aber des Königs von Frankreich, erfreuten, was, wie der Marschall bemerkt, zu Missgunst und vielem Neid Anlass gab. „Näheres darüber übergehe ich,“ so schliesst er seine Mittheilungen über diesen Punkt, „um nicht das Feuer, das beiden Theilen ohne-„hin Schaden genug gebracht hat, in den jungen Gemüthern von „Neuem anzufachen. Einzig die Bemerkung, dass, wenn die Familie „Salis manchmal zur Trauer — dafür die Planta doch keineswegs „zum Lachen Ursache hatten . . . . .“

Unbezähmbare Sucht nach Macht, Reichthum und Ansehen, verbunden mit gegenseitigem Neid, war es in der That, was die beiden Familien nur zu oft Recht und Pflicht, Ruhe und Glück des Vaterlandes und selbst Gut und Leben der Mitbürger hintansetzen liess.[2] Ganz richtig sagt Valär in seiner trefflichen Schrift über

---

[1] Des Maréchal de Camp Ulysses von Salis-Marschlins Denkwürdigkeiten. Nach dem unedirten, italienischen Originalmanuscript bearbeitet von Conradin von Mohr. Chur 1858. (Im Archiv für Graubünden.) S. 62 ff.

[2] „Quandoquidem ergo ipsi Salicei opibus, genere et auctoritate pollent „apud Raetos, ipsis Plantanis nobilibus habentur pares, adeo ut hae duo solae „apud Raetos splendore et magnificentia quasi contendere magnis studiis videantur „inter se factiones“, sagt Campell I, 253 (nach der Ausgabe von Kind). Sehr auffallend ist es, dass es trotzdem in Bünden keine zwei Familien gab, welche sich so häufig verschwägerten, wie gerade die freilich sehr zahlreichen Planta und Salis. Der Salis'sche Stammbaum weist nicht weniger als fünfzig Allianzen der beiden Geschlechter auf.

Joh. v. Planta:[1] „Die geschicktern Parteiführer waren übrigens die
„Salis, die feurig und beredt, in schroffem Gegensatze stehen zu den
„bedächtigen konservativen Planta. An Leidenschaftlichkeit und
„Rücksichtslosigkeit aber übertrafen die Salis ebenfalls die Planta
„und sie stützten sich mehr auf die demagogischen Elemente im
„Bündnervolk."

Es ist daher sehr begreiflich, dass, wie es besonders zu Beginn des XVII. Jahrhunderts vorkam, hin und wieder Stimmen laut
wurden, „die Bünde könnten nicht zur Ruhe kommen, wenn nicht
beide Familien, die Salis wie die Planta, auf ewige Zeiten aus dem
Lande verbannt würden." Mochten sich derartige Vorschläge auch
als unausführbar erweisen — in mehr oder minder veränderter Form
wiederholten sie sich dennoch mehrmals, und es war einer der ein-
sichtsvollsten Männer Graubündens, Freiherr Thomas von Schauenstein, der i. J. 1619, nachdem man allenthalben der ewigen Unruhe
überdrüssig geworden, allgemeine Amnestie vorschlug und namentlich auch den Antrag stellte, es sollten die beiden rivalisirenden
Familien ohne Nachtheil und Schaden ihrer Ehre auf die Dauer von
zwanzig bis dreissig Jahren von den Bundestagen und allen öffentlichen Angelegenheiten ausgeschlossen werden.

Stifteten schon die politischen Streitigkeiten der rivalisirenden
Häuser viel Unheil an, so gestaltete sich ihr Zwist vom Jahre
1548 und 1565 um so verhängnissvoller, als es sich hier um nichts
geringeres, als um die Besetzung des bischöflichen Stuhles von
Chur handelte.

Obwohl die Fürstbischöfe von Chur seit der Einführung der
Reformation und seit Erlass der sogenannten zwanzig Artikel gemeiner drei Bünde vom Jahre 1526 ihre frühere politische Bedeutung
zum grossen Theile eingebüsst hatten und, was schlimmer, in ihren
geistlichen und oberhirtlichen Rechten schwer geschädigt waren, so
besassen sie doch immerhin noch Ansehen genug, um die beiden
Familien in der Erwerbung dieser kirchlichen Würde für eines ihrer
Mitglieder eine äusserst willkommene Förderung ihrer Interessen

---

[1] Joh. v. Planta, ein Beitrag zur politischen Gesch. Rhätiens im XVI. Jahrh.
Zürich 1888, S. 9.

— 66 —

erblicken zu lassen. Nach der Ansicht des Kirchenhistorikers Fetz[1] ist es sogar grossentheils der Jalousie zwischen den Planta und Salis zuzuschreiben, dass das Hochstift überhaupt erhalten blieb.

Schon i. J. 1541, nachdem der schwergeprüfte Fürstbischof Paul Ziegler im Exile seinem Kummer erlegen war, hatte die Familie von Salis es sich viele Mühe kosten lassen, eines ihrer Mitglieder bei der Neuwahl durchzubringen. Bartholomäus von Salis, Erzpriester von Sondrio, und seine Verwandten sahen sich aber in ihren Hoffnungen getäuscht, indem Luzius Iter aus einer angesehenen Churer Familie die Mehrheit der Stimmen erhielt. Viele Gotteshausgerichte, in welchen der Einfluss der Salis vorwiegend war, besonders auch die Stadt Chur, weigerten sich ungefähr zwei Jahre lang, den Unterthaneneid zu leisten. Vielleicht um die Familie Salis, zu welcher Fürstbischof Luzius durch die Heirath seiner Schwester mit Anton v. Salis-Rietberg in verwandtschaftliche Beziehungen getreten war, einigermassen zu besänftigen, ernannte er 1549 seinen erst achtjährigen Neffen Andreas von Salis zum Dompropste seiner Kathedrale, nachdem er ihm schon 1546 eine nach damaligen Begriffen prächtige Residenz erbaut hatte, über deren Eingang heute noch das Salis'sche Wappen an den jugendlichen Propst erinnert.

Als eine nicht ganz unbedenkliche Gegenleistung erscheint es, dass Anton v. Salis, der als General-Obrister der rhätischen Truppen im Dienste Frankreichs stand, dem Fürstbischof bei König Heinrich II. die reiche Augustiner-Abtei Notre-Dame du Val in der Picardie auswirkte.[2] Wie wir später noch sehen werden, sollten auch in diesem Falle die verderblichen Folgen des Nepotismus nicht ausbleiben.

Fürstbischof Luzius starb den 4. December 1549 nach einer schwachen Regierung, die den Anforderungen der damaligen schwierigen Verhältnisse in keiner Weise entsprach. Als das Domkapitel am Feste des hl. Thomas von Canterbury (29. December) zur Neu-

---

[1] Artikel über das Bisthum Chur in Wetzer und Welte's Kirchenlexicon. II. Auflage, Bd. III. S. 352.

[2] Bischof Luzius bestellte hinwieder seinen Schwager zum General-Procuratoren der Abtei. Urkunde de dato Chur d. 15. Aug. 1549. Vgl. Stemmatographia Fam. à Salis. Tab. IX.

wahl schritt, fehlten dem Erzpriester von Sondrio abermals einige Stimmen.[1] Hatte die Familie Salis das erste Mal, wenn auch mit grossem Widerstreben, sich bescheiden müssen, so trat sie jetzt um so heftiger auf, als der Auserkorene ein Planta war und sie dessen Wahl als eine persönliche Beleidigung auffasste. Sie bot desshalb Alles auf, um die Confirmation zu hintertreiben, und als dieselbe ,am 19. April des folgenden Jahres (1549) dennoch erfolgte, bemühte sie sich in anderer Weise, den neuen Bischof unmöglich zu machen. Bartholomäus von Salis, der sich in Begleitung einiger Verwandten wohl schon bald nach der Wahl nach Rom begeben hatte, klagte seinen Gegner als einen heimlichen Lutheraner oder — wie der zeitgenössische Protestant Campell berichtet[2] — als einen „noch schlimmeren Zwinglianer“ an, der „wie am Beine, so auch im Glauben hinke.“[3] „Il Zoppo“, d. h. der Lahme (so wird Planta stets von seinen Feinden betitelt), esse sowohl Freitags als Samstags Fleisch, verwerfe die Messe, die nach seiner Ansicht nur erfunden sei, um Gold anzuhäufen, ebenso das Fegfeuer, die Fürbitte für die Verstorbenen, die Intercession der Heiligen, die immerwährende Virginität der seligsten Jungfrau, den Ordensstand u. s. w. Auch habe sich Planta in unehrerbietiger und lästerlicher Weise über das allerheiligste Altarsakrament ausgesprochen, betheilige sich in auffälliger Weise an protestantischen Begräbnissen, habe auch öfter dem Gottesdienste der Protestanten beigewohnt und Pathenstelle bei denselben übernommen. Vor Allem wurde ihm aber zur Last gelegt, dass er mit dem Apostaten Vergerius intime Freundschaft unterhalte und ihn oft zu Gastmählern einlade u. s. f.

Wenn Bott[4] und mit ihm alle andern protestantischen Historiker annehmen, dass diese Anklagen „nicht blos auf Salis'scher Erfindung, sondern auf thatsächlicher Wahrheit beruhten“, so kann man darauf

---

[1] Der junge Dompropst Andreas von Salis betheiligte sich nicht an der Wahl; noch weniger kann aber von einer Verwendung desselben zu Gunsten des Erzpriesters die Rede sein, wie Kind in seiner Reformationsgeschichte (S. 101) berichtet.

[2] Hist. Raet. II, S. 293 bei Mohr.

[3] „Fide et pede claudus.“ Eichhorn, Episcopat. Curiensis, pag. 157.

[4] Historischer Commentar zu Hans Ardüser's Rhätischer Chronik. Chur 1877. Seite 292.

kein grosses Gewicht legen, weil sie sich zu gerne das Vergnügen
bereiten, einen Kirchenfürsten in den Augen aller Welt herab-
zusetzen und, wie in so vielen andern zweifelhaften Fragen, so
auch hier, sich blindlings den Ausführungen des Prädikanten Campell
anschliessen.

Indessen scheinen auch die katholischen Auctoren nicht ganz
einerlei Meinung zu sein. Sichere Anhaltspunkte bieten uns hier *nur*
die archivalischen Quellen und selbst hier ist grösste Vorsicht von
Nöthen. Nach der uns zu Gebote stehenden Correspondenz der Salisschen Partei war der Inquisitor zu Como, Pater Michael Ghislieri,
der nach Graubünden entsendet wurde, um die Sache zu unter-
suchen, von Planta's Schuld überzeugt, für Salis hingegen günstig
gestimmt.[1] Damit stimmt auch die Darstellungsweise des Grafen
von Falloux in seinem Leben Pius V. überein,[2] während Ladurner[3]
behauptet, Ghislieri sei, was sehr unwahrscheinlich klingt, mit einem
Empfehlungsschreiben Planta's nach Chur gekommen und habe die
gegen denselben erhobenen Beschuldigungen für unberechtigt erklärt.
Auf welche Quellen diese Angabe sich stützt, ist uns nicht erfindlich.
Wie Vincenz de Quadrio seinem Oheim Bartholomäus v. Salis in
einem Briefe vom 3. Juni 1551 berichtet, reiste später auch der
Pater Lector der Dominicaner von Como[4] unter seinem und des
Friedrich Hektor von Salis Schutz nach Chur. Der Lector habe

---

[1] „.... e per noi è (nämlich der Inquisitor) molto amico per la verità." Vincenz
Quadrio den 18. April 1551; „poi mi sono alegrato intendendo, Vostra Signoria
aver spedito bene con lo Inquisitor, che Dio sia laudato" etc. Derselbe an Barthol.
v. Salis den 30. Nov. 1550: „Al R^{do} P. Inquisitore sempre fatte le saluti e
racommandationi di Vostra Signoria .... Perchè 'l (Quadrio) sforza, ch'el R^{do}
Inquisitore presto vada a Roma per la cosa di V. Signoria. Per altro sarà bene
V. S. vada p^a di quella (nach Rom), che non voglia tardarlo: essendo sarà più
suo ajuto, vada solo, che compagnato con la Signoria V." Bernardo Odeschalchi
an Barth. v. Salis den 9. Nov. 1550. (Ghislieri langte den 24. Dezember in Rom
an.) In einem Schreiben v. 28. Nov. 1550 an Barth. v. Salis unterschreibt sich
Ghislieri: Di Vostra Rev. Signoria e di tutti suoi amici e Parenti affect^{mo}
F. Michele Alisandrino (sein Ordensname).

[2] Deutsche Uebersetzung bei Friedrich Pustet, Regensburg 1873, S. 22.

[3] Geschichte der Bischöfe von Chur (Msc. im Besitze des Stiftes Marien-
berg in Tirol), Bd. II, S. 159.

[4] Derselbe kommt in den Briefen stets nur unter dieser Bezeichnung vor.

daselbst so viele Beweise für Planta's häretische Gesinnung gefunden, dass sie nach seiner Ansicht genügt hätten, nicht nur einen Bischof, sondern selbst einen Papst abzusetzen.[1] Auch habe er sich von der unter dem Volke herrschenden Abneigung gegen Planta, von dessen schlechtem Rufe und der Verwahrlosung der Kirchen überzeugen können. Ebenso habe er sich über Planta's freundschaftlichen Verkehr mit Vergerius informirt und erfahren, dass Letzterer Planta den Rath ertheilt habe, nach Rom zu gehen, seine Irrthümer dem Papste einzugestehen und Se. Heiligkeit um Verzeihung und um eine beliebige Busse zu bitten. Dann solle er den Papst ersuchen, einen Notar, den Planta in der Nähe in Bereitschaft halten müsse, mit der Aufsetzung eines Documentes zu beauftragen, in welchem bezeugt werde, dass dem Reuigen die Lossprechung ertheilt sei. Auf diese Weise werde Planta sicher zum Ziele gelangen.[2]

Unterdessen hatte die Salis'sche Partei in Rom den Prozess gegen Bischof Thomas, der die Weihe noch nicht erhalten hatte, anhängig gemacht. Um der an ihn ergangenen Citation Folge zu leisten, beauftragte er vorerst seinen Vetter Jakob von Travers[3] mit seiner Vertretung. Als Travers dann im Mai des Jahres 1550 vor dem Inquisitionstribunal erschien, wurde er abgewiesen, zuerst, weil er es unterlassen hatte, eine Bevollmächtigung mitzubringen, andern Tags, als er diese vorwies, weil ein Häretiker nicht als Procurator zugelassen werden könne.[4] Paul Odescalchi, später Gouverneur von Rom und Bischof von Città di Penni im Neapolitanischen, der im Processe als Advocat des Erzpriesters Bartholomäus von Salis auftritt, hatte, wie er letzterem schreibt,[5] diese Abweisung nur zu dem Zwecke bewirkt, um bis zum Eintreffen der noch ausstehenden Untersuchungs-Akten Zeit zu gewinnen.

---

[1] Siehe unten Beilage Nr. 2.

[2] Ibid.

[3] Sohn Johann's, siehe oben, Seite 56, Note 2.

[4] Jakob Travers war, wie schon bemerkt, nicht formell von der Kirche abgefallen, scheint aber doch in bedenklicher Weise geschwankt zu haben. Jakobo Traverso mantiene uno suo filiolo a la schola di Francesco Niger, Luerano in Clavenna (italienischer Flüchtling und Prädikant). Adesso non so, se asse catolico, si lo facesse." Quadrio den 8. Juni 1551.

[5] Brief vom 26. Mai 1550.

Während der Prozess bis Ende des Jahres 1550 in der Schwebe blieb, weil die aus Graubünden sehnlichst erwarteten Akten so lange ausblieben, was den Salis'schen Advocaten und Procuratoren nicht geringe Verlegenheiten bereitete, suchten die Parteien ihre Interessen inzwischen auf anderem Wege durch ihre beiderseitigen einflussreichen Freunde und Gönner zu fördern. An solchen fehlte es Bartholomäus Salis weder im geistlichen noch im Laienstande. Im Kardinalscollegium erwiesen sich besonders der frühere Erzpriester von Mazzo im Veltlin, Joh. Angelus Medici,[1] und die Bischöfe von Carpi und San Giacomo als seine Gönner; unter dem sonstigen italienischen Episcopat die Bischöfe von Como und von Terracina[2] u. s. w. Von seinen übrigen Gönnern und Freunden nennen wir den Fürsten Don Fernando Gonzaga, damals Gouverneur von Mailand,[3] den ehemaligen Castellan von Müss, Joh. Jakob Medici, Markgrafen von Marignano,[4] Bartholomäus von Stampa, Herrn von Rhäzüns,[5] und Bernardo Odescalchi, Pauls Bruder, der mit dem Inquisitoren Ghislieri intim befreundet und dessen Beschützer in vielen Gefahren war. Als treuer Freund und Rathgeber des Erzpriesters erwies sich vor Allen der schon erwähnte Paul Odelcalchi, der ihn nachdrücklich zur Ausdauer und zur Wachsamkeit ermahnte.[6] Weniger zufrieden scheint Salis mit den Leistungen seines Procuratoren Mugiasca gewesen zu sein. Letzterer beklagt sich über die gegen ihn erhobenen

---

[1] Cardinal seit 1549. Bartholomaeus v. Stampa an Barthol. v. Salis d. 18. April 1551.

[2] Barthol. von Stampa an Barthol. Salis, d. 18. April 51.

[3] Sohn Franz II. Markgrafen von Mantua, geb. 1506. trat in kaiserliche Dienste, zeichnete sich in mehreren Feldzügen aus, nahm 1551 Piacenza ein, verlor sein Gouvernement wegen Grausamkeit und Geiz, † 1577. Signor Don Ferando tanto né animato, quanto dir si possa et non mancherà", Quadrio 18. April 1551. — Baptista v. Salis an Barthol. den 18. April 1551; Stampa an denselben vom gleichen Datum u. s. w.

[4] „Seri io o dismato cum il Sin^or Marches di Margiano (Marignano), e molto alegro de li buoni novi che a scritto il Sin^or Cardinale suo fratello." Stampa, loc. cit.

[5] „Il Sig^r Capitano Barthole Stampa tanto vi é fedele et vi ama, che non avette nemo meglio di luy." Quadrio an Salis, 18. April 1551.

[6] „Bisogna desedarsi, Sor Arciprete e non più dormir, che sollicitando noi non dubito della nostra victoria." Odescalchi an Salis den 26. Mai 1550; „Basta „che Monsig^r mio Odescalcho ha fatto e fà per Voi, più che non s'aspetta ad „l'offitio di l'Advocato: anchora non gli siano pagate le tante soi fatiche, il che „non è pocco." Der Procurator Mugiasca an Salis, den 25. Oct. 1550.

Vorwürfe und erwidert in etwas gereizter Stimmung, es sei leichter Aufträge zu ertheilen, als sie auszuführen. Auch bemühe sich die gegnerische Partei nicht umsonst um die Gunst einflussreicher Persönlichkeiten in und ausserhalb Rom, bei den deutschen Kardinälen, vielen Bischöfen, bei den Eidgenossen, bei der bündnerischen Regierung und vielen Andern, so dass ihm der Prozess viel zu schaffen und zu denken gebe und er nur mit Mühe an dem Karren weiter ziehe.[1]

Die eifrigsten, weil auch am meisten interessirten Anhänger des Erzpriesters von Sondrio waren seine Verwandten,[2] so namentlich Anton von Salis, der Bruder Friedrichs von Samaden, und dessen Vater Rudolf zu Promontogno, Baptista Salis von Soglio, Thomas Salis zu Chiavenna,[3] Hauptmann Gubert von Salis zu Mailand und dessen Bruder Herkules zu Chiavenna,[4] vor Allen aber Vincenzo Quadrio von Ponte, dessen schon öfter Erwähnung geschah und der „mit dem Muthe eines Löwen" für die Sache seines Oheims einzutreten gelobte.[5] Quadrio scheint indessen den Mund hie und da etwas zu voll genommen zu haben, während es an der raschen Erledigung der Geschäfte öfter fehlte.[6] Der Tadel, der ihn darob traf, veranlasste ihn aber nur zu um so überschwenglicheren Versicherungen seiner Treue und seines Eifers.[7]

---

[1] 25. October 1550.

[2] „..... et bene altro non dico, salvo che tutti Parenti vostri fanno il suo debito „et cosi li Amici Vostri." (Quadrio den 3. Juni 1551.) Solche Versicherungen wiederholen sich in allen Briefen der Verwandten.

[3] Briefe vom 7. März und 18. April 1551. Dieser Thomas fehlt im Salisschen Stammbaum.

[4] Der Beförderer der Reformation.

[5] „.....io del canto mio .... non mancherò con un animo di Leone."

[6] „I processi, che promette di mandar messer Vicenzo nostro, il qual sin „hora nò ha mandato niente, che in vero è una gran vergogna, che sia così ne„gligente. Da poi la partita Vostra ho avuta una (lettera) sua, nella qual mi „scrive, che mandarà tante cose contra di quello Vescovo, che farà stupir tutt' il „mondo: però sin' hora io non veggo nulla." Paul Odescalchi d. 26. Mai 1550.

[7] „Vi sono troppo fedele, ma non me cognoscete, con il tempo me cogno„scerete, che Mr Vincenzo sia da bene." Quadrio d. d. 18. April 1551. „Cerca „quello, che ho comissione (Ueberlieferung des Vergerio an die Inquisition), non „li ho mancato, ne li mancherà may, et tanto l' animo mio è desicerioso di servir „Iddio et S. Santità con Sue Rmme Sigrie, che in vero mi farià ammazzare per suo „amore: et may non ho dormito, hor in qua, hor in là: imperò bisogna tiorla con „distrezza, non dubitate, che (Vergerio) sarà nostro, venendo in Valtellina, senza

Unter den Gemeinden des Gotteshausbundes thaten sich ausser den Bergellern besonders Oberhalbstein, das Domleschg, Zizers und die Stadt Chur durch ihre feindselige Gesinnung gegen Bischof Thomas hervor. Von den Anhängern des letzteren behauptet Quadrio, sie beständen nur aus „angefaulten" Katholiken und jenen bischöflichen Offizialen und Leuten, die zum Erlasse der gegen den katholischen Glauben gerichteten Artikel von 1524 und 26, zur Vernichtung der Kirche und zur Abschaffung der Messe den Anstoss gegeben hätten, oder aus Bauern, die sich zu Herren und Edelleuten aufwerfen wollten.[1] Sehr ärgerlich ist Bartholomäus von Salis namentlich darüber, dass, wie er seinem Bruder berichtet, Planta und Travers dem Papste die Meinung beizubringen suchten, das Ansehen und die Macht ihrer Familien sei so gross, dass es ihnen sicherlich gelinge, Graubünden wieder zum katholischen Glauben und zur Obedienz des apostolischen Stuhles zurückzuführen,[2] — eine Maxime, die er selbst und seine Freunde bei ihren Intriguen stets einzuhalten pflegten.

Das Jahr 1550 ging zur Neige. Am 24. December traf der Inquisitor Ghislieri aus Anlass der zwischen ihm und dem Gouverneur von Mailand, Don Fernando Gonzaga, entstandenen Misshelligkeiten in Rom ein und seine Anwesenheit scheint den Verlauf des Prozesses befördert zu haben. Paul Odescalchi fordert Bartholomäus Salis, der im Mai (1550) nach Hause zurückgekehrt war, um das nöthige Beweismaterial zu sammeln, durch Schreiben vom 21. Februar 1551 im Auftrage der Kardinäle des hl. Officiums auf, bald möglichst nach Rom zu kommen. Planta's Vertreter hätten um eine Verlängerung des Termins, der ihm „ad personaliter comparendum" gestellt war, gebeten, was man bewilligt habe. Indess sage man allgemein, es bleibe sich ganz gleich, ob Planta komme oder nicht komme — er werde auf jeden Fall des Bisthums verlustig erklärt und abgesetzt werden —, der Kardinal von Carpi wolle sogar seinen Hut darum wetten! Die nämliche Meinung

---

„un fallo al mondo: ma si vuol tempo et secreto modo; Salvo se volano che facci „un bel tratto: io lo farò et presto, sia poi dove si voglia." Quadr. d. 3. Juni 1551.

[1] d. 3. Juni 1551.

[2] d. 14. October 1551.

theilten auch die übrigen Kardinäle vom hl. Officium, namentlich der von San Giacomo und der Kardinal Varello, welche alle ihn, Bartholomäus von Salis, bäten, beschwörten und ihm kraft des Gehorsams den Befehl ertheilten, so schnell als möglich nach Rom zu kommen, da sie sich mit ihm auch wegen des Apostaten Vergerius in's Vernehmen setzen und seine Ansicht zu vernehmen wünschten, auf welche Weise man sich dieses gefährlichen Häretikers versichern könnte. Der Erzpriester werde sicher darauf rechnen können, dass er das Bisthum Chur erhalte und auch die Gunst des Kaisers erwerbe. Odescalchi versichert seinen Freund wiederholt der guten Gesinnung und Disposition der genannten Kardinäle, welche ihn selbst mit Gewalt zum Bischofe befördern würden, indem sie wohl wüssten, welch' guter Katholik und Vertheidiger der römischen Kirche der Erzpriester sei.[1] Es wäre auch gut, meint Odescalchi, und würde einen günstigen Eindruck machen, wenn Bartholomäus seine Osterpflicht in Rom erfüllte.

Der Erzpriester begab sich sodann noch Ende Februar oder in den ersten Tagen des März (1551) nach Rom, ebenso Baptista Salis von Soglio und Hauptmann Gubert Salis zu Mailand mit seinem Sohne Wilhelm,[2] welch letztere zwei den Kardinal Medici nach der ewigen Stadt begleiteten.

Jetzt, im Frühjahr 1551, kam auch Bischof Thomas von Planta dahin und wurde von den Kardinälen der Inquisition angewiesen, im Dominicaner-Kloster an der Minerva Wohnung zu nehmen. Papst Julius III. schreibt zwar später an die hierüber aufgebrachten

---

[1] „Tutti (die gen. Cardinäle) mi dicono uno ore, che o venga o non venga „ad ogni modo sarà privato e desposto del Vescovato e il Cardinale di Carpi „mi disse, ch'egli giocarebbe il suo Capello, cioè esso R di Carpi et gli altri „e massime li R. di San Jacomo altre volte Burgos e il Card. Verallo tutti amo„revoli e affectionati di V. S. vi pregano, vi scongiurano et vi commandano in „virtute obedientiae, che quanto più presto voi veniate a Roma, perche senza „fallo voi sarete Vescovo di Coira, e tutti questi Card. sono tanto disposti verso „di voi, che vi vogliano aiutar anzi per forza, quando voi non voleste farvi „Vescovo, havendo tante volte e da me e d'altri inteso, quanto voi siete Catho„lico e defensor della Chiesa Romana etc. etc." Abgedruckt bei Ulysses v. Salis-Marschlins, Fragmente der Staatsgeschichte des Thals Veltlin etc. 1792, III. pag. 102.

[2] † 1571 auf der Insel Cypern im Kampfe gegen die Türken.

drei Bünde, er habe niemals zur Citation Planta's einen Befehl ertheilt, derselbe sei vielmehr freiwillig nach Rom gekommen, um sich von den Beschuldigungen seiner Gegner zu reinigen. Das Kloster an der Minerva sei ihm nicht als Kerker, sondern als freier Aufenthaltsort angewiesen worden. Ueberdies sei Planta von den betreffenden Kardinälen so human und milde behandelt worden, dass er sich keineswegs beklagen könne.[1] Trotzdem glaubte die Familie von Salis gewonnenes Spiel zu haben und hoffte, den Erzpriester in Bälde als Fürstbischof von Chur begrüssen zu können.[2] Der in den Briefen der Salis'schen Freunde sich lebhaft äussernde Jubel verstummte jedoch bald. Schon im Juni (1551) spricht Vincenz Quadrio mit Entsetzen von der Absicht des Papstes, den „Zoppo“ aus der „Haft“ zu entlassen und ihn als Bischof zu bestätigen. „Das „hiesse“, meint er voller Entrüstung, „den Dieb entschlüpfen lassen, „damit er nochmals rauben könne; es hiesse Gottes Sache der „Rücksicht auf die Schweizer unterordnen.“ Die Eidgenossen[3] hatten nämlich den Papst dringend ersucht, Planta nicht nur auf freien Fuss zu setzen, sondern ihn auch mit einer Pension zu versehen. Auch war es der Planta'schen Partei gelungen, Frankreich für sich zu gewinnen. König Heinrich II. forderte in einem in sehr bestimmten Ausdrücken abgefassten Schreiben die Entlassung Planta's aus dem Kloster und soll sogar für den Fall der Weigerung mit der Verhaftung des in Paris weilenden Notars Sr. Heiligkeit[4] gedroht haben.

Julius III. willfahrte nun in der That dieser Forderung, nahm Planta in seinem eigenen Palaste auf, versah ihn mit einer Pension von 23 Scudi und stellte es sogar seinem Ermessen anheim, ob er den Ausgang des Prozesses in Rom abwarten oder in seine Diöcese zurückkehren wolle.[5] Allem Anscheine nach war es Planta bald

---

[1] Brevia Julii III., Jul., Aug., Sept. 1551. Tom. III. Nr. 603.

[2] „....tutti li Parenti et Amici vi aspettano con grandissima divotione.“ Friedrich Hektor v. Salis den 17. April 1551 an seinen Bruder Bartholomaeus.

[3] Barthol. v. Salis spricht von „alcuni Cantoni Squizzari, che sanno il francese.“

[4] „il Notario di Sua Santità.“

[5] Brevia Julii III., loco cit., vgl. Beilage Nr. 5.

gelungen, sich von allen Anklagen zu reinigen. Quadrio spricht zwar davon, dass er „seine Irrthümer" eingestanden habe,[1] indess beruht diese Angabe wohl nur auf Mittheilungen des Erzpriesters Bartholomäus, der in einem Briefe an den Fürsten Gonzaga behauptet, die Kardinäle des hl. Officiums hätten ihm gesagt, Planta habe zugestanden, in einigen Punkten lutherisch gesinnt zu sein.[2] Dass dies sich so verhalten habe, ist aber um so zweifelhafter, als Bartholomäus selber, wohl um die Mängel seiner Beweisführung zu decken, angibt, die Eminenzen hätten ihn von den Acten des Planta'schen Prozesses keine Einsicht nehmen lassen.[3] Interessant wäre es auch zu erfahren, um welche Geheimnisse es sich handle, von denen in den Briefen der Salis'schen Freunde öfter, aber ohne weitern Aufschluss die Rede ist. Vincenz Quadrio beschwört seinen Oheim wiederholt, in der Bewahrung dieser Geheimnisse vorsichtiger zu sein, er solle sich Niemandem, durchaus Niemandem anvertrauen und seine und seiner Freunde Ehre in Obacht nehmen.[4]

Es ist undenkbar, dass Rom, nur um die Forderungen eines Potentaten zu erfüllen, einen der Ketzerei Ueberführten zum bischöflichen Amte zugelassen hätte, war es doch das eifrige Bestreben des apostolischen Stuhles, dem immer weiter vordringenden und selbst Italien bedrohenden Protestantismus energisch entgegenzutreten und hatte man sich gerade während des Planta-Salis'schen Processes veranlasst gesehen, den der Häresie überwiesenen Bischof einer den Bünden benachbarten Diöcese (Bergamo) zu entsetzen und in sichern Gewahrsam zu bringen.

Sollte aber auch hier das Sprichwort: Semper aliquid haeret[5] Geltung haben, so mochte sich Planta, in Mitte der Reformations-Wirren aufgewachsen, vielleicht eine Geschmeidigkeit zu eigen gemacht haben, die ihn mitunter, um des lieben Friedens willen, etwas

---

[1] Beilage Nr. 2.

[2] „. . . . ha confessato in alcune cose di esser Lutherano." 4. Juli 1551.

[3] Ibidem.

[4] „. . . . Impero da niuno non vi fidatti, non vi fidatti, perche il vostro „fidarsi vi da tanto danno, come ne setti ormay experimentato . . . Non ne fidatti „con niuno, con nissimo . . . . setti veggio, conservati l'honor vostro et nostro." l. 18. April 1551.

[5] Etwas bleibt immer hängen.

zu weit gehen liess; jedenfalls aber hat es auch in diesem Falle die Leidenschaft der Gegner nicht daran fehlen lassen, diese und jene Incorrectheit so viel möglich zu vergrössern und zur Häresie zu stempeln. An und für sich ist die Möglichkeit zwar nicht ausgeschlossen, dass Bischof Thomas in der That sich schuldig bekannte, dann aber in Folge aufrichtiger Reue und besserer Einsicht vom hl. Vater Verzeihung und die endgültige Confirmation erhalten habe — ein in der Kirchengeschichte nicht einzeln dastehender Fall. Sollte er, wie sein Gegner ihm vorwarf, den jedenfalls nicht aufrichtig gemeinten klugen Rath des verbissenen, aber schlauen Vergerius wirklich befolgt haben, so hätten wir darin eine jener wunderbaren Fügungen Gottes zu erblicken, die auch böswillige Absichten zum Wohle der heiligen Kirche und ihrer Kinder zu benützen weiss. Indessen hat die Erforschung des Vatikanischen Archivs auch in diese Frage Licht gebracht und dargethan, dass Planta zwar von der Inquisition mehrmals examinirt, aber unschuldig befunden wurde. Papst Julius III. schreibt unterm **10.** October **1551** an Kaiser Karl V., die Eifersucht und Böswilligkeit (aemulatio et malevolentia) der Kläger sei offen zu Tage getreten. Planta werde sich vielmehr als einen tüchtigen und klugen Prälaten und ebenso als treuen Reichsfürsten erweisen, wesshalb er den Kaiser ersuche, dem Bischofe die Regalien zu verleihen.[1]

Nicht anders verhält es sich mit jenen Verdächtigungen, die Planta's Sittlichkeit in Zweifel zogen, eine Ehrenkränkung, deren sich auch manche Geschichtschreiber aus unsern Tagen schuldig machen, indem sie den Verläumdungen der Feinde des Bischofs und den vagen Behauptungen eines demselben feindlich gesinnten Prädikanten unbedenklich Gehör schenken, ohne sich im Geringsten um wirkliche Beweise zu bemühen.[2]

---

[1] Brevia minut. Julii III., Octob., Novemb., Decemb. 1551. Tom. IV. Mitgetheilt vom hochw. Herrn Prof. G. Mayer im Priesterseminar in St. Luzi zu Chur.

[2] J. Bott sagt in seinem Commentar zu Ardüser's Chronik (S. 292): „Was „Iters Nachfolger, Thomas Planta (1549—1559 [unrichtig, Thomas regierte 1549 „bis 1565]), betrifft, so war derselbe mehr geschmeidiger Weltmann als starrer „Hierarch und mochte sich bei seiner Liebhaberei für sein bekanntes Wildpret (Campell II. S. 394 bei Mohr, behauptet, Bischof Thomas sei ein besonderer Liebhaber von Schweinefleisch gewesen, wesshalb man dasselbe auf dem Markte

Kehren wir indess zum weiteren Verlaufe des Prozesses zurück. Die Familie Salis und ihre Freunde waren über diese Wendung der Dinge natürlich sehr aufgebracht. Bartholomäus weiss dem Fürsten Gonzaga zu berichten, die Entscheidung des Papstes habe in ganz Rom höchstes Missfallen und bei den Katholiken Graubündens schweres Aergerniss erregt. Er befürchte sehr, der Katholicismus werde dadurch in die grösste Gefahr gerathen. Sein Unmuth äussert sich am deutlichsten in einem an die Kardinäle des hl. Officiums gerichteten Schreiben, welches Rosius à Porta in einem Salis'schen Archive als Concept ohne Datum vorfand, welches indess, wie der genannte Historiker auf der uns vorliegenden Copie anmerkt, nicht „präsentirt" wurde. Bartholomäus von Salis betitelt daselbst die gegnerische Partei als ein „ketzerisches und verkehrtes Geschlecht,"[1] das alle diabolischen Kunstgriffe anwende, um zu seinem Zwecke zu gelangen. Er bittet die Kardinäle, sie möchten es doch nicht daran fehlen lassen, dass die kirchlichen Gesetze eingehalten würden und versichert die Eminenzen, dass sie „in ihm heute und immer einen gerechten und wirklichen Edelmann finden werden."
„Die wirkliche und klare Wahrheit", schreibt er, „wird nicht blos „durch zwei, sondern durch unzählige Zeugnisse bewiesen, wie dies „auch der hochw. Vater Don Michele (Ghislieri), Commissär Ew. „Eminenzen, bestätigt. Bisher habe ich mich abgemüht und habe „mir viele Auslagen auferlegt, nicht für meine eigene Sache, son„dern im Gehorsam gegen Seine Heiligkeit. Wenn nun Planta wegen „seiner Häresie des Bisthums entsetzt würde, so wäre damit nicht „gesagt, dass dasselbe mein sei, sondern es stände zu Handen Seiner „Heiligkeit und Ew. Eminenzen. Daher habe ich auch nicht für „meine eigene, noch für die Sache Anderer gekämpft. Aber man „glaubt lieber den Ketzern und Feinden des katholischen Glaubens, „denen es hier in dieser heiligen Stadt Rom nicht an Vergünsti„gungen und sonstigen Hilfsmitteln fehlt. Ich aber, ein Katholik,

---

allgemein als bischöfliches Wildpret bezeichnet habe) ebenso wenig um das „Kopfschütteln der Juden als um die Vorschriften der mönchischen Askese und „die Satzungen des Petrus Lombardus bekümmern", — Behauptungen, die ebenso unhaltbar sind, als diejenige, „Planta's Bestrebungen seien mehr finanzieller „als kirchlicher" Art gewesen. (Ibid.)

[1] „In parte adversa haeretica generatio perversa."

„verlassen und verloren, von Wenigen begünstigt, vertraue allein
„auf Gott und seine Freunde, bin voll Trauer und Furcht über die
„Betrügereien meiner falschen Gegner, die umhergehen, suchend,
„wen sie verschlingen könnten, denen Ihr, hochwürdigste und er-
„lauchteste Herren und Väter, die Säulen der ganzen christlichen
„Kirche, starkmüthig widerstehen solltet.“ [1]

Womöglich noch heftiger und leidenschaftlicher äussert sich
Quadrio. Er wolle, sagt er, unbedenklich auf das hl. Evangelium
schwören, dass in längstens zwei Jahren der letzte Rest der Katholiken Graubündens abgefallen sein werde. „Wehe Sr. Heiligkeit dem
„Papste“, ruft er dann aus, „dass er die gute Gelegenheit, das
„Land der Kirche wiederzugewinnen und die von Tag zu Tag an
„Zahl zunehmenden Prädikanten zu vertreiben, nicht wahrgenommen
„hat! Die gegen alles Recht erfolgte Bestätigung eines solchen
„Menschen wird zur Folge haben, dass die Katholiken sagen, es
„müsse wohl auch sein Glaube der richtige sein; es wird zur Folge
„haben, dass das Haus Salis, das bisher immer so treu zur Kirche
„hielt, sich nun von ihr abwendet und das ganze Volk mit sich zieht
„und dass unser Land noch mehr als bisher eine Spelunke für die
„flüchtigen Häretiker aus allen benachbarten Ländern sein wird.“ [2]

Als letzter Rettungsanker blieb nur noch ein Mittel übrig,
auf welches die Salis'sche Partei sich nun mit allem Eifer warf.
Es galt, Kaiser Karl V. dazu zu bewegen, Planta die den Fürst-
bischöfen von Chur zustehenden kaiserlichen Regalien vorzuenthalten
und die auf Tirolergebiet liegenden Güter und sonstigen Einkünfte
des Bisthums wenigstens theilweise zu sequestriren. Schon im Frühjahre 1551 hatte man nach dieser Richtung hin Schritte gethan.

Bartholomäus von Stampa, der in Wien sehr angesehen war,
und Anton von Salis hatten sich persönlich an den kaiserlichen
Hof begeben, um den Kaiser und den römischen König (Ferdinand I.)

---

[1] „Et io Catholico smaritto cò poco favore solo in Dio et delli soi amici
„me confido, pieno di mestitia et paura del inganno delli falsi adversarii miei
„circcumeuntes quaerentes quem devorent, quibus R̄mi et Ill̄mi Domini et Patres,
„totius christianae Ecclesiae columnae fortes resistite. (I. Petri 5, 8, 9.) Se flexis
„genibus humile commendat Fidelissᵐᵘˢ Bartholomaeus a Sales Archipresbiter
„Sondriensis.“
[2] Siehe unten, Beilage Nr. 2.

dazu zu bewegen, zu Gunsten des Erzpriesters an den Papst zu schreiben. Don Fernando Gonzaga hatte die Angelegenheit seinem Agenten und Sekretär am Wiener Hofe, Mussi, anempfohlen und Vincenz Quadrio seinen Vetter Hieronymus, der sich in Wien aufhielt, mit eingehenden Instruktionen versehen. Bartholomäus Salis wandte sich seinerseits an den kaiserlichen Gesandten zu Rom, Don Diego de Mendoza, richtete aber bei demselben nichts aus, wesshalb er sich nochmals um die Verwendung des Fürsten Gonzaga bewirbt. Flehentlichst, um der Liebe Gottes willen, bittet er denselben, bei Ihren Majestäten dem Kaiser und dem römischen Könige, sowie bei dem in Rom vielvermögenden kaiserlichen Gesandten dahin zu wirken, dass sie Se. Heiligkeit veranlassten, „Gerechtigkeit walten zu lassen“ ohne Rücksicht auf Frankreich und die Schweizer, die gar kein Recht hätten, sich in die Angelegenheiten des Bisthums zu mischen, was nur dem Kaiser zustehe, der die Regalien zu ertheilen habe und auf dessen Gebiet ein Theil der Churer Diöcese sich erstrecke. Don Fernando werde sich dadurch ein grosses Verdienst um die Erhaltung des Glaubens erwerben und im Interesse des Kaisers handeln, da Planta als Schützling Frankreichs Oesterreich gegenüber immer feindlich gesinnt bleiben werde. Schliesslich bietet er dem Fürsten seine und der ganzen Familie Salis treue Dienste an und versichert, dass er dem Kaiser und dem römischen Könige stets aufrichtig ergeben sein werde.[1]

Aber alle diese Anstrengungen waren umsonst und es ist fast lächerlich, eines Priesters und Prälaten aber jedenfalls unwürdig, wie Bartholomäus noch im October 1551 sich fast krampfhaft bemüht, bei allen möglichen Leuten Beweise für Planta's Ketzerei zu sammeln[2] und wie er sich auf den Willen des Volkes beruft, welches

---

[1] Dieses interessante Schreiben geben wir in den Beilagen (Nr. 5) in extenso wieder.

[2] „Il Lutio Schnider, la sua Consorte, il Burger^mr Brun, il suo filio m^ro „Laurentio tutti sanno del Planta — Marti Brun diceva, che era Lutherano — „però diligentia .... item che il R. Signor Castelmur, il Sig^r Capitano Antonio, „mio fratello Federico dicano etc. .... Casparo Beaso forsi et altri diranno etc. „.... diranno forsi quelli familiari allora in Castello, questo sarà utile a sapere.“ „Il Rdo. Castelmur saperà indirizarve la moglie del quondam S. Ruodolpho di „Sig^r Joh. Oliverio, et il suo presente marito Hans Husman saperanno dire „qualche cosa“ u. s. w.

von Planta nichts wissen, sondern ihn, Bartholomäus, zum Bischofe haben wolle. Auch sucht er den Muth seiner Freunde zu heben, bittet sie, sich nicht aus der Fassung bringen zu lassen[1] und setzt seine Hoffnung immer noch auf Michael Ghislieri, der, nun zum General-Commissär des hl. Officiums ernannt und über die eigentlichen Triebfedern dieses ärgerlichen Streites besser informirt, die Sache nun anders beurtheilt haben dürfte, als dies im ersten Stadium des Prozesses der Fall war.

Unter den Motiven, welche Bartholomäus Salis bei seiner Candidatur für den bischöflichen Stuhl von Chur inspirirten, waren sicherlich nicht die letzten seine pekuniären Verhältnisse, die ihm trotz seiner reichen Einkünfte aus den Collegiatkirchen von Sondrio und Morbegno immer sehr viel zu wünschen übrig liessen. Es müssen wohl hauptsächlich die Kosten des Prozesses gewesen sein, die ihn manchmal in grosse Geldverlegenheiten, hie und da sogar in wirklich drückende Noth versetzten. Im October 1551 klagt er seinem Bruder Friedrich, in seinem Hause zu Sondrio fehle es an Butter, Käs und Pöckelfleisch, welch letzteres für ihn eine besondere Delikatesse gewesen zu sein scheint. Er sei in Ponte gewesen, um Quadrio um etwas Geld zu bitten, dieser habe ihm aber nur „Ducati Portogalesi" angeboten, wesshalb er ohne Geld nach Hause zurückgekehrt sei. Da das Getreide im Preise sehr steige, sei es besser, die Schulden jetzt gleich zu bezahlen und inzwischen sollen die Verwandten der Reihe nach um eine Unterstützung in dieser Bedrängniss gebeten werden; in Kurzem werde es ihnen wieder ersetzt werden.[2] Hauptmann Anton von Salis werde sicher in der Lage sein, etwas zu geben, da er für einen Wein in Morbegno erst kürzlich eine sehr grosse Summe eingenommen habe. Dann sollen die noch ausstehenden

---

[1] „.... supra ogni cosa non manchate di animo, ne credete ne ve smarsiti „delle false inventioni, ma fate animo ad quelli nostri de qua et de là dei „Monti."

[2] „.... pero conviene, che scodiamo et interim pregare quelli nostri Parenti „ita che accordino de lor un pocco per homo, per darme subventione in questa „nostra pressa, in brevi ge saranno resi senza lor danno, perció li pregare tutti, „uno per uno, me diano soccorso." 14. Oct. 1551. Am freigebigsten erwiesen sich Bernardo Odescalchi, Bartholomaeus v. Stampa und Thomas v. Salis.

inse eingezogen, der Wein zu Berbegno verkauft werden u. s. w.
Es musste wohl höchste Zeit sein, die Tilgung der Schulden ernstlich
in Angriff zu nehmen, da Quadrio schon ein Jahr zuvor, im November
1550, seinem Oheim nach Rom berichtete, einige Gläubiger wollten
sich nicht mehr gedulden. Sein Procurator in Rom, Mugiasca, beklagte sich auch, Salis vergüte seine und Odescalchi's Mühewaltung
sehr schlecht. Er, Mugiasca, habe, nur um den Process nicht in's
Stocken gerathen zu lassen, aus eigenen Mitteln die Copisten bezahlen müssen.[1]

Noch ungünstigeres Licht auf den Charakter des Erzpriesters
Bartholomäus werfen dessen Anstände mit dem Canonikus Leone da
Nocera zu Como. Salis hatte sich schon mehrere Jahre zuvor, unter
welchem Vorwande, ist nicht ersichtlich, in den Besitz eines dem
genannten Geistlichen rechtlich zustehenden Canonikats zu Treviso
gesetzt und da er trotz mehrfachen Mahnens gar keine Anstalten
traf, das Beneficium dem rechtmässigen Besitzer zu übergeben,
sah sich derselbe veranlasst, den kaiserlichen Statthalter Don Fernando Gonzaga um seine Vermittlung anzugehen. Dieser forderte
denn auch Salis in einem Schreiben, welches er dem Podestà von
Como zur Weiterbeförderung übergab, auf, das Canonikat herauszugeben. Allein Salis erklärte, diese Handschrift nicht zu kennen
und verharrte eigensinnig in beständigem Schweigen, auch nachdem der Podestà von Como die Aechtheit von Gonzaga's Schreiben
amtlich bestätigt hatte. Der Canonikus da Nocera schrieb desshalb
am 8. November 1550 nochmals an Bartholomäus, erinnert ihn bestimmt und gemessen, aber in durchaus würdiger Weise an seine
Pflicht, als Priester und zudem als Prälat ein gutes Beispiel zu
geben. Er bittet ihn, das so lange vorenthaltene Beneficium endlich doch herauszugeben, damit Bartholomäus sich dann nicht zu
beklagen habe, wenn die Sache auf dem Wege des Rechtes entschieden werde.[2] Welches Ende dieser Handel genommen, ist uns
nicht bekannt.

<hr>

[1] Brief vom 25. October 1550.

[2] „so per buona consulta le mie raggioni, quali sono et come le ho a
usare, et non li mancarò in tutto, quando Vostra Signoria non si voglia redurre
quello si apertene a un buon religiose et Praelato di bono essempio. Io li
ho voluto prima avisare, accio li faccia provisione, accio sia usato quello mi

Zu all diesem Unglücke des in der That bedauernswerthen Erzpriesters von Sondrio kam noch vor Abschluss der Bisthumsangelegenheit ein neues sehr peinliches hinzu. Beim Tode des Bischofs Luzius Iter war nämlich von gewisser Seite das Gerücht ausgestreut worden, der Bischof habe auf seinem Todbette ausgesagt, er sei von Bartholomäus Salis vergiftet worden. Wie letzterer seinem Bruder Friedrich berichtet, sollen es namentlich Thomas Planta und der französische Gesandte de Castion gewesen sein, welche dies Gerücht von Neuem in Umlauf setzten und sich alle Mühe gaben, Beweise für den angeblichen Giftmord beizubringen, um einen Untersuchungsprozess einzuleiten und womöglich die Hinrichtung des Erzpriesters durch Henkersbeil herbeizuführen. Auch hätten sie ihn beschuldigt, gegen die Schweizer und die drei Bünde in sehr feindseliger Weise sich ausgesprochen zu haben, sodass er sich nirgends mehr zeigen dürfe, ohne in Lebensgefahr zu gerathen. Der Erzpriester, den diese Verdächtigungen nicht wenig bekümmerten, berichtet seinem Bruder, er habe den Fürstbischof Luzius während seiner letzten Krankheit besucht und habe sich in Gegenwart von dessen Schwager Anton von Salis und des Hauptmanns Georg Beli von Belfort über diese Verläumdung bitter beklagt. Der Fürstbischof habe ihm jedoch versichert, ihn niemals eines solchen Verbrechens bezichtigt oder auch nur fähig gehalten zu haben; er hege vielmehr so grosses Vertrauen zu ihm, dass er ihm sein Leben und seine Seele anvertrauen würde. So habe der Bischof selbst die böswilligen Verläumder Lügen gestraft. Bartholomäus beauftragt sodann seinen Bruder, die Schwester des verstorbenen Bischofs, deren Gemahl, Anton Salis, und die übrigen nächsten Anverwandten um ein schriftliches Zeugniss zu ersuchen, worin seine Unschuld dargethan werde. Dies Schriftstück solle vom Canonikus Castelmur oder vom Dominicaner Pater Hieronymus aufgesetzt und gesiegelt werden, da deren Handschrift in Rom gut bekannt sei. Auf diese Weise hofft er dies auch in Rom und in Deutschland verbreitete Gerücht wirksam entkräften zu können, was ihm auch gelungen zu sein scheint.[1]

„dalla justitia non si habbia a dolere, et la prego d'armi tal risposta, accio possa „veramente conoscere un bono effetto et non più dilatatione. Alla Vostra Signoria „mi raccomando, di Como, alli 8. di Novembre 1550.“

[1] Siehe Beilage Nr. 4.

Dies dürfte wohl einer der letzten Auswüchse dieses leidigen Kampfes um die Inful gewesen sein. Planta erhielt noch zu Rom die bischöfliche Weihe, besuchte auf der Heimreise das Concil von Trient und kam dann im Frühjahre 1552 nach Chur, um die Huldigung der Gotteshausgemeinden entgegenzunehmen. An seinem Vorhaben, sich wieder zum Concil zu begeben, wurde er durch die von Frankreich inspirirten drei Bünde, welche mit der Aufhebung des Bisthums drohten, verhindert.

Er begab sich noch im nämlichen Jahre 1552 auf das Schloss Fürstenburg im Vinstgau, um dem Concil wenigstens näher zu sein und erhielt durch Vermittlung des Cardinals Madruzzi von Trient vom Kaiser die Regalien. Fest und entschieden für die Rechte der Kirche eintretend, wurde er in seinen nicht ganz erfolglosen Bemühungen, die kirchlichen Verhältnisse in Bünden zu heben, von einem Freunde, dem heiligen Karl Borromäus, thatkräftig unterstützt und in Anerkennung seiner Verdienste vom Papste zum Legatus a latere für die drei Bünde und die Eidgenossenschaft ernannt.

Nach einer siebzehnjährigen, schwierigen Regierung starb Fürstbischof Thomas den 4. Mai 1565 im Bade zu Fideris, wo er vergebens Heilung von schweren Leiden gesucht hatte. So stand man denn abermals vor einer Wahl, die geringere Schwierigkeiten und Verwicklungen als die vorhergehende voraussehen liess. Noch lebte der Erzpriester und Domherr Bartholomäus von Salis, der, obwohl jetzt schon hochbejahrt, doch der zuversichtlichen Hoffnung sich hingab, dies Mal von besserm Glücke begünstigt zu werden. Auf dem Stuhle Petri sass seit 1559 der ihm persönlich befreundete ehemalige Cardinal Medici als Papst Pius IV., der ihn, wie von zuverlässiger Seite[1] gemeldet wird, dem Churer Domcapitel besonders anempfahl.

Dass die Familie Salis auch dies Mal mit allem ihr zu Gebote stehenden Einfluss für seine Candidatur einstehen werde, liess sich daher erwarten und man darf wohl mit Fetz und anderen Auctoren annehmen, dass der Erzpriester vielleicht weniger aus eigenem Antriebe, als vielmehr auf Drängen seiner Verwandten sich so angelegentlich um die bischöfliche Inful bewarb. Ganz besonders war es der östreichische Landvogt auf der Burg Castels, Ritter Dietegen von Salis (der Jüngere), der sich vorgenommen hatte, die Wahl seines Vetters dies Mal um jeden Preis durchzusetzen. Seinem Einflusse wird es zugeschrieben, dass der Gotteshausbund, wie wir sehen werden, sich in so nachdrücklicher Weise für Bartholomäus Salis verwendete.

Manche Gemeinden glaubten schon aus dem Umstande, dass dieser schon zwei Mal durchgefallen war, ein Recht auf seine Wahl herleiten zu können. Campell gibt noch einen andern, höchst sonderbaren Grund an, den die Gotteshausleute für ihren Candidaten in's Feld geführt haben sollen. Salis, der die kriegerische Ader

---

[1] Historia Religionis (Verfasser derselben sind einige Prämonstratenser zu St. Luzi zu Chur), Tom. B, 55.

seines Geschlechtes in besonders hohem Masse ererbt zu haben
schien, hatte nämlich im Jahre 1525, obwohl schon Priester, an
dem Feldzuge der Graubündner gegen den damaligen Castellan
von Müss im Veltlin, Joh. Jakob Medici, theilgenommen und sich
dabei namentlich in der Schlacht bei Dubino durch seine Tapferkeit hervorgethan, indem er mit seiner Hellebarde nicht weniger
als 11 feindliche Landsknechte erschlug.[1]

Auch im Domcapitel fehlte es ihm nicht an Freunden. Wenn
Kind[2] aber angibt, der Dompropst Andreas von Salis habe seinen
Vetter, den Erzpriester Bartholomäus „nochmals" in Vorschlag gebracht, so ist dies nur ein neuer Beweis für die Oberflächlichkeit
dieses Auctors. Andreas von Salis war nämlich schon zwei Jahre zuvor,
im September 1563, in seinem dreiundzwanzigsten Lebensjahre gestorben und an seine Stelle war Nikolaus Venosta, aus einem der
hervorragendsten Veltliner Adelsgeschlechter, getreten. Venosta
hatte sich schon damals bei der Uebernahme der Dompropstei als
einen Freund der Familie Salis erwiesen, indem er den beiden
Brüdern seines Vorgängers, Herkules und Dietegen, alle Einkünfte
der Propstei überliess, so lange einer derselben am Leben sei.[3]

Auf der gegnerischen Seite stand jedoch die Mehrzahl der
Domherren und selbstverständlich auch die Familie Planta, welche
wieder einen Vertreter im Capitel hatte in der Person des Dom-
custos Hartmann von Planta. Wenn derselbe nun auch nicht als
Candidat auftrat, so gestaltete sich dennoch auch diese Wahlaffaire
zu einem um so heftigeren Kampfe zwischen den beiden rivalisirenden Häusern, als die Planta kurz zuvor durch eine Gewaltthat die ohnehin zugespitzten Gegensätze noch bedeutend verschärft
hatten. Es war um die Osterzeit desselben Jahres 1565, als ein
gewaffneter Volkshaufe auf Anstiften der Herren von Planta vom
Engadin aus sich aufmachte und den Weg durch das Veltlin neh-

---

[1] Histor. Rhaet., Band II, S. 452 bei Mohr; Sprecher, Pallas Rhaet., Lib. IV,
pag. 188 u. s. w.

[2] Reformation etc., S. 149.

[3] Die betreffende Urkunde wurde vom Landvogte Dietegen von Salis
Namens des zu Rom weilenden Dompropstes Nicolaus Venosta aufgesetzt und
gesiegelt unter dem Datum Burg Castels, den 20. October 1562. cf. Stemmatographia Fam. à Salis, Tab. IX. Alle drei Brüder liegen in der Cathedrale zu
Chur, in der Mitte des Langschiffes, begraben. Ibid.

mend nach Cläfen zog. Daselbst angelangt, umzingelte die Bande mitten in der Nacht das Haus Rudolfs von Salis, Sohnes des Obersten Herkules, erstürmte dasselbe und drang in das Schlafgemach Rudolphs ein. Ohne Weiteres wurde der Wehrlose aus dem Bette gerissen und, nachdem man ihm kaum Zeit gelassen, sich nothdürftig anzukleiden, auf einen elenden Kleppergaul gesetzt, der unter der Last des aussergewöhnlich hochgewachsenen, robusten, seiner körperlichen Schönheit und oft bewiesenen Tapferkeit wegen weit und breit berühmten Mannes fast erlegen sein soll. So brachte man den Gefangenen noch vor Tagesanbruch wieder auf einem Umwege, um das Bergell nicht passiren zu müssen, nach Zuz im Engadin, wo man ihn in einem Thurme einkerkerte. Alsbald wurde ein sogenanntes Strafgericht aufgesetzt, welches gegen die damals wieder zu Frankreich haltende Salis'sche Partei auftrat und namentlich gegen die französischen Pensionäre, d. h. gegen Jene, welche von Frankreich für die Wahrung seiner politischen Interessen sogenannte „Pensionen" empfingen, die Volkswuth dermassen anzufachen wusste, dass z. B. Friedrich von Salis-Samaden mit seinem Sohne Johannes nur durch schleunigste Flucht der Todesgefahr zu entgehen vermochte. Rudolf von Salis, der übrigens schon damals in kaiserlichen Diensten stand, wurde des Landesverraths und der Fälschung mehrerer Bundesbriefe angeklagt und so schrecklich gefoltert, dass er, wie Sprecher in seiner Chronik berichtet,[1] kaum mit dem Leben davon gekommen wäre, wenn nicht ein Planta — es war der damalige Landammann von Zuz, Riget von Planta — über solche Grausamkeit empört, dem Unglücklichen mit bewaffneter Hand beigesprungen wäre. Trotz aller Qual hatte man Rudolf zu keinem anderen Geständniss vermocht, als, er müsse wohl anerkennen, dass er vielfacher und grosser Sünden gegen Gott sich schuldig gemacht habe, da Er so grosse Marter und Trübsal über ihn verhänge; dass aber eine verrätherische Handlung gegen das Vaterland auf seinem Gewissen laste, dessen sei er sich durchaus nicht bewusst. Wahr sei es, dass er wie fast alle seine Voreltern im Solde des Kaisers und der Republik Venedig Kriegsdienste geleistet habe, doch sei es

---

[1] Pag. 212.

gegen die Türken, den Erbfeind des christlichen Namens, gegangen u. s. w.[1] Obwohl die Unschuld des Angeklagten anerkannt werden musste, wurde er dennoch zu einer Geldbusse von zweitausend Goldkronen verurtheilt, nach deren Erlegung aber „als ein ehrlicher vom Adel" wieder auf freien Fuss gesetzt.[2]

Obwohl ein solches Verfahren nur zu oft auf beiden Seiten eingehalten wurde, musste doch eine so schimpfliche Behandlung eines ihrer angesehensten Mitglieder bei der Familie Salis eine Erbitterung hervorrufen, welche keines so ernsten Anlasses, wie er gerade jetzt bei der Bisthumsangelegenheit vorlag, bedurft hätte, um die Feindseligkeiten der beiden Häuser zum vollen Ausbruche zu bringen.

Kurz nachdem das Ableben des Fürstbischofs Thomas bekannt geworden, versammelten sich zu Chur die Rathsboten des Gotteshausbundes, um vorerst die Hinterlassenschaft des verstorbenen Kirchenfürsten, über welche vielverheissende Gerüchte circulirten, einer Prüfung zu unterziehen. Die unangenehme Enttäuschung, die den Landesvätern statt der erhofften Reichthümer zu Theil wurde, erklärt uns einigermassen die sonst ganz unbegreifliche Anmassung, mit der sie ihre Bedingungen feststellten, unter welchen sie die Wahl eines neuen Bischofs anzuerkennen gedachten. Die letzte der

---

[1] Campell II, S. 449 ff.

[2] Rudolf von Salis verliess bald darauf das Land, ohne dasselbe je wieder zu betreten. Bei Kaiser Maximilian II. in besonderer Gunst stehend, wurde er von demselben mit dem Kommando eines Infanterie-Regimentes von 3000 Deutschen betraut, später zum Geheimen Kriegsrathe, dann zum General der Kavallerie in Ungarn, 1573 zum General-Feldzeugmeister ernannt, erhielt von König Heinrich II. von Frankreich und Kaiser Max II. den Ritterschlag und wurde 1582 von Kaiser Rudolf II. in den Reichsfreiherrnstand erhoben mit der Befugniss, für den Fall, dass er ohne Nachkommenschaft bleiben sollte, ein anderes Mitglied der Familie zum Nachfolger im Baronate zu bezeichnen. Freiherr Rudolf, vermählt mit Claudia Contessa Grumelli aus Bergamo, starb, ohne Nachkommenschaft zu hinterlassen, den 31. März 1600 zu Basel, welche Stadt ihm Kaiser Rudolf, wie sein heute noch im Münster sichtbares Grabmonument besagt, „zu einem ruhigen Alter auserwählt" hatte. Vergl. Bucelin, Rhaet. s. et prof. divers. locis; Tonjola, Basilea sepulta et detecta, pag. 45 ff., Henr. Ortelius in Chron. Hung. ad 1564. Sprecher (Rhät. Chronik, Lib. VI) nennt Rudolf von Salis ein „ornamentum Helveticae et Rhaeticae Nobilitatis in armata et togata militia splendidissimum." Siehe auch Salis-Marschlins, Denkwürdigkeiten, Seite 2.

vier Bedingungen lautete z. B. dahin: Der Neugewählte habe dem
Gotteshausbunde das Recht zuzuerkennen, über die Einkünfte des
Bischofs und des Hochstifts nicht nur Rechnung zu verlangen, sondern sogar über dieselben nach Willkür zu verfügen! Dass das
Domcapitel auf eine derartige Insinuation nicht eingehen konnte,
verstand sich von selbst. Nachdem es seine Gegenvorstellungen gemacht, schritt es ohne länger zu zögern den 26. Mai (1565) zur Wahl.
Die *anwesenden* Capitularen wählten einstimmig, aber nicht Bartholomäus von Salis, sondern den Domherrn Beatus von Porta, der durch
seine segensreiche Wirksamkeit als Pfarrer zu Feldkirch die Achtung
und das Vertrauen nicht nur des Domcapitels, sondern auch des
katholischen Volkes in hohem Masse sich erworben hatte.[1]

Den Eindruck, welchen die Nachricht dieses Wahlergebnisses
auf die Anhänger des Erzpriesters machte, ist nicht zu schildern,
obwohl sie kaum etwas Anderes erwartet und sich daher schon im
Voraus für alle Fälle vorgesehen hatten. Gleich nachdem das Capitel
in der als Wahllokal benützten Sakristei der Kathedrale sich versammelt hatte, besetzten die Herren von Salis mit ihren getreuen
Bergeller Mannschaften das bischöfliche Residenzschloss, und kaum
war das Wahlergebniss ruchbar geworden, als sie zum Schrecken
des auf die Proklamation des neuen Oberhirten harrenden Volkes
unter Waffengeklirr und rohem Geschrei in die Kathedrale eindrangen. Dort wurde der anfangs noch zögernde Erzpriester von
Sondrio, der dem Wahlakte gar nicht beigewohnt zu haben scheint,
ohne Weiteres als Bischof ausgerufen und, ohne mit irgend einem
kirchlichen Ornate bekleidet zu sein, von dem Landvogte Dietegen
Salis mit den lästerlichen Worten „Suy in nomine diaboli, uffhin
in aller Tüfflen Namen", auf den Altar erhoben, wie es damals
Gebrauch war.[2]

---

[1] Siehe „Geschichtlicher Nachweis, dass der Erzpriester Bartholomäus
von Salis im Wahlcapitel vom 26. Mai 1565 *keine einzige* Stimme für sich
hatte", bei Fetz, „Die Schirmvogtei des Hochstifts Chur und die Reformation",
1866, Seite 181 ff.

[2] „Als den Salischen zu Nott geschähen und sy dem Schloss zugeylt,
„hat der Landvogt Dietägen den Erzpriester, als er sich etwas gesumpt, in
„einem Zorne uf den Altar gesetzt und gesprochen: Suy in nomine diaboli,
„d. h. uffhyn in aller Tüfflen Namen u. s. w." Schreiben des Prädikanten
Fabritius an Bullinger vom 25. (?) Mai 1565. „Viertenss haben nach Wahl Herrn

Die erschreckten Domherren hatten sich mit dem neuerwählten Bischof in der Sakristei versteckt, ermannten sich aber alsbald wieder und setzten sofort eine Klageschrift an den Papst auf. Es gelang auch, dieselbe zugleich mit der Wahlurkunde nach Rom zu befördern; eine Abschrift vom ersteren Schriftstück gerieth jedoch — auf welchem Wege werden wir später zu erklären suchen — noch vor Aufhebung der Sitzung in die Hände der Gegner. In heftigsten Zorn versetzt, begaben sich die Vertreter des Gotteshausbundes unverzüglich in die Sakristei, stellten die Domherren zur Rede und zwangen sie, ihre Klage sofort schriftlich zu widerrufen. Nachdem man alsdann die Wahl Beat's von Porta für ungültig erklärt und jeden einzelnen Domherrn mit einer Geldbusse von tausend Goldkronen belegt hatte, wurde die Sitzung gewaltsam aufgehoben. Bartholomäus von Salis aber wurde von seinen Verwandten und deren Trabanten in die bischöfliche Residenz geleitet und ergriff vom Bisthume sofort Besitz.

Soweit war also der Gewaltstreich der Salis'schen Partei gelungen. Sie wusste indess gut genug, dass es noch anderer Anstrengungen bedurfte, um den intrudirten „Bischof" in seiner gewagten Stellung zu erhalten. Vor Allem musste man die Anerkennung von Seite des Kirchenoberhauptes auf irgend eine Weise zu erhalten trachten, und die Familie Salis glaubte in dieser Hinsicht günstige Aussichten zu haben, da der regierende Papst Pius IV., wie wir oben sahen, mit mehreren Familienmitgliedern seit langen Jahren in freundschaftlichen Beziehungen stand und namentlich seinem Pathenkinde, dem Landvogte Dietegen von Salis, sein spezielles Wohlwollen unter Anderm auch dadurch bewiesen hatte, dass er

---

„Beathum (wie von Herrn Bartholomaei parthey geschrieben) etliche ein Pantzer „angelegt und anderst bewaffnet, Bartholomäe von Salis durch die Handt eines „Layen und ungewichten, synes Vettern, so man Dietegen von Salis nennet, des „Spilss urheber, wie wol er sich ein Bäbstlichen Ritter austhuet, mit keinen „gewichten Kleidern angezogen, uf den Altar gesetzt und in das von der Partey „heimblich besetzte Schloss ingefürt, uf den Altar gesetzt und für einen Bischof „erkennet, hingegen der erwehlte Herr mit sambt unss dem geschwornen No-„tario und etlichen Zeugen abtreten müssen und dass gemeine Volkh da und „dort sich in die winkel verschlossen und verborgen gelegen." Des Domcapitels „Umständlicher Bericht über die Wahl des Bischofs Beat à Porta" bei Fetz, „Schirmvogtei u. s. w.", S. 180 ff. — Chur-Tyrol. Archiv T. D. fol. 54.

ihm im Jahre 1560 die Würde eines päpstlichen Ritters vom Goldenen Sporne ertheilte. Bevor sich noch einige Verwandte des Erzpriesters nach Rom begaben, arbeiteten daselbst im Interesse desselben der Dompropst Nicolaus Venosta und der Canonikus Giovanni Pietro de Guicciardi. Noch am Wahltage, den 26. Mai, hatten diese in Gegenwart mehrerer Zeugen von dem Notare Alphons de Avila eine Wahlurkunde aufsetzen lassen, laut welcher sie sich zunächst das Recht vindiciren, ebenso gültig als die in Chur versammelten Capitularen wählen zu können und dann für den Erzpriester von Sondrio und Domherrn zu Chur Bartholomäus von Salis ihre Stimme abgeben.[1]

Auf diese dem canonischen Rechte durchaus widersprechende und ungültige „Wahl“ dieser beiden Herren dürfte wohl jene irrige Angabe Campells — und nach ihm aller protestantischen Historiker bis auf diesen Tag — zurückzuführen sein, dass Bartholomäus eine Minorität für sich hatte. Rosius à Porta[2] beziffert dieselbe auf vier, die gegnerische Majorität auf fünf Stimmen und Campell behauptet, man habe Beat's Wahl desshalb für ungültig erklärt, weil die fünf Domherren, welche für letzteren gestimmt hatten, entweder alle oder in der Mehrzahl Ausländer gewesen seien, die nach den Artikeln gemeiner drei Bünde kein Stimmrecht hatten, während die vier andern alle Graubündner waren. In Wirklichkeit verhielt sich die Sache indessen etwas anders. Richtig ist, dass von den damaligen neun Domherren fünf für Porta stimmten, unter welchen sich zwei Tiroler befanden.[3]

---

[1] Das Original dieser Wahlurkunde befindet sich im bischöflichen Archiv zu Chur.

[2] Historia Reformationis Tom. 1, Lib. II, pag. 445.

[3] Laut Urkunde vom 3. Aug. 1565 bestand das Domcapitel damals aus folgenden Capitularen:

1. Dompropst Nicolaus Venosta (Graubündner resp. Veltliner).
2. Capitelsvicar Georg Sgier (Graub.).
3. Custos Hartmann Planta (Graub., Bruder des Bischofs Thomas).
4. Siegler (Notar?) Johann Colon (Tiroler).
5. Lienhart Spanier (Tiroler).
6. Alexander von Jochberg (Graub.).
7. Beat della Porta (Graub.)
8. Bartholomäus von Salis.
9. Don Joannes Petrus de Guicciardis (Graub. resp. Veltliner).

Zu den vier andern zählte Beatus von Porta selbst, der aber, wie Fetz richtig bemerkt, gewiss nicht für Salis stimmte; sodann Venosta und Guicciardi, deren separatistische Wahl ungültig war, und Bartholomäus von Salis, der sich an der Wahl gar nicht betheiligt hatte.

Als einer der rührigsten Anhänger des Letzteren ist Valentin Machita, damals Pfarrer zu Zizers, zu nennen. Er hatte der Wahl als Scrutinator beigewohnt, wesshalb man sich kaum des Verdachtes erwehren kann, dass er es war, der die Gegner von dem, was im Wahllokale vorging, unterrichtet hielt und ihnen die Abschrift der Klageschrift der Domherren in die Hände spielte. Machita richtete an den Papst ein Memoriale, in welchem er die Gültigkeit der auf Porta lautenden Wahlurkunde, wegen einiger Formfehler, die vorgekommen sein sollten, in Abrede zu stellen sucht und Salis, den er mit Lobsprüchen überhäuft, als Candidaten des Gotteshausbundes hinstellt. Neid und Simonie von Seite der gegnerischen Partei, so behauptet Machita, hätten Salis nun schon das dritte Mal den Kürzeren ziehen lassen. Schiesslich bitte er Seine Heiligkeit dringend, den Erzpriester zum Bischofe zu *ernennen* und zu bestätigen.[1]

Zu jenen, welche in der entstandenen Verwirrung ihre Rechnung zu finden hofften und denen die Bestätigung des „neuen Bischofs“ besonders am Herzen lag, zählten auch die Prädikanten. Wir sahen schon früher,[2] wie sehr der Antistes Fabritius sich bemühte, die Säkularisation des Bisthums herbeizuführen. Damals, im Jahre 1558, waren seine Bemühungen an der Festigkeit des Fürtbischofs Thomas gescheitert. Im Jahre 1561 hatte Fabritius geglaubt, durch die auf sein Betreiben vom Bundestage erlassenen „Artikel“ diesem Ziele wieder näher gekommen zu sein.[3] Damals äusserte er: „So man „diese Artikel behaupten möchte, würde ein Bischof von Chur nicht

---

[1] Chur-Tirol. Archiv. T. D., fol. 56.

[2] cf. oben Seite 56, 57.

[3] Diese Artikel lauten ihrem hauptsächlichsten Inhalte nach dahin: 1) die bischöfl. Amtleute sind von allen Bundestagen ausgeschlossen; 2) der Gotteshausbund ernennt in Zukunft den Hofmeister (Verwalter der Bisthumsgüter) und den Schlosshauptmann auf Fürstenburg (bischöfl. Residenz im Vinstgau) und 3) der Bischof solle dem Gotteshausbund über seine ganze Regierung Rechenschaft ablegen.

„sonder grosse Gewalt mehr haben und würden die von grossen „Geschlechtern nicht mehr so begehrlich darnach stellen."[1] Fabritius wünschte Salis' Bestätigung desshalb so sehnlich, weil er hoffte, ihn später zur Resignation bewegen zu können. „Möchte *der* (Salis)", schreibt er den 25. Nov. 1565 an Bullinger, „einmal in Possess kommen, „ich wält daruff und daran syn, das er resignirte, so käme man des „Fluchs ab."[2] Dass man von Bartholomäus Zusicherungen erhalten habe, welche den Wünschen der Prädikanten mehr oder minder entgegenkamen, wird nur von Kind[3] behauptet, von Andern[4] aber entschieden in Abrede gestellt.

Sollte die Resignation indess auch nicht zu erreichen sein, so war es doch immerhin als ein unschätzbarer Vortheil zu erachten, wenn es dem Gotteshausbunde gelang, seinen Candidaten zu behaupten und damit die Bischofswahl für die Zukunft an sich zu reissen.

Der rechtmässig erwählte Bischof Beatus von Porta hatte sich zwar vor der Hand nach Feldkirch zurückgezogen, war aber keineswegs gesonnen, der Gewalt zu weichen, sondern schickte sich ohne Verzug dazu an, der Faktion Salis Stand zu halten und sein Recht zu vertheidigen. Dabei wurde er nicht nur von der Mehrzahl der Domherren, sondern auch von dem zum grössern Theile katholischen Obern Grauen und vom X-Gerichten-Bunde, welchem er selbst von Hause aus angehörte, kräftig unterstützt. Auch die Familie von Planta stellte sich, wie schon erwähnt, entschieden auf die Seite Beat's; namentlich waren es Johann von Planta, Freiherr zu Rhäzüns, und sein Sohn, der spätere Domdecan Conradin Planta, welche für den rechtmässigen Bischof mit aller Entschiedenheit eintraten und sich dadurch den Hass ihrer Gegner in besonders hohem Masse zuzogen.

Die Familie Salis hatte es natürlich nicht verhindern können, dass ihre Gewaltthätigkeiten in Rom ruchbar wurden und die Nachricht davon verfehlte denn auch nicht, einen peinlichen und der Faktion Salis höchst nachtheiligen Eindruck hervorzurufen. Auch die in Rom für den Erzpriester wirkenden Freunde geriethen in

---

[1] Siehe bei Kind, Reformation S. 136.
[2] Brief vom 3. Sept. und 2. und 3. Dez. 1565.
[3] Seite 79.
[4] Moor, Churrätien II, S. 168.

nicht geringe Verlegenheit. Cavaliere Schier de Prevost von Ponte beeilte sich, dem Erzpriester in einem Schreiben vom 5. Juni (1565) mitzutheilen, dass man in Rom den ganzen Sachverhalt genau kenne und dass man sein und seiner Familie Verhalten durchaus verurtheile. Prevost spricht sodann seine eigene Unzufriedenheit über die gewaltsame Besitzergreifung der bischöflichen Residenz und des Bisthums aus und macht darauf aufmerksam, dass das Recht der canonischen Wahl nicht, wie die Lutheraner behaupteten, dem Volke, sondern den Domherren zustehe. Der kluge Cavaliere gibt seinem Freunde alsdann den Rath, er solle die Residenz verlassen, nach Rom schreiben und angeben, er sei durch Gewalt zur Annahme des Bisthums gezwungen worden und habe es nur in der Absicht geschehen lassen, um grössern Aufruhr zu verhüten. Er solle dem hl. Vater die Versicherung geben, dass er die bischöfliche Würde auf keinem andern als juridischem Wege anstrebe; er unterwerfe sich vielmehr bereitwilligst in schuldigem Gehorsam der kirchlichen Auctorität und verspreche, im Falle seiner Bestätigung als Bischof von Chur alle Kräfte anwenden zu wollen, um Graubünden zur Kirche zurückzuführen. Se. Heiligkeit werde dann vielleicht die Wahl à Porta's cassiren und ihm durch einen ausserordentlichen Vollmachtsspruch die Confirmation ertheilen.[1] Salis befolgte indess diesen Rath nicht, weniger aus dem Grunde, weil er ihm etwa unmoralisch oder unpraktisch erschien, sondern weil der Strudel, in welchen er durch seinen und seiner Verwandten Ehrgeiz gerathen war, den Unglücklichen schon zu weit mit sich fortgerissen hatte.

Papst Pius IV. citirte nun sowohl Salis als à Porta nach Rom.

---

[1] „Vestra Signoria non doveva intrar in Castello (vescovale), monstrar „de pigliar alchuno possesso de cosa dil Vescovato per forza et favor del po„pulo, per che la ellettione canonica consiste nelle voci de Canonici, et non del „populo. La qual cosa porterà danno a Vestra Sigria appresso de sua Santità „et Rmi Cardinali, come che quella sia tanta ambitiosa, che voglia intrar non „per la via diritta, ma reprobata a questa dignitate, et Vestra Sigria si sicura, „che sua Santità non vorà confirmar Vestra Sigria per ellettione del populo, per „che parerebbe che confirmasse la opinione de adversi Christiani, o Lutherani, „li quali vogliano, che la elettione de vescovi si faccia di populi . . . . . per ciò „V. S., se retirata con quello dextro modo, che posuto, et non intende di con„segnir tal dignitate, se non per via juridica u. s. w." Vergleiche Fetz, Schirmvogtei. S. 184 ff. Der Originalbrief befindet sich zu Mailand.

Letzterer leistete der Citation unverzüglich Folge, während Bartholomäus sich mit seinem hohen Alter und seiner Gebrechlichkeit entschuldigte. Von beiden Parteien wurden offizielle und private Berichte nach Rom eingesendet. Unterm 13. August (1565) schreiben die Vertreter des Gotteshausbundes, die Domherren, welche Beat à Porta gewählt und über die gewaltsame Einsetzung des Erzpriesters von Salis Beschwerde geführt, hätten diese ihre Klageschrift öffentlich widerrufen. Der Gotteshausbund ersehe darin überhaupt einen Widerruf von à Porta's Wahl und empfehle dem Papste dringend seinen Candidaten zur Approbation.[1] Anderseits richtete die katholische Eidgenossenschaft zu Gunsten à Porta's ein Empfehlungsschreiben an Pius IV. Das Nämliche that unter vielen Andern auch der Neffe des Papstes, Graf Hannibal Sitticus von Hohenems. Dies hatte zur Folge, dass die langjährige, von den Vätern ererbte, intime Freundschaft zwischen dem Grafen und dem Landvogte auf Castels, Dietegen von Salis, in bittere Feindschaft umschlug, die bei verschiedenen Gelegenheiten neue Nahrung fand und nicht nur die Bünde, sondern auch die östreichischen Fürsten belästigte.[2]

Um grösserem Uebel vorzubeugen, d. h. wohl, um die Salis'sche Partei von weitern Gewaltthätigkeiten abzuhalten, beauftragte Pius IV. das Domcapitel, vor der Hand, bis er die Angelegenheit definitiv ordnen könne, einen Capitels-Vicar zu wählen.[3] Es konnte indessen wohl nicht zweifelhaft sein, wie die Entcheidung nach dem Vorhergegangenen ausfallen werde. Abgesehen von allem Andern war es in Rom nicht unbekannt geblieben, dass Beatus à Porta während seines langjährigen Wirkens als Pfarrer zu Feldkirch sich mit bestem Erfolge um die Erhaltung und Befestigung des katholischen Glaubens bemüht hatte, während der Erzpriester von Sondrio, obwohl er früher stets einen glühenden Eifer zur Schau trug, in der Ausübung seines Amtes nicht jene Wachsamkeit und Entschiedenheit an den Tag legte, zu der ein Priester und Seelsorger zumal in jener Zeit sich verpflichtet fühlen musste. Die gewaltsame Besitzergreifung des

---

[1] Chur-Tiroler Archiv T. D. fol. 57.

[2] „molestavit" im Original. Campell II. pag. 455 (bei Mohr); Eichhorn, Ep. Cur., pag. 164.

[3] Breve Pius IV. (Fragment ohne Datum). Chur-Tiroler Archiv, T. D. fol. 57.

Bisthums und namentlich auch der Umstand, dass Bartholomäus von Salis die vom Gotteshausbunde verlangte, allem Rechte hohnsprechende Wahl-Capitulation ohne jedes Bedenken beschworen hatte, reichte übrigens vollständig hin, um seine Confirmation als durchaus unstatthaft und scandalös zu verweigern. Dem entsprechend erfolgte denn auch à Porta's Bestätigung als rechtmässig erwählten Bischofs von Chur durch Bulle vom 7. November 1565.

Wenn der Zeitgenosse Ulrich Campell behauptet, Pius IV. habe aus persönlicher Abneigung gegen Bartholomäus Salis in dieser Weise entschieden, weil derselbe, wie oben berichtet worden, gegen seinen Bruder Joh. Jakob Medici zu Felde gezogen war, so beweist dies nur die blinde Voreingenommenheit Campells, der in Salis' Abweisung die Durchkreuzung der Pläne seines Collegen und Freundes Fabritius erblickte. Ganz gewiss konnte es den Erzpriester nicht empfehlen, dass er, dem kirchlichen Verbote entgegen, aus Liebhaberei dem Kriegshandwerke oblag; indessen sahen wir oben bei Gelegenheit des Prozesses vom Jahre 1550—52, dass die Medici Bartholomäus von Salis diese 30 Jahre zuvor ausgeführte Waffenthat, die sie als einen in nationaler Begeisterung verübten Jugendstreich beurtheilen mochten, nicht nachtrugen und inzwischen war der Marchese (1554) mit Tod abgegangen.

Pius IV. starb, kurz nachdem er à Porta als rechtmässig erwählten Bischof bestätigt hatte, den 8. Dezember (1565) und wiederum bestieg ein ehemaliger Freund der Familie Salis den päpstlichen Thron, nämlich der ehemalige Inquisitor zu Como, Cardinal Michael Ghislieri, der den Namen Pius V. annahm. Wie peinlich und schmerzlich mag es demselben gewesen sein, gleich beim Beginne seiner Regierung gegen alte Bekannte und ehemalige Freunde auftreten zu müssen!

. Der Streit war somit von Seite der einzig competenten, höchsten Instanz entschieden. Man durfte nun wohl erwarten, dass die Familie Salis mit ihrem Candidaten, wenn sie noch einen Anspruch auf Katholicität und Rechtlichkeit erhob, sich nun in's Unvermeidliche geschickt haben würde. Aber nichts weniger als dies. Ihrem unbändigen Ehrgeize war eine abermalige Niederlage undenkbar und der Kampf trat jetzt nur in ein neues Stadium, in welchem die Erbitterung und

Verwirrung noch zunahm. Der Erzpriester hatte schon vor Abschluss der Verhandlungen mit der Curie mit glänzendem Gefolge die Gotteshausgemeinden besucht, um als „erwählter Bischof" den Huldigungseid entgegenzunehmen. Viele Gemeinden hatten denselben auch geleistet, einige freilich mit dem bezeichnenden Vorbehalte, sie gedächten ihren Eid zu halten, wenn er, Bartholomäus, sein „Recht" zu behaupten vermöge. (!)[1]

Ohne sich um die noch von Pius IV. an ihn gestellte Aufforderung, bis zum 7. Mai 1566 die bischöfliche Residenz zu räumen und mit seinem Hofmeister über die Verwaltung der Bisthumsgüter Rechenschaft abzulegen, zu kümmern, blieb er ganz ruhig im Schlosse und liess seine Verwandten über die Einkünfte und Besitzungen des Bisthums in einer Weise schalten und walten, dass man sich in die Blüthezeit des Faustrechtes hätte zurückversetzt glauben können. An ernsten Mahnungen, die geeignet waren, ein noch nicht völlig erstorbenes Gewissen zu wecken, fehlte es nicht. In der Nacht vom 14. auf den 15. Dezember (1565) brach im bischöflichen Schlosse eine Feuersbrunst aus, die so rapid überhand nahm, dass der greise und presthafte Pseudobischof nur mit knapper Noth aus dem Bette gerissen und gerettet werden konnte. Ausser den Mobilien und den noch vorhandenen Pretiosen ging auch die reichhaltige und werthvolle Bibliothek sammt zahlreichen, für die Geschichte des Landes höchst wichtigen Urkunden zu Grunde.[2] Aber weder dies Unglück, noch auch die zur nämlichen Zeit im ganzen Lande grassirende Pest, die in dem damals kaum mehr als 3000 Einwohner zählenden Städtchen Chur innerhalb weniger Monate 1400 Personen hinwegraffte, vermochte auf Bartholomäus einen nachhaltigen Eindruck auszuüben.

Um Ruhe und Ordnung im Lande wieder herzustellen, nahmen sich jetzt der Obere Graue und der X-Gerichten-Bund der Sache

---

[1] Campell II, S. 456 bei Mohr.

[2] „Die von Salis, so sich mit gewalt in dass Bisthumb eintrungen, „habent nit allein alles Gelt, vnd wass sonst von Bischof Thoma viber bliben „verzert, sondern vil Schulden gemacht, das Schloss mit Fleiss oder doch „durch verwahrlosung angestekht, allda die schönste Zimmer theils das Archiv, „die liberey, vnd alles das beste verbrunnen, vnd als Sie abziehen müessend, „wenig überbliben." Chur-Tirol. Archiv. T. D. Dass das Schloss absichtlich in Brand gesteckt worden sei, ist unwahrscheinlich.

eifrig an. Nachdem die beiden Bünde vergebens zur Pflicht gemahnt
hatten, stellten sie ein Schiedsgericht in Aussicht, welches am 16. April
(1565) zu Ilanz tagen sollte. Aber selbst nach dreimaliger Aufforderung fanden sich weder der Gotteshausbund, noch auch die Herren
von Salis bemüssigt, der Citation Folge zu leisten. Letztere erklärten, laut den Bundesbriefen nicht schuldig zu sein, „anderswo,
denn wo Sie sesshaft, im Rechten zu antworten," d. h. vor Gericht
zu erscheinen. Die Söhne des Hauptmanns Hertli (Herkules) von
Salis zu Rietberg versagten selbst dem Gotteshausbunde rundweg
den Gehorsam, als derselbe sie aufforderte, wegen ihrer Ansprüche
auf die Einkünfte der Dompropstei vor einem „verordneten Rath"
dem Bischof Beatus Rede und Antwort zu stehen. Daraufhin bestätigte das Schiedsgericht zu Ilanz die Wahl à Porta's und sprach
die Domherren von der ihnen wider alles Recht auferlegten Geldbusse von je 1000 Goldgulden frei. Dagegen wurde der Gotteshausbund verurtheilt, diese Summen wieder zurückzuerstatten und im
Vereine mit der Familie von Salis den in Folge des Streites entstandenen Schaden zu ersetzen.[1]

Alles dies kümmerte Bartholomäus von Salis und dessen Anhang nicht im Geringsten. Er rührte sich ebensowenig, als auch
Kaiser Max II. die Wahl Beat's anerkannte, ihm die Regalien ertheilte und seine Gegner in sehr bestimmten Ausdrücken aufforderte,
dem rechtmässigen Bischofe zu weichen.[2] Nicht mehr Erfolg hatten
die anfangs freundschaftlich, dann aber gebieterisch und selbst
drohend gehaltenen Briefe der 13 eidgenössischen Orte, welche mit
den drei Bünden, kurz nach deren Verbrüderung, ein ewiges Bündniss geschlossen hatten.[3] Fürstbischof Beatus, der noch immer in
Feldkirch weilte, hatte unterm 21. Februar (1566) an die Schwei-
zerische Eidgenossenschaft eine Klage- und Bittschrift gerichtet, in
der er sich nicht nur darüber bitter beschwert, dass „Bartholome
.von Salis durch sein freundschafft, vnd dem mehrentheil vnserer
.Gottshaussleuten, (die) von Ihme zu solchem *mit miet rnd gaben*

---

[1] Chur-Tiroler Archiv T. D., Fol. 60.
[2] Ibidem Fol. 71.
[3] Die Bünde wurden desshalb zu den sogen. „zugewandten Orten" der
Eidgenossenschaft gezählt.

— 98 —

„erkaufft (wurden und) wider die ordentlich election von meinem
„Thumb Capitel . . . . . sich unerhörter gewaltthätiger weiss in vnsern
„Stifft getrungen, vnd demselbigen in höchster verderbung gehauset“
(hätten), sondern dass „der Widerpart“ alle Mahnungen von Seite
des Papstes, des Kaisers, des Erzherzogs von Tirol, der Eidgenossen
und der zwei Bünde „hindan gesezt, vnd sich aller billichkeit vnd
„Gerechtigkeit diss orths durch alle oberkheit, wie heiter am tag
„erkanndt, halsstarrigklich widersezt vnd in ihrem bössen für-
„nemmen muothwillig fürschritten, also dass ihrer ganz gar kheine
„hoffnung, dass Sie mit einer güetigkeit zu der billigkeit mögen
„gebracht werden.“ Desshalb bittet er die löbliche Eidgenossenschaft, „die menigklich zu Recht, vnd dem seinigen geholffen, vnd
„vor gewalt beschirmbt u. s. w.“, dass sie dafür sorge, „damit
„solcher gewalt abgeschaffen vnd Wir zu dem vnsrigen fürderlichst
„kommen mögen.“ [1]

Die zu Baden im Aargau versammelten Räthe und Sendboten
der 13 eidgenössischen Orte erliessen darauf am 6. Juli (1566) an
die von Salis, als ihren „Edlen, vesten, sonders lieben vnd gueten
Freundten“ ein Mahnschreiben, in welchem sie sich darüber beschweren, dass sie, die Salis, alle vorgeschlagenen „Mittel“, diesen
„Span“ beizulegen, verwerfen. Ihre „Herren und Obern“, schreiben
sie, „kündten nit anderst gedenkhen, dann, dieweil Ihr ewern Vettern
„also selbs eigents gewalts in das Bisthumb eintrungen, vnd vff den
„Altar gesezt, ... dass Ihr die vhrheber vnd Anfang dieser vnruhe
„(seiet) vnd wiewol Ihr Euch zu beyden theilen vf Bäpstl. Heyl. ver-
„anlasset, vnd (obwohl Ihr) von dero zu rechtlichen erkanndtnuss
„gestanden, Ihr auch dasselbs (d. h. des Bisthums) zu ewern theil
„verlurstig worden, vnd der Bischoff de la porta confirmiert vnd
„bestält (worden), veber dies auch die Röm. Kaiserl. Majestät, vnser
„aller gnedigster Herr, denselbigen Bischoff mit den regalien vnd
„freyheiten dess Bisthumbs begabt, auch ewer vnd vnser liebe Eydt-
„vnd Pundtsgenossen von den andern zwey Pündten Ihn für ihren
„rechten ordentlichen Bischoff achten vnd halten, So beharren Ihr
„doch für vnd für in ewern unbegründten vnd vnrechtmessigen für-
„nemmen, vnd khönnen nit anderst achten, dann dass Ihr vom gschlecht

<hr>

[1] Chur-Tiroler Archiv T. D.

„von Salis dise sach also unverschambt vmbtrölen (verwirren), vnd
„dadurch dem Bisthumb das sein also muothwilliger weiss ver-
„schwenden vnd verbrauchen, dass es zu erbarmen ist. Und dieweil
„wir dan eigentlich bericht worden, dass etliche Gericht im Gotts-
„haus Pundt verwilliget (haben) die gestellten mitl anzunemmen, denen
„(Gerichten) wir hiemit fründlichen vnd hohen Dankh sagen; Und
„damit dann Ihr nit von Menigklichen beschuldiget müessen werden,
„dass Ihr die seyen, denen vnfrid vnd vnruohe lieber dan frid vnd
„einigkeit sey, So ist nochmahlen an Euch sambt vnd sonders vnser
„ganz ernstlich vermanen bitt vnd beger (Begehr), Ihr wollend solches
„ewers vnbillich fürnemmens, (dieweil Ihr doch dess weder bey Bäpstl.
„Heyligkeit, Kayser, König, fürsten noch bey Niemandt khein gstandt
„finden werden) güetlich abstohn, vnd in die gstelten mitel, auch
„güetlich verwilligen, damit man einmal dieser sachen ab vnd zu
„ruehe komme; das würdt Euch zu grossem lob vnd dankh reichen,
„vnd vnser Herrn vnd obern ein hoch gefallen thuen; die werden
„dan auch gegen Euch in allen gnaden vnd guetem erkhennen. Datum
„vnd mit dess frommen Ehrenvesten vnseres gethrewen lieben landt-
„vogts zu Baden im Ergow (Aargau) fridly Hässi dess Raths zu
„Glariss eignem Insigl im Namen vnser aller verschlossen, vf den
„6. tag July A° 66.“ [1]

Die vom Gotteshausbunde gestellten Bedingungen, unter welchen
er die Schlichtung des Streites den Eidgenossen zu überlassen gedachte und die in der Forderung gipfelten, „dass hinfüro dem Gottshus Pundt heim gsezt sig, ob der Gottshus Pundt einen Bischoff haben
wolle oder nit", [2] konnten natürlich in keiner Weise acceptirt werden.

Als dann die Eidgenossenschaft ihre Aufforderung an die Gotteshausleute nochmals wiederholte, antworteten dieselben ablehnend und
erklärten in brüsker Weise, sie genössen ihre Freiheit ebenso lange
als die beiden andern Bünde und als die Eidgenossen selber; so
lange sie athmen könnten, seien sie, auf göttliche Hilfe vertrauend,
gesonnen, ihre Freiheiten, Immunitäten und Privilegien zu vertheidigen. [3]

---

[1] Chur-Tiroler Archiv T. D., Fol. 70. Vergl. Fetz, Schirmvogtei, S. 199 ff.

[2] Chur-Tir. Archiv T. D., Fol. 65.

[3] Campell II, 457 (bei Mohr).

In dieser Weise zogen sich derlei Schreibereien bis gegen Ende des Jahres 1566 hin, ohne dass ein Resultat dadurch erzielt wurde, während die gegenseitige Stimmung an Bitterkeit nur zunahm. Schon sprach man von einem Bürgerkrieg und auf Seite der Salis'schen Faktion wurden Mittel und Wege berathen, um allfälligen Gewaltmassregeln von Seite der zwei andern Bünde und der Eidgenossenschaft entgegentreten zu können, und schon hatte der Schlosshauptmann auf der Fürstenburg, wo Fürstbischof Beatus inzwischen seinen Wohnsitz genommen, einen feindlichen Angriff gemeldet, als man sich im entscheidenden Augenblicke eines Bessern besann. Die Befürchtung, es möchte ein Religionskrieg zum Ausbruche kommen, der sich dann weiter ausdehnen könnte, bewog endlich den Gotteshausbund einzulenken und die Entscheidung der ihm eigentlich schon lange überdrüssig gewordenen Angelegenheit den eidgenössischen Gesandten zu überlassen. Deren Spruch vom 23. November (1566) lautet dahin, „es werde Herr Bartholomäus „als ein Liebhaber des Friedens gemeinen Wohlstandt vnd aller „Gerechtigkeit sich güetlich abweisen lassen vnd von des Ihme „durch den Gottshus Pundt zugestellt bischoflichen Ambts wegen, „sein Vatterland in kein Gfar noch verderben bringen.“ Nach abermaliger Anerkennung Beats à Porta als einzig rechtmässigen Fürstbischof von Chur wird alsdann der Befehl wiederholt, „dass Herr „Bartholomäus ohne Nachtheil sein vnd seines ehrlichen Gschlechts „deren von Salis ehrlich Harkommen vnd guten Leumbden, auss „dem Schloss zeuchen vnd Herrn Beato vermelt Bisthumb mit voll„kömmlicher Besitzung dess Gstift Schlösser Häusser Zehenden In„kommen Brieffen Urbaren Rodtlen vnd aller Zuegehör zugestellt „vnd eingeben werden“ soll.

Hiemit war nun endlich die Entfernung des Eindringlings gelungen und die Anerkennung des rechtmässigen Bischofs von Seite des Gotteshausbundes erzielt. Es ist nicht ohne Interesse, wie der Prädikant Campell den Ausgang dieses Streites beurtheilt. Nachdem er es besonders getadelt, dass die Familie Salis anfangs an den Papst appellirt habe, fährt er fort: „Man war allgemein (doch wohl „nur auf Seite der Prädikanten) überzeugt, dass, wenn diese (d. h. „die Salis'sche) Partei unter Beiseitelassung alles Uebrigen sich

„damit begnügt hätte, den 18. Artikel (des Bundesbriefes von Anno
„1524) für sich anzurufen, welcher vorschreibt, dass nur die bünd-
„nerischen und keine ausländischen Domherren den Bischof, der
„ebenfalls Inländer sein muss, zu wählen hätten, sie ihren Zweck
„unmöglich hätten verfehlen können. In der That würden die Bünde
„es niemals zugelassen haben, dass die Domherren im Geringsten
„von der einmal festgesetzten Wahlordnung abgewichen wären und
„hätte eine solche Abänderung auch von Papst und Kaiser die
„Bestätigung erhalten. Als aber die Partei Salis von freien Stücken
„den Boden, worauf ihr Recht (sic!) fusste, verliess und den Vor-
„schlag, die Entscheidung dem Papste zu überlassen, annahm oder
„vielleicht selbst machte, da fiel für die Gemeinden jeder rechtliche
„Grund einer Einmischung von selbst weg."[1] Man sieht daraus, wie
sehr den Protestanten der Begriff einer freien Kirche und des kirchlichen Rechtes schon damals abhanden gekommen war.

Indess war diese traurige Angelegenheit immer noch nicht
bereinigt. Bartholomäus von Salis hatte, wie schon erwähnt, mit
einen Verwandten während seiner Usurpation in unqualificirbarer
Weise gewirthschaftet und dadurch dem Bisthume ungeheuren
Schaden verursacht. Denselben zu ersetzen, wie das Urtheil lautete,
war er nicht im Stande, da er sein ganzes Vermögen für die Agi-
ation in die Schanze geschlagen hatte, so dass er in tiefe Schulden
und nach seinem unfreiwilligen Rücktritte sogar in so bittere Armuth
gerieth, dass es ihm oft am Nothwendigsten gebrach. Ob diese
wohlverdiente Strafe die Bekehrung des unglücklichen, mit raschen
Schritten dem Grabe zueilenden Greises und seine Versöhnung mit
der Kirche zur Folge hatte, darüber wird uns leider von Niemandem
Aufschluss gegeben.[2]

Die Deckung der von Bartholomäus und seinen Verwandten
verursachten Schulden beschäftigte die Bundestage noch eine Reihe
von Jahren hindurch. Die Familie Salis legte den Verhandlungen
des im Jahre 1567 zur völligen Regelung dieser Sache eingesetzten

---

[1] Band II. Seite 454 ff. bei Mohr.

[2] Das genaue Datum seines Todes ist uns bisher nicht bekannt geworden:
im Februar 1568 lebte er noch. Quadrio, Dissertazioni, Vol. II, pag. 527 sagt,
er sei in dem kleinen Dorfe Albosasagia bei Sondrio gestorben.

Schiedsgerichtes fortwährend so viele Hindernisse in den Weg, dass Fürstbischof Beatus sich abermals genöthigt sah, die Eidgenossen um ihre Hilfe anzurufen, damit nicht „ein neuer aufruhr, so schon im werkh sein soll, möge angericht werden."[1]

„Wie hoch das Bisthumb", heisst es in der Documentensammlung des schon öfter citirten Chur-Tiroler Archivs,[2] „von den Sali-„schen beschediget, ist auss volgend Bischoff Beati anforderung, „was Sie (die Salis) gefunden, einzogen, verkaufft vnd entlehnet „(haben), ausser dessem, so in der brunst aufgangen vnd das Bis-„thumb höchst geschediget, zu sehen."

Es sei uns gestattet, aus diesem nach Form und Inhalt bemerkenswerthen Documente einige Punkte, die uns das Gebahren des Erzpriesters von Sondrio und seiner Verwandten am besten veranschaulichen, hier mitzutheilen.

„Dess hochwürdig fürsten vnd Hr, Hr Beati, Bischoven zu „Chur anforderung der rechnung vnd erstattung aller dess Gestiffts „zugehördt, (nach) inhalt des Buchstabens Eidtgenosischer Mitl..... „wider Hr. Bartholome von Salis, Hercules von Salis[3] alss Hoffmeister, „Anderer von Salis, vnd sonst anderer, wie es dan die notturfft er-„fordern würdt eines itelichen (jeden) Handlung nach" u. s. w. Diese „Anforderung" sei nicht allein durch „die gross notturfft vnd Armuth „des Gstifts, sondern auch (durch) die Göttlich billich Gerechtigkeit" erfordert und soll der Schaden „durch die, (welche) wie gemelt, (die „bischöflichen Güter) verbrucht, verthon, gemindert, widerumb er-„stattet vnd bezalt werden, als ein Jetlich Biderman billich er-„khennen khan.

„Begert derhalben Ihr fürstl. Gnaden, dass derselben vnd ihrem „Gestifft erstattet oder bezalt werde (wie) nachvolget:

„Erstlich ob Sechzig fueder Wein, der vorhanden gsin ist u. s. w.

„Item den grossen vorrath dess Korns, das sich nit spezificiren „(lässt), aber den Kästen nach, die vol gewest .... erfahren würdt.

„Item den Merklichen vorrath an gesalzenem fleisch, item an

---

[1] Schreiben vom 15. Oct. 1567.
[2] Im bischöflichen Archiv zu Chur.
[3] von Rietberg.

Keess . . . item an Schmalz . . item an vnschlig . . item an leder vnd anderm, so zu vfenthaltung dess hoffs brucht würdt . . . .

„Ihr fürstl. G. widerpart . . . (habe) ohne fueg einicher Gerechtigkeit, wider aller Recht . . . sich gewaltigklich in das Schloss gesezt, nit allein erst gmelten fürstlich vorrath verthon, sondern auch daruf verharret, vnd dess Gestiffts frucht vnd Nuzung, ess seye am wein, wachs vnd korn, ... heu vnd obwachs (Obstwachs?) vnd Alpigung, dess Vieh nuz ab der Alp vnd daheimen, den Jährlich viehwachs, an Rind vnd schmalem Vieh, vnd beschliesslich all des Gestiffts Nuzung vnd frucht, wie das genambset vnd zu siner Zeit weitleufflg erklert würdt werden" u. s. w.

Nachdem die abhanden gekommenen Schuldbriefe und Baarchaften aufgezählt worden, „volget die farend haab des huss Plunders vnd anders"; davon begehrt „Ihr fürstl. Gnaden . . . 5 treffenlich schön guet Panzer, den abgang der spiessen vnd helleparten, ... dessgleichen ein blasshorn dessen Riemen mit silber beschlagen ist."

Auch wird Klage geführt, obschon noch etwas Vieh vorhanden ei, so sei es „doch nimmer das, so Bischoff Thomas gehabt, noch derselben art, sondern nidertrechtig schlecht Vech, so vmb gering gelt kaufft vnd abgewechslet mit dem hübschen Vech dess Gstiffts . . . Begert Ihr frl. Gnaden, dass (nach) selbig inhalt beider inventari so gegen einand verglichen,[1] vnd wie darthon würdt, bezalt zue werden, dan (für) den wechsel vnd hintreiben[2] nit allein hier diesshalb, sondern auch enethalben der berge . . . . .

„Item zwey pferdt die Bischoff Thomas gehabt, vnd hinwekh kommen (sind) sambt dem Mulesel, so (den) erwelten Herrn[3] . . . wird geben vnd (bei Bischof Beatus) nit beschechen! dass derselbig (Maulesel) widergeben, die zwey pferdt bezalt werdendt, — mag die widerpart das Rössly, so Sie dagelassen, wider nemmen." Sodann wird öffentlich bekannt gemacht, alles Eigenthum, „es seye der Zoll zu Chur vnd langwart,[4] der baumgarten, die Qua-

---

[1] Nämlich das alte mit dem neuen.
[2] Den Wechsel und das Hinwegtreiben des Viehs von den bischöflichen Gütern und Alpen.
[3] Dem jeweilig neuerwählten Bischof.
[4] Landquart.

„dren,[1] Lehen vnd Erblehen, Halden," überhaupt Alles, was „durch
„die widerpart, ihren anhang vnd helffer" oder sonst Jemanden versetzt oder verkümmert worden, das müsse bezahlt vnd ersetzt werden. „Dessgleichen sollen durch die widerpart Lehen verlihen worden
„sein, vnd villicht auch vss lehen eigenthumb gemachet sein, welches
„alles ohne gebüerlich fueg, vnd gerechtigkeit beschechen, auch
„billich krafftlos ist, vnd Ihr f. Gnaden kheineswegs gelten lassen
„würdt, damit sich Menigklich wisse darnach zu richten. Item begert
„Ihr frl. G. rechnung vnd bezallung empfangener Zölle, vom abgang
„Bischoff Thomas lobl. gedechtnuss, biss vf den abtritt der gegen-
„part vsfürlich vnd genugsamlich.

„... so begert Ihr frl. G. ergenzlichkeit dess grossen schadens
„so beschechen durch die brunst der büecher, (die) zum Gottesdienst
„gehörendt, welche dem ganzen Bisthumb zugehört, vnd mit 1000 △
„nit mögen widerumb gedrukht werden.

„Item ... das köstlich Kreuz, so ab dem Messgewandt kommen,
„das der gegentheil hinweckh gehabt, gleichwohl ihren fürstl Gn.
„widerumb veberantwortet, aber ohne das Kreuz.

„Item ... die veberantwortung der ... Kleidern, Kleinod vnd
„andern dergleichen.

„... dieweil die gegenpart die alte Bischoffliche Ring vnd sigl
„inhands gehabt, möchtend villicht (das doch Ihre frl. Gn. nit ver-
„hofft) dieselbig missbraucht sein worden", — erklärt der Bischof,
„dass dasselbig krafftlos seye."

„Letstlich vnd beschliesslich, ... dieweil alle Recht in der
„Christenheit (durch welche guete policia, mannsszucht, landsfriden,
„ruehe vnd einigkeit erhalten werdend) vsswiesend vnd vermögendt,
„auch veberal geübt, vnd gebraucht würdt, dass (derjenige,) welcher
„dem andern in vngebürlich vnrechtmessig Kosten, schaden, Müehe,
„arbeit vnd versumbnuss (verursacht hat, dieses auch) entheben vnd
„abtragen muess. So ist es heiter am tag, auch genüegsamlich durch
„die Bäpstl. Heyl., Kayserl. Majestet, hochlobl. Eydtgenosschaft vnd
„die loblich zween Pündt erörtert vnd erdurt, dass Ihr frl. Gnad.
„von obberürt widerpart vnd derselben Anhänger ... in vber-

---

[1] „Quadern" werden die noch heute im Besitze des Bisthums befindlichen,
am nördlichen Ende der Stadt Chur gelegenen grossen Wiesen genannt.

„schwenkhlich grossen vnkosten vnd schaden gefürt worden, durch
„gross müehe, arbeit, geferhlichkeit liebs vnd lebens, vnd versum-
„nus des Gestiffts.

„. . . . der Allmechtig Gott", so schliesst die „Anforderung",
„wolle der Gerechtigkeit beystohn, vnd derselben vebertrettern der-
„massen werung geben, dass hinfüro ander(e) sich daran stossend.
„Wartet also Ihr fürstl. Gnaden der gegenpart Antwort . . . . Sodann
„protestiert Ihr Fürstl. Gn., dass Sie Ihr anforderung nit auss einichem
„Neid, Hass, noch verlezung der gegenpart, oder Jemands dermassen
„gestelt. Sonder allein zu entlädung ihrer gewissen vnd Eydt, vnd
„erhaltung des Gestiffts, vnd seiner gerechtigkeit." Als Anmerkung
ist noch hinzugefügt: „Auf dem Gottshausstag zu Bergün (wurde)
„verzert siben hundert gulden, ausser was Bischoff Beatus alss Er
„nacher Rom, vnd ander orthen gereist verzert; mit den Commis-
„sionen, sindt Neun tausend gulden aufgangen. Dan habent die von
„Salis vnderschidliche Kleinodien, vnder anderm aber ein Kostlichs
„Messgewandt sambt einem mit Edl Gstein versezten Kreuz hin-
„wegkh, das Vich alles hin (-weg-) triben, oder die art verwexlet,
„dass der von Ihnen beschechen schaden, mehr alss hundert tausent
„gulden angeloffen," — eine für damalige Zeit ungeheure Summe.

Nach vielen vergeblichen Versuchen gelang es endlich, die Familie von Salis zu Unterhandlungen zu bewegen. Den 12. Februar
des Jahres 1568 kamen die von beiden Seiten „erkiesten mannen"[1]
zusammen, um den „langwürgen span" zu entscheiden. Der Schwierigkeiten gab es dabei immer noch sehr viele zu überwinden.

„Dieweil Wir — die Vertreter beider Parteien — erstlich vf
„dem Rathhauss der Statt Chur zusammen kommen sindt, so hat
„sich desshalb ein Disputazion erhebt also, dass vnseres gnedig
„Herrn Part begert, vnd vermeint hat, der siz vnd vnser versam-
„lung solle auf der Thumb herren trinkhstuben gehalten werden.

---

[1] Auf Seite des Bischofs Hans Tscharner, damals Bürgermeister von Chur,
Balthasar Planta, alt Commissar von Chiavenna, Peter Planta, Landammann
des Ober-Engadins; auf Salis'scher Seite Ambrosius Marti, alt Bürgermeister
von Chur, Hauptmann Raget Planta (derselbe, der an Ostern 1565 bei der
Folterung Rudolfs von Salis mit bewaffneter Hand demselben zu Hülfe eilte,
vergl. oben, Seite 86) und Ammann Jakob Ludwisch (?) — lauter Protestanten
auf beiden Seiten.

„Aber dess Hr. Erz Priesters von Salis Part hat dargegen fürgewent,
„dass der siz billich vf der Statt Chur Rathhauss gehalten werden
„soll. Darauf Wir geordnet vnd Vns entlich entschlossen habend,
„damit gemeinem Gottshauss an ihren alten bräuch. und dero Ge-
„rechtigkeiten nit in ettlich weg ein einbruch geschehe, so solle der
„siz, vnd vnser versamlung zu hoff¹ vf der Tumbherrnstuben gehalten
„werden."

Damit die Erkenntniss des Gerichts „desto stiffern bestandt
„haben möcht" und damit dieselbe „unwidersprechlich von beyden
„Partheyen gehalten werde," hielt man es für nothwendig, dass
auch noch besondere Bürgen bestellt würden. „Hat also vnser gnädig.
„Herr von Chur zum tröster vnd Bürg geben den frommen, für-
„nemmen vnd wysen Hr. Burgermeister Hanss Tscharner;² gleich-
„gestalt vnd in der form. ist Hr. Burgermeister Ambrosi Marti für
„Hr. Erz Priester von Salis (und) Anderer von Salis bürgswiss ein-
„gstanden." Aufgefordert, Sr. fürstl. Gnaden und dem Stifte „drey
Bischoffliche Sigl, ring, Kleid, Kleinod, Banzer, wehr vnd schuldt-
brieff wider zu restituiren," erklärten die von Salis. „das, was sie
„noch beyhändig habend, das wöllen Sie mit guetem willen Ihnen
„(Sr. fürstl. Gnaden) wider zustellen vnd vberantwurten. Vnd ob Sie
„wol bekendt vnd kandlich gsin der Zwey ring vnd ein Sameti-
„schuben so habendt sie doch nit kandtlich wellen sin, dass Sie
„beyhendig alles (hätten) wie ess in der anforderung begriffen würdt.
„Sonder (sie haben) anzeigt, dass Sie ein eigen botten im Pargell³
„darnach geschickt habend."

Es wurde daher „geordinirt", dass die von Salis die Sachen,
die sie „beyhendig habendt" dem Bürgermeister Tscharner übergeben sollten, „wass aber nit vorhanden were, so sollen dess Hr.
„Erz Priester Part schuldig sein zu suchen, damit auch dasselbig
„erstattet werde." Auch sollen sie sich „biss auff weitern bscheidt"
nicht mehr in die Angelegenheiten des Bisthums einmischen.

---

¹ Bischöflicher Hof wird heutzutage noch der oberhalb der Stadt gelegene
Stadttheil genannt, wo sich die Kathedrale, das bischöfliche Schloss und die
Wohnungen der Domherren befinden.

² Vincenz Quadrio nennt denselben in seinem Schreiben vom 3. Juni 1551
„Anz Giarner, quello crudelle Heretico."

³ Bergell, also wohl nach Soglio.

Gegen das Verlangen der Salis'schen Partei, es solle Jemand nach Zürich geschickt werden, um sich den „Buchstaben", d. h. den Inhalt der von den Eidgenossen gestellten „Mittel" „erläutern" zu lassen, protestirten die Anwälte des Bischofs und erklärten mit Entschiedenheit, „dass Sie bei dem Buchstaben bliben vnd darvon nit wiechen wollendt." „Item so habendt hieruff die Edlen Caspar, „Joh. Baptista, vnd Fridrich von Salis[1] im Namen ihres Hr. Vetters „Bartolome von Salis wolgenempt Hr. Burgermeister . . . dise nach-„benempte stückh, namlich die Sameti schuben[2] mit Zobl . . ., wie „es im Original der lenge verzeichnet stat, mit sambt den schuldt-„brieffen" übergeben.

Auf die Erklärung des Fürstbischofs, dass er nicht nur gegen den Erzpriester Bartholomäus, „sondern auch gegen Hauptmann Hertly[3] vnd andere von Salis" Klage führe, wurde erwidert, er soll „gemeltem Hauptmann Hertly kundt thuon, man wurde mit dem handl vf sin zukunfft (Ankunft) still halten." Da sich aber noch mehr Anstände erhoben, wurden zu den sechs Schiedsrichtern noch drei weitere beigezogen und zwar Gily Maissen, Landrichter des Obern Grauen Bundes, Jakob Baselga, Landvogt zu Oberhalbstein und der Landammann auf Davos Hans Ardüser der Aeltere. Obwohl aber das jetzt auf neun Mann angewachsene Schiedsgericht feststellte, es solle bei diesen Abmachungen bleiben „vnd die sach nit weiter zogen werden," so hat sich doch sogleich wieder „ein span der Bürg-schaft halber zutragen, wie vnd welch massen man diesselbig geben vnd (an-)nemmen solle." Man kam überein, „die beyd Partey sollendt „vertrösten (d. h. Bürgschaft leisten) vmb die kosten (des Schieds-„gerichts) vnd alles das, wass von Uns (den Richtern) verordnet, „gesprochen vnd gehandllet würdt, ohne einiche widerredt vnd appellieren."

Während der Bischof also nochmals Hans von Tscharner als seinen „Tröster vnd bürg" bezeichnete, stand „Junkher Dietegen (von „Salis) der Jünger für Hr. Erzpriester Bartholome von Salis vnd

---

[1] Friedrich von Salis zu Samaden und seine Brüder.
[2] Sammtschaube, ein Kleidungsstück.
[3] Herkules von Salis-Rietberg.

„Anderer von Salis" ein. Nachdem alsdann „alle geschrifften, vrtl.
„abscheid vnd begehren von beyden theilen vfgelegt vnd verlesen"
worden, forderte der Bischof die entwendeten Panzer zurück, worauf
„Junkher Dietegen von Salis antwurtet, gmein Gottshauss habe in
„gebetten, dass Er die (-selben) in sein Hauss zu behalten legen
„lasse;" er erhebe keine Ansprüche darauf, „ussgenommen, dass Er
„sie habe lassen bolieren (poliren), darzu so hab Er ettlich Wein
„ins Schloss geben, vnd so Ihm das alles bezalt werde, so sey er
„erbietig, (sic) dem gemeinen Gottshauss wider zu veberantworten."

„Item dieweil sich nit allein vnder den Parteyen allss zwey
„grossen freundschaften (Verwandtschaften) sondern auch unter den
„verordneten (Richtern) etwass span vnd disputazion minder oder
„mehr sich hat wellen erheben, solchem aber für zukommen, damit
„Zwitracht vermiten, vnd einigkheit erhalten werde: So ist die sach
„zu guetem erkendt vnd gesprochen worden, dass alles, wass von
„einem oder dem andern gerathschlaget werde, dass die andern
„vnd ein ieglicher dasselbig bei seinem geschwornen Eydt biss in
„sein grueb verschweigen solle, vnd ob einer oder der ander, welcher
„das were, solches von einem ussöffnete, vnd kundtbar machen würde,
„der soll für einen gescholten werden, alss der Ehr vnd Eydt veber-
„sechen habe u. s. w."

Was die weitern Forderungen des Bischofs betrifft, so wurde
unter Anderm wegen „des Wein, Schmalz, Salz, Unschlig, Käss, Korn
„und dergleichen" entschieden, dass das, „was im Schloss gessen
„vnd trunklhen, da könne man weder dem Hr. Erzpriester noch
„Jemandts anderst in disen punkten zu bezalen vflegen," was aber
„entfürt oder verkaufft" worden, darüber wollten sich die Richter
die Erstattung desselben vorbehalten „vnd demnach des Hr. Erz
Priesters vnd seiner freunden ansprach dargegen eingedenkh sein."
Ebenso soll nur das weggetriebene Vich, nicht aber das, welches
„im Schloss abgeschlachtet vnd gemezget" worden, ersetzt werden.
„Item betreffende die schuldlen vnd handschrifften Erkhennen" die
Schiedsrichter, „dass der Hr. Erz Priester vnd seine freund dem
„gnedigen Herrn von Chur alle schulden vnd schuldbrieff . . . schuldig
„sindt zu veberantworten. mit sambt alle dem, wass der Hr. Erz
„Priester verschenklht, dieweil er im Schloss vnd vsserhalb der

„Regierung gsin ist; wass er einzogen hatte, nachdem er vser dem
„Schloss kommen, da soll Er Ihre frl. Gnaden darumb Rechnung
„geben, auch dasselbig widerumb restituiren," was er aber eingezogen habe, „dieweil Er in possess. vnd Regierung gewesen",
das brauche nicht erstattet zu werden. Die „Harnischt, Banzer,
Büchsen vnd ander dergleichen" sollen sofort dem Bischof zu Handen gegeben werden, der dagegen die Kosten für das „Bolieren"
zu tragen habe.

Nachdem diese und alle andern Forderungen des Bischofs glücklich erledigt worden, beschwerte sich Ritter Dietegen von Salis
nun wieder und protestirte dagegen, dass er für Alles, was der Erzpriester zu restituiren habe, Bürgschaft leisten solle, während er
nur die Unkosten des Schiedsgerichts im Auge gehabt habe. „Daruff
„Wir (die Richter) Unss abermals erüneret, berathschlaget, vnd er-
„kundt, dass man die ordination der Bürgschaft nit anderst ver-
„standen," als wie es dem Buchstaben nach heisse. Man suchte
desshalb die Stellung eines andern, annehmbaren Bürgen zu erwirken, „dieweil aber die von Salis geantwurtet, Sie khönen den
„gedachten Junkher Dietegen nit zwingen, wan Er es nit gutwillig
„thuen wälle, vnd wissen in der gestalt khein Bürgen zu finden, so
„haben Wir (die Richter) Sie abermals ermant, das Sie sich be-
„fleissen sollen gleichergestalt vnd in der form, wie Ihr fr. Gnaden
„Bürgschaft zu geben. So das bescheche, wöllen Wir veber dem
„handl sizen mit allem ernst, damit der zum endt gebracht (werde);
„wo aber das nit, so seye zu besorgen, dass sich der Handl ver-
„lengern vnd verschieben wurde.

„Hieruff die von Salis geantwurtet, Sie habend Ihrem mög-
„lichsten fleiss angewendt, habend doch Niemandt gefunden, der
„solcher gstalt für Sie habe wollen einstohn, baten Uns doch ganz
„freundtlich, dass Wir dise antwort im besten vfnemmen vnd nit
„desto minder (mit den Verhandlungen) für fahren sollendt."

„Dieweil Junkher Dietegen von Salis bey seiner mundtlichen,
„auch gschriftlichen protestation zwinglich zu bliben vermeint, dar-
„gegen aber vnseres Hr. Part vermeint, dass Er (Dietegen) Tröster,
„bürg vnd hafft bliben sollte. So habendt Wir erkendt, vnd dise
„erleuterung der bürgschafft halber gethon, dass beyde Parthey sollen

„vertrösten vmb die kost, vnd alles das, was von den verordneten
„gesprochen vnd gehandlet würdt, demselbig zu globen, vnd statt
„thuen ohne einiche widerred, vnd appellieren. Vnd ob (da) Wir
„alle kostung, so veber unsere arbeit, müe vnd dessgleichen schriber
„vnd botten lohn allenthalben (auf-) gangen, (dass dies Alles) ied-
„wedere Parthey zu bezahlen den halbtheil erkenndt habend, vnd
„Junkher Dietegen noch Jemandts anders (von der Salis'schen Partei)
„mit haben erlegen wellen: So haben wir es alles, vnd die ganz
„Summa von vnserm Gdgen Hr. von Chur *erfordert* vnd empfangen.
„Doch so behalten Ihren frl. Gn. vnd dem Gstifft hiemit vor, dass
„Sie diese Summa inbehalten mag an dem, dem Herrn Erz Priester
„geschöpflten, vnd sein leben lang (zu-) gesprochen ist, Namlich die
„ersten hundert gulden diss lauffenden acht vnd sechzigist Jahrs,
„vnd das vebrig, das ander Jahr darnach, oder ab seiner Pfrüendt[1]
„so lang vnd vil biss Ihr frl. Gn. vnd dero Gstifft vmb das Halb-
„theil vergnüegt vnd bezalt ist."

Trotz dieser schwierigen und endlosen Verhandlungen war
wenig erreicht, da die Hauptsache, die Deckung der Schulden un-
erörtert geblieben war. Friede war noch keiner geschlossen und
Bischof Beatus sah sich bald veranlasst, die Eidgenossen von
Neuem um ihre Hilfe anzugehen, umsomehr, als der Gotteshausbund
immer dringender mit der Forderung an ihn herantrat, ihn als
Kastvogt des Bisthums anzuerkennen. Da er dieser Insinuation
nicht entsprechen konnte, war er seiner persönlichen Sicherheit
wegen genöthigt, seine Residenz in Chur wiederum zu verlassen,
worauf er, ohne je wieder zurückzukehren, sich bleibend auf die
Fürstenburg im Vinstgau zurückzog. Der Gotteshausbund erklärte
nun unterm 20. Februar 1573, man werde den Bischof bei Brief und
Siegel lassen, wenn er die vom Bunde und denen von Salis gemachten
Schulden bezahle![2] Da zudem letztere nur den kleinsten Theil des
Schiedsspruches vom 12. Februar 1568 ausführten, forderten die zu
Baden im Aargau wieder versammelten Rathsboten der dreizehn
eidgenössischen Orte in einem Schreiben vom 19. August 1575 den
Obern Grauen und den X-Gerichten-Bund auf, sie möchten den

---

[1] Seines Domherren-Gehaltes.
[2] Urkunde im bischöfl. Archiv.

Gotteshausbund und die Familie Salis zur Pflicht und Ordnung und
zur Respektirung der verschiedenen Schiedssprüche ermahnen. „Da
„Wir Uns", sagen sie, „nit anderst versähen, denn sy (die Gottes-
„hausleute und die Salis) wären denselbigen schriben nachkommen...,
„so vernemmen Wir doch das Sölliches von gedachten Gottshus
„Pundt, und auch den Salischen noch nit beschächen, sunder unter-
„standen von Tag zu Tag wittere neuwerung anzurichten, weliches
„uns anstat unser Herren und Obern zum Höchsten bedurt, derhalben
„so gelanget an Euch alls unser getrüwlieb Eidt und Pundtsgenossen
„unser ganz fründtlich Eidt- und Pundtsgenossisch Pit vnd vermanen,
„Ir wöllendt von unser Herrn und Obern wegen Ir fürstlichen Gnaden
„bey den gemachten, und gestelten Mitlen, und Spruch handhaben,
„schützen und Schirmen, und den Gottshus Pundt, oder Gottshus lüt
„ganz ernstlichen ermanen, dass sy Ir fürstl. Gnaden nachmahlen
„derby wellendt Plyben lassen, und kein wittere neuwerung keines-
„wegs nitt witter anfachen."[1]

Auch dies Schreiben war jedoch, wie aus einer neuen Klageschrift des Fürstbischofs Beatus vom 18. Mai 1576 hervorgeht, ohne
Erfolg. Die Angelegenheit nahm den gleichen Fortgang, wie bisher,
bis zum Jahre 1579, wo Felician della Scala, der apostolische Nuntius
bei der Eidgenossenschaft, auf Veranlassung der letztern sich zur
Vermittlung anbot. Er lud den Gotteshausbund ein, Commissäre nach
Feldkirch zu entsenden, um eine Liquidation der Schulden zu erzielen, zu deren Tilgung der Nuntius einen Beitrag aus dem päpstlichen Schatze in Aussicht stellte. Obwohl der Vorschlag von Seite
des Gotteshausbundes und des Domcapitels angenommen wurde, so
scheiterte dieser Versuch einer Vereinbarung dennoch an den exor-
bitanten Forderungen der Familie von Salis, namentlich der Söhne
des 1575 verstorbenen Landeshauptmanns Herkules von Salis-Rietberg und Neffen des schon 1563 verstorbenen Dompropstes Andreas
von Salis.[2] Auch der Fürstbischof, der sich in seinem guten Rechte

---

[1] Vergl. v. Mont und Plattner, „Das Hochstift Chur und der Staat", Chur
860, Beilage Nr. 29: Eichhorn, Ep. Cur., l. c. 172.

[2] Nicht des Erzpriesters Bartholomäus, wie Kind, Reformation S. 189.
sagt. Die Anstände der Familie Salis-Rietberg mit dem Bisthum wegen der
Einkünfte der Dompropstei wurden, wie es scheint, erst durch Compromiss vom
1. Februar 1639 zwischen der Wittwe des Hauptmann Andreas von Salis von

zu sehr beeinträchtigt sehen mochte, verhielt sich ablehnend. Durch die unaufhörlichen Gewaltthätigkeiten, durch Drohungen und Kränkungen aller Art endlich ermüdet, glaubte der schwer geprüfte Kirchenfürst nach langem tapferm Kampfe zum Besten seiner Kirche das Opfer seiner eigenen Person bringen zu sollen. Er resignirte im Mai 1581 und begab sich, um vor allen weitern Verfolgungen gesichert zu sein, nach St. Ruffein im Passeierthal (Tirol), wo er 1590 sein müdes Haupt zur ewigen Ruhe niederlegte.[1] So war denn der Rachsucht seiner Feinde doch einiges Genüge geschehen. Ob Beatus à Porta gut gethan, seinen Gegnern das Feld zu räumen, ist eine andere Frage. Sein Nachfolger im bischöflichen Amte, Peter von Raschèr aus Zuz, erwies sich in der Wahrnehmung der Rechte und in der Hütung der kirchlichen Besitzthümer weniger unerschrocken und pflichtgetreu als Fürstbischof Beatus, was ihm eine wohlverdiente, ernste Rüge des hl. Carl Borromäus einbrachte. Er liess sich herbei, die dem Hochstifte in so ungerechter Weise aufgebürdeten Schulden — freilich mit Genehmigung des Nuntius Livordi — zu tilgen. So endigte dieser unheilvolle Streit, der 16 Jahre lang so viel Unruhe und Verwirrung und leider noch mehr Schaden an geistigen Gütern angerichtet hatte.

Dass diese traurige Affaire sich stets in lebhafter Erinnerung erhielt, dafür dürfte wohl am besten der Umstand sprechen, dass es der Familie Salis auch späterhin, trotz mehrfacher, wenn auch weniger gewaltthätiger Anstrengungen, nie gelang, eines ihrer Mitglieder auf den Stuhl des hl. Luzius zu befördern.

Obwohl wir uns schon so lange — vielleicht zu lange — bei dieser Angelegenheit aufgehalten, so können wir doch nicht umhin, einer Episode aus dieser Zeit zu erwähnen, die zwar nicht ihrer Ursache nach, wohl aber in ihren Folgen mit den oben erzählten

und zu Nenensins und Aspermont († 1635), Margaretha, geb. von Hohenbalken, und dem Vertreter des Domcapitels, Domenstos Bernhard Gaudenz, definitiv beigelegt.

[1] So Fetz, während Dr. Hirn (Erzherzog Ferdinand II. von Tirol, Bd. II. S. 218) berichtet, Beatus habe nach seiner Resignation die Pfarre Tirol-Meran erhalten. Die beiden Berichte werden sich wohl dahin vereinigen lassen, dass er die letzten Jahre seines Lebens im Passeierthale zubrachte.

reignissen in enger Beziehung steht und auf das ganze Drama
einen noch düstereren Schatten verbreitet.

Hatten sich die Salis an Fürstbischof Beatus zu rächen gesucht,
so wird man sich nicht wundern, wenn ihre Gesinnungen der Familie
Planta gegenüber, die, wie schon bemerkt, mit grossem Nachdruck
für den rechtmässigen Bischof gewirkt hatte, inzwischen nicht freundschaftlicher geworden waren. Ein neuerer Historiker, Bott,[1] bezeichnet sogar den erzwungenen Rücktritt Bartholomäus' von Salis
als den vollständigsten Sieg, den die Planta'sche Partei jemals über
die Familie Salis errungen. „Zu dieser, das Gepräge einer schwer
zu tilgenden Schmach an sich tragenden Niederlage der Gegner,“
sagt der erwähnte Auctor, der sich wohl zu sehr auf den Standpunkt
einer von Parteileidenschaft eingenommenen Faktion stellt, „hatte
der Freiherr von Rhäzüns (Johann von Planta) als Hauptstütze seines
Geschlechtes auch das Meiste beigetragen. Im Vollgefühle des er-
rangten Sieges mochte er wohl nicht von ferne ahnen, dass die
unterlegene Partei den Schimpf mit seinem Blute tilgen würde.“[2]

Im Jahre 1570 hatte Papst Pius V. durch Bulle vom 28. Februar
den Herrn von Rhäzüns zum Syndicus und Procuratoren der hl.
römischen Kirche für die Diöcesen Chur und Como ernannt und ihm
die Vollmacht ertheilt, sämmtliche diesen Kirchen seit Beginn der
Reformation entfremdete Güter und Beneficien wieder einzufordern
und nach dem Urtheile der Bischöfe von Chur und Como, und wenn
nothwendig, auch der Bischöfe von Constanz und Basel, an würdige
Priester und Cleriker zu verleihen. Kaum aber war die Kunde hievon in die Oeffentlichkeit gedrungen, als das ganze Land in hellen
Aufruhr gerieth und besonders die Prädikanten in Wuth versetzt
wurden. Letztere vertheilten Uebersetzungen der Bulle unter das
Volk und bearbeiteten dasselbe nach Möglichkeit von den Kanzeln
herab, indem sie sich in den heftigsten Ausdrücken gegen den Papst
und den „Landesverräther“ Planta ergossen. Da bei der nun einmal erregten Volkswuth das Aergste zu befürchten stand, suchte der
Freiherr und sein Sohn, der Domdecan Conrad von Planta, in dem
nachbarten Tirol Sicherheit, liess sich aber durch die darauf ein-

---

[1] Commentar zu Ardüsers Chronik, S. 293.
[2] Ibidem.

getretene scheinbare Ruhe verleiten, wieder nach Graubünden zurückzukehren. Kaum war er daselbst angelangt, als der Sturm neuerdings mit vermehrter Heftigkeit losbrach. Von den Prädikanten,
hauptsächlich aber von der Familie Salis aufgestachelt und gehetzt,[1]
griffen die Bauern allenthalben zu den Waffen und eilten in hellen
Haufen nach Chur, wo Planta sich eben aufhielt. Mit Mühe gelang
es ihm, nach Laax im Obern Grauen Bunde zu entfliehen, wo ihn
seine Verfolger jedoch bald aufgespürt hatten und sich seiner be-
mächtigten. Unter grenzenlosem Jubel und Muthwillen, verspottet
und misshandelt, und nur mit Lumpen bekleidet, setzte man ihn,
wie man es im Jahre 1565 Rudolf Salis gethan, auf einen arm-
seligen Kleppergaul und brachte ihn so nach Chur, an dessen Stadtthor ihn der fanatisirte Pöbel mit schrecklichen Verwünschungen
und Drohungen empfing. Sogleich wurde wieder ein „Strafgericht",
eines jener Blutgerichte aufgesetzt, die namentlich im XVII. Jahrhundert zu einer so traurigen Berühmtheit gelangten. Planta, des
Landesverrathes und verschiedener anderer Verbrechen angeklagt,
wurde der Folter unterworfen. Vom Schmerze übermannt, gestand
der gebrochene Greis anfangs die ihm zur Last gelegten „Verbrechen", nahm dann aber Alles zurück und blieb trotz verschärfter
Tortur dabei, dass er nie Willens oder fähig gewesen sei, gegen
das Vaterland irgend ein Verbrechen zu verüben. Trotzdem wurde
er zum Tode verurtheilt, dem er natürlich von vornherein geweiht
war. Umsonst war die Fürsprache des Erzherzogs Ferdinand von
Tirol und der Eidgenossenschaft für das Opfer eines fanatisirten
Pöbels und des bittern Hasses persönlicher Feinde. Den 31. März
1572, es war Montag in der Charwoche, bestieg der greise Freiherr
das Schaffot auf der gewöhnlichen Richtstätte zu Chur.[2] „Trostlich
und hertzhafft," sagt Sprecher in seiner Rhätischen Chronik,[3] empfing

---

[1] Besonders vom Landvogte Dietegen von Salis auf Castels, vgl. Protokoll
des Beitags vom 3. Februar 1572. cf. Bott, Commentar zu Ardüsers Chronik,
S. 310. Valär, Joh. v. Planta, S. 180; vgl. Ros. à Porta II. 573: Moor, Currätien
II, 184; Kind, Reformation, S. 180.

[2] An der Stelle, wo sich bis vor einigen Jahren die Ziegelhütte befand
und jetzt das neue Schlachthaus steht.

[3] pag. 218.

er den Todesstreich, worauf die Hinterbliebenen seinen Leichnam in
der damaligen Prämonstratenser- jetzt Seminarskirche zu St. Luzi in
Chur neben dem Abte Theodor Schlegel zur ewigen Ruhe bestatteten.
Die Katholiken des Landes erblickten, vielleicht nicht ganz mit Unrecht, in der Hinrichtung Planta's und in der vom Strafgerichte
verhängten Confiscation seines ganzen Vermögens ein Gericht Gottes,
weil er sich im Jahre 1550 am Verkaufe der Klostergüter von Katzis
betheiligt hatte.

Indess vermochte selbst der Tod ihres hauptsächlichsten Geg-
ners den Rachedurst der Salis, namentlich Dietegens, nicht zu stillen.
Ihr Streben ging dahin, auch Planta's Familie zu vernichten. Letztere
bat den Bundestag (Juni 1572), „daz man in ansehung auch der
III. Eidgenossen fürpytt an dem vergossenen Blut ersetiget syn
und die bekhümberte witwe und waysen unbeleydet" lassen möchte,
wogegen sie sich anheischig machte, jedem Bunde 2000 Gulden und
Gemeinen Landen dazu noch weitere 1000 Gulden zu bezahlen. Daraufhin brach von Neuem ein Aufruhr aus und wieder strömten die Fähnlein — Allen voran die Bergeller — zusammen, um zu Thusis ein
neues Strafgericht zu constituiren und das frühere Urtheil gegen die
Planta aufrecht zu erhalten. Dass die Salis und in erster Linie Landvogt Dietegen wieder den Hauptanstoss dazu gegeben, unterliegt
keinem Zweifel.[1] In der Hitze der Leidenschaft dachten sie nicht
daran, dass der einmal entfesselte Fanatismus des Volkes ihnen selbst
verderblich werden könnte, wie dies denn auch wirklich eintraf.

Schliesslich fand die Angelegenheit damit ihren Abschluss, dass
die Planta 10,000 Gulden an Gemeine Lande bezahlten.

---

[1] Vgl. Valär, S. 116 ff.

Am Scheidewege.

Der Kampf zwischen der Familie von Salis und dem Bisthum Chur war durch den Rücktritt des Fürstbischofs Beatus endgültig beigelegt worden. Schwere Opfer und Leiden waren diesem vortrefflichen Kirchenfürsten aus allen diesen Anfeindungen erwachsen. Die bittere Stimmung, welche sich während der letzten Jahre seines Lebens an ihm bemerkbar machte und seine die Grenzen der Klugheit zuweilen überschreitende Energie sollte wohl eine billigere Beurtheilung finden, als dies gewöhnlich geschieht. Jedenfalls konnte er, wenn er auch schliesslich die Wahlstatt dem Feinde überlassen zu sollen glaubte, am Ende seiner irdischen Pilgerfahrt doch getrost mit dem Apostel ausrufen; „Einen guten Kampf habe ich gekämpft, den Lauf vollendet, *den Glauben bewahrt*" und wir zweifeln nicht daran, dass „der gerechte Richter ihm die Krone der Gerechtigkeit" zuerkannt habe.

Anders stand es in dieser Hinsicht auf Seite seiner Gegner. Ihr Kampf war kein guter, war vielmehr ein fortgesetzter Akt brutaler Gewaltthätigkeit gewesen, der das Brandmal der Kirchenverfolgung an sich trug. Trotzdem bekannte sich bis zum letzten Drittel des XVI. Jahrhunderts der grössere Theil der Familie von Salis wenigstens äusserlich noch zur katholischen Confession, während im ganzen Umkreise, im Gotteshaus- und Zehngerichten-Bunde, fast alle Gemeinden, die meisten angesehenen Geschlechter, auch die Mehrzahl der Herren von Planta, schon früher die neue Lehre angenommen hatten.

In Bergell ob Porta hatte der Protestantismus, wie bereits erwähnt,[1] schon vor dem Jahre 1530 Eingang gefunden, während die Gemeinden von Unterporta bis zur Mitte des XVI. Jahrhunderts noch

---

[1] Siehe oben S. 41.

tand gehalten hatten. Noch wallten alljährlich am Feste Mariä Himmelfahrt fromme Pilgerschaaren nach der schönen Haupt- und Wallfahrtskirche zu Unserer Lieben Frau zu Castelmur[1] mit dem uralten und hochverehrten Madonnenbilde und der grossen Glocke, deren herrlichen Klang man durch das ganze Thal vom Lovero bis zum Septimer vernommen haben soll und die Jahrhunderte hindurch noch stets dann geläutet wurde, so oft man den Podestà des Gerichts oder ein Mitglied der Familie von Salis zu Grabe trug.[2]

Den unablässigen Bemühungen der „Reformatoren" Maturus, Vergerius und Zoncha gelang es aber schliesslich, auch die Unterergeller „von der Nichtigkeit des Bilderdienstes" und der „Heiligenanbetung" zu überzeugen. Der Anfang mit der „Reinigung vom Götzendienste" wurde in der oben erwähnten Kirche zu Nossa Donna gemacht, indem man unmittelbar vor dem Hauptfeste derselben (1552) die zum Theile sehr werthvollen Zierathen und Cultgegenstände nach Churs, das Gnadenbild nach Santa Croce bei Cläfen übertrug, wo es sich heute noch befindet. Zur nämlichen Zeit führte Zoncha die Reformation in Bondo ein, sodass, wie Lechner sagt, „der Aberglaube nur noch auf der Höhe von Soglio dominirte."[3] Die Pfarrkirche auf Soglio, dem hl. Martyrer Laurentius geweiht, war ihres reichen Reliquienschatzes wegen viel besucht und soll reich dotirt gewesen sein.[4]

---

[1] Heutzutage noch im Bergellerdialect „Nossa Donna" genannt; 1839 von Baron von Castelmur angekauft und renovirt.

[2] F. Lechner, das Thal Bergell, 1874, S. 42. Johann v. Salis hatte im XV. Jahrhundert „für sich und seine Erben" einen beträchtlichen Beitrag zur Anschaffung der Glocke beigesteuert.

[3] S. 46.

[4] Den 17. August 1471 wurde die Kirche nach einer Restauration vom Churer Weihbischof, Antonius de Catiis, neu consekrirt; ebenso 2 Seitenaltäre, an welchem der auf der Evangelienseite dem hl. Lucius und dem hl. Antonius, und der auf der Epistelseite dem hl. Sebastian und der hl. Maria Magdalena geweiht war. Als Kirchweihfest wurde der 4. Sonntag im August festgesetzt und allen wahrhaft reumüthig Beichtenden, die zum Ausbaue des Gotteshauses beitrügen, ein Ablass von 40 Tagen bewilligt an den Tagen der genannten Heiligen und an allen Apostelfesten. In der unterm obigen Datum von „Redulfus e Salicibus de Solio, publico Imperiali Auctoritate Notario fil. quond. Ser Antonii" geschriebenen und unterzeichneten Consekrations-Urkunde erscheinen ausser der assistirenden Geistlichkeit (darunter Thomas Planta, Dekan von S. Maria zu Castelmur) als Laienzeugen nur Augustin und Anton von Salis ab Soglio.

Die nähern Umstände, unter welchen die Reformation in Soglio eingeführt wurde, zeigen so recht, welcher Mittel man sich mitunter bediente, um dem „lautern Evangelium" den Weg zu ebnen. Als letzter katholischer Seelsorger fungirte daselbst ein gewisser Dorigo, gewöhnlich prè (prete) Duric genannt, der nach protestantischen Berichten durch einen unerbaulichen Lebenswandel grosses Aergerniss gegeben haben soll. Die Feinde der Kirche benützten dies, um nicht nur prè Duric, sondern auch den Katholicismus durch Verbreitung schmutziger Pamphlete verächtlich zu machen. Der Name des Verfassers dieser unsittlichen Schmähschriften wird mit auffallender Sorgfalt verschwiegen, und wir fühlen uns auch nicht bemüssigt, diese Schmutzlache zu durchforschen. Historisch gewiss ist es aber, dass die Einführung der Reformation auf Soglio in erster Linie das Werk des Vergerius war.[1] Dass derselbe die besagten Pamphlete selbst verfasst habe, wollen wir nicht bestimmt behaupten; bei einem Manne jedoch, der, um das Papstthum zu discreditiren, sich nicht scheute, seiner Schrift von der päpstlichen Wahlordnung[2] ein ganz abscheuliches und gemeines Titelbild[3] vorzusetzen und der überhaupt den Katholicismus mit einer wahren Wuth bekämpfte — bei einem solchen Manne ist die Annahme nicht zu gewagt, dass derartige Mittel in seinen Augen durch den Zweck geheiligt wurden.[4]

Der Skandal war vollständig, als eines Sonntags in der Christenlehre ein Kind, das von einem gewissen „Jemand" dazu abgerichtet worden, als Antwort auf die von prè Duric gestellte Catechismusfrage eines jener obscönen Gedichte laut zu recitiren begann. Darüber entstand in der auch von Erwachsenen besuchten Kirche eine von den Anstiftern des schändlichen Complottes natürlich beabsichtigte und nach Kräften verstärkte Unruhe. Während die Männer im Ganzen eine ruhigere Beurtheilung des scandalösen Vorfalles an den Tag legten, waren es besonders die Frauen, die mit Leidenschaft-

---

[1] Campell (bei Mohr) II, 368; Leu, Tom. XVIII, 492 u. s. w.

[2] „Ordo eligendi Pontificem et ratio", Tubingae 1556.

[3] „Papissa pandens partum."

[4] Sixt, S. 246, nennt das erwähnte Bild „sehr instructiv" und bemerkt, die Geschichte der Päpstin Johanna sei zwar unwahr, „der Stoff aber ein zu dankbarer, als dass ein abgesagter Feind des Papstthums ihn nicht hätte ausbeuten sollen." (!!)

ehkeit nicht nur die Entfernung des prè Durie, sondern zugleich
die Einführung der Reformation verlangten. Da sich aber Widerspruch erhob, wandte man sich an die Herren von Salis und bat
sie, die Angelegenheit zu entscheiden oder wenigstens einen guten
Rath zu ertheilen. Anstatt nun aber ihren auf Soglio ohnehin fast
unbeschränkten Einfluss in einer Sache von so eminenter Wichtigkeit geltend zu machen und ihre Verwendung zur Abstellung der
vorhandenen Missstände in Aussicht zu stellen, erklärten der Landeshauptmann Joh. Baptista und dessen eben anwesender Bruder Anton
von Salis-Rietberg zwar für ihre Person bei der bisherigen Religion verbleiben zu wollen; eines Rathes in einer solchen Gewissens-
sache müssten sie sich aber enthalten und dem freien Entschlusse
anderer wollten sie nicht zu nahe treten,[1] ein Bescheid, — der bei
diesen Herren umsomehr befremdet, als sie sonst nicht so zarte
Rücksichten auf ihre Landsleute zu nehmen pflegten. Man ersieht
hieraus, dass der für die Familie Salis ungünstige Verlauf ihres
gegen den Fürstbischof Thomas angestrengten Processes schon damals (1552) eine nachtheilige Rückwirkung auf ihren religiösen Eifer
äusserte.

Um zu einem Entschlusse zu kommen, einigte man sich endlich dahin, die Entscheidung der wie überall im Lande, so auch in
Soglio bestehenden sogenannten „Knabenschaft" zu überlassen. Es
war dies eine aus den Jünglingen des Dorfes zusammengesetzte Ge-
nossenschaft, welche, ursprünglich als eine Art Sittenpolizei orga-
nisirt, ihren in früheren Zeiten oft heilsamen Einfluss nur zu häufig
zur Terrorisirung der Landleute missbrauchte. Auf einer vor dem
Dorfe befindlichen Wiese, heute noch plan Lutèr (Lutherwiese) genannt, versammelten sich die zur Erörterung einer solchen Frage
natürlich in erster Linie berufenen und ohne Zweifel unmittelbar er-
leuchteten „Knaben" zu einem Concil, auf welchem denn auch ohne
besondere Schwierigkeit und unter einstimmiger Acclamation die
Abschaffung des Papstthums beschlossen und dekretirt wurde. Ohne
Verzug machte man sich daran, die Reliquien, Bilder und den übrigen
Kirchenschmuck wegzuschaffen, ohne sich jedoch zu einer Profana-

---

[1] à Porta, Reform. Vall. Praeg., pag. 42.

tion hinreissen zu lassen, wie dies zu St. Gaudentius der Fall gewesen war.[1] Wohl aber wurden die Bilder als „Ursache und Instrumente eines Gott entehrenden Cultus" zerstört.[2] Als Lohn für diese Heldenthat wurde der Knabenschaft das Privilegium verliehen, ihren Vorstand, den „Mastrael della Gioventü", in die Criminalbehörde des Thales abzuordnen, — ein Vorrecht, das sie bis zum Jahre 1848 ausübte.

Dies ist die Geschichte der Einführung der Reformation auf Soglio. Vergerius konnte aber am 31. Dezember (1552) triumphirend an Bullinger in Zürich schreiben: „Auf Soglio sind zwar mächtige Papisten; aber Gott war noch mächtiger, denn vor acht Tagen wurde daselbst die Messe abgeschafft."[3]

Indess ging die Sache doch nicht so ganz glatt ab. Gleichzeitig mit Soglio war auch dessen unmittelbar an der italienischen Grenze gelegene Filiale Castasegna zum Protestantismus übergegangen, wozu der daselbst angesessene Salis'sche Familienzweig nicht wenig beigetragen zu haben scheint. Als die sog. „evangelische Fraktion" durch Plebiscit vom 26. Dezember 1553 einen Prediger allein für Soglio anstellte und, um dessen Salair zu bestreiten, die Güter und sonstigen Einkünfte, sowie auch die vorhandenen Kelche und Paramente der Pfarrkirche von Soglio[4] für sich allein in Anspruch nahm, da geriethen die beiden Ortschaften in heftigen Streit. Bei dem auf den 26. April 1554 anberaumten Gerichtstage zu Vicosoprano waren beide Parteien durch Mitglieder

---

[1] „Reliquiae honorifice sepositae sunt." Rosius à Porta, Ref. Praegalliae, pag. 42.

[2] Ibidem.

[3] cf. J. J. Hottinger, Helvet. Kirchengeschichte, Bd. III, S. 788. Im folgenden Jahre (1553) verliess Vergerius die drei Bünde und begab sich nach Tübingen, wohin er als Professor der Theologie von Herzog Christoff von Würtemberg berufen worden. (Die Correspondenz zwischen Vergerius und Herzog Christoff wurde herausgegeben von Ed. v. Kausler und Theod. Schott, Tübingen 1875.) Später wurde Vergerius vom Fürsten Nicolaus IV. Radziwill dem Schwarzen nach Polen berufen, um dort für den Protestantismus zu wirken, kam auch nach Wien, wo er zu Max II. in nahe Beziehungen trat, und starb im Jahre 1565 zu Tübingen.

[4] Wohl in der Absicht, um sie zu verkaufen.

der Familie Salis vertreten, auf der Seite von Soglio durch den damals noch katholischen Augustin von Salis, den nämlichen, der 1533 so energisch gegen die Aufhebung des Klosters San Gaudenzo protestirt hatte, und Anton Salis, Sohn des Gian Sher von Salis; auf Seite Castasegna's durch Friedrich und Gaudenz von Salis, letzterer Sohn des Johannes Oliverius. Augustin warf bei dieser Gelegenheit der evangelischen Fraktion vor, sie habe mit List und Trug die Abschaffung der Messe durchgesetzt.[1] Nach langen Streitigkeiten kam endlich ein Vergleich zu Stande und später erhielt Castasegna eine eigene Kirche.

Wo die noch übrig gebliebenen Katholiken[2] den Gottesdienst besuchten, wie sie ihre religiösen Pflichten erfüllten, darüber wird uns leider nichts berichtet. Wenn die auf Soglio angesessenen Salis'schen Familienmitglieder an Sonn- und Festtagen den steilen Berg hinabstiegen, um etwa in Villa, Plurs oder sonst einer benachbarten Ortschaft auf Cläfergebiet dem katholischen Gottesdienste beizuwohnen, so würde dies immerhin von grossem religiösen Eifer zeugen. Möglich und sogar wahrscheinlicher ist es aber, dass die Familie sich eine Privatkapelle einrichtete, in welcher wenn nicht ein ständiger Hauskaplan, so doch sonst ein Priester aus der Diöcese Como — im Churer Sprengel herrschte grosser Priestermangel — an Sonn- und Festtagen die hl. Messe las. Rosius à Porta berichtet wenigstens, der apostolische Nuntius Paul Odescalchi, der 1553 nach Rhätien kam, habe von Papst Julius III. die Vollmacht erhalten, zwanzig bündnerischen Adeligen das Privilegium eines tragbaren Altars zu ertheilen.[3] Dass hiebei, wie à Porta andeutet, auch die Familie Salis bedacht wurde, ist um so wahrscheinlicher, als Odescalchi, wie wir sahen, zu ihr in freundschaftlichen Beziehungen stand und vielleicht schon desshalb zu dieser Mission ausersehen war.

Indessen machte die Reformation immer grössere Fortschritte und die Zustände der altehrwürdigen Kirche von Chur gestalteten

---

[1] „con certo stratagema et aste."

[2] Die „frattione della Messa."

[3] Odescalchi habe die Vollmacht gehabt, sechs Ritter vom goldenen Sporn und lateranensische Pfalzgrafen zu ernennen, im dritten und vierten Verwandtschaftsgrade vom Ehehinderniss zu dispensiren und zwanzig Adeligen das Privileg „Altare portatile habendi" zu ertheilen.

sich immer trostloser. Schon die territoriale Beschaffenheit des gebirgigen Landes musste der Pastorirung der noch übrig gebliebenen, vielfach zerstreuten Katholiken grosse Hindernisse bereiten. Im Obern Grauen Bunde, der noch die meisten Katholiken, etwa 30,000, zählte, entfaltete der Abt des Benediktinerstiftes Dissentis, Christian von Castelberg, eine grossartige, wahrhaft apostolische Wirksamkeit. Allen Mühseligkeiten und Gefahren trotzend durchreiste er als Generalvicar des Bischofs das ganze Land, predigte mehrmals des Tages und machte sich so nicht nur um die Erhaltung seines altehrwürdigen Gotteshauses,[1] sondern auch um die Befestigung des Katholicismus namentlich im Obern Grauen Bunde verdient. Bekanntlich hat sich auch der hl. Carl Borromäus als apostolischer Delegat für die Diöcesen Chur, Como und Constanz um die Wiederherstellung der katholischen Religion in Graubünden bemüht. Die Bundeshäupter liessen ihm aber, als er nach Dissentis kam, in aller Eile die Weisung zugehen, das Land baldmöglichst wieder zu verlassen. Trotzdem haben wir es diesem grossen Manne und wahren Reformator zu verdanken, dass die neue Lehre in den Bünden im letzten Viertel des XVI. Jahrhunderts keine nennenswerthen Fortschritte mehr machte und dass den Unterthanenlanden und Misox die Einheit des Glaubens erhalten blieb.[2] Vergegenwärtigt man sich aber die vielfachen An-

---

[1] Christian's Vorgänger, Martin Winkler, hatte 1535 apostasirt und geheirathet, mit ihm ein Theil der Conventualen, darunter Johann Schmid, bekannter unter dem Namen Fabritius, später Antistes zu Chur, vergl. oben S. 91. Letzterer verschleppte aus der Klosterbibliothek kostbare, für die Geschichte des Landes sehr wichtige Urkundenbücher (cf. Campell I, 16 bei Mohr), wodurch dieselben in Verlust geriethen.

[2] Kind (Reformation, S. 199) findet es „auffallend“, dass in den Akten jener Untersuchung, welche die Landeshäupter über die Wirksamkeit des hl. Carl Borromäus im Misoxerthale anzustellen sich bemüssigt fanden, auch nicht mit einem Worte von jenen entsetzlichen Greuelthaten die Rede sei, unter welchen die Ketzer nach protestantischen Berichten hingerichtet worden sein sollen, indem man z. B. die Unglücklichen auf einen Stuhl gebunden, ihnen die Beichte abgenommen und sie dann verbrannt habe. (!) Kind weiss sich den Abgang allen und jeglichen Beweismaterials für die von ihm mit so grossem Belagen erzählten „Greuelscenen“ nur dadurch zu erklären, „dass bei dem „allgemeinen Aberglauben des Jahrhunderts die Anschauungsweise des Cardinals „(Borromaeo) als unzweifelhaft hingenommen wurde (auch von den protestanti-„schen Untersuchern?), oder dass die politischen Umtriebe, die er gleichzeitig

feindungen des Fürstbischofs, welche denselben zu lange andauernder
Abwesenheit von seinem Sitze nöthigten, die unablässigen, keine
Wege und Mittel scheuenden Anstrengungen der Prädikanten und
die beständigen Unruhen und Parteiungen im Lande, verbunden mit
dem Freiheitstaumel des Volkes, das sich durch die Jlanzer-Artikel
von 1526 zu einem besonders der Kirche gegenüber absoluten Sou-
verain erhoben sah, — so begreift man, welchen Gefahren der katholische Glaube ausgesetzt war.

Wie häufig die landläufigen widerkirchlichen Ideen durch den
vielfachen Verkehr mit den Protestanten bei den Katholiken besonders des Oberhalbsteins und anderer Thalschaften des Gotteshausbundes sich einbürgerten, davon weiss uns der Kapuziner-Missionär
P. Clemente da Brescia, der im XVII. Jahrhundert in Graubünden
wirkte, Manches zu berichten.[1] Viele Gemeinden erkannten weder
Papst noch Bischof an, bestellten oder entliessen ihren Seelsorger
nach Willkühr und suchten sich dazu jenen aus, der den geringsten
Gehalt beanspruchte. Andere bestritten dem Priester sogar die
Vollmacht der Absolution und bekannten, wenn sie überhaupt noch
beichteten, nur das, was ihnen behagte. Es ist schwer einzusehen,
was diese Namenkatholiken bei solchen und andern ähnlichen An-
schauungen von den Protestanten unterschied, — vielleicht einzig der
Umstand, dass sie nicht formell zum Protestantismus übergetreten
waren. Faktisch machten sie aber keinen Unterschied zwischen den
beiden Confessionen, gingen ohne jedes Bedenken gemischte Ehen
ein und übten überhaupt eine Toleranz, die bald zum äussersten
Indifferentismus und, wie P. Clemente mit Recht sagt, zu einer „Corruption der allerschlimmsten Sorte" führte. Es ist daher nur zu begreiflich, dass es den Kapuzinern später viele Mühe kostete, diese
„idyllischen Zustände" — wie einer der neuesten protestantischen
Autoren[2] meint, zu stören.

Die Familie Salis blieb solchen Einflüssen keineswegs unzugänglich und diejenigen ihrer Mitglieder, welche für die katholischen

„machte (wo und wann?), alle Aufmerksamkeit in Anspruch nahmen und die
„Greuelthaten des Exorcismus (sic!) vergessen liessen."

[1] Istoria delle Missioni etc. nella Rezia, Trient 1702.

[2] C. v. Moor, Churrätien II, 236.

Interessen mit Entschiedenheit und Kraft eintraten, waren schon recht selten geworden. Selbst Augustin von Salis, dessen Eifer wir wiederholt wahrnehmen konnten, machte sich später kein Gewissen mehr daraus, an der Vertheilung und am Verkaufe der Klostergüter von S. Gaudenzio sich direkt zu betheiligen.[1]

Nach der Bisthumsaffaire tritt es immer deutlicher hervor, dass die Familie Salis, je mehr die Planta Oesterreich-Spanien anhingen, auf die Freundschaft der Prädikanten und auf die demagogischen Elemente im Lande sich stützte, wodurch sie vollends auf die abschüssige Bahn gerieth. So kann es denn nicht mehr befremden, wenn die Familie zum Entschlusse gelangte, das kostbarste Erbe ihrer Vorfahren, den heiligen katholischen und apostolischen Glauben für die neue Lehre eines Zwingli oder Calvin preiszugeben. Es darf dabei nicht ausser Acht gelassen werden, dass ihr Abfall mit dem Austrage der Bisthumsstreitigkeiten ziemlich genau zusammentrifft.

Von den tonangebenden Familiengliedern, welche jetzt der Kirche den Rücken kehrten, ist es der Landeshauptmann Baptista von Salis-Soglio, bei welchem dieser Schritt noch am ehesten befremden könnte. Im Jahre 1521, als der jüngste Sohn des Commissarius oder Gouverneurs der Grafschaft Cläfen, Andreas von Salis († 1549), geboren, hatte er sich schon frühe dem Staatsdienste gewidmet und bekleidete in der Folge mehrere der wichtigsten Aemter des Landes. Wir sehen ihn auch häufig zu Legationen verwendet, so z. B. im Jahre 1540, also schon in seinem 19. Jahre, bei einer Gesandtschaft an Erzherzog Ferdinand von Oesterreich, nachmaligen Kaiser Ferdinand I., 1563 an die Republik Venedig u. s. w.[2]

Wurden seine Verdienste um das Vaterland auch mitunter offiziell anerkannt,[3] so sollten ihm doch auch die bittern Erfahrungen nicht erspart bleiben, dass, wie ein späteres Mitglied der Familie

---

[1] Laut zwei Urkunden vom 7. Mai 1556.

[2] Leu XVI, 48.

[3] Der Bundestag schenkte ihm „propter officia Patriae fideliter praestita" (Stemmatogr. Tab. IX) für ewige Zeiten das Fischrecht in der Maira; Dekret vom 18. Juli 1561, der Nachkommenschaft bestätigt den 6. Sept. 1670.

sich äussert,[1] das Sprichwort: chi serve al commune, serve nessuno,[2] nirgends leichter sich bewahrheite, als in einer demokratischen Republik, was bei einer Demokratie, wie sie damals bei den III Bünden beschaffen war, jedenfalls zutrifft.

Baptista von Salis war bei Gelegenheit einer Gesandtschaft nach Rom im Frühjahre 1568 von Papst Pius V. mit besonderer Huld empfangen und ausgezeichnet worden. Unter Anderm ertheilte ihm der Papst durch Breve vom 10. Juni (1568)[3] den Ritter-Orden des goldenen Sporns. Diesem Breve folgte drei Jahre später ein zweites, laut welchem der hl. Pius das noch als Säugling in der Wiege liegende Söhnlein Baptista's sammt dessen ganzer männlichen Nachkommenschaft zu päpstlichen Rittern vom goldenen Sporne ernannte.[4] Bei der feindseligen Haltung, welche die Republik der III Bünde dem Oberhaupte der katholischen Kirche gegenüber einnahm, liess es sich voraussehen, dass diese Auszeichnung nicht gerne gesehen wurde. Sie sollte Baptista denn auch theuer zu stehen

[1] Salis-Marschlins, S. 14.

[2] Wer dem Staate dient, dient Niemandem.

[3] Campell II, 464 bei Mohr.

[4] Dieses zweite noch wohl erhaltene, im Archive des Salis'schen Familien-Verbandes vorfindliche Breve hat folgenden Wortlaut: „Pius P. P. V. Dilecte Fili salutem et apostolic. benedictionem; cum Nos alias inducti *tua erga Nos et sedem apostolicam fide ac Devotione* te auratae militiae Equitem creaverimus, volentesque nunc personam tuam *ob tua erga dictam Sedem et religionem catholicam merita* amplioribus favoribus et gratiis prosequi, dilectum etiam filium Johannem Baptistam natum tuum, nec non omnes ex te et illo per lineam masculinam et ex legitimo matrimonio descendentes in perpetuum auratae militiae Equites auctoritate Apostolica tenore praesentium facimus, creamus etc..... et eos omnes Equitum auratorum Titulo — et insigniis decoramus.... ipsis quod annullum, Torquem, Ensem et aurata Calcaria.... gestare ac omnibus et singulis Privilegiis, Praerogativis, exemptionibus etc. etc. ... in futurum uti. potiri et gaudere possint et debeant.... Non obstantibus etc... Datum Romae apud S. Petrum sub annullo Piscatoris die X Aprilis M.D.L.XXI., Nostri anno sexto.　　　　　　　　Cardinalis Gloriorius.

à tergo: Dilecto Filio Joanni Baptistae a Salice,
auratae militiae — Equiti."

Das Recht der katholischen Mitglieder der Linie Salis-Soglio, die Ordensinsignien sich ertheilen zu lassen, wurde seither immer anerkannt, auch nachdem Gregor XVI. diesen Militärorden in den Civilorden des hl. Sylvester umwandelte (31. Oct. 1841), so in neuester Zeit auch vom jetzt regierenden Papste Leo XIII.

kommen. Von seiner Romreise kaum heimgekehrt, wurde er wieder nach Mailand abgeordnet, um beim dortigen spanischen Gouverneur, Herzog von Terranova, und beim hl. Carl Borromaeus die Freilassung eines von der Inquisition auf bündnerischem Gebiete aufgegriffenen Apostaten und Prädikanten, Namens Francesco Cellario aus Mantua, zu erwirken. Die Mission blieb ohne Erfolg, schon aus dem Grunde, weil Cellario nicht mehr in Mailand und daher bereits ausser dem Bereiche der Gewalt des Gouverneurs sich befand.[1] Die hierüber aufgebrachten Prädikanten beschuldigten nun den Gesandten, er habe, um sich dem Papste für die empfangene Auszeichnung dankbar zu erweisen, die Angelegenheit nur zum Scheine betrieben und stehe mit dem Inquisitoren im Einverständnisse. Da aber andere wichtigere Dinge die öffentliche Aufmerksamkeit in Anspruch nahmen, schlief die Sache etwas ein, bis die Prädikanten dieselbe vier Jahre später beim Strafgerichte von Chur wieder zur Sprache brachten.

Die Herren von Salis sollten bei dieser Gelegenheit die Erfahrung machen, wie gefährlich es ist, die Volkswuth gegen den Gegner aufzustacheln. Kaum hatte Planta unter dem Henkerbeile verblutet, als Baptista von Salis schon andern Tags vor das Tribunal citirt wurde, um sich über verschiedene ihm zur Last gelegte „Verbrechen", vor Allem über die Annahme des Ordens aus der Hand des Papstes zu verantworten. Obwohl er, von einem ganzen Trosse von Verwandten und Freunden umgeben, nachwies, dass er den Auftrag der Bundeshäupter getreulich ausgeführt habe und dass ihm das Breve ohne sein Zuthun zugekommen war, wurde er dennoch zu einer Geldbusse von 2000 Goldkronen und zur Uebergabe der Ordensinsignien, namentlich der Goldkette, verurtheilt. Auch untersagte man ihm die Annahme von Aemtern in den Unterthanenlanden, sowie jede Reise in's Ausland ohne spezielle Erlaubniss der Regierung.

Gewissen Leuten schienen die über Baptista und andere Angeklagte verhängten Urtheile allzu gelinde. Sie brachten es da-

---

[1] Cellario wurde nach Campell's Angabe 1569 zu Rom verbrannt. Campell that gut, zu bemerken, dass die Einzelheiten der angeblich sehr grausamen Hinrichtung nur auf *Gerüchten* beruhten, die von einigen Bündnern, welche Augenzeugen gewesen zu sein „behaupteten", verbreitet worden seien. Bd. II, S. 465, 66 bei Mohr.

hin, dass zahlreiche Gemeinden des Gotteshaus- und X-Gerichtenbundes im folgenden Jahre neuerdings die „Fähnlein lupften" und zu Thusis abermals ein Strafgericht aufsetzten. Baptista hielt es für klüger, der jetzt von den Prädikanten aufgestachelten Volkswuth aus dem Wege zu gehen und begab sich, auf ein kurz zuvor erlassenes Verbot nicht achtend, zu den Eidgenossen. Da er zudem der Citation keine Folge leistete, sondern Freunde mit seiner Vertheidigung beauftragte, wurde er nicht nur mit einer abermaligen Geldbusse von 2000 Kronen, sondern auch mit Verbannung aus dem Gebiete der III Bünde bestraft.[1] Dies Exil dürfte jedoch kaum von längerer Dauer gewesen sein. In Bünden pflegte man sich damals, wenn der ärgste Tumult wieder vorüber und die Kosten des Strafgerichtes gedeckt waren, wenig um derartige Urtheilssprüche zu kümmern, die doch gewöhnlich vom nächsten Bundestag oder einem folgenden Strafgerichte wieder cassirt wurden. Baptista fasste im Gegentheil nur

---

[1] Einen lehrreichen Einblick in diese strafgerichtlichen Proceduren, namentlich vom Jahre 1573, gewährt uns die Chronik Ardüsers, der Augenzeuge dieser Vorgänge war. „Sie (die Richter zu Thusis) hand im Obren dorff uff einem wyten plaz vil ansechliche herren gstrauft vnnd strenger procediert, als kum, das Strafgericht in vorgendem iar, dann diss vil von eeren gsetzt hand. Under denen von Salis sind das die fürnemmsten, so gestraufft wurden: abermalen Hoptmann Baptista von Salis, Ritter; J. Ruodolf von Salis, Amman im Bargäll; J. Hector von Salis. Wurdent all grosslich an eer vnd guot gestraufft. Under denen von Planta warend die Fürnemmsten so gestraufft wurdent: Lanzhoptmann Curdyn Planta, Commissari Balthasar Planta, bed des Herrn von Rhäzünz brüder, vnd Caspar Planta, Probst im Münsterthal, wurdent al eerlos erkendt vnd ier hab vnd guot gemeinen 3 Pündten zuegsprochen. Hoptman Baschli von Castelberg, der ward auch von eeren gsetzt und vm 8000 cronen gstraufft. Tolmetsch Hanns Floryn wart des Vicariampts entsetzt vnnd vm 5000 cronen gstraufft, sampt andre dapferi punzlüt vil, dann si es ouch 6 gannz wuchen continuirt. Mit den vnderthanen giengs noch strenger ab, dann vnser Herr) Dägen von Trahona, ein gar alter, erbarer ansechlicher Herr, wart by agzyt vff offnem plaz grusam streng gfoltrett, darzue an eer vnd vm 20,000 cronen gstraufft ... Contyn Rubistell, Hanns Jacob von Grossut vs diraner terzier wart iedwäder (um) 200 cronen gstraufft, sampt andri stattliche edellüt vs dem Veltlyn. Das beschach mertheils im Meyen. Nach dem hatt sich das blatt vmgwendt, das nach ärnstlichem anhalten vil eerlicher bundslüten vs verwilligung der Gmeinden im Augsten (1573) ein ander Strauff-Gericht gen Chur vff der Dom-) Herren trinnkstuben angesechen wart. Daselbst wurdent schier alle Verttlen, zuo Tusis ergangen, cassiert vnd obgemelte Herren all an entsetzung der eeren liberiret." Seite 53, 54.

noch festern Fuss im Lande, indem die Gemeinde Sils im Oberengadin ihn 1576 sammt seiner Nachkommenschaft zum Gerichtsgenossen annahm,[1] was dem Einflusse der Familie von Planta nicht
geringen Eintrag that.

Wenn der hl. Pius V. noch im Jahre 1571 von der Anhänglichkeit Baptista's an die katholische Kirche und an den apostolischen
Stuhl, sowie von seinen Verdiensten um die katholische Religion
sprach, so glauben wir nicht ohne Grund annehmen zu können, dass
es dem Papste hauptsächlich darum zu thun war, ihn zum Ausharren
in dieser Gesinnung zu ermuntern. Die Ordensverleihung hatte sodann
wohl auch den Zweck, das über den Verlauf des Bisthumsstreites
aufgebrachte Gemüth des Landeshauptmannes zu besänftigen. Leider
blieben diese Bemühungen ohne nachhaltigen Erfolg. Im Jahre 1578
vollzog sich Baptista's Uebertritt zum Protestantismus.[2] Nach Rosius
à Porta hätte dieser Schritt auf einer ernstlichen Erwägung beruht,
die Baptista während einer schweren Krankheit „über das Funda-
ment des Heiles und über die Rechtfertigung des Sünders“ anstellte.[3]
Demnach wäre es die Lehre von der Rechtfertigung durch den
Glauben allein gewesen, was ihn dazu bewog, dem Protestantismus
den Vorzug zu geben.

Der Vorwurf, den Luther den Katholiken machte, sie hätten
die Bibel unter der Bank liegen lassen, dürfte daher bei unserm
Ahnherrn nicht ganz unberechtigt gewesen sein, sonst hätte er wohl
wissen müssen, dass „des Menschen Sohn, wenn Er kommen wird
in der Herrlichkeit seines Vaters mit seinen Engeln“, einem Jeden
vergelten werde nach seinen Werken.[4] Beim Gerichte wird also
nicht mehr gefragt: Glaubst Du oder glaubst Du nicht? denn der,
welcher nicht glaubt, ist schon gerichtet.[5]

---

[1] Urkunde vom 1. Mai 1576 (nicht 1593, wie Leu. Tom. XVI, 48 sagt).

[2] „.... hisce (d. h. die vom Papste erhaltenen Auszeichnungen) non obstantibus amplexus est Reformationem“ hebt der Verfasser der Stemmatographia
Familiae à Salis (Tab. IX) hervor.

[3] „ Hic tamen summus Vir in provecta aetate cum morbo gravi correptus
de fundamento salutis et justificatione peccatoris coram Deo accuratius, quam
hactenus fecerat, meditatus fuisset, mutata sententia, Reformatae Ecclesiae accessit
anno 1578.“ Reformatio Praegalliae, pag. 47.

[4] Math. XVI, 27.

[5] Joh. III, 18.

Zu diesem Schritte Baptista's mag wohl nicht wenig die zweite Ehe beigetragen haben, die er drei Jahre nach dem Tode seiner ersten kinderlosen Gemahlin, Ursula von Marmels († 1565), mit der erst fünfzehnjährigen Anna von Salis, Tochter Friedrich's zu Samaden, einging. Letzterer mochte seinen ganzen Einfluss zur Ueberwindung der letzten Bedenken aufgeboten haben.

Baptista von Salis starb den 27. November 1597 auf Soglio im Alter von 76 Jahren und wurde in der im Chore der Pfarrkirche neu erbauten Familiengruft beigesetzt.[1] Anna hatte ihm einen einzigen Sohn geboren, der nach dem Uebertritte des Vaters natürlich protestantisch erzogen und später, wie wir sehen werden, nebst seinem Vetter Herkules jun. das Haupt der antikatholischen Partei im Lande wurde. Seine Mutter starb 1613 auf Soglio.[2]

Baptista's Beispiel befolgte bald der uns schon bekannte Landvogt auf Castels, Ritter Dietegen von Salis. Bei der Leidenschaftlichkeit und Gewaltthätigkeit, mit welcher er im Bisthumsstreite aufgetreten und die Verfolgung des Fürstbischofs Beatus immer ärger betrieben hatte, war vorauszusehen, dass der im Herzen schon längst vollzogene Abfall über kurz oder lang auch äusserlich zum Abschlusse gelangen werde.

Dietegen der Jüngere, geboren im Jahre 1526, war der einzige Sohn des 1531 bei der Belagerung von Morbegno gefallenen[3] Ritters Dietegen des Grossen, eines der berühmtesten Kriegshelden Grau-

---

[1] Seine Schwiegertochter Barbara geb. von Meiss schreibt in ihren Notanden (Mscr. im Archiv des Familien-Verbandes): „Herr hopman battista von Salis, ritter min geliebter her schwächer selig ist selig in Gott ferscheiden im 1597 Jar den 13 dag 9embris an ainem sundag in der summa vffgang, der güttig gott erlich im aine frôliche vfferstandnuss vnd uns ain selig End." Das ältere Erbbegräbniss befand sich links beim Eingange in die Kirche, war aber zu enge geworden, cf. Toniola, Basilea sepulta etc. Appendix pag. 64; die Grabinschrift battista's cf. Ibid. und bei à Porta, Reform. Prag. pag. 48.

[2] „Min hertzliebe Frauw schwicher selig, die wol Edel vnd dugenttriche rauw anna von Salis, aine geborne von Salis, starb anno 1613 den 22. dag jenner zwüschend 2 vnd 3 vra nach mitt dag, gott si Ir genedig gsin vnd vns Alle, vnd habend si vnd ich 19 jar in aler kinttlicher liebe bi ainander ferschlise vnd in gemelter zitt keine die ander nie mals sur angesäht noch vil weniger kain widerwertig wortt mir gäbe, vnd weist Gott mitt was schmertz ich sie verlore hab."

[3] cf. oben S. 52.

bündens, und der Dorothea geb. Rink von Baldenstein.[1] „Fleissig in
die väterlichen und seiner Voreltern Fussstapfen tretend,[2] stand er
schon seit seinem 14. Lebensjahre in französischen Diensten und
machte im Alter von 16 Jahren den Feldzug nach Boullonois und
2 Jahre später (1544) den nach Piemont mit. Bald darauf in die
kaiserliche Armee übergetreten zeichnete er sich als Hauptmann

---

[1] „Dietegamus, natus 1473, dictus Magnus vel Samson", (Stemmatographia
Fam. à Salis, Tab. III.) „Guberti des Grossen dritter Sohn, ward wegen seiner
unglaublichen Stärke und langen Leibslänge der grosse Dietegen genannt." (Leu,
Tom. XVI, 52.) „Ein Mann, so Gemüeths und Leibs halben sehr gross war."
(Sprechers Chronik, 168.) 1499 Pannerher im Schwabenkriege, zeichnete sich in
der Calver-Schlacht aus; 1500 Hauptmann in Diensten des Herzogs Ludwig
Sforza v. Mailand, that sich besonders in der Schlacht von Marignano (1515)
durch seine heldenmüthige Tapferkeit hervor, indem er den Rückzug der helvetischen und rhätischen Truppen mit nur 4 Fähnlein deckte und dabei mit
seiner Lanze 17 französische Landsknechte niederstiess. 1516 wurde er von
Kaiser Maximilian I. feierlich zum Ritter geschlagen. „War auch Oberster über
2000 Graubündner anno 1521 zu Diensten Papst Leonis X. und bei dem eroberten
Uebergang über die Adda, da er Thomann von Foix, General von Lautrec Bruder,
mit seinem Spiess niedergestossen; suchte anno 1523 als Oberster Hauptmann
8000 Graubündner in des Königs Francisci I. von Frankreich Diensten in Italien
durch die Landschaft Bergamo zu führen, ward aber von den Kaiserlichen an
den Grenzen abgehalten. In dem folgenden Jahr (1524) aber führte er 6000 (nach
Andern 8000) Mann in desselben Diensten vor Pavia, ward aber, da der Joh.
Jacobus Medici die Stadt und Schloss Cleven im Jannario unversehens weg-
genohmen, von der Oberkeit zurück beruffen, da er mit seinem Volk Cleven
wieder eroberet, auch 1527 hat er eine Anzahl Volk in Diensten dieses Königs
(Franz I.) und mit ihme Verbündeten in das Mayländische geführt, ward aber
von den Kaiserlichen mit ziemlichem Verlurst zurückgetrieben und ist A. 1531
in einem Sturm auf Morbégno tod erschossen worden." (Leu, l. c.) „Dietegen", so
erzählt Sprecher in seiner Chronik (S. 148), „ergriffe zween Spiesse mitt beiden
Händen zumal und trawete an denselben zu springen auf ein klein Häusslein
in der Statt (Morbegno), ist aber von den Spaniern mit einer Kuglen in die
Stirn getroffen und erlegt worden. Den Leib befahl Gabriel Medighin (Medici.
Bruder Joh. Jacob's) in die Statt zu führen, vnd ehrlichen zu begraben (in der
S. Johanniskirche zu Morbegno), welcher Leich-begangnuss er auch selbs in
eygner Persohn mit weinenden Augen beigewohnt." Kind (Reformation, S. 59)
meint, Dietegen v. Salis habe durch seinen Tod dem Vaterlande seine Schuld
bezahlt, „die er durch sein wildes, stets nach fremden Kriegsdiensten durstiges
Leben angehäuft hatte." — cf. Campell I, 253 bei Kind, 124 bei Mohr; Sprecher,
Pallas Rhaet. Lib. IV.; à Moos, Arbor Genealogie. Dominorum de Salis; Lavizzari, Historia della Valtellina; Eidgenössische Abschiede IV—Ia. pag. 116, 307
u. s. w.

[2] Diplom Kaiser Rudolf II. vom 20. Jannar 1588.

namentlich in Ungarn im Kampfe gegen die Türken aus und avancirte rasch zum Obersten und 1555 zum Oberst-Inhaber eines Cavallerie-Regimentes. Kaiser Ferdinand I. ernannte ihn 1556, als er den activen Dienst quittirte, zu seinem wirkl. Geheimen Hof-Rathe und zugleich zum Landvogte auf Burg Castels im Prättigau.

Weitere Auszeichnungen wurden Dietegen im Jahre 1560 zu Theil, wo Papst Pius IV. ihn mit dem wenige Jahre zuvor neu gestifteten Ritter-Orden vom goldenen Sporn decorirte, und 1563, wo Kaiser Ferdinand I. ihm unter grosser Feierlichkeit, im Beisein des römischen Königs, nachmaligen Kaisers Maximilian II., den Ritterschlag und fast gleichzeitig die Charge eines General-Wachtmeisters ertheilte.

In seinem Vaterlande, wo er einen sehr grossen Einfluss ausübte, wurde Dietegen wiederholt mit wichtigen Gesandtschaften betraut: an den Kaiser, an Erzherzog Ferdinand II. von Tirol, an die Republik Venedig und nach Mailand. Auch versah er — indess wohl nur durch Stellvertreter — ein und das andere Mal das Amt eines Landammann von Bergell und 1563—65 das eines Podestà von Tirano in Veltlin.

Was seine politische Parteistellung in den Bünden anbelangt, so war ihm dieselbe natürlich durch seine Eigenschaft als östreichischer Beamter vorgezeichnet. Ein mitunter etwas zweideutiges Benehmen brachte ihn jedoch in den Verdacht, dass er mit der französischen Partei mehr oder minder fraternisire. Sein ehemaliger Freund, seit 1565 aber entschiedenster Gegner, Graf Hannibal von Hohenems, bezeichnete ihn geradezu als einen Verräther.[1] Dass die öffentliche Meinung dem Landvogte Sympathien für Frankreich zuschrieb, ist auch aus der Anklage ersichtlich, welche das Churer-Strafgericht vom Jahre 1572 gegen ihn erhob, er habe „ein Eyd gethan, das er kein Gaben vom Französen gehept", aber dennoch „zur Zyt der Vereinigung (Erneuerung des Bündnisses) vom König 200 Kronen empfangen."[2]

---

[1] Aufzeichnungen in der Simler'schen Sammlung im Staatsarchive zu Zürich, vergl. Valär S. 92.

[2] ibidem.; Valär 93. Dass letztere, schwere Anklage wirklich gerechtfertigt war, ist keineswegs erwiesen.

Es ist jedenfalls auffallend, dass Dietegen sich 18 Jahre lang in der Castelser Landvogtei halten konnte, denn in Innsbruck liegen ganze Stösse von Beschwerden gegen seine Amtsführung und namentlich von Klagen des Fürstbischofs über Dietegens Gewaltthätigkeiten vor. Er vertheidigt sich jedoch stets mit der grössten Kaltblütigkeit, indem er alle Anschuldigungen als Verleumdungen zurückweist. Die trotzdem fortgesetzten Gunstbezeugungen von Seite des habsburgischen Herrscherhauses lassen die Annahme Herrn Valär's als gerechtfertigt erscheinen, dass Oestreich noch immer auf die Ergebenheit der Familie Salis rechnete, umsomehr, als es sich eben auch nicht ganz sicher auf die zum grossen Theile protestantischen Planta verlassen konnte. Zwischen Erzherzog Ferdinand II. von Tirol und Fürstbischof Beatus waren zudem mehrmals Differenzen, mitunter recht heftige Zwistigkeiten in Betreff der hoheitlichen Rechte über die in Tirol sesshaften Churer-Gotteshausleute u. s. w. entstanden.[1] Dr. Hirn[2] berichtet, der Erzherzog habe das Verfahren des Landvogtes Dietegen gegen den Bischof zwar getadelt, wegen des eben (1565) beginnenden Feldzuges gegen die Türken sei jedoch von jedem Vorgehen wider ihn, selbst von einer Citation, Umgang genommen worden.

Als dann später die Vorstellungen Beat's immer dringender wurden, dachte man in Innsbruck im Jahre 1567 doch ernstlich an die Entfernung des unbotmässigen Vogtes und hatte sogar schon einen Nachfolger in der Person Conradin's von Planta zu Fideris, eines Bruders des Herrn von Rhäzüns, in Aussicht genommen. Trotzdem gelang es Dietegen, sich im Sattel zu erhalten und der Zwischenfall diente nur dazu, seinen Hass gegen die Planta zu steigern. Erst 1574 wurde er seines Amtes entsetzt und zwar soll, wie Hirn angibt,[3] ein von Dietegen begangener Todtschlag den Anlass dazu gegeben haben.

Es handelt sich hier wohl um jenen Vorfall, den uns Ardüser in seiner Chronik[4] als eine Kraftprobe des gleich seinem Vater

---

[1] Hirn, Erzherzog Ferdinand, II, 217.

[2] ibidem.

[3] ibid.

[4] Seite 53 bei Bott.

riesenstarken Landvogtes erzählt. Es war im Jahre 1572, als Dietegen auf der zu Putz tagenden Prättigauer Landsgemeinde sich
über einige Bauern beklagte, dass sie ihr Vieh über das Schlossgut
trieben. Als er nachher nach der nahegelegenen Burg Castels zurückkehrte, lief ihm ein Bauer, Namens Jöri Jann, mit seinem Sohne
nach und sagte in seiner derben Prättigauer Art: „hörstu Landt-
vogt, ich mein, du welist minem tochterman weren, das er sin vech
nit über din guot mög tryben und trenkhen." Der Landvogt erwidert
darauf: „ich wer (verwehre dies) nit anderst dann mit rächt. Drum
hab ich um rächt angeruefft." „In dem haben sy", sagt dann Ardüser, „zuosammen ghouwen und hat sich der Landvogt nach empfangener wunden dermassen gwert und widerstant gethon, dass
bedi, vatter vnd son (2 gross stare man) uf dem fläcken tod bliben
sint."[1]

Diese Waffenthat wurde indess keineswegs von Allen als ein
Act der Nothwehr aufgefasst, denn Dietegen war etwas später sogar
genöthigt, das Asylrecht der Abtei Pfävers in Anspruch zu nehmen.
Der Landvogt von Sargans, der dies unterm 13. März 1573 an Glarus
berichtet,[2] meint, da Dietegen in den voraufgegangenen Unruhen bei
Anlass der Agitation gegen den Herrn von Rhäzüns „schier aller
dingen ein ursächer" gewesen, sei nicht zu gewärtigen, dass man
ihn „in der fryheit" lasse, d. h. dass er der Verantwortung entgehen werde.[3] Sein Einfluss und seine Gewandtheit halfen ihm
jedoch auch hier aus der Verlegenheit. Immerhin scheint es dieser
Vorfall gewesen zu sein, was den Anlass zur Enthebung Dietegen's
von seinem Posten gab. Erzherzog Ferdinand nahm aber hiebei

---

[1] Nach einer andern Version soll Dietegen auf der Heimkehr von einem
Besuche bei der Familie von Sprecher zu Luzein von den erwähnten Bauern
überfallen worden sein. Die Angabe Ardüser's steht übrigens hiemit nicht im
Widerspruche, denn Dietegen konnte ganz wohl die Sprecher nach dem nahen
Luzein begleitet und erst auf der Heimkehr nach Castels angegriffen worden
sein, was um so wahrscheinlicher ist, als die Bauern schwerlich unmittelbar
nach Schluss der Landsgemeinde, wo die Leute des Landvogtes noch um die
Wege waren, den Angriff gewagt haben würden.

[2] Mscr. im Staatsarchiv Zürich.

[3] Vergl. Valär S. 116.

die Rücksicht, dass er an seine Stelle nicht etwa einen Planta, sondern Joh. Georg von Marmels setzte.[1]

Von früher Jugend an Soldat und bald verwaist, mochte Dietegen's religiöse Erziehung sehr mangelhaft gewesen sein. Dennoch hatte er sich einen Rest katholischer Frömmigkeit und besonders von Verehrung für die seligste Jungfrau bewahrt, was ihn sicherlich länger vom Abfalle abhielt, als irgend ein äusseres Motiv, wie z. B. seine Beziehungen zu seinem Taufpathen Papst Pius IV., der zudem schon 1565 gestorben war.

Es war im Jahre 1571, als Ritter Dietegen vor der zu Chur versammelten protestantischen Synode erschien und voller Entrüstung gegen einen Prädikanten, Namens Möhr, die Anklage erhob, derselbe habe sich, von helvidischer Ketzerei angesteckt, auf höchst anstössige Weise über die unbefleckte Empfängniss Mariens geäussert. Auch habe er ihre Jungfräulichkeit nach der Geburt Christi geläugnet und behauptet, man dürfe an Sonntagen so gut als an Werktagen arbeiten.[2] Ferner habe ein Bauer zu Saas im Prättigau, ein gewisser Michel Werli, gotteslästerlich geläugnet, durch die heiligen Wunden Christi erlöst worden zu sein.[3] Es ist nun merkwürdig genug, dass die Synode derartige Klagen nicht etwa als unberechtigt abwies; Campell, welcher bei der Synode den Vorsitz führte, berichtet vielmehr, mehrere Geistliche hätten die Aussagen des Landvogtes bestätigt und Möhr wurde sogar aus der Synode ausgeschlossen, wobei freilich noch andere Gründe, namentlich seine Widersetzlichkeit gegen die Synode und deren Missachtung, mit in die Wagschaale fielen. Man sieht daraus, wie schwer es hielt,

---

[1] Campell (I, 157 bei Mohr. 334 bei Kind) sagt, Dietegen von Salis sei nun seit 17 Jahren Vogt zu Castels und trotz seiner zahlreichen Gegner glücklich und zufrieden. (?) Dies Glück sei nur dadurch gestört worden, dass sein Neffe Dietegen, der bei Nacht die Castelser Schlossmauer übersteigen wollte, die Felsen hinunterstürzte und so elend umkam. Campell muss diesen Passus demnach im Jahre 1573 geschrieben haben. Die Angabe Campells, dass dieser Dietegen der Schwestersohn des Landvogtes gewesen, ist unrichtig, da dessen einzige Schwester, Constantia, unvermählt war. Wahrscheinlich war es ein Verwandter von Seite seiner ersten Frau, in deren Familie (Roth v. Schreckenstein) der Name Dietegen in der Folge öfter vorkam.

[2] Campell, II, 480 bei Mohr.

[3] Kind, Reformation, S. 172.

die von den Reformatoren im Principe verworfene Verehrung der
Gottesmutter aus Herz und Sinn der ersten protestantischen Generationen zu verdrängen.[1] Die bündnerischen Reformatoren scheinen
sich demnach in ihrem Vorgehen ebenfalls jene pfiffige Maxime zur
Richtschnur genommen zu haben, welche Zwingli s. Z. dem Prädikanten von Bern in folgendem classischen Brieflein an's Herz legte:
„Lieber Frantz! Ganz allgemach im Handel, nit zu streng, und wirf
den Bären zuerst nur *eine* sure unter etlich süesse Birren für. Darnach zwo, dan drei — und wenn er anfangt in sich zu fressen, so
wirf ihm mehr und mehr für, süesse und sure durcheinander. Zuletzt
schütt den Sack gantz us, mild, hart, süess, sur und ruch, so frisst
er alle uf, und vermeint sich nicht mehr darob jagen und vertrieben
zu lassen. Gegeben Zürich, Montag nach Georgi 1527. Uer Diener
in Christo, Hulderich Zwingli.“[2]

Leider konnte der Briefwechsel Dietegen's von Salis mit Gal-
litius, Egli und Campell bisher noch nicht wieder aufgefunden werden. Dieser liesse sicherlich manchen Einblick in Dietegens, wie
es scheint, vielen Schwankungen ausgesetzte religiöse Gesinnung
thun. Sein formeller Uebertritt zum Protestantismus erfolgte im Jahre
1579, kurz nachdem ihm von Kaiser Rudolf II. die ganz ausserordentliche Auszeichnung des Ordens vom Goldenen Vliesse zu Theil
geworden, worauf er natürlich vom Verzeichnisse der Toisonisten
alsbald wieder ausgestrichen wurde.[3] Die Gunst des Kaisers verlor

---

[1] Ardüser, Chronik S. 168 bei Bott, schreibt noch im Jahre 1601 von der
„hochgelobten, ewigreinen Jungfrau Maria.“

[2] cf. Riffel, Christl. Kirchengeschichte seit der grossen Glaubens- und
Kirchspaltung, Mainz 1841, III, 203.

[3] „verum ob acceptam Religionem Reformatam ex Cathalogo breve post
tempus delineabatur.“ Stemmat. Tab. XV. Im Adelsarchiv zu Wien befindet sich
heute noch bei den verschiedenen die Familie Salis betreffenden Documenten
eine silberne, mit kriegerischen Emblemen verzierte Capsel, welche einst die
Dietegen verliehenen Ordensinsignien (die er auch auf seinem Porträt trägt)
enthielt. Ein anderes interessantes Andenken an ihn hat sich in seinem Pett-
schaft erhalten. Dasselbe ist von Silber, über 100 Gramm schwer; die Hand-
habe bildet ein Einhorn (Wappenthier der Familie Schreckenstein), auf dessen
Rücken die sog. Salis'sche Jungfrau (Helmzier des Salis'schen Wappens) reitet.
Die Jungfrau trägt eine Krone, in deren Innern abermals das Salis'sche Wappen,
aber viel kleiner, angebracht ist.

er trotzdem nicht. Rudolf II. erhob ihn vielmehr den 20. Januar 1588 mit allen seinen Nachkommen beiderlei Geschlechts und in Anerkennung seiner im Türkenkriege bewiesenen Tüchtigkeit und Tapferkeit in den Freiherrnstand des hl. Römischen Reiches, der Königreiche Ungarn und Böhmen und aller österreichischen Erblande.

Zwei Jahre später (1590) starb Dietegen zu Sondrio im Veltlin, wie es scheint, ganz plötzlich und unvorhergesehen, als er eben bei seinem Vetter, dem regierenden Landeshauptmann Gubert von Salis, auf Besuch war. Seine Leiche wurde in der damals zu Sondrio bestehenden protestantischen Kirche begraben.

In erster Ehe mit Regina Roth von Schreckenstein,[1] in zweiter mit Anna von Salis-Samaden, einer Schwester Friedrich's, vermählt, hinterliess er ausser einer Tochter[2] noch zwei Söhne, deren älterer, Hieronymus Dietegen, seinen Wohnsitz nach Seewis im Prättigau verlegte.[3]

Was die übrigen Glieder der Familie Salis anbelangt, so hatten sich zwei ältere Brüder Baptista's, Gubert und Rudolf, wohl schon vor ihm der Reformation angeschlossen. Gubert[4] erliess 1589 als Landeshauptmann des Veltlins, um der Inquisition entgegenzuarbeiten, ein Polizeimandat, das den Personenverkehr mit Mailand erschweren sollte.[5]

---

[1] Regina war ohne Zweifel eine nahe Verwandte jenes Conrad Roth von Sekreckenstein, der 1570 hauptsächlich auf Verwendung Dietegen's in das Landrecht der III Bünde aufgenommen wurde. vf. Campell II, 500 bei Mohr; Ardüser, Chronik, S. 49, 50, und Bott's Commentar, S. 308, 341; Valär, 88nl.

[2] Dorothea, verm. mit Gubert von Salis. Ihr Sohn Dietegen, 1621 vor Cläfen gefallen, wurde von Joh. Andr. v. Sprecher zum Helden seines übrigens in keiner Weise empfehlenswerthen Romans „Donna Ottavia", Chur 1878, gewählt.

[3] Hieronymus, geb. 1560 auf Castels, 1589 Hauptmann in franz. Diensten, † 1628, an der Pest, verm. mit Anna Enderlin von Monswick. Sein ältester Sohn Dietegen (geb. 1594, † 1670), „der fromme Junker" genannt, war in Allem das Gegentheil von seinem Grossvater. Von ihm heisst es (Tab. XV der Stemmatogr.), er sei „einer der Ruhigen im Vaterlande" gewesen und habe sich niemals dazu bewegen lassen, irgend ein Amt, und wäre es auch nur das eines Landammanns von Seewis gewesen, anzunehmen. Dagegen habe er getreulich für Kirchen, Schulen und für die Armen gesorgt, wesshalb er allgemein überaus beliebt war — „fidelis Ecclesiae, scholarum et egenorum Provisor, exinde ab omnibus maxime amatus."

[4] Gemeinschaftlicher Stammvater der Linien Jenins und Maienfeld.

[5] Kind, Reformation, S. 211.

Rudolf, ebenfalls Landeshauptmann, erscheint 1571 auf der schon erwähnten Synode zu Chur, als einer jener Abgeordneten des Bundestages, welche beauftragt waren, der weltlichen Obrigkeit die Suprematie auch in innerkirchlichen Dingen zu vindiciren und dem Grundsatze: cujus regio, illius et religio in Bünden Geltung zu verschaffen.[1]

Auch Augustin von Salis, der in seinen jüngern Jahren so viel Eifer für die katholische Sache bewiesen,[2] scheint sich später ebenfalls dem Protestantismus zugewendet zu haben. Sicher ist, dass alle seine Kinder dem protestantischen Bekenntnisse folgten. Seine Söhne Anton und Andreas waren mit Landvogt Dietegen die an der Agitation gegen Johann von Planta am eifrigsten betheiligten Mitglieder der Familie Salis. Ihr hauptsächlichstes Motiv war hiebei das Interesse der mit ihnen verschwägerten Familie de Guicciardi,[3] in deren Händen sich die von Planta im Namen des Papstes zurückgeforderte Propstei S. Ursula zu Teglio im Veltlin befand. Antons Abneigung gegen Planta datirte aber schon aus früherer Zeit und hatte ausser der Eifersucht der beiden Häuser Planta und Salis auch noch den speziellen Grund, dass Anton's Werbung um die, wie es scheint, vielumworbene Hand der Tochter Planta's war abschlägig beschieden worden.[4]

Um die Runde bei den Hauptstammvätern der bis in unsere Zeit hereinreichenden Linien zu vollenden, erwähnen wir noch des ältesten Bruders Baptista's, Anton von Salis zu Rietberg. Derselbe blieb katholisch, war aber schon 1554 als General-Obrister der bündnerischen Truppen im Dienste Frankreichs am Tage vor

---

[1] Ibid. S. 167. Rudolf ist der Stammvater der Linie Zizers, welche später, wie wir sehen werden, zur katholischen Kirche wieder zurückkehrte.

[2] Siehe oben Seite 43 und 88.

[3] Maria, die älteste Tochter Augustins, war in zweiter Ehe mit Peter Martyr de Guicciardi (in erster mit Joh. Georg von Travers) vermählt.

[4] In Betreff der in der Bündnergeschichte so viel besprochenen Teglier-Propstei-Angelegenheit, wie überhaupt des ganzen sog. „Bullenhandels" verweisen wir den Leser auf die Arbeiten des hochw. Herrn Pfarrer Mayer in Oberurnen im Anzeiger für schweizer. Geschichtsforschung, Jahrg. 1888 Nr. 2 und des Herrn Dr. Valär, Joh. v. Planta. Das von Anton von Salis im Jahre 557 an Kaiser Ferdinand I. gerichtete Schreiben (im k. k. Statthalterei-Archiv zu Innsbruck, Ferdinandeum), in welchem er Planta französischer Sympathien beschuldigt, siehe bei Valär, S. 23—25.

der Schlacht von Siena bei Anlass einer Meuterei ermordet worden.[1] Auch dessen Sohn, Herkules,[2] starb (1575) als Katholik. Erst dessen jüngerer Sohn Andreas, der sich zu Chur niederliess, wurde protestantisch, während sein Bruder Anton mit seiner Nachkommenschaft, die im XVII. Jahrhundert erlosch, der katholischen Kirche treu blieb.

Am Ende des XVI. Jahrhunderts war also in den herrschenden Landen der 3 Bünde ein einziger katholischer, im politischen Leben wenig hervortretender Zweig übrig geblieben. Es war dies für die Prädikanten ohne Zweifel eine grosse Genugthuung, denn so sehr sie sonst mit den Salis gemeinschaftliche Sache machten, so war es ihnen doch stets ein Stein des Anstosses gewesen, dass mehrere der hervorragendsten Glieder der Familie mit dem Anschlusse an die Reformation so lange gezögert hatten. Mochten sich diese Herren auch noch so unkatholisch benommen haben, — man vergass trotzdem nicht, dass sie Papisten waren und von dem „Greuel" der Messe nicht ablassen wollten und liess sie dies, wenn man ihrer nicht gerade bedurfte, auch fühlen. Daher jene Wuth der Prädikanten gegen diejenigen Glieder der Familie, welche vom Papste ausgezeichnet wurden, gegen die „schönen Ridter", wie Egli sagt, „die nicht[3] bullen und dinten und papier, sonder grosse stuck gold und stechende spohren und jährliche Pensionen,[4] dem Bapst in denen Landen nach gefallen zu dienen, davon habend." „Goldene ketenen zu nehmen vom papst", sei ein eben so grosses Verbrechen, meint Egli, als Bullen von ihm zu empfangen.[5] Ausser Herkules, Baptista,

---

[1] Anton, gen. Runconius. „Magnus corpore et factis major, ... vasta Corporis statura cunctos superavit." Stemmatogr. Tab. IX. erwarb das Schloss Rietberg im Domleschger-Thal, 1546 das Bürgerrecht zu Chur. 1541 Landeshauptmann des Veltlins: Hauptmann in französ. Diensten. zeichnete sich neben seinem Vetter Hercules von Salis von Chiavenna aus, 1553 General-Obrister eines eigenen Regimentes im Dienste der Krone Frankreich. Vgl. Stettler, Chron. Helv. II. 184; Campell, Hist. Rhaet. im Mscr. Lib. I, c. 32, p. 75: II, 126 bei Mohr; — Sprecher, Pallas Rhaet. pag. 147. 148; Bucelin, Rhaet. sacra et prof. ad ann. 1543 u. s. w.

[2] Bruder des 1563 † Dompropstes Andreas von Salis.

[3] Nämlich wie Johann von Planta.

[4] Letzteres ist unwahr.

[5] J. Bott, Dr. Joh. Planta und seine Zeit, Beilage zum Programm der bündnerischen Kantonsschule 1873, S. 2: Valär, S. 58.

Dietegen und Josua von Salis hatten noch andere Bündner[1] Ritter-
orden vom Papste erhalten. letztere wurden jedoch nicht so hart
bestraft als die Salis. zumal als die zwei erstern derselben. Herkules
von Salis-Rietberg hatte bei der Bullenangelegenheit freilich das un-
verzeihliche Verbrechen begangen. dass er die Entscheidungen des
hl. Stuhles auch ein Mal etwas mehr respektirte. als dies sonst der
Fall war. Dafür wurde er nicht nur mit schweren Geldbussen belegt. sondern auch seines Amtes als Landeshauptmann des Veltlins
entsetzt und konnte noch von Glück reden, dass er der Tortur oder
gar dem Schicksale des Herrn von Rhäzüns entgangen war.[2]

----

[1] Caspar von Schauenstein. Sebastian von Castelberg. Christoff Beli von
Belfort. Hans Martin von Raschér (der Bruder des spätern Fürstbischofs Peter II.
und verm. mit Anna v. Salis, Tab. II), Ambrosius Marti (dessen Tochter Anna
war verm. mit Andreas von Salis. Tab. XI), dann aus dem Veltlin Vincenz de
Quadrio und die Gebrüder Beccaria von Talamona.

[2] Urtheilbrief im Staatsarchiv zu Chur. Ueber den Process gegen Herkules von Salis (1572) vergleiche Campell II, 501 bei Mohr; Ardüser, Chronik.
bei Bott, S. 48 und des letztern Commentar. S. 335—40. Valär, S. 89—91.

Dass Herkules der Planta'schen Partei anhing, dürfte schwerlich nachzuweisen sein und kann keineswegs aus seiner Haltung in der Teglier-Propstei-
Angelegenheit gefolgert werden. Er war kein Verwandter des Herrn von
Rhäzüns, am allerwenigsten aber demselben „mit Leib und Seele" ergeben,
wie Moor. Gesch. von Currätien II, 183 sagt. Herkules war in die Händel von
565—1578 zu tief verwickelt und ein zu leidenschaftlicher Gegner des Bischofs
Beatus gewesen, als dass er Planta's Parteinahme für denselben hätte vergessen können. Wenn dann ein Heirathsprojekt eine Annäherung der beiden
Herren zur Folge hatte, so darf nicht ausser Acht gelassen werden. dass die
geplante Allianz nicht zu Stande kam. Die „Freundschaft" war daher schwerlich intim.

III.

AUS DER ZEIT

DES

DREISSIGJAEHRIGEN KRIEGES.

Hie Welf, hie Waiblingen.

Man sollte wohl glauben, die oft völlig anarchischen Zustände der rhätischen Republik im XVI. Jahrhundert wären keiner
Steigerung mehr fähig gewesen. Dennoch waren die damaligen
Parteiungen nur ein Vorspiel der Wirren, welche das Land zur Zeit
des dreissigjährigen Krieges durchwühlten. Wir sind hier an einer
Periode angelangt, welche die dunkelsten Schatten der Geschichte
Graubündens und nicht weniger derjenigen der Familie von Salis
aufweist und die uns den Glaubensabfall der letztern doppelt bekla-
genswerth erscheinen lässt.

Im vorhergehenden Jahrhundert waren es mehr nur persönliche Leidenschaften stürmischer und ehrgeiziger Charaktere gewesen,
welche die Familie zu den in Obigem dargestellten Gewaltthätigkeiten verleitet hatten. Jetzt aber ging der Ehrgeiz Hand in Hand
mit den Prinzipien des Protestantismus und einem oft wirklich fanatischen Hasse gegen die katholische Kirche und deren Anhänger.
Diese Gesinnung veranlasste Männer, denen wir sonst in mehrfacher
Hinsicht unsere Achtung nicht versagen können, zu Handlungen,
welche ihr Andenken in der Geschichte schädigen mussten.

Auch jetzt zog Graubünden mit seinen Pässen die Aufmerksamkeit der europäischen Potentaten auf sich und abermals kreuzten
sich die Interessen Oesterreich-Spaniens und Frankreichs, mit welchem
bekanntlich die protestantischen Fürsten Deutschlands dem Kaiser
gegenüber gemeinschaftliche Sache machten. Ebenso pflegte man,
wie ehedem, die sich gegenüberstehenden Parteien kurzweg als die
Planta'sche oder Salis'sche Faktion zu bezeichnen.

Eine Verschiebung in der Parteistellung der beiden rivalisirenden Geschlechter hatte sich zu Beginn des zweiten Dezenniums

(des XVII. Jahrhunderts) in soferne vollzogen, als die Familie von Salis damals die Erneuerung des 1603 hauptsächlich auf ihr Drängen abgeschlossenen Bündnisses mit der Republik Venedig wieder besonders eifrig betrieb und sich dadurch die Unzufriedenheit des französischen Hofes zuzog, während die Planta momentan, indess nur zum Scheine, sich Frankreich genähert hatten.

An der Spitze der Planta'schen Faktion standen die beiden Brüder Rudolf und Pompejus Planta von Wildenberg zu Zernez. Ersterer, der 1623 mit seiner Frau, Margaretha von Travers, convertirte, war unstreitig ein Mann von hervorragenden Eigenschaften und Fähigkeiten, hätte aber der katholischen Sache von grösserm Nutzen sein können, wenn er weniger stolz und hochfahrend gewesen wäre, welche Untugend ihn vielfach bei seinen eigenen Anhängern und Parteigenossen verhasst machte.[1] Das grösste Verbrechen, dessen sich Rudolf Planta in den Augen seiner politischen Gegner schuldig machte, war aber sein Bemühen, zwischen den III Bünden und Spanien ein Bündniss zu Stande zu bringen. Vorübergehend schien es zwar, wie schon bemerkt, als ob die beiden Brüder Planta Frankreich sich zuneigten, und Rudolf stand in der That, wenn auch nur sehr kurze Zeit, in französischen Militärdiensten. Marschall Ulysses von Salis-Marschlins mag nicht ganz Unrecht haben, wenn er dieses Hinneigen (Planta's) zu Frankreich als ein blos äusserliches bezeichnet, indem ein offenes Auftreten für Spanien damals, wo die venezianische Partei das Heft in der Hand hatte, nicht rathsam schien.

Pompejus Planta war seinem Bruder an geistigen Fähigkeiten vielleicht überlegen und unter den österreichisch-spanischen Parteigängern der thatkräftigste und unternehmendste, aber auch der gefürchtetste. Wenn Salis-Marschlins ihm vorwirft, er habe „seine glänzenden Anlagen durch Grausamkeit, Geiz und hartnäckige Verfolgung der evangelischen Religion verdunkelt",[2] so darf man nicht vergessen, dass Salis-Marschlins einer der unversöhnlichsten per-

---

[1] Vergl. Denkwürdigkeiten des Fortunat v. Juvalt, 1567—1649, aus dem Lateinischen übersetzt von Conradin v. Mohr (in s. Archiv s. Graub.). Chur 1848. S. 47. Juvalt starb 1654, 87jährig.

[2] Denkwürdigkeiten, S. 106.

sönlichen Feinde Planta's war. Letzterer kehrte wahrscheinlich schon 1605, jedenfalls vor 1614 zur heiligen Kirche zurück, heirathete Catharina von Salis-Rietberg[1] aus dem ältern katholischen Zweige dieser Linie und liess seine Kinder zu Constanz katholisch erziehen.

Dass die beiden Brüder Planta bei der Anstrebung eines österreichisch-spanischen Bündnisses sich auch von selbstsüchtigen Interessen leiten liessen, mag mehr oder minder seine Richtigkeit haben, aber schwerlich kann wohl je der Beweis dafür erbracht werden, dass Rudolf, wie vielfach behauptet wurde und noch wird, die absolute Herrschaft über die Bünde erstrebt habe. Jedenfalls durften ihm seine Gegner keine Vorwürfe über Herrschsucht und ehrgeizige Sonderinteressen machen.

Wir sehen indess auch andere, sehr achtungswerthe und besonnene Männer für ein solches Bündniss eintreten und zwar weder aus Hass gegen Venedig noch aus Sympathie für Oesterreich-Spanien, sondern lediglich im Interesse der Ruhe und der Wohlfahrt des Landes. Landvogt Fortunat von Juvalt, der nichts weniger als katholisch gesinnt war und bei welchem nicht jene Familieninteressen wie bei den Planta und deren Gegnern in Betracht kamen, obwohl er aus einer der ältesten und angesehensten Familien des Landes stammte, erkannte mit staatsmännischer Einsicht klar und bestimmt die Nothwendigkeit guter Beziehungen zu einem so mächtigen Nachbarstaate wie Oesterreich. Bünden, das von zwei Seiten an diese Monarchie grenze,[2] so führt Juvalt in seinen Memoiren aus,[3] könne den Handelsverkehr mit derselben ohne Nachtheil nicht entbehren. Bei gutem Einvernehmen dürfe man auf Glück und Wohlfahrt, bei schlechtem *nur* auf grossen Schaden rechnen. Eine Erneuerung des Bündnisses mit Venedig von 1603, laut welchem Gemeine III Bünde sich

---

[1] Tochter des Landvogts auf Fürstenau und Landeshauptmanns Anton . S. und der Anna Geer von Spilberg.

[2] Im Osten an Tirol und Montafun, im Süden an die Lombardei.

[3] S. 18.

verpflichtet hatten, der Republik Mannschaften von wenigstens 1000, je nachdem 6000 „freien Knechten" zu stellen, musste Oesterreich um so mehr beleidigen, als es damals, 1614—1617, gegen Venedig den sog. Friaul'schen oder Dalmatinischen Krieg führte.

Zur österreichisch-spanischen Partei zählten ausser den schon genannten Brüdern Planta zu Zernez auch Johann Planta von Wildenberg, Herr von Rhäzüns, Sohn des 1572 enthaupteten Freiherrn Johann, wie überhaupt alle Planta Wildenbergischer Linie; Augustin und Johann Victor von Travers, Luzius von Mont, Caspar von Schauenstein, Rudolf und Anton Gugelberg von Moos und mehrere Mitglieder der Familie von Sprecher u. s. w.

Häupter der venezianischen Partei waren die beiden Vettern Johann Baptista von Salis-Soglio, den wir bereits anlässlich seiner Ernennung zum päpstlichen Ritter kennen lernten, und Ritter Herkules von Salis jun. Letzterer, die Seele der venezianischen Partei, war 1566 geboren und lag noch in der Wiege, als er seinen Vater, Abundius, kaiserlichen Oberstlieutenant im Cavallerie-Regiment Graf Barbi, durch den Tod verlor. Derselbe starb in Folge einer Wunde, die er in Ungarn aus einem Gefechte gegen die Türken davongetragen hatte, im Jahre 1567 erst dreiunddreissigjährig zu Wien. Herkules' Mutter, Hortensia, geb. Gräfin Martinengo di Barco, stammte aus einem der ältesten und berühmtesten Häuser in Brescia und Venedig, welchem auch jener ruhmreiche venezianische Feldherr in den türkischen Kriegen des XVI. Jahrhunderts, Graf Hieronymus Martinengo, entsprossen war. Hortensia war mit ihrem Bruder Ulysses und andern Anverwandten zum Protestantismus übergetreten und hatte sich, um der Inquisition zu entgehen, auf das Gebiet der III Bünde geflüchtet. Dieser Umstand dürfte wohl am meisten zu der so ausgesprochen antikatholischen Gesinnung beigetragen haben, die bei Ritter Herkules und seinen Angehörigen so stark hervortritt. Nach dem Tode seines Grossvaters, Oberst Herkules, der ihn nach der Wiedervermählung seiner Mutter zu sich genommen hatte, kam er nach Genf zu seinem Oheim, dem Grafen Ulysses Martinengo und vollendete später seine Studien zu Heidelberg und Tübingen. Nach Hause zurückgekehrt, wurde er in seiner Hoffnung, bald eines der Aemter im Bergell zu erhalten, sehr getäuscht, indem andere Glieder der Familie dermassen in der Gunst des Volkes, von dem die Wahl der Obrigkeit und der Amtleute abhing, sich festgesetzt hatten,[1] dass er nichts erreichen konnte. Dazu kam, dass Herkules durch seine freie Redeweise seinen Oheim, den kaiserlichen Feldzeugmeister Freiherrn Rudolf von Salis in Basel, gegen sich aufgebracht hatte, so dass auch dieser wenig Neigung zeigte, ihm „vorwärts zu helfen". So beschloss er denn seines Glückes eigener Schmied zu werden und nach dem Beispiele anderer Glieder der Familie jenseits, d. h. auf der nördlichen Seite der Alpen, „sich Unterkunft und die Ehren und Würden zu suchen, die ihm das Heimatthal Bergell und der Oheim verweigerten."[2] Er liess sich 1588 zu Grüsch im Prättigau nieder, wo er sich im nämlichen Jahre mit Margaretha von Ott vermählte und mit seiner Nachkommenschaft zum Gerichtsgenossen angenommen wurde. Durch die Verwandten seiner Frau zum Podestà von Tirano befördert, begann er 1590 mit diesem Amte seine politische Carriere.

Herkules, mit ausgezeichneter Rednergabe ausgerüstet, wurde wiederholt zu Legationen verwendet und stand 1603 an der Spitze der feierlichen Gesandtschaft, welche das oben erwähnte Bündniss mit Venedig abschloss. 1606 wurde er mit Joachim von Jochberg und Rudolf von Schauenstein an König Heinrich IV. von Frankreich abgesandt, um denselben für den Fall eines Krieges mit Spanien um Hilfe anzugehen. Seine vor dem Senate „der durchlauchtigsten Republik" Venedig in klassischem, zierlichem Latein gehaltenen Reden sind uns noch erhalten und zeugen von seiner vorzüglichen wissenschaftlichen Bildung.

Herkules galt nicht nur bei seiner Partei, sondern, wie uns sein Sohn Ulysses versichert,[3] auch bei den deutschen protestantischen Fürsten, bei Venedig und den evangelischen Ständen der Eidgenossen als einer der besten Politiker seiner Zeit. Er war es auch, der die Fühlung mit den Fürsten der protestantischen Union, mit deren Ministern er eifrig correspondirte, unterhielt und öfter geschah es,

---

[1] Es ist wohl hauptsächlich Ritter Baptista der Jüngere gemeint, der schon mit 18 Jahren Podestà des Bergells war und seither sehr oft auch das Amt eines Landammann seines Gerichtes versah.

[2] Salis-Marschlins. Denkwürdigkeiten. S. 3.

[3] ibid., S. 18.

dass erstere auf ihrer Durchreise nach Italien oder auf ihrer Heimkehr in seinem Hause abstiegen.[1]

Diese intimen Beziehungen zu den dem Kaiser feindlich gesinnten Fürsten erklären uns Herkules' Sympathien für das mit Oesterreich und dem Papste in Krieg verwickelte Venedig. Als eifriger Verfechter des Protestantismus glaubte er dem Volke das venezianische Bündniss als besonders wichtig für die Verbreitung des „Evangeliums" im Veltlin darstellen zu sollen; wie er dies begründete, ist leider nirgends angedeutet.

Herkules benützte jede Gelegenheit, um seinem politischen Programme Anhänger zu werben, so z. B. auch jene grossartige Vermählungsfeier seines ältesten Sohnes Rudolf und der Anna von Hartmannis (24. Juni 1611). Bei dieser Festlichkeit wurde ein Aufwand aufgeboten, wie man solchen seit Menschengedenken nicht gesehen hatte. Der ganze Adel des Landes und alle nur einigermassen angesehenen Einwohner im Prättigau waren dazu eingeladen worden und zum grössern Theile auch erschienen, darunter selbst spanische Parteigänger, ja sogar Pompejus Planta und Freiherr Johann von Rhäzüns. „Es schien", sagt Ulysses von Salis-Marschlins, der uns alle diese Einzelheiten mittheilt, „als ob die Stürme der letzten Zeit, zumal das Strafgericht von Chur (1607), wo die Rücksicht auf Jedermann ein Ende gefunden hatte, den Gästen ein gewisses Bedürfniss nach Eintracht einflösste und in der That liessen Alle ihre Empfindungen des Hasses und der Rache gleichsam zu Hause, sprachen sich mit vieler Aufrichtigkeit (?) gegenseitig aus und gelobten fröhlich, für die Zukunft sich besser vertragen zu

---

[1] So z. B. im Jahre 1603 der seiner eifrig protestantischen Gesinnung wegen bekannte Herzog Joh. Casimir von Sachsen-Coburg, der damals den nach ihm benannten vierten Sohn des Ritters Herkules aus der Taufe hob. In Diensten Joh. Casimir's von Sachsen stand 1597—1600 Friedrich von Salis (Sohn des Commissarius Benedict zu Vicosoprano). „Herzog Johann Casimyrus", sagt Ardüser in seiner Chronik (S. 140 bei Bott), „hat hie in den Pündten vmb ein anzal kriegssoldaten zuo syner lybsgwardi lassen wärben. Nach vergunnung derselbigen (Werbung) hat des Fürsten Guardihoptman, Friedrich von Salis, 24 pündtner jung, dapfer gsellen mit des Fürsten Hoffart vfbuzett, dieselben angenz vf Coburg zuogfüert vnd Ir Fürstl. Durchlaucht 3 iar lanng dienet."

wollen, indem sie sich wohl erinnerten, wie sie in ihrer Uneinigkeit beinahe ein Opfer des Pöbels geworden wären."[1]

Oberst Guler von Wynegg und Baptista von Salis konnten es indess nicht unterlassen, das venezianische Bündniss zur Sprache zu bringen. Auf ihre Veranlassung hin suchte Herkules der anwesenden Gesellschaft mit gewohnter Beredtsamkeit nachzuweisen, „von welchem Nuzen die Erneuerung des Bündnisses mit Venedig für das Land wäre. Seine Rede", berichtet Ulysses,[2] „wurde gebilligt und man gab sich gegenseitig die Zusage, in diesem Sinne zu wirken; aber nicht immer drückt die Zunge die Gedanken des Innern aus und es zeigte sich auch hier, dass Viele ganz andere Gesinnungen nährten." In der That sollte diese bei rauschender Festlichkeit und vollen Gläsern besiegelte Freundschaft, wie wir sehen werden, nur zu bald wieder in wüthendsten Parteihass umschlagen.

Zur Salis'schen Faktion zählten jetzt auch einige Glieder der Familie von Planta im Oberengadin, so namentlich die Brüder Conradin und Constantin Planta zu Zuz, deren Mutter eine Salis war.[3] Dieselben glaubten sich in ihrem Einflusse auf ihr Heimatthal sowie in finanzieller Hinsicht von ihren Vettern Planta-Wildenberg beeinträchtigt.[4] „Ausser den Sympathien für Venedig", so führt Salis-Marschlins in seiner Darlegung der damaligen Parteistellung[5] aus, „legten diese Planta stets eine wahre Freundschaft für die Familie Salis an den Tag und bewiesen dies bei Streitigkeiten, die wir mit den Planta-Wildenberg hatten, durch die That, wodurch sie uns zu ewigem Danke verpflichteten." Diese Freundschaft bestand mehrere Jahrzehnte hindurch, „während meines Erinnerns nur zwei Mitglieder der Familie Salis zum Anhange Rudolf Planta's zählten. Es waren dies der Vicar (des Veltlins) Albert und sein Bruder Hieronymus, Söhne des mannhaften Ritters Dietegen von Salis, der doch that-

---

[1] Denkwürdigkeiten, S. 22.

[2] Ibid. S. 23.

[3] Emerita von Salis, wahrscheinlich aus der Linie zu Celerina im Engadin, deren Genealogie in der Stemmatographia Fam. à Salis (im Prolegomenon) nur unvollständig wiedergegeben ist.

[4] Fort. v. Juvalt, Denkwürdigkeiten, bei Mohr, S. 47.

[5] In den beiden ersten Dezennien des XVII. Jahrhunderts.

sächlich seine Abneigung gegen den Planta'schen Zweig zu Zernez an den Tag gelegt hatte."[1]

Als weitere hervorragende venezianische Parteigänger nennen wir noch: Commissarius Johann und Anton von Travers, Wolfgang von Juvalt, zwei Brüder von Hohenbalken, Sylvester von Rosenroll, Oberst Ritter Johann Guler von Wynegg mit seinen Söhnen, sämmtlich nahe Verwandte der Familie Salis; ferner die von Porta im Engadin, die Montalt zu Jlanz, die Jecklin zu Rodels und die Buol u. s. w.

Was der Salis'schen resp. venezianischen Partei am meisten Nachdruck verlieh, das war ihre enge Verbündung mit den Prädikanten, welchen es von der Synode zur Pflicht gemacht war, niemals, soweit es an ihnen liege, ein Bündniss mit Oesterreich-Spanien zuzulassen und die an der politischen Agitation und systematischen Volksverhetzung stets den grössten Antheil hatten. „Unter diesen Geistlichen", sagt der Protestant Juvalt,[2] „waren mehrere von unordentlichem Lebenswandel, verwegen, unverschämt und zu jedem Wagstück bereit. Auf der andern Seite gab es auch manche, welche

---

[1] Albert Dietegen von Salis, der 2te Sohn des Landvogts Ritter Dietegen, war geboren 1573, wohnte längere Zeit zu Allac bei Stalla im Averserthal, erbaute daselbst die protestantische Kirche; Landammann und Podestà des Bergells, 1601 Vicar des Veltlins. 1603 wurde er vom Churer-Strafgerichte um 3000 Gulden, 1607 um 800 Kronen gebüsst, weil er angeblich, um für ein spanisches Bündniss zu wirken, vom mailändischen Gouverneur, Grafen Fuentes, für sich eine sog. Tratta. d. i. die Erlaubniss zu zollfreier Getreide-Einfuhr, und von Julius della Torre 500 Kronen erhalten habe. (Anhorn, Püntner Aufruhr, S. 167). Albert starb den 17. Mai 1616 zu Chur und liegt daselbst auf dem alten Friedhofe begraben, wo sein Grabdenkmal noch zu sehen ist. Seine Gemahlin, Maria von Mont, Tochter des Gallus von M., Herrn zu Löwenberg, war Katholikin, seine Nachkommenschaft, die noch im 17. Jahrh. erlosch, zwar protestantisch, aber nicht so antikatholisch gesinnt, wie die übrige Familie. Alberts zwei älteste Söhne, *Dietegen* und *Gallus,* standen in Diensten des Churfürsten Maximilian des Grossen von Bayern. Ersterer wurde in Folge einer Kopfwunde irrsinnig und starb 1626: Gallus fiel in Ungarn im Kampfe gegen die Türken als Oberst-Lieut.; der 6te Sohn Alberts, *Gottfried,* war kaiserlicher Oberst-Lieutenant im Regimente Graf Sulz und starb, wie Dietegen und Gallus, unvermählt. Die einzige Tochter, Regina, war in erster Ehe mit Ritter Vespasian von Salis, Herrn zu Salenegg und Aspermont, in zweiter mit Heinrich Planta, Freiherrn von Rhäzüns, vermählt.

[2] Denkwürdigkeiten, S. 47, 48.

inner den Schranken ihres Amtes bleibend,[1] das Vorgehen ihrer Collegen in politischen Dingen missbilligten, aber gegenüber den andern .... Geistlichen durften sie sich nicht regen."

Es ist daher ganz gerechtfertigt, wenn man die Salis'sche oder venezianische Partei als die protestantische bezeichnet, denn wenn sich unter ihren Anhängern auch einige Katholiken fanden, so waren sie es jedenfalls nur dem Namen nach. Die Planta'sche, resp. österreich-spanische Faktion hingegen vereinigte alle Frankreich und Venedig feindlich gesinnten Elemente in sich, mochten die einzelnen Parteigänger dem katholischen oder dem protestantischen Bekenntnisse folgen. Katholisch kann sie insofern genannt werden, als ihr auch die entschiedenen Katholiken und der im Ganzen katholisch gesinnte Obere Graue Bund angehörten und sie überhaupt die Rechte der katholischen Kirche der andern Partei gegenüber öfter vertheidigte. Sie war denn auch stark genug, um die Erneuerung des venezianischen Bündnisses zu verhindern.

Zu einer Zeit, wo Alles in Parteileidenschaft aufging, wo Zwietracht, Hass, Eifersucht und gegenseitiges Misstrauen die Autorität der oftmals in den Strudel mit hineingerissenen Obrigkeit untergraben hatte, da genügte der alljährlich zusammentretende Bundestag begreiflicher Weise nicht mehr, um die aus den widerstrebenden Interessen der Parteien sich ergebenden, beständigen Streitigkeiten zum Austrage zu bringen. Daher die vielen ausserordentlichen Gerichtssitzungen oder sog. Strafgerichte.

Sah die eine Partei den Einfluss der andern in gefahrdrohender Weise steigen und fürchtete sie den Abschluss eines missliebigen Bündnisses mit einer auswärtigen Macht, dann sandten die Parteihäupter ihre Agenten aus, denen es mittels sog. „Pratiken", d. h. durch Geldspenden und Trinkgelage, nur zu leicht gelang, die Leidenschaften des Volkes aufzustacheln, wobei sie von den fremden Gesandten stets eifrigst unterstützt wurden. In dieser Hinsicht hat sich namentlich der französische Gesandte Gueffier hervorgethan, indem

---

[1] Denkwürdigkeiten, S. 45.

er sich schlau der Sympathien für Venedig bediente, um gegen Oesterreich-Spanien zu agiren und dann wieder mit dem spanischen Gesandten paktirte, um Venedig zu verdrängen.

Von den „getreuen Landeskindern" aufgefordert, die „Landesverräther" zur Verantwortung zu ziehen, „lupfte" dann die streitbare Mannschaft „die Fähnlein", d. h. sie griff zu den Waffen und strömte haufenweise von allen Seiten her nach Chur, Ilanz oder wohin der Ruf ergangen war. Dann stellte man ein sog. „unparteisches" Strafgericht auf, wo eher alles Andere als Unparteilichkeit zu finden war. Zu Vorsitzenden und Beiräthen, welchen noch zahlreiche Trabanten zur Verfügung gestellt wurden, gaben sich selten Parteimänner vornehmen Standes her, indem sie es vorzogen, ihre Pläne mehr hinter den Coulissen zu verfolgen. Dabei hatten sie jedoch häufig die unliebsamsten Erfahrungen an der Wandelbarkeit des Volkswillens zu machen, über dessen „Unbeständigkeit und Narrheit" Salis-Marschlins sich oft mit bittern Worten auslässt. Das dem Adel im Allgemeinen abgeneigte Volk freute sich gewöhnlich, wenn's gegen die Herren ging und war immer bereit, an deren Reichthümern einen Aderlass vorzunehmen.

Die gegen die proscribirten Parteigegner erhobenen Anklagen blieben sich auf beiden Seiten ungefähr gleich und lauteten meist auf Landesverrath, auf Empfang von Pensionen aus den Händen der fremden Gesandten, Anstrebung eines dem Lande gefährlichen Bündnisses u. s. w., lauter „Verbrechen", deren eine wie die andere Partei sich schuldig machte. Waren die Urtheile gegen die Hauptschuldigen, die sich übrigens in den meisten Fällen noch rechtzeitig ausser den Bereich des Strafgerichtes begaben, erlassen, und war der Wuth des Pöbels Genüge geschehen, so handelte es sich zu guter Letzt noch um die Deckung der oft zu sehr hohem Betrage aufgelaufenen Gerichtskosten. Dies hatte um so grössere Schwierigkeiten, als die Erlegung der den Verurtheilten zuerkannten Geldbussen, wenn dieselben überhaupt bezahlt wurden, meistens lange auf sich warten liess. Da es an andern Resourcen vollständig mangelte, setzte man das Strafgericht fort, citirte und verurtheilte so viele Leute, bis die nöthige Summe vorhanden war. Der geringste Verdacht eines Einverständnisses mit den Gemassregelten, ein unbedachtes Wort, das vielleicht vor Jahren gefallen war, genügte, um vor Gericht geladen zu werden und ohne eine Geldbusse von grösserem oder geringerm Belange ging keiner aus, mochte er schuldig oder unschuldig befunden worden zein!

Es kann indess nicht geläugnet werden, dass die spanische Partei mehr Mässigung bewies, als ihre Gegner, und wenn sie auch einmal, es war im Jahre 1607, ein Todesurtheil aussprach,[1] so wurde dasselbe doch niemals vollzogen. Ebenso wurden die enormen Geldbussen, die sie den venezianischen Parteihäuptern auferlegte, in den seltensten Fällen eingezogen und selbst der Vorschlag, die 25,000 Kronen, zu deren Zahlung Herkules von Salis (1607) verurtheilt worden, auf gewaltsamem Wege zu incassiren, fand nur geringen Anklang und kam nicht zur Ausführung. Bei den Strafgerichten venezianischer Partei war es in dieser Hinsicht anders bestellt, wie sich denn auch bei ihr, Dank der engen Verbündung der Parteihäupter mit den Prädikanten, das confessionelle Moment in gehässigster Weise manifestirte.

Nachdem im Jahre 1617 ein Strafgericht zu Chur gegen die venezianische Partei stattgefunden, wobei jedoch, wie selbst der venezianisch gesinnte Ritter Fortunat Sprecher von Bernegg bezeugt,[2] keine Körperstrafe und kein Verbannungsurtheil diktirt wurde, brach im Juli des folgenden Jahres ein neuer Aufruhr in noch nie gesehener Heftigkeit aus. Derselbe wurde „auf Antrieb der Salis und einiger denselben befreundeten Planta“[3] gegen die spanische Partei, in erster Linie gegen Rudolf von Planta erregt. Die Prädikanten versahen dabei die Stelle der Emissäre, indem sie das Volk von den Kanzeln herab bearbeiteten und in massloser Weise gegen die „spanischen Knechte“ und Vaterlandsverräther donnerten. Es hätte übrigens keiner Beeinflussung von Seite der Salis'schen Parteihäupter bedurft, um die Prädikanten zu ihrem unheilvollen Beginnen zu bestimmen. Dieselben waren vielmehr schon im Voraus über ihre Pläne im Klaren und es wird schwerlich jemals genau festzustellen sein, wem der Löwenantheil am Aufstande des Jahres 1618 zufalle. Schon zu

---

[1] Ueber Ritter Johann Guler von Wynegg.

[2] Geschichte der bündnerischen Kriege und Unruhen, bei Mohr I, 64.

[3] Juvalt, Denkwürdigkeiten, S. 47.

\- 154 -

Anfang Mai konnte man sich auf Schlimmes gefasst machen, als die zu Bergün tagende, tumultuarische Synode an die Stelle ihres gemässigten Präses, Antistes Georg Saluz zu Chur, den wüthenden Prädikanten Caspar Alexius zu Sondrio setzte und einige andere Prediger, die spanischer Sympathien verdächtig waren, excommunicirte. Worauf diese frommen Leute es eigentlich abgesehen hatten, darüber gibt uns ein geheimes, von der Synode an alle ihre abwesenden Mitglieder gerichtetes Circular Aufschluss, worin es unter Anderm heisst: „Da unser Vaterland auf keine andere Art und Weise aus der Gefahr errettet wird, als dass wir die Widersacher einmal todtschlagen, so wurde unter uns und den Politikern beschlossen, mit vereinten Kräften endlich einmal das Bisthum und die Stadt Chur gründlich zu zerstören,[1] dann mit allen Papisten in Graubünden, die unsere Religion nicht annehmen wollen, aufzuräumen. Nun habt Ihr, was Ihr wissen wollt. Handelt indessen mannhaft!"[2] Vollständige Ausrottung des Katholizismus und gänzliche Niederwerfung der spanischen Partei war also der Zweck dieser furchtbaren Verschwörung, und es war nicht die Schuld der Prädikanten, wenn die Anschläge ihres Fanatismus dieses Ziel nicht erreichten.

Zur Einleitung der neuen Campagne zogen die ersten aus dem Oberengadin, Bergell-Unterporta, Bergün u. s. w. zusammenströmenden Fähnlein den 18. Juli (1618) nach Zernez, um Rudolf Planta festzunehmen. Derselbe hatte zwar sein mit massivem Thurme versehenes Schloss Wildenberg fest verschanzt, gab dann aber den Vorstellungen mehrerer Verwandten nach und flüchtete in solcher Eile, dass er seinen Hut und den einen Schuh zurückliess. Er begab sich auf österreichisches Gebiet, wahrscheinlich auf sein Schloss Ramez bei Meran, wohin er schon früher seine Gemahlin in Sicherheit gebracht hatte. Unter „vielstimmigem Geheul"[3] drang der wilde Haufen in das reich ausgestattete, mit Wein und sonstigem Vorrath gut versehene Planta'sche Haus und plünderte dasselbe vollständig aus.

<hr>

[1] Der Wunsch, Chur, „dieses spanische Nest", einmal gründlich zu zerstören, ist in Salis-Marschlins' Denkwürdigkeiten wiederholt ausgesprochen.

[2] Instructio Praedicantium bei Stöcklin, „Antiquitates Fabarienses, Mscr.; Histor. Relig. B. 133; Eichhorn, Episc. Cur., p. 133; Fetz, Kirchenpolit. Wirren, S. 67.

[3] Sprecher I, 73.

Nachdem sich die Fähnlein zu Thusis im Domleschgerthale[1] versammelt hatten, wurde daselbst ein Strafgericht aufgesetzt und dem zum Vorsitzenden erwählten Jakob Joder von Casutt aus jedem Bunde ein Consortium von je 22 Beisitzern und neun „Inspektoren" nebst einer Menge von Trabanten beigeordnet. Dass die Prädikanten nicht fehlen durften, versteht sich von selbst; es waren ihrer zehn.

Um den Katholiken des Landes Sand in die Augen zu streuen, wurde auch die katholische Geistlichkeit zur Theilnahme eingeladen, was dieselbe aber ohne Ausnahme zurückwies.

Interessant und lehrreich ist der aus der Feder eines protestantischen Augenzeugen fliessende Bericht über das von diesen „Dienern am Worte" beim Strafgerichte eingehaltene Vorgehen: „Niemand wurde als Richter zugelassen", erzählt Fortunat von Juvalt,[2] den die Geistlichen nicht acceptirten.... Das (Gerichts-) Verfahren wurde von den Prädikanten eingeleitet, sie verhörten die Zeugen und schrieben deren Aussagen (aber oft ganz Anderes, als was gesagt worden[3]) nieder; sie wirkten dann bei der Fällung des Urtheils mit. Beinahe Alles geschah nach ihrem Winke und wenn etwas ohne ihren Befehl vorgenommen worden, erklärten sie es für null und nichtig."

Dank dieser Einmischung der Prädikanten gestaltete sich das Thusner-Tribunal zu einem Blutgerichte, wie in der bündnerischen Geschichte kein zweites verzeichnet ist. Es würde uns zu weit führen, wollten wir dasselbe in seinem ganzen Verlaufe verfolgen. Das Wenige, was wir hier folgen lassen, genügt wohl vollständig, um die Art und Weise solcher Proceduren zu kennzeichnen.

Zuerst kam Joh. Baptista von Prevost gen. Zambra an die Reihe, der Oheim der Gebrüder Rudolf und Pompejus Planta, welchem man hauptsächlich ein hochverrätherisches Einverständniss mit dem spanischen Gouverneur von Mailand, Grafen Fuentes, zur Last legte. Er wurde, obwohl kein stichhaltiges Zeugniss gegen ihn vorgebracht werden konnte, zum Tode verurtheilt. Der 70jährige, kränk-

---

[1] Am Eingange der Viamala gelegen.
[2] Denkwürdigkeiten, S. 47, 48.
[3] ibid. S. 50.

liche Greis bestieg den 14. August (1618) das Schaffot und erlitt, wie Sprecher berichtet, mannhaft und unter inbrünstiger Anrufung des Heilandes den Tod.[1]

Dann wurde der Prozess gegen Pompejus Planta in Angriff genommen. Das Hauptmaterial zur Anklage gegen ihn soll seine bei der Plünderung des Schlosses Wildenberg zu Zernez vorgefundene Correspondenz mit seinem Bruder Rudolf geliefert haben. Ausser unzähligen Praktiken und Bestechungen mit dem Gelde fremder Fürsten nebst vielen andern angeblichen Verbrechen wurde Pompejus vorgeworfen, dass er als Theilnehmer an den „Räthen und Thäten"[2] Gemeiner III Bünde alle heimlichen Sachen und heimlichkeiten tag zu tag Ihrer fürstl. Durchlaucht zu Innsbruck[3] verrätherischer Weise berichtet" und demselben Rath ertheilt habe, „wie der Fürst sein sach sölle fürtreiben." Ein Klagepunkt lautete z. B.: „Item, dass sich Ihro fürstl. Durchlaucht seines (des Pompejus) Raths in vil weg gebrucht (und) von ihm Pompejo betrogen worden (!), lut dem Brief datirt 15. Mai 1615 etc." Das über ihn verhängte Urtheil lautete dahin: weil Planta „sich absentiert" und der Citation nicht Folge geleistet habe, so soll er aus Gemeiner III Bünde „Zwing und gebiet" zeitlebens bandiert d. h. verbannt und „dem Vogel in der Lufft erlaubt sein." Sollte er wieder in's Land kommen, so dürfe ihm Niemand „weder Speiss noch trankh, Tach noch gmach, Underschlauff noch herberg" geben; vielmehr soll er sogleich dem Gerichte ausgeliefert und ohne weitren Process durch den Scharfrichter geviertheilt und die Glieder an der Landstrasse auf Pfähle gesteckt werden. Wer diesen Befehl „übersche", der soll verbannt und um 1000 Kronen gestraft werden und wer „von seiner Liberation über kurtze oder lange Zeit" zu sprechen wage, der sei dem Gerichte „mit Lyb, Ehr und Guot" verfallen. Wer Planta lebendig überliefere, dem sollen zur Belohnung 1000 Kronen, wer aber sein Haupt bringe, 500 Kronen aus „gemeiner Landen Seckhel" ausbezahlt werden. Sein Hab und Gut, „ligens und farens, kleins und grosses, in und aussert der Landen", mit Ausnahme des Vermögens

---

[1] Kriege und Unruhen, I, 80 bei Mohr. Prevost war Protestant.

[2] Berathungen, Abstimmungen und Beschlüsse.

[3] Erzherzog Maximilian von Oesterreich-Tirol.

seiner damals schon verstorbenen Frau, wurde confiscirt; sein Wohnhaus zu Paspels sollte „uff den Grund geschlissen" und an seiner Stelle „zur ewigen gedächtnuss 2 Schmachsäul uffgerichtet werden". Doch könnten die „Ehrenfähnlein", wenn sie wollten, natürlich gegen rohe Bezahlung, „des Hauses halb etwas Gnad bewysen".[1]

Am 5. September kam Rudolf Planta, der sich wie auch Pompejus ausser Landes befand, an die Reihe. Die gegen ihn erhobenen Anklagen füllen ganze achtzehn Folioseiten. Wie sein Bruder soll er mit fremden Fürsten und Herren „die allerschädlichsten Traktaten und Pratiken immerdar angestellt" und die Fürsten „mit allerhand listigen Kunstgriffen und Geldschnappungen hinter's Licht geführt" haben. Ferner wurden diesem von der venezianischen Partei wie der leibhaftige gehassten Gegner unerträgliche Tyrannei, Eingriffe in die Landesverfassung, Misshandlung der Prädikanten, Erpressungen, offenbarer Betrug und Unterschlagung fremder Gelder, „Pratiken ohne Ende", überhaupt alle nur denkbaren Schand- und Lasterthaten zur Last gelegt. Weil Rudolf Planta sich also „in allen stukhen thyrannisch, ehrvergessen, trewlos, an gmeinem Seckhel verstolen, mörderisch, bluotgierig vnd offentlich verrätherisch verhalten" und sich dem Gerichte nicht gestellt habe, sondern „ausgerissen" sei, so wird folgendes Urtheil über ihn ausgesprochen: er solle in Ewigkeit „aus den Landen und Gebieten" gemeiner drei Bünde „bandiert und dem Vogel in der Luft erlaubt sein". Werde er aber daselbst ergriffen, so solle man ihm ohne weitern Process durch den Scharfrichter „seine 4 Glieder abstossen und ihn dann in 4 Theil theilen vnd jedes stuck an eine hoche stangen an die landtsstrassen vffstecken lassen." Für seine Auslieferung an das Gericht, ob todt oder lebendig, wird die gleiche Belohnung in Aussicht gestellt, wie bei Pompejus, nur wurde jetzt auch noch dem Ueberbringer völlige „liberation" von der Strafe für jedes Vergehen, mit Ausnahme der politischen Verbrechen und eines „öffentlichen" Mordes zugesichert! Planta's Hab und Gut soll ebenfalls dem Fiskus verfallen sein, sein „Haus und Thurm geschleift und an dessen Stelle sollen 2 Schmachsäulen errichtet werden." Eine Gemeinde, die ihm „speiss und trankh, Herberg

---

[1] Thusner-Strafgerichts-Acten, cf. bei C. v. Moor, Currätien II, 362 ff.

und Unterschlauf gebe", wird jedes Mal um 1000 Kronen gebüsst und aus „gemeiner III Pündten Rhäten" ausgeschlossen; eine einzelne Person, die sich dieses Verbrechens schuldig mache, soll „ihrer Ehre beraubt" werden und die nämliche Summe zahlen, „und wo (der Betreffende) es an guot nit hette, soll (er) am leib gestrafft werden." Jeder, der „von seiner liberation" rede oder ihm schreibe, Briefe von ihm empfinge und lese, „soll (mit) lyb und leben verfallen" sein.

Mit welcher fanatischen Wuth man sich neuerdings an die geplante, aber nie gelungene Zerstörung der katholischen Kirche in Graubünden machte, bezeugte vor Allem die furchtbare Behandlung des frommen und edlen Erzpriesters von Sondrio, Nicolaus Rusca. Wüthend über den Eindruck, den Rusca's ruhige und würdevolle Vertheidigung auf die weltlichen Richter gemacht, liessen ihn die Prädikanten, nachdem er in das Gefängniss zurückgeführt worden, an das Folterseil hängen, wobei sie selbst, namentlich Johann à Porta von Zizers, Handlangerdienste leisteten und ihm mit haarsträubender Grausamkeit so lange folterten, bis er den Geist aufgab. Es geschah dies am 25. August 1618. Dieser entsetzlichen That fügten sie noch die Verleumdung hinzu, Rusca sei von der spanischen Faktion vergiftet worden.[1] Die Leiche wurde darauf vom Henker unter dem Galgen verscharrt, nicht ohne lebhafte Missbilligung des anwesenden Volkes, bei welchem der Erzpriester in hoher Achtung gestanden hatte.[2] Die ganze Schuld Rusca's bestand, wie selbst Heinrich Zschokke[3] gestehen muss, einzig darin, „dass er treu dem

---

[1] Der Prädikant Anhorn wiederholt diese Verleumdung in seinem Graw-Pünter-Krieg I, S. 51.

[2] Fortunat Sprecher v. Bernegg. Geschichte der Kriege und Unruhen (1618—45), aus dem Lateinischen übersetzt von Conradin v. Mohr in s. Archiv für Graub. I, S. 84.

[3] Sämmtliche Werke, 37. Theil, S. 321—24. Sprecher l. c. sagt von ihm: „Er hatte eine mässige, nüchterne Lebensweise geführt und war meist mit Studien und seinem kirchlichen Amte beschäftigt. In den Wissenschaften, namentlich im Hebräischen, Griechischen und Lateinischen, war er ausgezeichnet. Während der zwei Jahre, die ich als Statthalter des Statutrichters zu Sondrio lebte und in seiner Nachbarschaft wohnte, lebte ich sehr vertraut mit ihm."

1619 wurde die Leiche des Martyrers vom katholischen Pfarrer von Katzis, Thomas Hausler, erhoben und in das Kloster Pfävers gebracht, von wo einige

al. Glauben seiner Väter, diesen mit siegender Kraft gepredigt und
der Ausbreitung von Zwingli's Neuerungen widerstanden hatte."

Auch gegen den Fürstbischof Johann V. Flugi von Aspermont
schritt das Thusner-Strafgericht vor und zwar mit einer Arroganz
und Gehässigkeit, die Alles, was man bisher an Verfolgung der
Churer Bischöfe erlebt hatte, übertraf. Den 25. September wurde
der schon seit Jahren auf der Fürstenburg im Vinstgau oder auf Schloss
Tirol, zeitweise auch auf Schloss Knillenberg zu Meran residirende
Kirchenfürst zu ewiger Verbannung, Entsetzung vom Amte (!), Confiscation seines Vermögens und, falls er sich in den Bünden erblicken
liesse, zum Tode durch Henkersbeil verurtheilt.

Gegen viele Andere, darunter auch gegen den Abt von Dissentis,
Sebastian von Castelberg, wendete sich die Wuth des Strafgerichtes,
indem es dieselben um geringer Ursache willen zu schweren Ver-
brechern stempelte. Sogar den Antistes Saluz zu Chur verurtheilte
man zu einer Busse von 200 Goldgulden und bedrohte ihn mit der
Ausschliessung aus der Synode aus keinem andern Grunde, als dass
er das ungeistliche Vorgehen seiner Collegen getadelt und gegen
die spanische Partei nicht genügende Abneigung an den Tag gelegt
hatte. Auch Gemeinden wurden zur Rechenschaft gezogen und die
Stadt Chur auf ganz lächerliche Anklagen hin mit einer Geldstrafe
von 20,000 Gulden belegt. Aus den Confiscationen und Bussen löste
das Gericht die für die damaligen Verhältnisse Bündens ganz ungeheure Summe von 300,000 Goldkronen. Trotzdem konnten die
aufgelaufenen Unkosten nicht gedeckt werden, weil, wie es hiess,
ein grosser Theil der eingezogenen Gelder anderweitige Verwendung gefunden hatte.

Theile der Gebeine nach Muri kamen. 1839 erfolgte die Uebertragung nach
Sondrio. Ueber Nicolaus Rusca vergl. Richard à Rusconera, Ord. Cisterc., Mar-
tyrium B. Memoriae Nicolai Rusca in Rhætia a Luthero-calvinianis prædicantibus
ortura extincti etc. Ingolstadii 1620, 4°. J. F. Fetz, Geschichte der kirchenpolitischen Wirren im Freistaate der III Bünde, Chur 1875, S. 72 ff. und Beilage X, Graf Theodor Scherer, Helden und Heldinnen des christl. Glaubens und
der christl. Liebe aus dem Schweizerlande, S. 307 ff. Moor, Currätien II, 366 ff.
Eine Lebensgeschichte Rusca's schrieb auch der Benediktiner P. Augustin
Stöcklin zu Pfävers, welche Eichhorn in seinem Werke Episcopatus Curiensis
in Auszuge mittheilt.

Die beiden Brüder Planta und andere „Bandierte" hatten inzwischen in Luzern bei der katholischen Eidgenossenschaft über die Gewaltthätigkeiten des Thusner-Strafgerichtes Klage geführt, welches sie nur desshalb so wüthend verfolge, weil sie das venezianische Bündniss bekämpften. Sämmtliche 13 Orte der Eidgenossenschaft hielten hierauf einen Tag zu Baden im Aargau, auf welchem sich die Verbannten einfanden. Auch das Thusner-Gericht ordnete Gesandte zu seiner Rechtfertigung dahin ab, nämlich Joachim von Montalt (Katholik), Bürgermeister Gregor Meyer und — mit Schmerz und Beschämung sagen wir es — den Freiherrn Rudolf von Salis. Dieselben scheuten sich nicht, die Vertheidigung dieses berüchtigten Blutgerichtes zu übernehmen.

Pompejus Planta ergriff Namens der Verbannten das Wort und übte eine beissende Kritik über das Vorgehen des Strafgerichtes. Er verlangte die Aufstellung eines neuen, unparteiischen Tribunals, vor welchem sie sich ohne Gefahr für ihre Person vertheidigen und die Schliche ihrer Gegner aufdecken könnten. Die Gesandten des Strafgerichtes wussten darauf nichts Stichhaltiges vorzubringen, sondern baten die Eidgenossen nur, den „Verläumdern" kein Gehör zu schenken. Trotzdem wurde den Verbannten freies Geleite und Revision der gegen sie ergangenen Urtheile zugesichert, welchem Beschlusse die evangelischen Stände jedoch nicht beipflichteten.[1]

Ende des Jahres 1618 löste sich das Thusner-Strafgericht endlich auf. Mit vollem Rechte sagt Juvalt, es habe niemals etwas Ungerechteres als dieses heuchlerische Tribunal und seit Menschengedenken keine grausamere, intolerantere und schmachvollere Gewaltherrschaft gegeben, als die der Prädikanten unter der Maske des Rechtes und des Evangeliums.[2]

Die vier Prädikanten Blasius Alexander Blech, Bonaventura Tuotsch, Johann Janett und Georg Jenatsch waren zuletzt mit einer Meuchlerbande im Engadin herumgezogen und hatten ohne Recht und Urtheil mehrere ihnen missliebige Personen ermordet. „Sie

---

[1] Sprecher I, 91.

[2] Denkwürdigkeiten bei Mohr. S. 58.

haten dies ungestraft, denn die Prädikanten hatten das Vorrecht
les Papstes, unfehlbar zu sein", so schrieb einige Jahrzehnte später
1649) der Protestant Juvalt in seiner etwas schiefen Auffassung der
catholischen Infallibilitätslehre. Derselbe berichtet uns auch, der
Churer Scharfrichter habe sich beklagt, dass es für ihn in Bünden
nichts mehr zu thun gebe, da Ueberfluss an Scharfrichtern vorhanden
sei, wesshalb er sein Bündel schnüren und weiter wandern müsse.[1]

Die Reaktion blieb nicht aus. Schon im Juni des folgenden
Jahres 1619 stellte die spanische Partei ein neues Strafgericht zu
Chur auf, welches unter der Aegide der beiden Brüder Planta vor
Allem die Strafurtheile von Thusis aufhob und dann, aber gemässig-
er, gegen die venezianischen Parteimänner und namentlich gegen
die unfehlbaren geistlichen Thusner-Gerichtsherren vorging. Indess
gelang es der venezianischen Partei nur zu bald, das Heft wieder
in die Hand zu bekommen, was einen neuen Volksaufstand und ein
neues Strafgericht auf Davos zur Folge hatte. Dasselbe bestätigte
neuerdings die zu Thusis ergangenen Urtheile fast in ihrem ganzen
Umfange und übte überhaupt, ohne auf die am südlichen Horizont
aufsteigenden unheildrohenden Gewitterwolken zu achten, die be-
annte „Justiz" weiter aus, bis endlich eine furchtbare Katastrophe
diesen Gewaltthätigkeiten und allen Strafgerichten ein jähes Ende
bereitete.

---

[1] Denkwürd. S. 58.

Eine sizilianische Vesper.

Der Verlauf unserer Geschichte führt uns zum Aufstande der
ehemaligen Bündner-Landvogteien, zum sog. Veltliner-Mord. Da
dies schreckliche Ereigniss wie die Pariser Bartholomäusnacht gerne
zu wohlfeilen Angriffen auf die katholische Kirche benützt wird,
bedarf es einer etwas eingehendern Darstellung der Ursachen desselben.

Das Veltlin, die Grafschaft Cläfen und die Herrschaft Bormio[1]
waren, wie schon erwähnt,[2] im Jahre 1404 von Mastino Visconti von
Mailand, der beim Fürstbischofe Hartmann von Chur vor den Verfolgungen seines Oheims Joh. Galeazzo eine Zuflucht gefunden hatte
(1385), dem Bisthum Chur geschenkt worden. Letzteres gelangte
jedoch niemals in den faktischen Besitz dieser Schenkung, denn als
die III Bünde 1512 diese Ländereien eroberten, behielten sie dieselben für sich und erkannten dem Bischofe nur eine jährliche Ent-
schädigungssumme von 1000 Pfund zu. Die Bünde regierten ihre
„Unterthanen", deren alten Statuten entsprechend, durch Landeshauptmänner und Commissarien,[3] die einzelnen Gerichte durch Podestaten, die alle zwei Jahre neu ersetzt wurden. Abgesehen davon,
dass es schon an und für sich ein Widerspruch ist, wenn ein re-
publikanischer Staat, zumal mit so ausgesprochen demokratischer
Verfassung, wie es beim Freistaate der III Bünde der Fall war,
als „Fürst und Herr" über ein an Seelenzahl um mehr als ein Dritt-
theil überlegenes Volk herrscht, so brachte der Besitz dieser ihrer
ausserordentlichen Fruchtbarkeit wegen schon von Alters her berühmten Länder den Bünden nicht viel Glück und Segen. Besonders

---

[1] Zu Deutsch Worms.

[2] s. oben S. 39 u.

[3] Der erste Landeshauptmann des Veltlins war Conrad von Planta, der
erste Commissarius der Grafschaft Cläfen Andreas von Salis ab Soglio († 1549,
Tab. III).

verhängnissvoll gestaltete sich jedoch dies Unterthanenverhältniss, nachdem die sogenannte Reformation in Graubünden eingeführt worden und die Landesregierung im Bunde mit den Prädikanten sich berufen glaubte, der neuen Lehre auch im Veltlin und in Cläfen Eingang zu verschaffen, ungeachtet der ablehnenden Haltung des bei Weitem grössten Theiles der Bevölkerung.

Ueber die hauptsächlich in Folge der politischen Parteiungen entstandene und fast beispiellose Corruption der damaligen Justizverwaltung im Veltlin spricht sich Fortunat von Juvalt[1] folgendermassen aus: „Eine zweifache Pest hatte die gesammte Verwaltung Bündens ergriffen, — die Aemtererschleichung und die Habsucht. Anfangs im Verborgenen schleichend, gewann dieses Uebel durch Straflosigkeit und träge Nachsicht von Seite der obersten Behörden sehr bald an Boden und nahm schliesslich so überhand, dass fast der ganze Staatskörper davon angesteckt und verderbt wurde. So kam es, dass Diejenigen, welche nach Ehrenstellen und vorzüglich nach den einträglichen Aemtern in den Unterthanenländern strebten, nicht anders als durch Stimmenerschleichung und Bestechung ihr Ziel erreichen konnten. Alles war feil wie andere Waare. Wer freigebig war, dessen Recht wurde für unanfechtbar gehalten und klingende Argumente verliehen der Sache mehr Gewicht, als irgend ein Vernunftgrund. Die Schamlosigkeit ging endlich so weit, dass es in der Republik Leute sogar von einigem Ansehen gab, welche ohne die mindeste Scheu vor Strafe und Infamie den streitenden Parteien zur Bestechung der Richter ihre Dienste um einen angemessenen Lohn anboten. . . . .

„Aber nicht blos Privatleute feilschten mit dieser Waare, sondern sogar ganze Hochgerichte schacherten damit und schämten sich nicht, das erste (vakante) Amt im Gerichte sammt den Boten[2]-Stellen um Bundestage, sowie die Aemter in den Unterthanenlanden durch öffentlichen Rathbeschluss zu festgesetzten Preisen auf viele Jahre hin zu verkaufen und, damit kein Zweifel über die Gültigkeit des Kaufvertrages obwalten könne, in offiziellen Urkunden zu besiegeln. Die Käufer kauften, um wieder theurer zu verkaufen . . . . und setzten

---

[1] Denkwürdigkeiten, S. 6 ff.

[2] Deputirten-Stellen.

ihre Waare in den Gemeindeversammlungen, wo die Amtleute für die Unterthanenlande „„gewählt"" wurden, zu ungeheuern Preisen ab. Die Candidaten bezahlten gerne und säten reichlich, um noch reichlicher zu ernten. In ihren Amtsstellen fanden sie denn auch ein sehr fruchtbares und ergiebiges Feld, auf dem es eine wahrhaft goldene Ernte gab. Mit tausend Kunstgriffen legten diese Beamten ihre Netze, Schlingen und Fallen,[1] so dass kaum Einer entschlüpfte, dem sie nicht Etwas abgezwackt hätten. Die meiste Gefahr drohte den Reichen, die viel zu verlieren hatten. Unterdessen beklagten die armen ausgeraubten und ausgeplünderten Unterthanen ihr Loos und seufzten unter diesem Joche."

Schon wiederholt hatten einige wenige Männer, denen die Ehre und das Wohl ihres Vaterlandes am Herzen lag, einen Versuch gemacht, dem heillosen Unfuge zu steuern. So war es im Jahre 1603 der edelgesinnte Oberst Hartmann von Hartmannis, der mit grossem Eifer eine Reform anzubahnen trachtete, und es schien, als ob sich ihm viele Gleichgesinnte anschliessen wollten. Juvalt behauptet aber, es sei bei den meisten derselben blos „Neid und Eifersucht gegen die Machthaber" gewesen, welche „die Aemter in den Unterthanenlanden fast allein in Anspruch nahmen und sozusagen erblich unter sich theilten", was jenen eine Reform wünschenswerth machte. Es bedarf keiner nähern Erklärung, wer unter diesen „Machthabern" gemeint ist.

Eine Art „Reform" kam zwar wirklich zu Stande, fiel aber keineswegs zum Besten des Landes aus. Es war ein sehr unglücklicher Gedanke, die Wahl der veltlinischen Amtleute vom Bundestage auf die Gemeinden zu übertragen, denn wenn es bisher in erster Linie die Vornehmen gewesen, von denen die Bestechungen, Praktiken und das Feilbieten der Gerechtigkeit ausgegangen waren,[2] so kam es jetzt um so öfter vor, dass ganz ungebildete und durchaus unfähige Individuen zu den Aemtern gelangten, Leute, die, wie Fortunat

---

[1] indem sie absichtlich Anlass zur Uebertretung irgend eines Gesetzesparagraphen boten, um dann mit Geldstrafen eintreten oder ein theures Lösegeld verlangen zu können. Juvalt, 7, 8.

[2] Ibid. S. 11.

von Sprecher in seiner Chronik [1] sich ausdrückt, „allein zum Kue-
melchen reverenter tugentlich" waren, der Republik aber zur Schmach
und den Unterthanen zum Gespötte dienten. Dass diese „Reform"
einen so kläglichen Ausgang nahm, legte man „ettlichen der Vor-
nembsten" zur Last, besonders Ritter Johann Guler von Wynegg,
Johann Planta, Herrn zu Rhäzüns, Anton von Somvig und Ritter
Vespasian von Salis,[2] vor Allen aber Rudolf Planta von Zernez und
Oberst Baptista von Salis zu Soglio, welch letztere zwei sich um
die Landshauptmannstelle stritten.[3] Der edle Hartmannis aber starb
gebrochenen Herzens aus Schmerz über das Unglück und die Schmach
seines Vaterlandes.

Wir haben hier wohl eine der schlimmsten Früchte des unheilvollen Parteihaders vor uns, deren Zeitigung beiden Theilen in gleichem
Masse zur Last fällt. Es wäre indess unbillig, wollte man die Parteien dafür allein verantwortlich machen. Es war nicht ihre Schuld,
dass die extrem demokratische Verfassung des Landes solchem Un-
wesen, welches in einem geordneten Staate und zumal in einer
Monarchie fast undenkbar ist, Thür und Thor öffneten. Dazu kam

---

[1] S. 225.

[2] Ritter Vespasian von Salis zu Jenins und Aspermont (Tab. X), 2ter
Sohn des Landeshauptmanns Gubert und der Faustina von Castello-Aronia,
1581 Vicar des Veltlins; verm. 1. mit Anna von Schauenstein; 2. mit Barbara
von Planta, Wittwe Joachim's von Jochberg; 3. mit Regina von Salis (vergl.
oben S. 150 n.)

[3] Von den Landshauptmännern und Vicaren, die von 1512—1600 das
Veltlin regierten, „sind 22 Saliser und Plantig gsin, weliche beit geschlächter
sitt der Reforma gerubet hand." Ardüsers Chronik, S. 157. Ibid. zum Jahre 1613
(S. 252): „Im Veltlyn und Cleven hat sitther der Reforma in 10 Jahren, so doch
sither 56 ammptsleutt gewesen, keiner von Salis regiert bis uff gegenwärttigs
iar: ist Potestat zuo Morbenn worden: Albürt (recte *Gubert*) von Salis, Vicari
Vespasiänen Sohn. Ist mit grosser gsellschaft uff das allerstattlichst uff sin ampt
geritten. Aber nit lang regiert, denn er uff synes Herren Vatters Hochzyt, der
Hauptmann Jochums (von Jochberg) verlassene Wittfrauv bekommen, wellen heim-
rytten, ist er am 8. Juli mit dem ross über den wäg hinab in (den) Commersee
gefallen, ertruncken und also iämerlich und gechligen sin läben geendet. Sin
Her Vatter regiert an siner statt. Zuo Cleven regiert Hans von Salis (-Samaden).
Gubert war seit 1608 vermählt mit Anna Guler von Wynegg, Tochter des
Obersten Johann und der Elisabeth von Salis (Tab. XI) und hinterliess einen
Sohn und eine Tochter.

nebst manchen andern Ursachen besonders auch das Pensionenwesen, welches bekanntlich bei Frankreich in hohem Schwunge ging und auch in Deutschland viele Corruption erzeugte.

Vergegenwärtigt man sich alle diese unerträglichen Missstände, dazu die beständige, gewaltthätige Unterdrückung der katholischen Interessen, die empörende Zudringlichkeit der Prädikanten, welche auf Kosten der katholischen Gemeinden erhalten werden sollten, so begreift man nur zu gut, dass sich der Unterthanen eine tiefe Erbitterung bemächtigte. Nachdem noch überdies der allgemein beliebte und verehrte Erzpriester Rusca von den Prädikanten auf so entsetzliche Weise ermordet, die angesehensten Edelleute zum Tode verurtheilt, mit Confiscation ihrer Güter und Verbannung bestraft worden, als schliesslich das Strafgericht von Davos neuerdings die gewaltthätigsten Eingriffe in die Rechte der Kirche sich erlaubte und in Boalzo einen Prädikanten durch eine Schaar bewaffneter Trabanten in die Kirche einführen lassen wollte, — da stieg der lang verhaltene Groll auf das Höchste und riss die Veltliner zum Aufruhre und zu jenem schrecklichen Blutbade hin, welchem innerhalb weniger Tage einige hundert Graubündner, meist Protestanten, zum Opfer fielen.

Zur Aufreizung der Veltliner trug auch der französische Gesandte Gueffier nicht wenig bei, weil er vom Strafgerichte zu Davos beleidigt worden und sich desshalb am ganzen Lande zu rächen suchte.[1]

---

[1] „Der Muthwille und die Rücksichtslosigkeit des Volkes", sagt Salis-Marschlins (S. 56), „ging so weit, dass es durch eine Person niedrigsten Ranges dem Gesandten Gueffier die Aufforderung zugehen liess, das Land zu verlassen." Später, als die III Bünde sich anschickten, das Veltlin durch Waffengewalt zurückzuerobern, soll Gueffier „zwey vornehmen ehrlichen Pündtsleuten" gegenüber in die Worte ausgebrochen sein: „Les Grisons veulent de la guerre, par la mort de Dieu, je leur en feray avoir tout leur Saoul, tant que de terre. *Je leur ay fait perdre la Valtelline: Je leur ferey aussi perdre leur propre Pais.*" à Porta, Summarischer Begriff der Französ. Handlungen in Pündten von anno 1602—1640, S. 8 ff.

Ebenso sicher ist es, dass die spanische Faktion sich mit Jakob Robustelli, mit den Besta[1] und den andern Verschwornen in's Vernehmen gesetzt hatte, um mit vereinten Kräften die jetzt herrschende venezianische Partei zu stürzen.

Gewiss kann das Vorgehen der veltlinischen Verschwörer und deren Verbündeten in keiner Weise gebilligt werden. Würden sie aber bei dem anfänglichen Plane, das Joch der III Bünde abzuschütteln und die evangelischen Graubündner zu vertreiben,[2] stehen geblieben sein, so hätte sie wohl kaum ein grösserer Tadel treffen können, als z. B. die VIII Gerichte des Prättigau's, welche kurze Zeit danach gegen ihren rechtmässigen Herrn, den Erzherzog Leopold von Tirol, revoltirten und dabei nicht nur beinahe die gesammte östreichische Besatzung, sondern, wie wir noch sehen werden, aus rein confessionellem Hasse auch Wehrlose niedermachten. Der von den Veltlinern und ihren Verbündeten eingeschlagene Weg zur Befreiung vom bündnerischen Joche war jedoch unter allen Umständen unerlaubt und um so verwerflicher, als man allerlei schlechtes Gesindel zu förmlichen Banditen- und Mörderbanden anwarb, was Anlass zu unvermeidlichen Excessen und Grausamkeiten bot. Auch wurde das Volk durch die Vorspiegelung, die Kirche habe die Ermordung aller Protestanten anbefohlen, zur Theilnahme am Aufruhre verleitet. In Hinsicht auf Letzteres kann also von einem confessionellen Charakter des Veltliner-Aufstandes die Rede sein, wie es bei dem der VIII Gerichte auch der Fall war; dass aber zwischen den Aufständischen und irgendwelcher kirchlichen Autorität ein Einverständniss bestanden habe, wird auch von den protestantischen zeitgenössischen Historikern in Abrede gestellt. Fortunat von Sprecher berichtet, Papst Paul V. habe dem Kanzler des Veltlin's, Dr. Anton Maria Paravicini, als ihm dieser (1617) die Klagen seiner Landsleute vortrug und von einer beabsichtigten gewaltsamen Erhebung sprach, entschieden ablehnend geantwortet und zu Frieden und Geduld ermahnt.[3] Auch Papst Gregor XV., der im Frühjahre 1621 den

---

[1] Azzo und Carlo Besta und deren Schwester Alba, die Gattin Robustellis, waren mit And. Planta nahe verwandt.

[2] Lavizzari, Memorie istor. p. 148.

[3] Kriege und Unruhen I, S. 67 und 20.

Stuhl Petri bestieg, missbilligte, wie Sprecher[1] und Salis-Marschlins[2] übereinstimmend berichten, alle gewaltsamen Massregeln der Veltliner und machte denselben die bittersten Vorwürfe, dass sie ihre Angelegenheit, bei der es sich doch nach ihrem Vorgehen um die Religion handelte, nicht vor den apostolischen Stuhl gebracht hätten. Die Veltliner-Abgesandten sollen darauf geantwortet haben, es sei dies unterlassen worden, weil man fürchtete, einige Venedig günstig gesinnte Cardinäle möchten sie verrathen. Es ist daher wahrlich eine ganz infame Lüge, wenn à Porta[3] angibt, Papst Paul V. habe den Veltlinern von vornherein Absolution und besondere Ablässe für die Ermordung der Protestanten ertheilt.

Die protestantischen Auctoren brechen über die Veltliner-Aufständischen natürlich in denkbar strengster Weise den Stab und Sprecher[4] behauptet, dieser grauenhafte Mord lasse, wenn man die Wuth der Mörder und *nicht die Zahl der Opfer* berücksichtige, alle Grausamkeiten früherer Zeiten weit hinter sich zurück. Die Pariser Bluthochzeit sei auf Befehl und mit Zulassung verschiedener Fürsten und der Regierung in Scene gesetzt worden, „im Veltlin aber mordeten Unterthanen ihre rechtmässig Vorgesetzten" u. s. w. Wenn Salis-Marschlins mit so grosser Entrüstung die Namen der Haupträdelsführer „zum ewigen Andenken ihrer Schande und Verrätherei an ihren natürlichen Herren der Nachwelt aufbewahren" wollte,[5] so wäre es billig gewesen, dass er auch die Namen jener doch wohl noch unnatürlichern Landesväter verewigt hätte, die, wie Juvalt sagt,[6] obwohl wiederholt zur Mässigung ermahnt, nicht eher von der Verfolgung und Misshandlung der katholischen Unterthanen abliessen, bis die missbrauchte Geduld in Wuth und Aufruhr umschlug. Ulysses von Salis hätte freilich mehrere Namen anführen müssen, deren Träger ihm sehr nahe standen. Er selbst gibt zwei Gründe an, wesshalb sein Vater, Herkules von Salis, sich bei den Veltlinern

---

[1] Kriege und Unruhen I, S. 67.
[2] Denkwürdigkeiten, S. 103.
[3] Histor. Reformat. III, 309.
[4] I, 137.
[5] S. 63.
[6] S. 62.

verhasst gemacht habe. „Erstlich wurde ihm die Schuld an der Errichtung der (protestantischen) Schule zu Sondrio beigemessen. In der That hat er sein Möglichstes dazu beigetragen, weil er von ihr die Ausbreitung der evangelischen Religion im Veltlin erhoffte, aus welchem Grunde sich aber gerade die Katholiken ihr widersetzten. Zweitens war er bei einigen dieser Rebellen übel angeschrieben, weil sie als Freunde und Anhänger Rudolf Planta's auf Veranlassung meines Vaters vom Strafgerichte zu Thusis bestraft worden zu sein (wohl nicht ohne Grund) glaubten."[1] Herkules von Salis war in der That die Hauptstütze der Prädikanten in ihrer Veltliner-Propaganda[2] und musste als Haupt der venezianischen Partei den Verbündeten der Planta'schen Faktion noch besonders ein Dorn im Auge sein. Joh. Baptista von Salis zu Sondrio,[3] der Schwiegervater von Salis-Marschlins, war einer der sechs Commissäre, welche vom Davoser-Strafgerichte „mit ausserordentlicher Vollmacht" in's Veltlin abgeordnet wurden, um die schon berührte Kirchenangelegenheit zu Boalzo „auch ohne Beobachtung der Rechtsformen",[4] d. h. also mit Gewalt nach der Intention der Prädikanten zu „ordnen".[5] Es kann uns daher nicht wundern, wenn sich unter den Opfern des Veltliner-Mordes auch mehrere Mitglieder der Familie von Salis befanden.

Es war in der Nacht vom 19. auf den 20. Juli 1620. Anton von Salis, damaliger Vicar des Veltlins, befand sich eben in der Folterkammer des Gefängnisses zu Tirano beim Verhöre eines gewissen Michael de Federigo, als plötzlich um 12 Uhr vom Thurme der Hauptkirche die grosse Glocke ertönte, mit deren Klang bald das Sturmgeheul aller andern Glocken, das grelle, den Beginn des Mordens bezeichnende Geschmetter der Trompeten, dann das Geschrei der Mörder und die Wehe- und Angstrufe sowohl der nicht eingeweihten Katholiken, als der unglücklichen Opfer sich ver-

---

[1] Denkwürdigkeiten, S. 66.
[2] Quadrio, Dissertazioni crit. hist. intorno alla Valtellina etc. I, pag. 83.
[3] Nicht zu verwechseln mit Baptista von Salis-Soglio.
[4] Juvalt, S. 61.
[5] Sprecher I, 125, 26.

mischten.[1] Der Vicar, welcher den Ernst der Lage alsbald erkannt haben mochte, flüchtete in das Haus des ihm befreundeten Edelmannes Joh. Jakob Homodei, wurde aber von den Mördern aufgespürt und mit seinem Statthalter Dr. Venosta und seinem Diener, einem gewissen Anton Keller von Soglio, niedergemacht.[2] Dienstag den 22. Juli wurde Faustina von Salis, Gattin Philipp's de Liuris zu Cajolo, mit zwei Söhnen und einem Töchterchen ermordet[3] und am 24. Juli zu Sondrio Dr. Jur. Baptista von Salis, der oben erwähnte Schwiegervater von Salis-Marschlins, durch einen Flintenschuss niedergestreckt und an einem um den Hals geschlungenen Stricke in die nächste Grube geschleift, während seine Angehörigen unversehrt blieben.[4] Dem Kanzler Gaudenz von Salis zu Tirano und dem erst 15jährigen Karl von Salis zu Sondrio, der daselbst bei dem Prädikanten Caspar Alexius erzogen wurde, gelang es mit vieler Anstrengung und unter steter Todesgefahr über das Gebirge in das Engadin zu entkommen.[5]

---

[1] Der Aufstand brach um 8 Tage früher aus, als beabsichtigt gewesen, weil man fürchtete, Federigo, der an der Verschwörung betheiligt war, möchte durch die Folter zu Geständnissen gezwungen und dadurch der ganze Plan vereitelt werden.

[2] Anton von Salis, geb. 1578, Sohn des 1587 verstorbenen Augustin (Enkel des oben S. 137 genannten Anton), Hauptmann in venezianischen Diensten, seit 1619 Vicar des Veltlins, „Vir magnae Authoritatis" (Stemmatogr. Tab. VII), vermählt mit Anna Gugelberg von Moos. Er war der Vater einer noch unglücklichern Tochter, Maria, welche (vermählt mit Jakob Sprecher am Strassberg zu Fanas im Prättigau) böswilliger Weise der Hexerei beschuldigt und im September 1655 zu Schiers enthauptet wurde. Mit dem einzigen, kinderlosen Sohne Anton's, Daniel (Gemahlin: Luzia Wegerich von Bernau, Tochter des 1606 †, seines Reichthums und seiner Wohlthätigkeit wegen bekannten Münzherrn der Stadt Chur, Hans Jakob W. v. B. — Ardüs. Chronik S. 217 bei Bott), erlosch diese ältere Churer oder Augustinische Linie.

[3] Sprecher I, 152. Tab. X in der Stemmatogr.

[4] Stemmat. Tab. X, vergl. Sprecher I, 154. Baptista, geb. 1549, Sohn des Landeshauptmann Gubert und der Faustina von Castello-Aronio. Er ist wahrscheinlich der Verfasser der 1617 in Druck erschienenen Schrift: „Von der Pulver-Verrätherei in Engelland" (cf. Leu XVI, S. 54). Vermählt mit Lucrezia de Paravicini, hinterliess er nur 2 Töchter.

[5] Sprecher I, 146 u. 152. Carl von Salis, geb. 1605, der jüngste Sohn des Ritters Herkules, brachte (1622—24) die Zeit des Exils seiner Familie am Hofe des Herzogs von Würtemberg zu, wurde 1625 Hauptmann im Regimente seines

Nach den Aufzeichnungen Sprechers mag sich die Zahl der Ermordeten auf ungefähr 400 belaufen haben.[1] Darunter waren etwa 40 Frauen und eine geringere Anzahl Kinder. Bei der einmal entfesselten Leidenschaft der rohen Mörderbanden und des fanatisirten Pöbels ist es leicht begreiflich, dass auch mehrere Katholiken der Katastrophe zum Opfer fielen. Mehrere Gemeinden, z. B. Morbegno, dessen Einwohner für besonders eifrig katholisch galten, sowie Traona und Caspano vertheidigten ihre protestantischen Mitbürger; manche Katholiken verhalfen den Verfolgten zur Flucht, welche dann bei den evangelischen Eidgenossen Unterkunft fanden.

In den herrschenden Landen hatte die Nachricht vom Geschehenen natürlich die grösste Bestürzung hervorgerufen. Allenthalben riefen Sturmglocken die streitbare Mannschaft unter die Waffen und schon am 24. Juli rückten die Bergeller unter der Anführung des Obersten Joh. Baptista von Salis-Soglio im Malenggo-Thale und andern Tags die andern Mannschaften in Cläfen ein. Es gelang den Bündnern zwar, noch einige andere wichtige Ortschaften und Punkte des Landes zu besetzen; doch sahen sie sich bald wieder zum Rückzuge genöthigt und auch die von Bern und Zürich geschickten Hilfstruppen von mehr als 2000 Mann vermochten die Lage nicht dauernd zu verbessern. Am 11. September (1620) fielen die Berner bei Tirano in einen Hinterhalt und wurden fast gänzlich aufgerieben. Ausser dem Obersten Nicolaus von Mülinen fanden dabei fast alle Hauptleute, darunter Jodocus von Bonstetten, Bartholomäus von Römerstal, Abraham von Grafenriedt, ein von Effinger u. s. w. ihren Tod, welchen Verlust die Berner den III Bünden lange Zeit nachtrugen.

Bruders Ulysses in franz. Solde, machte später Reisen durch Dänemark, England, Holland und Frankreich, trat 1639 abermals in das Regiment seines Bruders ein und zeichnete sich besonders bei der Belagerung von Arras aus, wo er eine schon verlorene Schanze „im Angesicht der ganzen Armee" wiedereroberte, wobei er schwer verwundet wurde; ferner betheiligte er sich an den Belagerungen von Gravelingen, Contray, Berg, S. Visox, Mardik und Dünkirchen. (Leu XVI. S. 40.) † zu Mayenfeld den 30. Sept. 1671 (vermählt mit Hortensia Gugelberg von Moos, der Wittwe Hartmann's von Salis [Tab. XV] und hinterliess seine Söhne.

[1] In Tirano und Teglio betrug die Anzahl der Ermordeten je 60, in Sondrio 140, in Berbegno 11, in Chiuro nur 3 u. s. w., in Puschlav (letzteres liegt in Graubünden selbst) 27.

Nach dem unglücklichen Treffen bei Tirano, wo auch das gesammte Gepäck der Eidgenossen sammt einer Baarschaft von 10,000 Gulden in die Hände des Feindes fiel, war jede Aussicht auf eine baldige Wiedererlangung der Unterthanenlande, welche sogleich eine eigene Regierung eingesetzt hatten, geschwunden.

Ritter Herkules von Salis begab sich nach Venedig, um Unterstützung an Mannschaft, Geld, Munition und Mundvorräthen, woran es den Bündnern sehr gebrach, zu erbitten. Er erkrankte jedoch auf der Reise und setzte dieselbe nur mit Mühe in einer Sänfte fort. Als er bei seiner Ankunft in Venedig vom ehemaligen Gesandten Padavino die Nachricht von dem unglücklichen Ausgange des Treffens von Tirano erhielt, verschlimmerte sich sein Zustand derart, dass schon wenige Tage später sein Tod erfolgte. Das nicht ohne seine Schuld über das Vaterland hereingebrochene Unglück soll ihm das Herz gebrochen haben. Trotzdem sah er auch auf dem Todbette die Verkehrtheit seines politischen Programmes nicht ein. Noch wenige Stunden vor seinem Verscheiden legte er vor Constantin von Planta und einigen andern anwesenden Bündnern sein politisches Glaubensbekenntniss mit folgenden Worten ab: „Erfahret Alle, dass ich Vieles leiden musste, weil ich das Bündniss mit dieser Republik (Venedig) beförderte. Aber ich würde es wieder thun, weil es heilsam war für unser Vaterland. Desto mehr mögen unsere Gemeinden es bereuen, dass sie dasselbe nicht erneuerten, denn wäre dies geschehen, so würden unsere Unterthanen niemals die Fahne des Aufruhrs erhoben haben (??). Und noch dermalen ist es nothwendig, dass es geschehe, indem man sodann mit Hülfe der Republik Venedig und des Königs von Frankreich das Veltlin sich wieder erwerben kann. Ferner muss der französische Gesandte wieder zurückberufen werden, um den spanischen Pratiken sich zu widersetzen. Die Freundschaft Spaniens ist zu fliehen als unserm Glauben verderblich, — aber diejenige von Frankreich und die Gewogenheit der (evangelischen) Eidgenossen uns nothwendig.“[1]

„Als er diese Worte gesprochen", so erzählt sein Sohn Ulysses,[2] „drückte er Allen die Hand, worauf sie weinend das Zimmer ver-

---

[1] Salis-Marschlins, Denkwürdigkeiten, S. 17.
[2] Ibid.

liessen. Zuerst schien es, als wollte er etwas schlummern; doch dauerte dies nicht lange und den letzten Augenblick nahe fühlend, liess er meinen Bruder (Abundius) wecken, welcher das Glück gehabt hatte, die Reise mit ihm zu machen, nahm ihn bei der Hand und sprach: Geliebter Sohn, Du siehst mich scheiden, merke daher auf meine Worte, die Du Deinen Brüdern mittheilen wirst. Bleibt fest in unserer allein selig machenden Religion, in der ich lebte und Euch erzog. Seid treu dem Vaterlande und einig unter Euch. Ihr erhaltet zwar von mir kein grosses Erbe, dagegen den Segen des Himmels, denn ich weiss, dass Euch der barmherzige Gott nicht verlassen wird. Wohl fürchte ich, dass es jetzt in der Heimat drunter und drüber gehen wird; doch sterbe ich mit der festen Zuversicht, dass die göttliche Milde dem Vaterland wieder seine alte Freiheit schenken werde. Noch bitte ich Euch, so bald wie möglich meine Gebeine heimbringen zu lassen zu einem anständigen Begräbnisse. Versprich mir dies. — Darauf ertheilte er ihm seinen Segen, wie auch uns, seinen abwesenden Söhnen, kehrte sich ab, um inbrünstig zu beten und gab dann unter Anrufung des Namens Gottes die Seele seinem Schöpfer zurück (den 17. September 1620). Er hatte ein Alter von 55 Jahren und 7 Monaten erreicht. So endigte mein Vater, der Ritter Herkules von Salis, sein Leben zu einer Zeit, wo er ebensosehr der Laufbahn seiner Söhne, als dem mit dem Untergange bedrohten Vaterlande nothwendig gewesen wäre."

Der Senat von Venedig richtete an den Sohn des Verstorbenen ein Condolenzschreiben und liess die Leiche auf eigene Kosten einbalsamiren und vorläufig in der Servitenkirche zu Venedig beisetzen. Dort blieb dieselbe bis zum Jahre 1648, wo sie nach Soglio überführt und in der dortigen Familiengruft feierlich beigesetzt wurde. Sein Grabdenkmal ist daselbst noch zu sehen.

Wer das Schwert zieht, kommt durch das Schwert um.

In Folge des Veltliner-Aufstandes hatten sich die Parteiverhältnisse wieder einmal wie mit einem Schlage geändert. Die Planta und übrigen Verbannten kehrten in die Heimat zurück, während die ganze Elite der venezianischen Partei sich nach Grüsch in's Prättigau zurückzog. An der Spitze dieser Faktion stand nun, nachdem Ritter Herkules von Salis gestorben war, dessen ältester Sohn, Freiherr Rudolf von Salis, der, wenn auch weniger beredt, seinem Vater dennoch kaum an Geistesgaben nachstand und dessen oben erwähntes politisches Testament nur zu treu befolgte.[1]

Die venezianischen Parteigänger zu Grüsch waren übrigens, wie Salis-Marschlins berichtet,[2] „guter Dinge und kümmerten sich wenig um ihre Feinde, denn die Gemeinde Grüsch zählte zu ihrer Partei und überdiess lag das Zürcher-Regiment in der Nähe, von dem sie im Falle der Noth Schutz und Schirm erwarten konnten. Doch unterhielten sie aufmerksame Spione und wurden auch durch ihre Verwandten und Freunde von Allem unterrichtet, was man von ihnen aussagte und was gegen sie geschmiedet wurde." Dass sie so guter Laune gewesen, ist indess doch nicht so ganz richtig. Es erfüllte sie vielmehr mit Wuth, ihren gegen die spanische Partei gerichteten Vernichtungsplan nicht besser gelungen und die zu Thusis und Davos erlassenen Strafurtheile schon der Vergessenheit anheimgefallen zu sehen. Hauptsächlich war es aber die Heimkehr des

---

[1] Rudolf von Salis, geb. 1589, wurde von seinem Grossoheim, dem kaiserlichen General-Feldzeugmeister Freiherrn Rudolf v. S. durch Testament vom 30. Sept. und 3. Dez. 1599 und kraft der von Kaiser Rudolf II. durch Diplom vom 12. Mai 1582 ertheilten Befugniss zu dessen Nachfolger im Baronate und Majorate bestimmt.

[2] S. 105.

Pompejus von Planta, was die zu Grüsch versammelten Parteimänner beunruhigte, wesshalb sie alsbald beschlossen, diesen gefährlichen Gegner auf anderm Wege unschädlich zu machen.

Um einen scheinbaren Anlass zu einem Angriff auf Planta zu schaffen, wurde das Gerücht verbreitet, derselbe beabsichtige, die venezianischen Parteiführer in Grüsch zu überfallen und das Dorf einzuäschern. Die Venezianer dingten sich nun, angeblich um Planta zuvorzukommen, eine Anzahl verwegener Burschen, denen sie Hoffnung auf reiche Beute machten, und versahen sich mit Pferden und Waffen. An die Spitze dieser Schaar stellten sich die beiden Prädikanten Blasius Alexander Blech und Georg Jenatsch, sodann Christoph von Rosenroll, ein gewisser Gallus Rieder und Nicolaus Carl von Hohenbalken, welch letzterer gegen Planta einen tödtlichen Hass gefasst hatte, weil von demselben einige Zeit zuvor die Plünderung des Hohenbalken'schen Hauses zu Münster veranlasst worden war.

Pompejus, der sich jetzt wieder auf Schloss Rietberg im Domleschger-Thale aufhielt,[1] erfuhr indessen, dass etwas gegen ihn im Schilde geführt werde. Er beabsichtigte desshalb eben, zu seiner Sicherheit eine Compagnie katholischer Eidgenossen, welche damals zu Ilanz lagerten, herbeizurufen, als in der Frühe des 25. Februar 1621) die genannten Verschwornen vor dem Thore des Schlosshofes erschienen und gebieterisch Einlass begehrten. Unvorsichtiger Weise öffnete ihnen ein Stallknecht, der eben mit der Aufzäumung von Planta's Pferd beschäftigt war, das Thor, worauf sie jenen zwangen, sie in das Schloss und zum Schlafgemach seines Herrn zu führen. Planta hörte das Heranstürmen der Rotte und flüchtete, nur mit dem Hemde bekleidet, in den von seinem Schwager, Herkules von Salis-Rietberg,[2] bewohnten Schlosstheil, wo er sich in einem heutzutage noch vorhandenen Kamine verbarg, von seinen Verfolgern aber bald aufgespürt wurde. „Hierauf", so erzählt Anhorn,[3] „hat ihn Einer über die Arme gefasset vnd fendrich Gallus (Rieder) hat ihn mit der scheiterax zu Boden geschlagen vnd daruff mit der ax, als

---

[1] Die Hälfte des Schlosses war Heirathsgut seiner Frau, Catharina von Salis.

[2] Enkel des oben (S. 138, 39) genannten Herkules zu Rietberg.

[3] Wiedergeburt der evangelischen Kirchen in gemeinen 3 Pündten III. 5. Anhorn sen. ist geb. 1566. † 1640.)

er uff dem Boden lag vff dem angesicht, ein streich vff den rucken gethan, dass die ax durch den leib in die fusstily[1] gangen und bestecket ist." Der unglückliche Pompejus soll, wie einige seiner Diener später erzählten, seine Mörder anfänglich um sein Leben gebeten haben; als sie dessen ungeachtet auf ihn eindrangen, habe er ihnen gerufen: So sättiget Euch denn, Ihr Bluthunde! und mit dem Aufschrei: Jesus von Nazareth, erbarme Dich meiner! gab er seinen Geist auf.

„Als der Knecht", fährt dann Anhorn in seinem Berichte weiter, „das geschrey gehört, hat er sturm geläutet vnd von stund an ist in allen kilchen in Domlesc sturm geläutet worden. Darauff sind die Landleuth dem Schloss Riethberg zugeloffen vnd habend nit gwusst, was es antreffe vnd sind seer übel erschrocken vnd je ein dem andren gefraget: was das bedeute! Der Reitknecht ward (von den im Schlosshofe zurückgebliebenen Verschwornen) vffgehalten, dass er's nit berichten konnt. Die Thäter haben vernommen Pompejus habe 8000 Spanische Dubla im Schloss, die welle er spendiren, damit die spanische pündtnuss fürgenge. . . . Dieweil aber die puren zum Theil schon beim schloss warend, habend sie ihn (Planta) lassen liegen, nit geraubet vnd zu den puren gesagt: Ihr habend auf Geheiss des Pompeyi planta die Canzlen in der (protestantischen) Kirchen zu Almens zerschlagen vnd gesagt, Ihr wellends in andern evangelischen Kirchen auch also machen, gond yez hin vnd nemend den pompeyum mit euch vnd zerschlagend mehr Canzlen in andren Kirchen, — habend seine drei Reithpferd genommen, den rossen den Sporen gegeben, sind stracks Chur zugeritten, lutter Tags durch die statt geritten vnd ohne alle hindernuss gen Grüsch kommen den 15/25. Februar 1621."[2]

Salis-Marschlins gibt zu, dass dieser schreckliche Mord „eine der allergewaltsamsten Thaten" seiner Partei war, hält ihn aber dessen ungeachtet für unerlässlich für die Sicherheit derjenigen, die ihn vollführten. Auch habe dies Ereigniss der spanischen Faktion grossen Schrecken eingejagt, während „die venezianische Partei wieder frischen Athem schöpfte und auf neue Unternehmungen gegen

---

[1] Fussboden.
[2] Anhorn l. c.

ihre ganz bestürzten Feinde zu sinnen begann." „Hätten sie" (die Mörder Planta's), bemerkt Salis-Marschlins[1] ärgerlich, „nur nicht jene drei Pferde mitgenommen, — aber *dieser Umstand* wurde von Allen getadelt und bewog die in Grüsch Zurückgebliebenen (venezianischen Parteigänger), jede Mitschuld zurückzuweisen," — vor der Theilnahme am Morde würden sich diese Herren also an und für sich nicht gescheut haben! Freiherr Rudolf von Salis kann in der That von der Mitschuld am Tode Planta's nicht ganz freigesprochen werden. Sein Bruder behauptet zwar,[2] die Verschwornen hätten erstern erst wenige Stunden vor ihrem Aufbruche von ihrem Vorhaben unterrichtet, und obwohl er sie „von der Verübung einer so unwürdigen That" abgemahnt habe, seien sie dennoch bei ihrem Entschlusse geblieben. Diese „Abmahnung" dürfte indess wohl schwerlich sehr ernst gemeint gewesen sein, sonst würde Rudolf von Salis wohl andere Mittel zur Verhütung des geplanten Mordes angewendet haben. Jenatsch und Blasius Alexander suchten ihrerseits diese That mit der von den Strafgerichten zu Thusis und Davos über Planta ausgesprochenen Verurtheilung zu rechtfertigen. Es sei wohl erlaubt gewesen, einen so grimmigen Feind des Evangeliums, der sich der Gerechtigkeit entzogen, auf diese Weise unschädlich zu machen. Derselben Meinung waren auch die „evangelischen" Stände Zürich, Bern, Basel und Schaffhausen, welche es „billig" fanden, 800 Gulden den vier Wilchelm Tellen zuzustellen, welliche das Vatterland vss der Tyranney ettlicher vntrüwen Landtskindern mit grossem costen und höchster gfar Lybs vnd lebens geholffen erretten." Zur Ehre der III Bünde sei es gesagt, dass sie die Honorirung einer solchen Hellsthat denn doch für allzu bedenklich hielten und es ablehnten, die ihnen aufgetragene Ausbezahlung dieses Blutgeldes zu übernehmen.[3]

---

[1] Denkwürdigkeiten, S. 107.

[2] ibid. S. 105.

[3] „Wylen die Herren gemeiner 3 Pündten diese Ordination nit bewilligen och gut heissen wollen, so wirth Herr Heinr. Peschung diese fl. 800 wolerhalten Herren (den Tellen) in den Pündten auch erlegen vnd richtig machen sollen." Randbemerkung des Statthalters Heinr. Brähm von Zürich an einer am 31. Mai 1621 datirten „spezificirlichen Rechnung von fl. 22,900, vorgestreckht in den Löbl. Ständen Zürich, Bern, Basel und Schaffhausen."

Ulysses von Salis macht zu diesem schauerlichen Ereignisse folgende Schlussbemerkung: „Dass übrigens die göttliche Gerechtigkeit den Tod des Pompejus Planta rächte, ist daraus zu ersehen, dass von denjenigen, die an dieser unmenschlichen Handlung theilnahmen, vier oder fünf, die ich bei Namen anführen könnte, ebenfalls eines gewaltsamen Todes starben."[1] Uns sind nur die Todesarten Blasius Alexander's und Jenatschen's bekannt. Ersterer wurde, als er im Oktober 1621 bei Anlass der Besetzung des Landes durch Oesterreich und Spanien nach Glarus flüchten wollte, auf dem sog. Krüzli- oder Panixer-Pass aufgefangen, nach Innsbruck gebracht und daselbst am 23. Dezember des folgenden Jahres (1622) enthauptet. Jenatsch fiel 17 Jahre später gleichfalls durch Mörderhand. Wohl selten hat sich das Wort der hl. Schrift: Wer das Schwert zieht, kommt durch das Schwert um, in schauerlicherer und tragischerer Weise bewahrheitet, als in diesem Falle. Die nähern Umstände von Jenatschen's Tod gestatten uns einen so tiefen Einblick in die damaligen socialen Zustände von „alt fry Rhätien", dass wir, um den weitern Verlauf dieser Tragödie zu verfolgen, nicht umhin können, unserer Geschichte etwas vorzugreifen.

Georg Jenatsch war 1594 geboren als Sohn und Enkel protestantischer Prediger und hatte die höhern Studien zu Zürich, zum Theil auf Kosten des dortigen Rathes, und zu Basel absolvirt, an welch letzterm Orte er zugleich als Hofmeister der daselbst studirenden Söhne des Obersten Baptista von Salis-Soglio angestellt war. 1617 wurde er in die Synode aufgenommen. „Anmassend, verschwenderisch und mehr kriegerischen als geistlichen Sinnes",[2] und mit den magern Einkünften seines Amtes nicht zufrieden, hängte er den Predigermantel an den Nagel, nachdem er „von einem seiner Reichthümer halber angesehenen Salis", wahrscheinlich auch als Hofmeister, „nach Thusis berufen" und daselbst zu Geld gekommen war.[3] Während der österreichisch-spanischen Invasion (1620—22) landesflüchtig, diente er unterdessen im Heere des Grafen Ernst von Mansfeld und scheint sich unter diesen übelberüchtigten Söldnertruppen

---

[1] S. 107.

[2] Juvalt, Denkwürdigkeiten, S. 49.

[3] ibid. S. 50.

durch Gewaltthätigkeit und eine unbändige Rauflust hervorgethan
zu haben. Nach seiner Rückkehr in die Heimath betheiligte er sich
wie schon zuvor in hervorragender Weise an den Parteikämpfen.
Thatkraft, rasche Entschlossenheit und politische Einsicht können
enatsch nicht abgesprochen werden, und wenn auch sein Charakter
und seine Handlungsweise nichts weniger als lobenswerth war, so
muss ihm doch das grosse Verdienst zuerkannt werden, eine ver-
ünftigere Politik und damit auch bessere Zustände im Lande angebahnt zu haben. Indem er sich nun von der Beeinflussung durch
die evangelische Synode mehr und mehr frei machte und seine
eigenen Wege ging, erkannte er bald die von Juvalt so sehr betonte
Nothwendigkeit guter Beziehungen zu Oesterreich und Spanien. Was
den beiden Planta und deren Anhang nie gelungen war, der Abschluss
eines Bündnisses mit Spanien, das brachte Jenatsch zu Stande. König
Philipp IV. von Spanien erhob ihn desshalb in den erblichen Adel-
stand und 1635 wurde der ehemalige Prädikant sogar katholisch —
ob aus Ueberzeugung oder nur aus politischer Berechnung, darüber
herrschen verschiedene Ansichten.[1]

Jenatschen's „allzu freies Benehmen“, sagt Salis-Marschlins,[2]
und die Arroganz, mit der er ohne Rücksicht auf Leute besserer
Geburt und bessern Credits die Leitung aller öffentlichen Angelegenheiten sich anmasste“, zogen ihm den Hass beider Parteien zu.
Die nicht grundlose Eifersucht erreichte ihren Höhepunkt, als er
zuletzt gar „als oberster General der Bündner, Direktor des spanischen Bündnisses und als unumschränkter Gouverneur der Grafschaft Cläfen“ anerkannt sein wollte.[3] Ganz besonders war es aber
die Ermordung mehrerer hochangesehener Edelleute, wie des Pompejus von Planta, Joseph's von Capol (1621), des Obersten Ruinelli
(1627) und des Johann Peter von Stampa (1638), welche Jenatsch der
damals in Bünden ganz gewöhnlich gewordenen privaten Blutrache

---

[1] Der Umstand, dass seine Söhne protestantisch blieben, scheint uns in
dieser Frage von geringer Bedeutung zu sein. Dieselben dürften damals, 1635,
schon in einem Alter gestanden haben, wo es nicht mehr in der Gewalt des
Vaters lag, in dieser Hinsicht auf sie bestimmend einzuwirken.

[2] Denkwürdigkeiten, S. 298.

[3] Sprecher, Kriege etc. II, 284.

zum Opfer fallen liess.[1] Schon im Jahre 1627 war er dem von der Hand einer Frau, der Schwester des Obersten Ruinelli, vermählten von Rosenroll, gegen ihn geführten Dolche nur wie durch ein Wunder entgangen.[2]

Es war zur Faschingszeit des Jahres 1639, am Abend des 24. Januar.[3] Jenatsch befand sich mit den Obersten Travers und Guler und den Oberstlieutenants von Tscharner und Ambrosius von Planta in einem Wirthshause zu Chur, genannt „zum staubigen Hütli",[4] lustig zechend bei Spiel und Musik, als gegen 10 Uhr eine Anzahl Masken vom benachbarten Dorfe Haldenstein her daselbst anlangten. Eine der Masken, ein Mann von grosser Statur und dicht vermummt, so erzählt Anhorn,[5] tritt an Jenatsch heran und „spricht sehr fröhlich: ha Signor Jenatsch! Darauf derselbe ihm die rechte Hand geboten, welche ihm der Mann so hart gehalten, dass er sich nicht wehren können, und stracks mit der linken Hand ein Röhrle (Pistole), so er unter dem Belz gehabt, losgebrennt, — der Schutz aber nit durchgangen." Während Jenatsch sich nach einer Waffe umsieht und in der Hast einen Kerzenstock ergreift, schlägt ihm eine andere Maske mit umgekehrter Axt vor den Kopf. Jenatsch stürzt nieder. Ein Dritter wiederholt den Axthieb, so dass das Hirn nach allen Seiten hin spritzt. „Da solches geschehen", heisst es dann weiter,[6] „kommt der Erste wieder in die Stuben, kehrt Herrn Jenatsch um, zu sehen, ob er recht todt sei. Als er solches gesehen, hat er nichts genommen, dann sein Hut, darum eine blaue Feder, und seinen Degen mit Bhenk, mit welchem er den Herrn Obrist Ruinell erstochen, zu einem Wahrzeichen. Dieser blutige Actus ist in solcher geschwinde und Furia zugangen, dass es nicht zu beschreiben."

---

[1] Ruinelli tödtete er im Duelle. Zur Zeit seines auswärtigen Kriegsdienstes soll er acht weitere Todtschläge verübt haben.

[2] Anhorn V, 50.

[3] neuen Stils.

[4] Das „staubige Hüttli", das schon längst demolirt ist, lag hinter dem Salis'schen sog. „Alten Gebäu" an einer Stelle des jetzigen „Gebäu-Gartens".

[5] Gesammelte Notizen von A. v. Flugi im bündnerischen Monatsblatt pro anno 1852, Seite 217.

[6] l. cit.

— 181 —

Nach Sprecher[1] und Andern[2] waren es Rudolf von Planta, Castellan von Tarasp, und dessen Schwester Catharina, vermählte von Travers, die Kinder des ermordeten Pompejus Planta, welche an der Spitze der Verschwornen standen und sich selbst unter den Masken befanden. „Anwesend war auch Julius Otto Freiherr von (Schauenstein-) Ehrenfels, Herr zu Haldenstein,[3] den Jenatsch privatim beleidigt hatte; ferner Hauptmann Carl von Salis mit zwei Söhnen seiner Brüder Rudolf und Abundius, beide des Namens Herkules, sowie die andern, die mit Jenatsch gespeist hatten. Alle sahen die That mit an."[4]

Salis-Marschlins[5] schreibt die Urheberschaft dieser Unthat ausser den betreffenden Planta- und Ruinell'schen Familienmitgliedern namentlich auch den Leitern der spanischen Partei zu, „welche es ihm (Jenatsch) nicht verzeihen konnten, dass er in Spanien mehr als sie galt."

Sehr bemerkenswerth ist es, wie Ulysses von Salis-Marschlins selbst, der sich damals zu Paris in Militärdiensten befand, die Nachricht von Jenatschen's Tod erhielt. „Es war", so erzählt er, „anfangs des Jahres 1639, eines Abends im Monat Februar; ich hatte die königliche Wache und wollte mir im Kabinette des Königs Ludwig XIII. die Parole holen, als mich derselbe fragte, ob ich eine Nachricht von Hause hätte. Als ich dies verneinte, erwiderte er: Dann will ich Ihnen eine mittheilen — Jenatsch ist in einer Schenke von einigen Maskirten mit einer Axt erschlagen worden, — nicht wahr, er war ein schlechter Mensch? Ich zuckte die Achsel und dachte das Meine. Noch frug mich der König Verschiedenes über Jenatsch, was nicht der Erwähnung lohnt." Der weitere Verlauf dieses Gespräches wäre, so glauben wir, doch nicht so ganz ohne Interesse gewesen, namentlich wenn es seine Richtigkeit damit hätte, dass dieses Gespräch, wie Vulliemin angibt, am Tage vor der Er-

---

[1] Kriege und Unruhen II, 281.

[2] Baron Rudolf von Salis-Haldenstein, Rhaetia illustrata II, 149. Mémoires Lettres du Duc Henri de Rohan I, p. 244 u.; Vulliemin (Fortsetzung von Müller's Geschichte der Schweizer. Eidgenossenschaft) II, 568 u. s. w.

[3] Derselbe befand sich wohl auch unter den Masken.

[4] Sprecher l. c.

[5] Denkwürdigkeiten, S. 312.

mordung Jenatschen's, also nicht erst im Monat Februar, stattfand.[1] Mag es sich hiemit verhalten wie es will, die Annahme Moor's, dass der französische Hof um die geplante Beseitigung Jenatschens wusste, ist jedenfalls nicht zu gewagt. Letzterer, obwohl Oberst eines in französischem Solde stehenden Regimentes, war der hauptsächlichste Anstifter jenes Aufstandes, welcher, wie wir noch sehen werden, im Jahre 1636 die französische Armee unter Herzog Henri de Rohan aus Graubünden verdrängte.

Als er sich damals mit den übrigen bündnerischen Offizieren von Rohan verabschiedete, stand der ebenfalls anwesende Marschall Baron Lecques, wie uns der Augenzeuge Salis-Marschlins berichtet,[2] „mehr als ein Mal im Begriffe, Jenatsch niederzuschiessen." „Aber der Herzog bat ihn, sich um Gotteswillen zu mässigen, da Jenatsch sie in guter Treue begleite. Beim Abschiede wollte Letzterer auch Lecques die Hand reichen; dieser zog die seine aber zurück, indem er sagte, er könne die Hand eines Verräthers an seinem Könige nicht berühren, — eine Antwort, die Jenatsch verstummen liess."

Mit Jenatschen's Ermordung war die Tragödie indess noch nicht zum Abschluss gelangt. Auch sein von verbrecherischer Hand vergossenes Blut schrie zum Himmel um Rache und sollte binnen Kurzem gesühnt werden. Noch in demselben Jahre entstand zwischen Rudolf Planta von Tarasp, dem Mörder Jenatschen's, und seinem Vetter Rudolf Planta von Steinsberg zu Ardez wegen der Wahl des Landammann's für das Ober-Engadin ein äusserst heftiger Streit, der zwar durch die Vermittelung Joh. Victor's Travers von Ortenstein, eines nahen Verwandten der beiden Rivalen, scheinbar ausgeglichen wurde. Der von Anfang an nicht aufrichtig geschlossene Friede ging aber in kurzer Zeit wieder in die Brüche und bald kam es so weit, dass der Castellan von Tarasp mit seinem Vetter Johann Baptist von Prevost gen. Zambra, Sohn des 1618 enthaupteten Prevost, die

---

[1] II, 658 „la veille du jour de la mort de Jenatsch". Nach Lehmann, Republ. Graubünden, Beilage C, behauptet, dies Gespräch habe schon 4 Tage vor Jenatschen's Ermordung stattgefunden. Vergl. Sprecher, Kriege und Unruhen II, 281, nota 15 des Uebersetzers.

[2] Salis-Marschlins, Denkwürdigkeiten, S. 291.

Ermordung Planta-Steinsberg's beschlosss. Am 30. Oktober 1640 trafen sie mit letzterm im Bade Bormio zusammen und brachen dann mit ihm auf, um sich über den Umbrail-Pass und durch das Münsterthal in's Engadin zu begeben. Als sie an einer gefährlichen Stelle des genannten Engpasses angelangt waren, wurde der unglückliche Planta-Steinsberg von einem gedungenen Banditen, der sich als angeblicher Knecht des Castellans von Tarasp in dessen Begleitung befand, erdolcht und sammt seinem Pferde in den schauerlichen Abgrund hinuntergestürzt.

Die Mörder flohen nach Bormio zurück und von da nach Venedig, kehrten aber in der Hoffnung, ihr Ansehen werde sie vor gerichtlicher Verfolgung schützen, im Dezember desselben Jahres nach Zernez zurück. Sie würden auch in der That vom Gerichte unbehelligt geblieben sein, hätten nicht die Verwandten des Ermordeten Alles aufgeboten, um die Thäter der Strafe zu überliefern. Dieselben erhoben sich mit bewaffneter Hand und belagerten unter dem Zulaufe des Volkes Mittwoch den 26. Dezember des Castellan's Wohnung in Zernez, wobei der Oheim Rudolfs von Planta-Tarasp, Johann Schalkett, der sich mit 20 andern Zernezern bei Planta befand, erschossen wurde. Die Belagerten mussten sich bald ergeben; Rudolf Planta wurde aus seinem Verstecke unter dem Bette seiner Frau hervorgezogen und mit Prevost in das Gefängniss nach Ardez abgeführt, wo Beide, der Folter unterworfen, das Verbrechen eingestanden. Da manche einflussreiche Verwandte und Freunde sich für die beiden Gefangenen verwendeten, fürchteten die Planta-Steinsberg, namentlich die Mutter des Ermordeten,[1] dieselben möchten am Ende doch noch straflos ausgehen. Sie liessen desshalb, nicht ohne Mitwissen der „Richter", welche der Familie Planta den Skandal einer öffentlichen Hinrichtung ersparen wollten, den Castellan im Gefängnisse durch vier Vermummte erdrosseln! Dies geschah den 24. Februar 1641.[2] Prevost „erhielt den 7. März (1641) die Vergünstigung, mittelst Oeffnung der Adern im Bade zu sterben."[3] Seine

---

[1] Ursula geb. von Schauenstein.

[2] Sprecher II. 290. Vulliemin II. 660. Die Nachkommenschaft Rudolfs zu Tarasp wurde wieder protestantisch und ist 1847 erloschen, während die Descendenz Rudolfs zu Steinsberg noch blüht.

[3] Sprecher l. c.

Leiche wurde nach Vicosoprano übertragen und in der dortigen Prevost'schen Familiengruft beigesetzt.

Catharina von Travers, die Schwester Rudolf Planta's von Tarasp, welche „seit Jahren den Tag der Rache (für den an ihrem Vater begangenen Mord) ersehnend", ihren Bruder zur Ermordung Jenatschen's aufgestachelt haben soll, wurde von den heftigsten Gewissensbissen verfolgt und sühnte ihre Schuld durch wahre Reue und fromme Stiftungen zum Besten der Kirche und der Armen.[1] Die Axt, mit der Jenatsch erschlagen worden, konnte man noch lange Zeit auf Schloss Ortenstein sehen, — es war die nämliche, mit der Pompejus Planta ermordet worden war.

Kehren wir indess nach dieser kleinen Abschweifung zum Verlaufe unserer Geschichte zurück.

---

[1] Catharina von Travers geb. von Planta ist die Stammmutter der spätern Freiherrn und Grafen Travers von Ortenstein.

In Kriegesnoth.

Der erste Versuch, das Veltlin mit Waffengewalt wieder zur Unterwerfung zu zwingen, blieb, wie wir oben sahen, ohne Erfolg. Der zum grössern Theile katholische Obere Graue Bund hatte sich geweigert, an diesem Feldzuge theilzunehmen. Die in den meisten Stücken berechtigten Forderungen der Veltliner beherzigend, zog es dieser Bund vor, die Wiedererwerbung des Veltlin's durch ein Abkommniss mit Spanien zu erstreben und schloss daher mit dem Statthalter von Mailand, Herzog von Feria, die sog. Mailänder-Capitulation ab. Gemäss derselben sollte im Veltlin und den beiden andern Unterthanenländern nur die katholische Religion geduldet, dem Bischofe von Como die ganze geistliche Gerichtsbarkeit zuerkannt und die Dekrete des Concils von Trient zur Ausführung gebracht werden. Noch weniger genehm als diese Punkte waren den Bündnern und zumal der im Veltlin reichbegüterten Familie von Salis die weitern zwei Bestimmungen, wonach die evangelischen Eigenthümer von Veltliner-Gütern dieselben entweder verkaufen oder „auf andere Weise geniessen“, d. h. verpachten sollten und dass ihnen der Aufenthalt auf diesen Besitzungen nur für 4 Monate im Jahre gestattet wurde. Darüber brach nun zwischen dem von den katholischen Eidgenossen unterstützten Obern Grauen Bunde und den beiden andern Bünden ein Bürgerkrieg aus, der zu Ungunsten des erstern ausfiel.

Inzwischen wurden die Bemühungen, das Veltlin zurückzuerobern, fortgesetzt. Ein zweiter und dritter voreiliger Versuch hatte indess nur den Verlust Cläfens und die Besetzung des Unter-Engalin's und des Prättigau's durch Oesterreich zur Folge. Mannigfache Verletzungen der „Erb-Einigung“ von 1518, die 1607 gegen das allgemeine Völkerrecht vorgenommene Verhaftung, Verurtheilung und Enthauptung des österreichischen Landvogtes auf Castels, Beli von Belfort, sowie die dem Winterkönige zu Prag gemachte Zusage an Hilfsmannschaften, die vielfachen Verfolgungen des Bischofs von Chur, der unter dem Schutze des Kaisers stand und zudem den Rang eines Reichsfürsten einnahm, und vieles Andere hatten Oesterreich schon seit langer Zeit Anlass zu grösster Unzufriedenheit gegeben und endlich seine Geduld erschöpft. Nach den Ausführungen Sprecher's und namentlich Salis-Marschlins' wären freilich alle Beschwerden Oesterreichs unbegründet gewesen — in ihren Augen musste Oesterreich eben immer im Unrechte sein. Juvalt hingegen erkannte klar die immer drohendere Gefahr, in welche das provocirende Gebahren der venezianischen Partei das Land stürzen musste. Auch noch andere einsichtsvolle Protestanten sahen das Unheil voraus, das die Bünde über sich herauf beschworen. „Ihr werdend, fürchte ich", so äusserte sich der Augsburger Stadtoberste Stuber zu Fortunat von Juvalt, „einen schweren Krieg haben gegen Hispanien und Oestreich, wenn Ihr nicht starke Hülf habend, so werdend Ihr in die Länge kaum bestehen mögen. Ihr habend zu viel gethan wider das Haus Oestreich; die Unterengadiner und die Prättigäuer, so gegen Oestreich mit aller Subjection verpflichtet sind, die sind in allen Aufruhren des Hauses Oestreich grösste und ärgste Feind und verfolgend auf Leib und Gut alle Diejenigen, so mit Oestreich als ihre Benachbarte wollen in Frieden leben" u. s. w.[1] Die Vertreter des Erzherzogs Leopold von Tirol hatten nicht ganz Unrecht, wenn sie zu Imst die bündnerischen Gesandten mit den dürren Worten anredeten: „Ihr seid Leut, bei denen weder Ehr, noch Treu, noch Glauben ist; bei Euch ist nichts, denn Untreu, Betrug und Verrätherei u. s. w. Desswegen haben wir Ursach, mit Euch nicht mehr zu tractieren, sondern in ander Weg uns zu halten und zu handeln."[2]

Juvalt's Befürchtungen sollten sich nur zu bald erfüllen. Im October (1621) rückte der österreichische Oberst Baldiron mit einem Heere von 8000 Mann in Unter-Engadin und Erhard von Brion mit einer andern Abtheilung des österreichischen Kriegsvolkes aus dem Montafun im Prättigau ein. Alles, was venezianisch gesinnt war oder dafür galt, flüchtete jetzt in höchster Eile mit Frau.

---

[1] Denkwürdigkeiten Juvalt's, S. 74.
[2] ibid. S. 72, 73.

Kind, Sack und Pack, so viel man davon in der Eile zusammenraffen konnte, zu den evangelischen Eidgenossen. Grosser Schrecken bemächtigte sich der zu Cläfen angesessenen Bündner und der Bergeller, als auch der spanische Statthalter, Herzog von Feria, mit mehreren Infanterie-Regimentern und einiger Cavallerie heranrückte. Cläfen fiel in die Hände des Herzogs, der die Häuser der Bündner der Plünderung überliess, wobei das Salis'sche am schlimmsten wegkam und kaum das Dach behielt. Drei Tage später rückte der spanische General Graf Serbellone in's Bergeller-Thal ein und überliess alle Ortschaften der Plünderung. Oberst Baptista von Salis-Soglio, Befehlshaber der Veste zu Cläfen, hatte nach deren Verlust, von Ulysses und Gubert von Salis unterstützt, das Vordringen der spanischen Armee so lange als möglich aufzuhalten gesucht — aber vergebens! Es gelang ihm eben noch zu rechter Zeit, mit seiner Familie bei heftigstem Ungewitter über das Gebirge nach Avers und von da in die Schweiz zu entkommen, wo er sich in Zürich, der Vaterstadt seiner Frau, für die Zeit seines Exils niederliess.[1] Sein im XVI. Jahrhundert von Augustin von Salis erbauter und, wie Campell[2] berichtet, mit fürstlicher Pracht ausgestattete Palazzo auf Soglio wurde später, den 21. November (1621), gänzlich zerstört. Ausser manchen andern Kostbarkeiten liess Serbellone auch

---

[1] Baptista, Gesandter nach Bern und Venedig, 1624 Bundes-Oberst des Gotteshausbundes, † den 28. Sept. 1638. Er war vermählt mit Barbara von Meiss „us dem Ritterhus zu Bubikon" in Zürich, Tochter des Johannes v. M. und der Dorothea geb. von Ulm. Ihrer Ehe entsprossten 11 Kinder, von welchen die drei Söhne Friedrich, Rudolf und Anton die Stammväter, beziehungsweise die Stifter der drei Häuser auf Soglio (Casa Battista, C. di Mezzo und C. Antonio) sind. Drei andere Söhne starben unverehlicht: Baptista, geb. 1601, † 1619 zu Heidelberg, in der dortigen St. Peterskirche beigesetzt (der von der Universität ausgegebene Partezettel ist im Archiv des Salis'schen Verbandes); Johannes geb. 1603, Hauptmann in Diensten des Vaterlandes, † 1626 zu Hutlingen in der Schweiz, und Andreas, geb. 1604, Hauptmann einer französ. Compagnie, die er jedoch nicht selbst commandirte, † 1619 zu Basel, liegt daselbst im Münster begraben. Von den Töchtern heirathete die älteste, Violanta, geb. 1595, den Freiherrn Daniel von Blonay und Chastellar, Herrn von St. Leger, Blonay und Sales; die zweite, Anna, geb. 1596, † 1663, Abraham von Tavel, Herrn von Lussy, Castellan von Vevey; die vierte, Ursine, geb. 1600, † 1663, den Ritter Andreas Brügger, französ. Oberst etc., Erbauer des sog. Brügger-, jetzt Sprecherhauses zu Mayenfeld.

[2] I, pag. 254 bei Kind.

einen prachtvollen gemalten Kachelofen, wie deren noch heutzutage in bündnerischen Herrenhäusern anzutreffen sind, nach Mailand überführen.[1] Ebenso wurden drei Kanonen fortgeführt, welche im vorhergehenden Jahrhundert der Familie von den III Bünden in Anerkennung der von mehreren ihrer Mitglieder in den Mailändischen Kriegen bewiesenen Tapferkeit geschenkt worden waren.[2] Salis-Marschlins[3] glaubt, es sei dies die Rache für die vom Thusner Strafgericht anbefohlene Schleifung von Rudolf Planta's Haus zu Zernez gewesen.

Ulysses von Salis begab sich eiligst nach Soglio, um seine erst zwei Tage zuvor mit einem Sohne niedergekommene Schwester Claudia, vermählte von Pestalozza, in Sicherheit zu bringen. Er setzte sie mit dem Neugebornen auf sein Pferd, lud den übrigen noch vorhandenen Pferden und seinen Soldaten das werthvollste Hausgeräthe auf und fort ging's mit noch einigen andern Angehörigen durch Nacht und Nebel nach Casaccia, von dort über das Gebirge nach Avers und dann in die Schweiz, wohin sich auch Ulyssens Brüder mit den Ihrigen und vielen andern venezianisch Gesinnten flüchteten.

Zu allem andern Unglücke kam noch die unfreundliche Aufnahme, welche die Flüchtigen in den evangelischen Städten Zürich, Bern und St. Gallen fanden, worüber Salis-Marschlins[4] bittere Klage führt. Kaum waren sie in Zürich angelangt, als der dortige Stadtrath ein Schreiben des Erzherzogs Leopold von Tirol erhielt, welches die Auslieferung einer ganzen Reihe auf Zürchergebiet befindlicher Bündner forderte. Ausser einigen Prädikanten waren besonders auch mehrere Mitglieder der Familie Salis namhaft gemacht: Oberst Johann Baptista von Soglio, Vicar Hans von Samaden,[5] Commissarius Hans

---

[1] Salis-Marschlins, S. 132.

[2] Lavizzari, Historia della Valtellina, Lib. V. 243; Sprecher, Kriege und Unruhen, I, 395. Nach den Landesprotokollen des Jahres 1594 (bei Bott's Commentar zu Ardüser's Chronik S. 467) befand sich anno 1594 überhaupt das „gschütz der 3 pündt" in des Herrn Baptista von Salis „huss".

[3] l. c.

[4] S. 135.

[5] Der Sohn Friedrichs. Hans von Salis kehrte nicht mehr in die Heimat zurück, sondern liess sich zu Schaffhausen nieder und heirathete daselbst in 3ter Ehe Ursula Stocker aus einem dortigen Patriziergeschlechte.

von Celerina, vor Allen aber Freiherr Rudolf und sein Bruder Ulysses.
Der Zürcher Stadtrath entsprach zwar nicht dem Verlangen des
Erzherzogs, liess die Flüchtigen aber wissen, er wünsche nicht,
ihrethalben sich mit Oesterreich zu verfeinden, worauf sie sich mit
ihren Familien theils Bern, theils Appenzell-Ausserrhoden zuwandten.
Die meisten streitbaren Männer traten in auswärtige Militärdienste,
die einen beim Markgrafen von Baden-Durlach, die andern beim
Grafen Ernst von Mansfeld.

Die Verbannten befanden sich noch ausser Landes, als im folgenden Frühjahre (1622) plötzlich der Aufstand der Prättigauer gegen
den Erzherzog Leopold zum Ausbruch kam. Im XV. Jahrhundert
hatte Erzherzog Sigismund von Tirol vom Vogte Gaudenz von
Mätsch, Grafen von Kirchberg, die Gerichtsbarkeit über 8 Gerichte
des Prättigau's erkauft,[1] welche Gerechtssame indess dem Anschlusse
an die zwei andern Bünde nicht hindernd in den Weg getreten waren.
Oesterreich durfte sich aber trotzdem jedenfalls ebenso gut als Herr
dieses Landes betrachten, als seine Vorgänger, die Vögte von Mätsch
und vor denselben die Grafenhäuser Montfort und Sax.

Wenn daher Erzherzog Leopold sich bemühte, den Katholicismus wieder herzustellen, so überschritt er seine landesherrlichen
Befugnisse um so weniger, als damals der Grundsatz cujus regio,
illius et religio allgemeine und bekanntlich in den protestantischen
Staaten nicht am wenigsten Geltung hatte.[2] Dazu kam aber noch
ein weiterer Rechtstitel, auf welchen der Erzherzog sich mit allem
Fug berufen konnte. Im Januar 1622 schlossen nämlich der Obere
Graue und der Gotteshausbund mit Oesterreich und Spanien den
sog. Mailänder-Traktat[3] ab, der vom Herzoge von Feria, den öster-

---

[1] Mit Malans und der Herrschaft Mayenfeld bildeten diese 8 Gerichte
den sog. Zehngerichten-Bund.

[2] In den Bünden war die Religionsfreiheit zwar dem Buchstaben nach
gewährleistet — wie man sie aber verstand, das ist — von allem Andern abgesehen — aus den Ilanzer-Artikeln von 1524 und 1526, aus den 6 Artikeln
u. s. w. zur Genüge zu ersehen.

[3] Nicht zu verwechseln mit dem oben erwähnten, später wieder auf-
gehobenen Mailänder-Capitulat vom 6. Februar 1621. Die Pastorirung der zerstreuten Katholiken war jedenfalls nur ein secundärer Zweck der 1621 und

reichischen und spanischen Bevollmächtigten, einem Abgesandten
des Fürstbischofs von Chur, den Landeshäuptern der beiden Bünde
und weitern 20 Vertretern derselben in aller Form unterzeichnet
und ratificirt wurde. In diesem Traktate, der vor Allem die Veltliner-Angelegenheit ordnen sollte, war unter Anderm auch festgesetzt, dass der katholische Cultus überall in allen drei Bünden
frei geübt werden dürfe, Priester aller Orden dort wohnen, Klöster
und Collegien gebaut und eingerichtet werden könnten, dass alle
Einkünfte, welche den Klöstern, Kirchen und Kapellen von Rechts-
wegen zuständen, ihnen zu verabfolgen und alle fremden Apostaten
zu vertreiben seien. Sodann sollen die Dekrete des Tridentiner-Con-
cils, die Bulla in Cœna Domini[1] und der Gregorianische Kalender
bei den Katholiken beobachtet und allfällig damit in Widerspruch
stehende bündnerische Dekrete annullirt werden.[2] Wenn die venezianische Partei die Gültigkeit dieses Uebereinkommens in Abrede
stellte, weil sie sich von demselben ferne gehalten, so ist damit
noch keineswegs gesagt, dass der Traktat dadurch hinfällig geworden sei.

Es wäre nun im Interesse der Sache selbst sehr zu wünschen
gewesen, dass der Erzherzog das Werk der Bekehrung allein den
Capuzinern, die er zu diesem Zwecke berief und an deren Spitze
der heilige Fidelis von Sigmaringen stand, überlassen und Alles,
was einem Zwange ähnlich sah, sorgfältig vermieden hätte. Andrerseits bedurften die Missionäre, woferne ihre Wirksamkeit auch nur
von einiger Dauer sein sollte, umsomehr des Schutzes der tirolischen
Regierung, als die Gegner, namentlich die Prädikanten, wie wir
zur Genüge gesehen, vor keiner Gewaltthat zurückschreckten. Wenn
der erzherzogliche General-Commissär Oberst Baldiron darüber hin-

---

1622 eingeführten Kapuziner-Missionen, denn gerade in jenen Landestheilen,
wo dieselben stationirt waren, im Prättigau, in Davos, Bergell und in der *Stadt*
Chur (zu unterscheiden von *Hof* Chur) gab es damals, von ganz vereinzelten
Personen abgesehen, *keine* Katholiken mehr. Die Art und Weise, wie die
Missionirung in Angriff genommen wurde, kann da und dort kritisirt, von den
Andersgläubigen missbilligt werden — die Absicht des apostolischen Stuhles an
und für sich bedarf durchaus keiner Vertuschung.

[1] Abendmahlsbulle.

[2] Sprecher I. 320, vergl. Fetz, Kirchenpol. Wirren, S. 124.

ausging und den vorauszusehenden Widerstand der Prättigauer mit
soldatischer Strammheit brechen zu müssen glaubte, indem er ihnen
ihr Verhalten in religiösen Sachen vorschrieb, den Prädikanten das
Predigen untersagte und ihnen nur Kindertaufen und Trauungen ge-
tattete u. s. w., so war dies allerdings nicht der richtige Weg, um
die trotzigen Prättigauer für die Kirche zu gewinnen. Es ist daher
wohl hauptsächlich diesem unerleuchteten Eifer Baldirons zuzu-
chreiben, dass die Wirksamkeit des hl. Fidelis in Graubünden
schon nach zwei Monaten einen so traurigen Abschluss fand.

Was die Misshandlungen des Volkes durch die östreichische
Soldateska anbelangt, über welche namentlich Salis-Marschlins[1] so
grosses Zetergeschrei erhebt, so sagt Sprecher[2] ausdrücklich, dass
es sich um den Uebermuth „einzelner Soldaten“, mitunter auch dieses
und jenes niedern Offiziers handelte, wie dies in jedem Heere vorkam und selbst in unserm civilisirten Jahrhundert nur zu oft vorkommt. Das Aergste, was uns Sprecher darüber zu erzählen weiss,
betrifft einen Fähndrich, der sich auf den Schultern eines kräftigen
Prättigauer-Bauern die steile Anhöhe nach Luzein hinauf tragen
liess, während ein Landsknecht den unfreiwilligen Lastträger mit
der Spitze seiner Lanze vorwärts treiben musste. Dies sei, habe
der Fähndrich gespottet, die einzig richtige Weise, die Prättigauer
mürbe zu machen. Noch grössern Unwillen müsste es im Lande
erregen, als einige Reiter aus dem Kriegsvolke Brion's den in der
Kirche zu Mayenfeld beigesetzten Leichnam des Ritters Joh. Luzi
Gugelberg von Moos aus der Gruft rissen, aller ritterlichen Ab-
zeichen und selbst der Kleider beraubten. Aus dem Prättigau
sind denn auch sehr wenige oder gar keine Bekehrungen zu ver-
zeichnen — P. Clemente da Brescia weiss wenigstens keine anzu-
führen —, während die Erfolge der Mission in andern Landestheilen
zu den besten Hoffnungen berechtigten. Schon nach wenigen Wochen
nahm der hl. Fidelis Mitglieder mehrerer der ersten Familien des
Landes (Gugelberg, Planta, Salis) in die Kirche auf, was die Con-
version zahlreicher anderer Protestanten zur Folge hatte.

[1] S. 133 ff.
[2] I, 325.

Baldiron war über den Misserfolg seiner Bekehrungsversuche wenig erbaut und glaubte, es bedürfe, um zum Ziele zu gelangen, noch strengerer Massregeln. Er erliess desshalb am 18. April (1622) sieben Artikel, die nach ihrem authentischen Wortlaute Folgendes festsetzen:

1. „Dass man alle Prädicanden aus dem Landt schaffe.

2. Dass man den Underthanen Alles Exercitium dess zwinglischen calvinischen oder andern, so der römisch catolischen Religion zu wider ist, ganz und gar abstelle, sowol Inn als Aushalb Prettigäu.

3. Dass sie sich nicht heimblich zusamen röten und Ire sectischen Bücher ein Ander fürlesen.

4. Dass die Unterthanen Manns und Weibspersonen, Kündt und Gesündt (Jedoch ohne Nachtheil Ihrer Hausgeschäfte und andern ehrhafften Ursachen, so sie darthun sollen) getrieben und bei Straff verpunden werden, die catholische Predig und Kündt (-Christen-) Lehr besuchen.

5. Die Predig aber und Khindlehr wirdt man alle Sonn und Feiertag nach reformirtem neuem Calender (der dann hinfürter in Prätigäw auch soll angenommen seyn) halten in der Wochen aber ein mahl auffs wenigst.

6. Es soll auch *Kheiner gezwungen* werden *den catholischen Glauben anzunehmen* oder den seinigen als falschen zu verschweren, biss dass er durch die Predig, Khindlehr oder freyndliches conversiren worden informiert und underrichtet seyn, also dass sie freywillig ohngezwungen die Confessionem des hl. catholischen römischen Glauben thun und den Ihrigen verschweren und als falschen verwerfen; entzwischen *soll keiner zur hl. Mess und Beicht gezwungen sein.*[1]

7. Dass wir zur Uebung unser hl. Religion an allen Orten (im Prättigau) die Altär und Predigstüel aufrichten mögen.“

Es ist sehr begreiflich, dass diese Artikel, trotz der im 6ten Punkte obwaltenden Milderung, einem Volke, bei welchem der Prote-

---

[1] Brief des hl. Fidelis an den Fürstbischof Johann V. von Chur de dato 21. April 1622; Anhorn, Graub. Krieg IV, 43; P. Clemente, Istoria dell Missioni. Nicht ganz genau gibt sie auch Fort. v. Sprecher, Kriege etc. I, 329, wieder.

stantismus schon seit fast 100 Jahren, also schon durch drei oder vier Generationen, eingebürgert war, hart erschienen und von vornherein wenig Aussicht auf Erfolg hatten. P. Fidelis berichtet denn auch dem Fürstbischofe, die Prättigauer hätten „darob nicht wenig gestutzt." Baldiron habe ihnen dazu eine Standrede gehalten, „dass sie wol hätten mögen Misericordia schreien."[1]

Es ist übrigens nicht einzusehen, in wiefern ein Widerspruch zwischen dem 6. und den übrigen Artikeln bestehen soll, wie Moor[2] behauptet; denn dadurch, dass man der Predigt oder dem Unterrichte eines Kapuziners anwohnt und sich der äusserlichen Uebung zumal des zwinglianischen oder calvinischen Cultus enthält, ist man noch lange kein Katholik. Der 6. Artikel scheint uns im Gegentheil die allerdings nothwendige Erklärung und Ergänzung der übrigen zu sein, die sonst gewiss niemals die Billigung des hl. Fidelis erlangt hätten.

Es wurde nun den Prättigauern eine kurze Frist gewährt, innerhalb welcher sie sich entscheiden mussten, ob sie die sieben Artikel annehmen wollten oder nicht. Die Antwort darauf erfolgte bald, aber freilich in ganz anderer Weise, als Baldiron es sich gedacht. Freitag den 22. April begab er sich mit P. Fidelis von Grüsch nach der etwa drei Stunden entfernten Veste Castels, wurde aber daselbst vom Landvogte Joh. Victor von Travers dringend ermahnt, für seine Sicherheit zu sorgen, da gegen ihn etwas im Schilde geführt werde. Baldiron kehrte daher sofort um und eilte nach Chur, um Verstärkung zu holen. Es war jedoch schon zu spät. Die Prättigauer waren inzwischen besonders auf Anstiften der Prädikanten, welche von ihren Verstecken aus das Volk bearbeitet hatten,[3] übereingekommen, in der Nacht vom 23. auf den 24. April alle Oesterreicher niederzumetzeln. Zu diesem Zwecke holte sich jeder Bauer, da fast alle Waffen abgefordert worden, im Walde grosse, schwere Knüttel, bespickte dieselben mit spitzen Nägeln oder befestigte Messer, Aexte und dergleichen daran und machte sich daraus jene furcht-

---

[1] Brief v. 21. April 1622.
[2] Gesch. v. Currätien, Band II, S. 675.
[3] Sprecher I, 331.

bare, unter dem Namen Morgenstern bekannte Mordwaffe, welche schon in frühern Jahrhunderten den österreichischen Heeren in der Schweiz so viel Verderben gebracht hatten.

Die Vorbereitungen zum geplanten Aufstande waren indess, wie schon angedeutet, doch nicht ganz unbemerkt geblieben. Während Baldiron um Verstärkung nach Chur eilte, zog sich die österreichische Besatzung des hintern Thales den 23. April in die Burg Castels zurück, wo sie noch im Laufe der darauffolgenden Nacht eingeschlossen wurde. Schon 2 Tage später erfolgte die Capitulation der Burg, welche so lange der Sitz des österreichischen Landvogtes gewesen war. Als die Kunde von der Einschliessung der Besatzung von Castels einige Stunden später in Schiers anlangte, griffen die Bewohner daselbst, durch Zuzüge aus Jenaz und Furna verstärkt, Sonntag den 24. April die Oesterreicher ebenfalls an.[1] Die dortige 130 Mann zählende Besatzung erlag grossentheils den wuchtigen Keulenhieben der durch Körperkraft und Kampfeslust sich stets auszeichnenden Prättigauer. Selbst das weibliche Geschlecht betheiligte sich mit grosser Animosität am Kampfe, wesshalb die Frauen zu Schiers noch heutigen Tags den Vortritt beim Abendmahle haben. Der Rest zog sich auf den die Kirche umgebenden Kirchhof zurück und unterhielt noch einige Zeit heftiges Feuer, bis plötzlich beim Vertheilen der Munition in der Kirche ein Pulverfass explodirte und einen Theil des Kirchengewölbes sprengte. Die überlebenden 17 österreichischen Soldaten standen noch auf der Kirchenmauer, aber ohne Munition und wurden, als sie an Leitern herunterstiegen, sammt und sonders — sieben Mann von einer gewissen Salome Lienhard — erschlagen.

Während dieser blutige Auftritt sich zu Schiers zutrug, hatte der kaiserliche Hauptmann, Joh. Jacob Colonna, Freiherr von Fels, in dem eine schwache Stunde thalauswärts gelegenen Grüsch den Gottesdienst früher als sonst halten lassen. Er begleitete dann mit 25 Soldaten P. Fidelis nach dem eine halbe Stunde oberhalb Grüsch auf einer sonnigen Berghalde gelegenen Dorfe Seewis, woher

---

[1] Der Angriff, der in der Nacht geschehen sollte, verzögerte sich, weil man fürchtete, der ganze Plan sei verrathen. Manche Prättigauer hatten sich desshalb schon geflüchtet. Sprecher X. l. c.

letzterm die scheinbar freundliche Einladung zu einer Predigt zugegangen war. Wohl mochten sich dem frommen Missionär, als er stille in sich versunken am Rande der schauerlichen Schlucht des wilden Tschinestobels und an der malerischen Ruine des Schlosses Solavers, der Wiege des letzten Grafen von Toggenburg († 1436), vorbei den steilen, steinigen Bergpfad hinanschritt, die ihn schon seit längerer Zeit nicht mehr verlassenden Todesahnungen neuerdings aufdrängen. Fidelis, vertrauensvoll sich in die Hände Gottes empfehlend und nichts sehnlicher als die Gnade erhoffend, für seinen heiligen Glauben sterben zu dürfen, schritt indess ruhig auf seinem letzten Wege weiter und verlor seine Gelassenheit auch in dem Augenblicke nicht, als er die Kanzel besteigend auf der Brüstung derselben die Worte geschrieben fand: Heute wirst Du noch predigen und dann nicht mehr! Er hatte die Predigt unter Zugrundelegung des Textes: Ein Herr, ein Glaube, eine Taufe (Ephes. 4.5), begonnen, als die Soldaten, welche die Kirche von aussen umstanden, unten im Thale den in Folge der oben erwähnten Explosion in der Kirche zu Schiers entstandenen Rauch bemerkten. Eine unbegreifliche Thorheit war es nun, dass eine Schildwache mit dem Rufe, man sehe in Schiers Feuer und Rauch, in die Kirche stürzte. Alle Zuhörer, die wohl wussten, worum es sich handelte, drängten jetzt, ohne weiter auf den Prediger zu achten, dem Ausgange der Kirche zu. In diesem Augenblick muss es wohl gewesen sein, dass Jemand eine Pistole gegen den Heiligen abfeuerte, ohne ihn jedoch zu treffen. In der Meinung, das Volk fürchte sich vor den Soldaten, stieg er von der Kanzel, um die Leute zu beruhigen.

Im nämlichen Momente näherten sich der etwas unterhalb des Dorfes gelegenen Kirche eine Anzahl zum Theile auch mit Gewehren bewaffneter Aufständischer von Fanas und aus andern Gemeinden, welche sich in der Nähe verborgen gehalten und nur auf das verabredete Zeichen gewartet hatten. „Ein (österreichischer) Soldat legte sein Gewehr auf einen Prättigauer an; bevor er jedoch losdrücken konnte, erhielt er selbst von demselben einen Schuss, der ihn zu Boden streckte. Dies war der Beginn des allgemeinen Kampfes.[1]

---

[1] Sprecher, Kriege und Unruhen I. 335.

Die an Zahl weit überlegenen Prättigauer fielen wüthend über die Oesterreicher her und nöthigten dieselben, soweit sie nicht schon den wuchtigen Keulenschlägen erlegen waren, in kürzester Zeit zur Flucht. Der Hauptmann Freiherr von Fels wurde von Landammann Martin Caspar und Hieronymus von Salis-Seewis vom Tode errettet und gefangen genommen, später aber ausgewechselt.

Fidelis schickte sich an, die Kirche zu verlassen, als ihm der Küster Johannes Winkler entgegentrat und ihn dringend bat, die Kirche nicht zu verlassen. Möglich, aber keineswegs zweifellos ist es, dass der hl. Fidelis, wenn er den Bitten des braven Küsters Folge geleistet hätte, unversehrt geblieben wäre. Er dürfte es indess als seine heilige Pflicht erachtet haben, den mit dem Tode ringenden Soldaten die Tröstungen ihrer hl. Religion zu spenden und seinen Gefährten, Pater Johannes von Kraiwangen, der unten in Grüsch weilte, in der Gefahr nicht allein zu lassen.[1] Als er desshalb den Flüchtigen in der Richtung nach Grüsch nacheilen wollte, wurde er unweit der Kirche von einer Rotte Aufständischer umringt und mit Keulen, Morgensternen und Lanzen furchtbar zugerichtet. Ein gewisser Ulrich Bärtsch von Seewis stach auch mit einer Mistgabel nach ihm und ein junger Mann, Namens Rudolf Hildebrand, versetzte ihm den Todesstreich, wobei der Heilige, wie sein Mörder später dem Ritter Fortunat Sprecher erzählte, ausgerufen habe: Komm mir Gott z' Hilf![2] Mit zwanzig Stichwunden in der Brust, mit eingeschlagenen Rippen und zerquetschtem Haupte gab der heilige Märtyrer seinen Geist auf. Es war am 24. April 1622 ungefähr um 11 Uhr Vormittags in seinem 45sten Lebensjahre.[3]

---

[1] Ganz und gar unwahr ist die Darstellungsweise à Porta's (Histor. Reform. III, 474), nach welcher der hl. Fidelis seine Zuhörer zum Uebertritte zur katholischen Kirche aufgefordert und dann, als sie sich dessen weigerten, die Sandalen ausgezogen und über ihren Köpfen ausgeschüttelt haben soll.

Die Kanzel, auf welcher P. Fidelis zu Seewis predigte, kam im Jahre 1869, nachdem sie längere Zeit im Salis'schen Schlosse zu Seewis gestanden hatte, nach Sigmaringen, wo sie sich im sog. Fidelishaus befindet.

[2] Sprecher, l. c.

[3] Die Leiche wurde andern Tags zu Seewis beerdigt, im folg. Herbste aber auf Befehl des Grafen Alwig von Sulz wieder ausgegraben und zum Theil nach Feldkirch, zum Theil nach Chur gebracht. Auf Bitten des Kaisers, des Erzherzogs Leopold und vieler anderer Fürsten wurde der Beatifications-Prozess

Die noch übrigen Soldaten wurden bis nach Grüsch hinunter verfolgt, wo die ganze österreichische Besatzung sich in das massiv gebaute Salis'sche, sog. hohe Haus zurückzogen.[1] Daselbst unterhielten sie noch einige Zeit ein lebhaftes Gewehrfeuer, bis sie endlich der Uebermacht weichen mussten. Ihr Heil in der Flucht suchend, fanden sie ihren Tod entweder unter den Prättigauer-Morgensternen oder in den Wellen der Landquart. Nach Sprecher[2] fielen an diesem Tage im Schiersergericht, wozu auch Grüsch zählte, 350, nach Andern[3] 500—700 Oesterreicher, darunter auch manche Frauen und Kinder derselben. Dreissig wurden gefangen.

Den Gefährten des hl. Fidelis, P. Johannes von Kraiwangen, retteten Abundius von Salis[4] und Landammann Janett unter eigener Todesgefahr. Im Hause des erstern fand P. Johannes während neun Tagen sichere Unterkunft, bis er auf Verwendung der Eidgenossen freies Geleite erhielt, worauf er sich nach Feldkirch begab. Dies war der denkwürdige 24. April des Jahres 1622, welcher den Bünden weit mehr Unheil als Oesterreich Verlust brachte. Dass Salis-Marschlins gegen den ganzen Aufstand nichts einzuwenden hat, wollen wir nur eben erwähnen — da er gegen Oesterreich gerichtet war, ist dies ganz selbstverständlich.

---

eingeleitet und P. Fidelis von Sigmaringen den 24. Februar von Benedikt XIII. selig und den 24. April 1744 von Benedikt XIV. heilig gesprochen. Er wird namentlich in Hohenzollern, Bayern, Württemberg, Vorarlberg und in der Schweiz hoch verehrt. Kirchlicher Gedenktag der 24. April. Fidelis, früher Marcus Roy, aus achtbarer Familie 1577 zu Sigmaringen geboren, studirte zu Freiburg Jus, begleitete 1604—1610 als Hofmeister eine Anzahl junger Adeliger auf einer Reise durch Europa, doktorirte 1611 mit Auszeichnung, trat 1613 in den Kapuziner-Orden ein, wirkte als ausgezeichneter Kanzelredner, wurde 1621 Guardian zu Feldkirch und im folgenden Jahre Rektor der bündnerischen Mission. Sein exemplarischer heiliger Wandel wurde auch von den Protestanten anerkannt und gepriesen und nur Prädikanten und einige protestantische Historiker neuerer Zeit suchen ihn als einen Fanatiker darzustellen.

[1] 1590 von Ritter Herkules gebaut und nicht zu verwechseln mit dem in der Mitte des Dorfes stehenden Finer-Davatz'schen Hause, welches im vorigen Jahrhundert (1710) an die Familie Salis (neuere Grüscher-Linie) kam.

[2] I. 336.

[3] P. Clemente, pag. 480.

[4] Bruder Rudolf's und Ulyssens.

Die Prättigauer, denen es nach vollbrachter Heldenthat doch etwas unheimlich zu Muthe wurde, suchten und fanden bei den protestantischen Eidgenossen, sowie bei den evangelischen deutschen Fürsten und Venedig reichliche Unterstützung. Vor Allem beriefen sie ihren Bundesgenossen Rudolf von Salis, der noch in der Schweiz weilte, zurück. Derselbe langte den 30. April in Begleitung seiner beiden Vettern Guler von Wynegg und einem erfahrnen Maschinisten, Johann Ardüser, in dem vor Mayenfeld aufgeschlagenen Lager der Bündner an. Nachdem er die zur Entsetzung dieses Postens von Chur und dem Arlberg heranrückenden Oesterreicher gänzlich geschlagen hatte, worauf am 2. Juni die Capitulation erfolgt war, brach er nach Chur auf und schloss die von Baldiron besetzte Stadt von allen Seiten ein. Der Schrecken war um so grösser, als mehrere Ausfälle der Besatzung mit Verlust zurückgeschlagen wurden und das Gerücht sich verbreitete, Rudolf Salis beabsichtige die Zerstörung der Stadt, „dieses spanischen Nestes." Da man derselben auch das Quell- und Mühlwasser abschnitt, trat bald grosser Mangel an Lebensmitteln ein, wesshalb das österreichische Kriegsvolk zu murren begann. Auf Veranlassung des Fürstbischofs und des Domkapitels wurde nun der Oberstzunftmeister der Stadt in Begleitung des Hauptmanns Andreas von Salis (-Rietberg) in das Lager der Bündner entsendet, um mit Rudolf Salis Unterhandlungen anzuknüpfen.[1] Nach langem Hin- und Herreden verbürgten sich der Bischof, das Capitel und der Stadtrath für die zu Innsbruck gefangen gehaltenen Bündner, worauf Baron

---

[1] Andreas von Salis von und zu Neuensins (Canova), Herr zu Aspermont und Campell, geb. 1563 als der zweite Sohn des Landeshauptmanns Herkules von Salis-Rietberg aus dessen erster Ehe mit Katharina von Marmels, stand als Gardecapitaine in Diensten König Heinrich IV. von Frankreich; wurde von den Bünden nach dessen Ermordung 1610 mit Joachim von Jochberg und Joh. Luzi Gugelberg von Moos dem Churfürsten Johann Sigismund von Brandenburg zugesendet und zeichnete sich besonders bei der Eroberung von Jülich aus. (Sprecher I, 48; Stettler, Chron. P. II, lib. 7, pag. 337; Bucelin, Rhaetia sacra et prof. ad ann. 1610.) Bei der Capitulation von Chur streckte er der Stadt fl. 20,000 Rhein. W. zur Deckung der Kriegscontribution vor. Er trat zum Protestantismus über — wann ist uns nicht bekannt. Andreas war vermählt mit Margaretha von Hohenbalken und starb den 19. August 1635 zu Chur, wo sein Grabmal auf dem alten Friedhof noch zu sehen ist. Sein Bildniss in ganzer Figur befindet sich als sehr schönes Glasgemälde im Besitze des Salis'schen Familien-Verbandes.

Rudolf Salis sich mit den übrigen Bedingungen einverstanden erklärte. Baldiron erhielt freien Abzug und begab sich mit der spanischen und italienischen Cavallerie und Infanterie und in Begleitung von Salis' Schwägern Dietegen von Hartmannis und Joh. Anton von Pestalozzi, die zugleich als Geiseln gelten sollten, nach Cläfen. Rudolf Salis, auf dem am 27. Juni (1622) versammelten Bundestage zum Oberbefehlshaber der Truppen aller drei Bünde ernannt und mit ausserordentlichen Vollmachten ausgerüstet, hatte nun nichts Eiligeres zu thun, als nach Jlanz aufzubrechen und von den katholischen Gemeinden des Obern Grauen Bundes die Aufhebung des Mailänder-Traktates zu erzwingen und die widerstrebenden Gerichte Dissentis und Lugnetz um 9000 Gulden zu brandschatzen. Dann unternahm er, um an Oesterreich für die Besetzung der X Gerichte Rache zu nehmen, einen Einfall in's Montafun, wobei stark geplündert und ebenfalls schwere Brandschatzung eingetrieben wurde. Einem geplanten Plünderungszuge in's Tirol wurde durch ein für die Bündner ungünstiges Treffen bei Chiaflur vorgebeugt.

Noch während dieser Repressalien hatten die Eidgenossen Namens der Bünde, wenn auch nicht im Einverständnisse mit der kriegerisch gesinnten Salis'schen Faktion, mit Erzherzog Leopold einen Waffenstillstand abgeschlossen, laut welchem die Feindseligkeiten auf beiden Seiten bis zur Beendigung einer zu Lindau abzuhaltenden Conferenz eingestellt werden sollten. Salis-Marschlins rechnet es den damaligen Bundeshäuptern und namentlich den Katholiken als einen unverzeihlichen Fehler und als einen Mangel an Patriotismus an, dass sie sich für einen solchen Vertrag gewinnen liessen, der nach seiner Meinung nur für Oesterreich und Spanien von Vortheil sein konnte. Es sollte sich indess bald herausstellen, dass die Bedenken gegen die Fortsetzung eines so übereilt begonnenen Krieges nicht unbegründet waren. Indem die Gebrüder Rudolf und Ulysses von Salis mit ihrem Anhange den Krieg sozusagen auf eigene Faust weiter führten, müssen sie mit allem Fuge für das Elend und die furchtbaren Drangsale verantwortlich gemacht werden, in welche das Land nun gestürzt wurde. Auch ihr Vertrauen auf

---

[1] Denkwürdigkeiten, S. 155,

die Oesterreich feindlich gesinnten Mächte, die ihnen anfänglich reichliche Unterstützung an Geld und Mannschaft zukommen liessen, vermag sie umsoweniger zu rechtfertigen, als das ganze unglückliche Unternehmen der wenig ehrenhaften Politik Frankreichs und der gegen Kaiser und Reich conspirirenden protestantischen Fürsten Deutschlands in die Hände arbeitete. Ulysses von Salis ist aufrichtig genug, zu gestehen, dass die betreffenden Potentaten bei diesen Unterstützungen ganz andere Interessen als das Wohl und Wehe der Bündner im Auge hatten.[1] „Diese Geldzuflüsse“, sagt er, „waren so bedeutend, dass man nicht blos die fremden Hilfstruppen regelmässig zu bezahlen, sondern auch ansehnliche Quantitäten an Munition anzukaufen vermochte. Auch erlaubten uns die fremden Gönner und Potentaten nicht nur in ihrem Lande zu werben, sondern sie ermunterten sogar selbst ihre Unterthanen, in unsern Dienst einzutreten und bezeugten ihre Freude über unsere Anfangs günstigen Erfolge. Als uns aber das Glück leider den Rücken kehrte, bewahrheitete sich auch hier das Sprichwort:

> „Tempore felici multi numerantur amici,
> Dum fortuna perit, nullus amicus erit.“

Der Graf von Mansfeld hatte den besten Willen, uns zu helfen, war aber leider nicht mehr dazu im Stande.“ Letzterer richtete unterm 27. und 29. April von Ladenburg aus an die Bündner die freundschaftlichsten Briefe, in welchen er sie, besonders die Prättigauer, „als Vorkämpfer der alten Freiheit“ zur Standhaftigkeit und Ausdauer im Kampfe gegen Oesterreich aufmunterte. Nach Ankunft des Herzogs Christian von Braunschweig werde er ihnen eine Anzahl Soldaten zusenden. Vorläufig schickte Mansfeld den im Artillerie-Fache sehr erfahrnen Obersten Peblitz, „der die bündnerische Mannschaft zwar schön, aber schlecht disciplinirt und die Hauptleute in der Kriegskunst meist unerfahren“ fand.[2] „Der General“ (Rudolf von Salis), so berichtet dessen Bruder,[3] „welcher den Eifer (der Bündner) bereits erkalten sah, indem Viele heim liefen, um ihre Felder zu bestellen, und ihm und dem Kriegsrathe die Sorge für

---

[1] S. 142.

[2] ibid. S. 141.

[3] ibid.

die Sicherheit und Vertheidigung des armen, vom Erzherzoge mit vollständigem Ruin bedrohten Landes überliessen, war genöthigt, Jeden, der Truppen zuzuführen versprach, in Dienst zu nehmen. Um bessere Soldaten zu erhalten, bat er den Obersten Peblitz, wenn möglich aus zerstreutem Mansfeld'schem Volke ein Regiment von 1200 Mann in sechzehn Compagnien zu bilden. Die Zahlung dafür wies er auf die Gelder an, welche die Generalstaaten als Kriegs-unterstützung gegen den Erzherzog Leopold monatlich zu liefern sich anheischig gemacht hatten."

Oesterreich, das nun auch seinerseits nicht mehr den Abschluss der Lindauer-Conferenz abwartete, entsandte die Grafen Sulz und Lodron mit einem Heere von 10,000 Mann, welches Mitte Juli (1622) im Engadin einrückte. Furchtbar war die Rache der Oesterreicher. Alle Drangsale des Krieges, Mord, Brand und Plünderung bezeichneten ihre Wege bis nach Chur. Vergebens wandte sich Freiherr Rudolf von Salis an die Bundeshäupter um Mobilmachung genügender Mann-schaften; viele Gerichte schickten kaum die Hälfte der sie nach den Bestimmungen des letzten Bundestages treffenden Anzahl, so dass der General dem Obersten Peblitz möglichste Eile in der Anwer-bung eines deutschen Regimentes dringend anempfahl. Es war indess schon zu spät. In Folge der immer mehr überhand nehmenden Desertion des gemeinen Mannes musste sich Rudolf Salis mit seinem Heere — dasselbe zählte im Ganzen nur noch 12 Compagnien — in's Prättigau zurückziehen. Auf ein unglückliches Treffen im Dischma-thale auf Davos vom 4. September folgte schon andern Tags ein Gefecht bei Raschnals (Mezza Selva), wo das Bündner-Heer bis auf einen geringen Rest vernichtet wurde. Rudolf von Salis, begreiflicher Weise „in äusserst trüber Stimmung", entkam durch schleunige Flucht und wanderte mit Frau und Kindern, mit seinen Brüdern und den angesehensten Prättigauern abermals in's Exil, während der Graf von Sulz, sein Rachewerk fortsetzend, fast alle Ortschaften des Thales einäscherte. Zu Grüsch war das hohe Haus das erste, welches in Brand gesteckt wurde, obwohl Graf Sulz, weil Abundius von Salis P. Johannes von Kraiwangen vom Tode errettet, den ent-gegengesetzten Befehl gegeben hatte. Rudolf von Planta, der sich auf Seite Oesterreichs am Feldzuge betheiligte, soll es gewesen sein, der den Befehl zur Brandlegung gab. Ebenso wurde in Malans in der Nacht vom 8. auf den 9. September der schöne Wohnsitz Baron Rudolf's vollständig niedergebrannt, nachdem schon früher mehrere Salis'sche Herrensitze dem nämlichen Schicksale anheim gefallen waren.[1]

Jetzt wandte auch die venezianische oder Salis'sche Faktion ihre Aufmerksamkeit der zu Lindau tagenden Conferenz zu. Am 20. September (1622) wurde wieder ein Bundestag zu Chur gehalten, an welchem der Obere Graue und der Gotteshausbund, vom X Gerichtenbunde aber nur die Herrschaft Mayenfeld, theilnahmen. Man ordnete drei Gesandte, Joh. Gaudenz Schmidt von Grünegg, Fortunat von Juvalt und Rudolf Andreas von Salis-Zizers, letzterer seit wenigen Monaten Katholik, nach Lindau ab und gesellte denselben als Vermittler für die X Gerichte den Abt von Dissentis, Sebastian von Castelberg zu, auf welchen Baron Rudolf Salis besonderes Vertrauen gesetzt haben soll.[2] Rudolf Salis wollte sich sogar persönlich an der Conferenz betheiligen und erbat sich zu diesem Zwecke vom Grafen von Sulz freies Geleit, das ihm auch zugesagt wurde. Als er aber, in Appenzell angekommen, erfuhr, dass die VIII Gerichte und das Unterengadin, wo das Haus Oesterreich ähnliche Rechte wie im Prättigau besass, aus dem Verbande der III Bünde förmlich ausgeschlossen werden sollten, verzichtete er auf die Theilnahme an den Verhandlungen und kehrte wieder um.

---

[1] So z. B. schon früher bei der Belagerung von Mayenfeld das vor diesem Städtchen gelegene Schloss des Ritters Vespasian von Salis, früher Prestenegg, dann von seinem damaligen Besitzer Salenegg genannt, dessen vollständige Einäscherung von den Bündnern verhindert wurde. Das Schloss (das einige Dezennien später in den Besitz der Familie Gugelberg von Moos überging) kam dann, da es mit Fortificationen versehen war, den Bündnern sehr gut zu statten.

Ein anderer Landsitz zu St. Salvator bei Chur wurde den 7. Juni (1622) von den Spaniern niedergebrannt und der Besitzer, Simon von Salis (Tab. II), sammt seiner kranken Tochter Violanta und deren Dienerin auf dem Berge oberhalb Chur (Piz Oggel), wohin sie sich geflüchtet, umgebracht. Sie liegen alle drei zu Malix begraben. 1624 wurde auch der dem Freiherrn Rudolf von Salis gehörige Palazzo Masegra bei Sondrio zerstört, während die gleichnamige Burg zu Sondrio, seit 1593 Besitzthum der Familie Salis-Soglio (cf. oben Seite 28 u. 2), vom spanischen General Grafen Serbellone besetzt, den 19. Dez. 1624 aber vom französischen General Marquis de Coeuvres eingenommen wurde.

[2] Sprecher I. 425.

Den 30. September kam dann zu Lindau unter Mitwirkung des Apostolischen Nuntius, Alexander Scapi, des spanischen Gesandten Grafen Casati und der eidgenössischen Abgeordneten ein Friedensschluss zu Stande. Obwohl jedoch die Lindauer-Beschlüsse auf dem nächsten Bundestage den 24. October von den Gemeinden angenommen wurden — der moralische Druck von Seite Oesterreichs und Spaniens mag allerdings das Seinige dazu beigetragen haben —, so gelangten dieselben, namentlich insoferne sie die Restitution an die katholische Kirche betrafen, dennoch niemals zur Ausführung, denn in diesem Punkte hielten die Bündner auch die feierlichsten Versprechungen für nicht verbindlich.

Oesterreich mochte indessen einsehen, dass eine mit so grossem Aufwande militärischer Macht erzwungene Unterwerfung der VIII Gerichte nicht von Dauer sein werde, wenn es nicht gelänge, die leitenden Persönlichkeiten zu gewinnen oder wenigstens an der fernern Einmischung in die Prättigauer-Angelegenheiten zu hindern. Dies galt besonders von Baron Rudolf Salis, der damals im X Gerichtenbunde, wie überhaupt im ganzen Lande, soweit dasselbe der venezianischen Partei anhing, weitaus den grössten Einfluss besass. Graf Alwig von Sulz lud ihn im Oktober desselben Jahres (1622) zu einer Unterredung auf einer kleinen Rheininsel ein, wo er ihm Namens des Erzherzogs Leopold unter Anerkennung seiner persönlichen Tapferkeit und gegen das Versprechen, der Prättigauer sich nicht weiter anzunehmen, freie Rückkehr in die Heimath, den Genuss seines dortigen Vermögens, volle Religionsfreiheit und eine ehrenvolle Militärcharge angeboten haben soll. Sulz habe sich auch bereit erklärt, beim spanischen Gouverneur von Mailand, Herzog von Feria, die Herausgabe der im Veltlin liegenden, sequestirten Majoratsgüter des Freiherrn auszuwirken. Rudolf lehnte alle diese Anerbietungen ab und auch spätere Bemühungen der beiden Grafen Sulz und von Hohenems blieben, obwohl man ihm auch für die Prättigauer Religionsfreiheit in Aussicht stellte, ohne Erfolg. Diese ablehnende Haltung war übrigens, wie Salis-Marschlins selbst berichtet,[1] nicht sowohl in Rudolfs Abneigung gegen Oesterreich, als vielmehr

---

[1] S. 173.

darin begründet, dass die Verhandlungen, die er neuerdings mit dem französischen Hofe und den deutschen Fürsten der Union angeknüpft hatte, jetzt eben „im besten Gange" waren. Oesterreich gab indessen seine Bemühungen noch nicht auf. Auch der Herzog von Feria forderte den spanischen Gesandten bei den Eidgenossen, Grafen Casati, auf, noch einen Versuch zu machen, um Rudolf Salis zu gewinnen. Casati beauftragte seinen Botschaftssekretär, den nachmaligen ersten Minister des Erzherzogs Leopold von Tirol, Grafen Maximilian von Mohr, mit der Führung der Unterhandlungen. Mohr hatte darauf mit Rudolf eine Zusammenkunft zu Reichenburg an der Grenze von Schwyz und Glarus, wo er ihm ein Regiment in kaiserlichen Diensten, das er durch seinen Bruder Ulysses commandiren lassen könne, anbot. Auch soll er ihm eine bedeutende Summe baaren Geldes und eine jährliche Pension, ferner unumschränkten Genuss seiner Güter im Prättigau, Entbindung vom Unterthaneneide, volle Religionsfreiheit und die Erstattung seines Vermögens im Veltlin sammt allen aufgelaufenen Zinsen versprochen haben. Dafür sollte Rudolf Salis sich nicht mehr in die Prättigauer-Angelegenheit einmischen und seinen zehnjährigen Sohn Herkules als Geisel zum Studium nach Mailand senden. „Ich muss gestehen", sagt Salis-Marschlins, „dass, wenn mein Bruder dadurch den armen Prättigauern in Sachen der Religion eine Erleichterung hätte verschaffen können, obige Vorschläge ihn umzustimmen geeignet gewesen wären; aber die Bedingung betreffs seines Sohnes verdarb Alles. Sie gingen wieder auseinander und als Maximilian Mohr später eine zweite Unterredung vorschlug, wies mein Bruder dieselbe unter dem Vorwande eines Unwohlseins von sich. Der Grund hiezu aber war der, dass er den uns befreundeten Mächten keinen Anlass zu Eifersucht geben wollte. (Oesterreich-) Spanien gab seine Pläne übrigens nicht auf und legte an meines Bruders Güter im Prättigau nicht die Hand, ohne Zweifel in der Hoffnung, ihn später doch noch zu gewinnen."

So verblieb Alles im nämlichen Zustande bis zum October des Jahres 1624. Unter dem Vorwande von Korneinkäufen schickten die Prättigauer von Zeit zu Zeit Boten an Rudolf Salis, um sich zu erkundigen, ob noch keine Aussicht vorhanden sei, „des österreichischen und spanischen Joches ledig zu werden." Rudolf antwortete darauf, sie sollten sich auf sein Wort verlassen; die Unterhandlungen seien im besten Gange und der König von Frankreich werde ihre alte Freiheit durch Waffengewalt oder auf diplomatischem Wege herstellen. Schwerlich dürfte er ihnen aber gesagt haben, dass der König mit seiner Hilfe gerade so lange zuwartete, bis er ihre Glaubensgenossen, die Hugenotten, mit der Schärfe des Schwertes zur Unterwerfung gebracht.

Um Frankreich und dessen Verbündeten jeden Vorwand zur Ergreifung der Waffen zu Gunsten der Bünde zu entziehen, hatte Spanien die von seinen Truppen besetzten bündnerischen Unterthanenländer als Depositum in die Hände Papst Gregor XV. gelegt, welcher dieselben im Mai 1623 durch seinen Bruder, den Herzog von Fiano, besetzen liess. Zu Anfang des folgenden Jahres 1624 kam dann aber der französische Gesandte Mesniel und etwas später der zum Oberbefehlshaber der alliirten Truppen designirte Marquis le Cœuvres nach der Schweiz, um mit den exilirten Bündnern den Angriffsplan zur Eroberung des Veltlins zu besprechen. Während Rudolf von Schauenstein und Ritter Andreas Brügger, an ihrem Aufenthalte in den Bünden nicht gehindert, in die Heimath eilten, im Geheimen Mannschaften anzuwerben, sammelte Freiherr Rudolf von Salis, der zuerst aufbrechen sollte, ein Regiment zu Niederurnen im Kt. Glarus, wo er die Zeit seines Exils zugebracht hatte. Er langte mit demselben den 28. Oktober (1624) zu Ragaz an und traf dann mit dem französischen Heere unter de Cœuvres und mit den Berner- und Zürcher-Regimentern unter Nicolaus von Diesbach und Caspar Schmid am St. Luziensteig zusammen. Sobald sich die Nachricht hievon im Lande verbreitet hatte, flüchteten die österreichischen Amtleute im Prättigau und die Kapuziner in's Montafun. Ebenso schickten sich die österreichisch-spanischen Parteigänger, vor Allen Rudolf von Planta, an, abermals in's Exil zu wandern.

Rudolf Salis verlangte vor Allem, dass die VIII Gerichte und das Unterengadin den Bundesschwur erneuern sollten. Zu diesem Zwecke versammelte sich die gesammte männliche Bevölkerung der Landschaft Davos, des Prättigaus und der Herrschaft Mayenfeld auf einer Wiese bei Grüsch. Der Marquis de Cœuvres, vom Markgrafen

Carl von Baden-Durlach begleitet, liess durch den königlichen Dolmetsch Anton de Molina erklären, er sei von seinem Könige entsendet, um dem Lande nicht nur die alte Freiheit, sondern auch das Veltlin wiederzuschenken. Dann forderte er Alle auf, den Bundesschwur zu erneuern und ihre streitbare Mannschaft in den Sold des Königs von Frankreich zu stellen. Salis-Marschlins weiss uns gar rührend zu schildern, welch' grosse Freude die Prättigauer hierüber empfanden und wie sie Alle, Mann für Mann, mit Thränen im Auge, zu seinem Bruder Rudolf kamen, um ihm die Hand zu reichen und ihm ihrer ewigen Dankbarkeit für Frankreich und für das, was er persönlich für sie gethan, zu versichern. „Wie unbeständig und undankbar", klagt aber Salis-Marschlins, „ist unser Volk und wie schnell pflegt es empfangene Wohlthaten zu vergessen! Frankreich verschwendete ganze Schätze, um uns die Freiheit wiederzugeben und zum Danke dafür wurden später im Jahre 1637 die französischen Waffen unter dem Herzog von Rohan zur ewigen Schmach des Landes aus demselben verjagt."[1]

Alsdann brach man nach dem Veltlin auf, zuerst Baron Rudolf Salis, der jedoch den Ausgang dieses Feldzuges nicht mehr erlebte. Er starb den 29. October des folgenden Jahres 1625 zu Malans erst 36 Jahre alt, angeblich an einem langsam wirkenden Gifte, das ihm im Veltlin beigebracht worden sein soll.[2] Das Commando seines Regimentes ging hierauf an seinen Bruder Ulysses über.

---

[1] S. 179.

[2] „lento veneno, uti praesumitur, in Valtellina ei propinato." Stemmatogr. Fam. à Salis, Tab. IV; Leu XVI, S. 37, während Salis-Marschlins keine derartige Andeutung macht. Seine Grabschrift zu Malans lautet folgendermassen:

Celeberrimo Heroi

D. Rudolpho Salicaeo

Lib. Baroni à Salis,

Galliar. Regis Colonello,

Rhaet. Milit. Archistratego,

Marito desideratissimo

Anna de Hartmannis

M. P.

Obiit XIX. die Oct. M. D. C. XXV

Cum viscisset Ann. XXXVI

vivit post funera verius.

cf. Tonjola, Basilea sep. pag. 82.

Nachdem gegen Ende des Jahres 1625 trotz der tapfern Gegen-
wehr des Grafen Serbellone und des berühmten kaiserlichen Generals
Pappenheim fast das ganze Veltlin mit den Grafschaften Cläfen und
Bormio in die Gewalt Frankreichs und der Union gelangt war,
glaubten die Graubündner, es sei nun an der Zeit, dass ihnen die
Unterthanenlande wieder zurück erstattet würden und erinnerten den
französischen General de Cœuvres an die beim Einzuge in das Land
gemachten Versprechungen. Die Zurückerstattung des Veltlins lag
jedoch nicht im Interesse Frankreichs und schon seit geraumer Zeit
waren desshalb zwischen den Kronen Spanien und Frankreich und
unter Vermittelung des Papstes Gregor XV. Verhandlungen gepflogen worden, deren Ergebniss der von den protestantischen
Bündnern mit vielem Unwillen aufgenommene Vertrag von Monsonio
(5. März 1626) war. In Folge desselben wurden die Unterthanenlande abermals in die Hände des Papstes deponirt. Die französischen,
spanischen und kaiserlichen Heere räumten hierauf das Land.

Erst 10 Jahre später ging die Veltliner-Angelegenheit ihrer
Entscheidung entgegen. Nachdem ein kaiserliches Heer unter dem
Grafen de Merode die Bünde passirt hatte, rückten die Franzosen,
welche dies als einen Bruch des Vertrages von 1626 ansahen, unter
Herzog Henri de Rohan wieder in's Land ein und Oesterreich liess
auch nicht lange auf sich warten. Der Oberbefehl der kaiserlichen
Truppen war Anfangs dem General Deutschordensritter Freiherrn
Hans Wolfgang von Salis zugedacht gewesen. Derselbe weigerte
sich aber, gegen sein Vaterland zu kämpfen und erklärte, nöthigenfalls lieber auf seine Charge verzichten und den Dienst quittiren zu
wollen. Der Kaiser und dessen Minister billigten indessen die Haltung des Generals und übertrugen das Commando dem Grafen von
Fernamonde.[1]

Rudolf's Wittwe vermählte sich in 2. Ehe mit Ambrosius Planta von Wildenberg zu Malans. Er hinterliess einen Sohn Herkules, Nachfolger im Baronat
und Fideicommiss († 1674), und eine Tochter, Ursula, verm. an Joh. Bapt. von
Tscharner.

[1] Hans Wolfgang von Salis, geb. 1580 (Stemmat. Fam. à Salis, Tab. VIII),
Sohn des churfürstl. bayrischen Oberlieut. Albert aus der katholischen ältern
Regensburger-Linie, war unter Rudolf II. in kaiserliche Dienste eingetreten,
1624 Oberstlieutenant im Regimente Hatzfeld, 1628 Oberst, 1631 Sergeant General

Frankreich, in dessen Sold auch fünf bündnerische Regimenter standen, blieb abermals mit der Restitution des Veltlins Sieger, zögerte aber wieder trotz vielfacher Mahnungen, was um so grössern Unwillen hervorrief, als auch der Sold sehr mangelhaft bezahlt wurde und manchmal längere Zeit ganz ausblieb. In Folge dessen entstand, wie früher schon erwähnt, eine Verschwörung gegen Frankreich, welche den Herzog von Rohan mit seinem Heere schliesslich aus dem Lande verdrängte (März 1637). Drei

de bataille; führte 1632 während einer Krankheit Tilly's das Interimscommando über dessen Heer und hemmte durch seine vortrefflichen Anstalten nicht wenig das Vorschreiten der Schweden; im selben Jahre zum Gouverneur von Ingolstadt und von Kaiser Ferdinand II. durch Diplom vom 19. Januar (1632) zum Freiherrn und Pannerherrn des hl. Röm. Reichs und der österreichischen Erblande ernannt und Geheimer Kriegsrath des Churfürsten Maximilian von Bayern, 1633 Gouverneur von Regensburg, 1634 General-Lieutenant, 1635 General-Feldzeugmeister. Er wurde den 15. October 1639, als er ein besonderes Corps in Sachsen commandirte, bei Elsterberg, nachdem er einen ganzen Tag lang mit nur 4000 Mann gegen einen viel stärkern Feind gekämpft hatte und seine Mannschaft auf 1800 Mann herabgesunken war, vom schwedischen General Banner geschlagen und gefangen genommen. Er starb am Charfreitag den 22. April 1639 in schwedischer Gefangenschaft zu Wismar. Seine Leiche wurde nach Regensburg überführt und daselbst im Kloster der Augustiner-Eremiten, sein Herz aber im Niedermünster beigesetzt, welch letztere Kirche von seiner Schwester Maria Anna, Fürst-Aebtissin des altadeligen freien Damenstiftes daselbst, renovirt wurde. Ausser der letztern ruhen noch verschiedene andere Mitglieder der Familie Salis in der genannten Kirche. Der Sarkophag, in welchem Hans Wolf's Herz ruhte und der seine ganze, in Stein gemeisselte Figur zeigte, ist abhanden gekommen; ebenso das Wappen, der Helm und die Waffen, welche noch gegen Ende des vorigen Jahrhunderts in der Sakristei zu Niedermünster zu sehen waren.

Freiherr Hans Wolf heirathete 1620 Johanna Elisabeth von Münchhausen, geb. 1584, Tochter des Statius v. M., Herrn auf Leitzkomm, Gronde, Stegerberg, Botzheim, Fienenburg, Alfersheim u. s. w. und der Anna von Lattorf. Johanna Elisabeth war in 1. Ehe mit Franz von Stockhausen († 1619) vermählt gewesen. Hans Wolf wurde in Folge seiner Heirath v. Stockhausen'scher Pfandinhaber der vom Fürstl. Stifte Corwey lehenrührigen adeligen Güter zu Buttmarchen und dadurch Mitglied der reichsunmittelbaren Ritterschaft in Franken. Nach seinem Tode gingen diese Güter auf den kaiserl. Oberstlieut. Joh. Peter von Salis (jüngere Regensb.-Linie) über. Seine Frau muss spätestens 1633 gestorben sein, da Hans Wolf 1634 beim deutschen Orden aufschwor (Commthur zu Regensburg und Gangowen). Vergl. Leu, Tom. XVI. 41 und Supplement Tom. V, 266; P. Leopold Nepodil, Priester des Deutsch-Ordens-Conventes, Deutsche Adelsproben aus dem Deutsch-Ordens-Archiv, Wien 1858, II, S. 170, 171; Treuer, von Münchhausen'sche Geschlechtshistorie, S. 126, Nr. XXI.

Jahre später, im September 1639, kam endlich der „ewige Friede" mit Spanien zu Stande, der den Bünden das Veltlin mit den beiden Grafschaften zurückerstattete. Es freut uns, constatiren zu können, dass am Abschlusse dieses Friedens, der die Pacificirung des durch langjährige Kriege und innere Unruhen erschöpften Landes herbeiführte, auch ein Mitglied der Familie Salis, nämlich der schon oben bei Anlass der Lindauer-Conferenz erwähnte Convertit Rudolf Andreas von Salis-Zizers betheiligt war. Die Veltliner hatten, wenn sie auch ungern genug unter das Joch der herrschenden Bünde zurückkehrten, doch wenigstens das unschätzbare Gut der Glaubenseinheit wieder erlangt.

So war die langwierige Veltliner-Angelegenheit, die zeitweilig halb Europa in Bewegung gesetzt hatte, zum endgültigen Abschluss gelangt und es erübrigt uns nur noch die Regelung der Prättigauer-Frage kurz darzulegen. Es war gegen Ende des Jahres 1647, als der Gesandte des Churfürsten Maximilian von Bayern am erzherzoglichen Hofe zu Innsbruck, der Oberst und Regimentsinhaber Jacob von Salis, seinem Vetter Marschall Salis-Marschlins brieflich mittheilte, er glaube bei den Ministern Seiner Hoheit einige Geneigtheit zur Veräusserung der Rechte auf die VIII Gerichte und das Unterengadin wahrzunehmen.[1] Von dem Bundeshaupte der X Gerichte

---

[1] Jakob von Salis von Celerina, Sohn des 1629 † Commissarius Hans und der 1616 † Susanna geb. von Salis, trat in das Regiment des Generals Freiherrn Hans Wolfgang von Salis, avancirte bis zum Oberstlieutenant, in welcher Charge er sich mit Auszeichnung am Pommern'schen Feldzuge gegen die Schweden betheiligte. Nach dem Tode des Generals Salis und nach der Auflösung dessen Regimentes wurde Jakob Salis vom Churfürsten Max von Bayern in seinen Dienst berufen und mit der Errichtung eines eigenen Regimentes von Arquebusiers beauftragt, mit welchem er der katholischen Liga vorzügliche Dienste leistete und „in einem Treffen anno 1644 nach der eigenen Gestandnuss der Feinden, denenselben den meisten Schaden gethan, darbey aber verwundet worden und viel Hauptleuth verloren." (Leu XVI, 54.) Es war dies in der Schlacht von Nördlingen. Nach Abschluss des Ulmer-Traktats vom 14. März 1647 wurde er in wichtigen Geschäften an Erzherzog Leopold von Tirol und dann an den Wienerhof abgeordnet, wo ihn Kaiser Ferdinand III. huldvollst empfing, mit dem Commando eines Cavallerie-Regimentes betraute und zum Sergeant General de bataille beförderte, in welcher Charge er dem Kaiser noch mehrere Jahre sehr gute Dienste leistete, bis er bei der Belagerung von Stettin, als er in Begleitung des General-Feldmarschalls Freiherrn von Sparr und des Generals Grafen Dohna die Vorposten recognoscirte, von einer feindlichen Kanonenkugel niedergestreckt wurde, den 15. September 1659.

mit der Führung der Unterhandlungen betraut, war Salis-Marschlins
nicht wenig überrascht und enttäuscht, als er mit dem Projekte
eines Loskaufs von den österreichischen Herrschaftsrechten bei den
Prättigauern nicht so allgemeinen Anklang fand, als er erwartet
hatte. „Fast unglaublich", schien es ihm, „dass *sehr Viele* den bisherigen Zustand vorzogen",[1] in der That die sprechendste Widerlegung der Behauptung des Marschalls, dass das österreichische Joch
so unerträglich gewesen sei. Es war dann natürlich die pars sanior,
welche für das Projekt eintrat und schliesslich „brachten die fortwährenden Ermahnungen der Prädikanten auch die Widerstrebendsten
dazu, dass sie für den Abschluss des Loskaufs stimmten." Die Verhandlungen zogen sich übrigens noch lange hinaus und den end-
lichen Abschluss derselben im Jahre 1649 haben die Prättigauer in
erster Linie dem Minister des Erzherzogs, Grafen Maximilian von
Mohr,[2] zu verdanken.

Salis-Marschlins versichert, zwei Gründe hätten ihn veranlasst,
„mit so viel Eifer" den Loskauf zu betreiben: erstens die Erhaltung
des evangelischen Glaubens in den beiden Oesterreich bisher unter-
worfenen Landestheilen, und zweitens die Hoffnung, die Prättigäuer
würden, wenn einmal unabhängig, ohne Schwierigkeit zu einem
Bündnisse mit Frankreich zu bewegen sein. In letzterem Punkte sah
sich der Marschall jedoch, wie er selbst sagt, gründlich getäuscht.
„Man muss gestehen", bemerkt er, „dass der Graf Mohr ein guter
Politiker war, indem er seinem Fürsten und Herrn diesen Rath[3] gab.
Jedenfalls erwies er sich als einen guten Propheten. Kaum wurde
nämlich die Bevölkerung (des Prättigau's) frei, als ihre Anhänglichkeit an das Haus Oesterreich darin sich zeigte, dass sie erklärte,
wie Unterthanen desselben leben und die Capitulation von Mailand
gewissenhaft beobachten zu wollen. Wie eitel und trügerisch", so
schliesst Ulysses von Salis seine diesbezüglichen Erwähnungen und
zugleich seine Memoiren, „sind doch menschliche Pläne! Wie selten
entspricht der Ausgang den Wünschen des Menschen und mögen
dieselben noch so gut und nützlich für das Vaterland sein! Auch

---

[1] S. 359.

[2] Der Abstammung nach ein Bündner.

[3] In Betreff des Loskaufs.

meine Absicht war rein und wenn ich in ihrem zweiten Theile nicht
an das Ziel gelangte, so hoffe ich doch zu Gott dem Barmherzigen,
den ersten erreicht zu haben und dass Er Seinen Segen dazu geben
werde, damit unsere wahre, alleinseligmachende Religion für ewige
Zeiten im Bunde der X Gerichte erhalten bleibe."

Ein Mann seiner Zeit.

Am Schlusse dieses Abschnittes erlauben wir uns noch eine Lebensskizze des in Vorhergehendem so oft genannten Feldmarschalls Ulysses von Salis-Marschlins zu geben. Wir benützen hiezu fast ausschliesslich seine eigenen Aufzeichnungen, wie er dieselben in seinen oft citirten Denkwürdigkeiten niederlegte.

Ulysses von Salis war den 24. Juli 1594 wahrscheinlich zu Grüsch geboren und hatte seinen in der Familie seither sehr gebräuchlichen Namen von seinem Grossoheim, dem Grafen Ulysses Martinengo, ererbt. „Mein Vater, Ritter Herkules von Salis seligen Andenkens", so beginnen seine Memoiren, „sah sich von Gott mit zahlreichen Söhnen und einem anständigen Vermögen gesegnet, und glaubte von letzterm keinen bessern Gebrauch machen zu können, als indem er jene in der Furcht Gottes erzog und ihnen eine ihrer Geburt entsprechende Bildung zukommen liess, damit sie in reifem Alter dem Vaterlande zum Nutzen, der Familie zur Ehre zu gereichen vermöchten. Da meine beiden ältern Brüder Rudolf und Abundius zu den wissenschaftlichen Studien grosse Neigung zeigten, sparte er nichts, um sie dieselben auch im Auslande fortsetzen zu lassen. Was mich betrifft, so hatte ich schon von zartester Kindheit an mehr Sinn für Waffen als für Wissenschaft, wenn auch dieselbe, wie ich später einsah, dem Soldaten ebenfalls nothwendig ist. Mein Vater entschloss sich daher, mich dem Gefolge eines Fürsten beizugeben und wie später erhellt, wurden seine Pläne hierin vom Glücke begünstigt."

Ritter Herkules hatte im Jahre 1606 bei Gelegenheit seiner Gesandtschaft an König Heinrich IV. von Frankreich zu Sedan die Bekanntschaft des Herzogs von Bouillon, souveränen Herrn der Stadt und des Fürstenthums Sedan, gemacht und acceptirte dessen Aner-

bieten, einen seiner Söhne als Pagen in den Dienst zu nehmen,
mit Freuden. Nach Hause zurückgekehrt, sandte er seine zwei
ältesten Söhne Rudolf und Abundius zur Fortsetzung ihrer Studien
nach Heidelberg und von da nach Frankreich. Ulysses sollte sie
begleiten, „gute Sitte und Französisch lernen“, um alsdann die Pagen-
stelle anzutreten. „Mein Vater“, erzählt er, „liess uns ungefähr Anfangs October 1606 von Hause abreisen und zwar in Begleitung
eines flämischen, aus Antwerpen gebürtigen und gelehrten Hofmeisters,
Namens Baptista Mayllery,[1] der bereits mehrere Knaben bündnerischer Edelleute zu deren Zufriedenheit herangebildet hatte. Wir
nahmen unsern Weg über Zürich, Basel und Strassburg nach Heidelberg, wo wir uns beinahe ein Jahr aufhielten und meine Brüder
öfter die Ehre hatten, bei Hofe zu speisen, denn der Churfürst legte
eine besondere Achtung für die Familie Salis an den Tag. Dann
zogen wir durch Lothringen nach Paris und von dort nach Orleans,
als dem Orte, wo das Französische am reinsten gesprochen wird.
Im Mai 1608 erhielten meine Brüder Befehl, eine Reise nach England und in die Niederlande zu machen. Sie waren meine Begleitung
bis Paris, wo sich der Herzog (von Bouillon) durch glücklichen Zufall
eben befand.“ Durch den Almosenier des Königs, Abbé Friedrich
von Salis-Samaden, dem Herzoge vorgestellt, wurde Ulysses von
letzterm sehr herzlich und liebreich empfangen. Der Herzog „befahl
seinem Stallmeister, der die Aufsicht über die Pagen führte, dafür
zu sorgen, dass ich von denselben nicht übel behandelt würde, wie
es sonst den Novizen zu geschehen pflegt. Während des ersten halben
Jahres war mir diese Protektion in der That nothwendig, — dann
nahm der Herzog seinen Aufenthalt wieder zu Sedan, wo ich mich
nach und nach an das Hofleben gewöhnte.“

Interessant ist folgende Episode aus der Zeit seines Pagendienstes. „Als im Jahre 1610“, so erzählt Ulysses,[2] „der ruhmwürdige
König Heinrich IV. ermordet worden war, sahen sich alle Fürsten
und Kronbeamten nach Hofe berufen und auch mein Herr begab
sich mit ungewöhnlich grossem Gefolge dahin. Fast alle Potentaten

---

[1] Derselbe kam später 1620 im Veltliner-Mord um's Leben. Sprecher.
Kriege und Unruhen I, 151.

[2] Seite 20 ff.

Europa's ordneten Gesandtschaften ab, um dem Dauphin und der Königin ihr Beileid über den grausen Tod des Königs zu bezeugen. So sandte der Landgraf von Hessen einen Grafen von (Sayn-) Wittgenstein, der mit seinem zahlreichen Gefolge neben dem Palaste des Herzogs, meines Herrn, logirte. Da entspann sich zwischen seinen und unsern Reitknechten ein Streit, der zum Handgemenge führte. Von beiden Seiten liefen die Bediensteten zu und rauften sich in dem Grade, dass von beiden Parteien Mehrere verwundet und ein hessischer Edelmann getödtet wurde. Ich selbst erhielt eine kalte Kugel in's Kinn, in Folge dessen die Wunde vernäht werden musste.

„Der gedachte Gesandte reichte sodann durch einen Edelmann, der am französischen Hofe die Stelle eines Residenten des Landgrafen versah, Namens Philipp von Marschall, eine Klage beim Herzoge darüber ein, dass ihm von dessen Dienern, besonders von zwei Pagen, ein Edelmann erschlagen und mehrere Andere seines Gefolges übel zugerichtet worden seien. Die Pagen beschrieb er in der Weise, dass es auf mich und Wilhelm von Diesbach herauskam. Wir wurden in Arrest gesetzt, an dem Tode des gedachten Edelmannes aber unschuldig befunden, weil seine Wunde von einem Degenstich herrührte, während wir mit gewissen breiten Schwertern, sogenannten Cutellas, bewaffnet waren. Ich kann es freilich nicht läugnen, dass mein Gefährte und ich Verschiedene verwundet hatten.

„Als ein zweites Begehren, Recht zu schaffen, anlangte, erwiderte der Herzog, er hätte diesem Verlangen gleich entsprochen, wenn es ihm möglich gewesen wäre, den Thäter ausfindig zu machen, denn nach eingezogener Erkundigung sei es nicht von Seite seiner Pagen geschehen. Trotzdem erhielten wir wieder Stubenarrest, weil wir am Streite betheiligt waren. Es wurde dies dem Residenten mit dem Beifügen mitgetheilt, der eine sei des Geschlechtes Diesbach von Bern, der andere ein Salis aus den Bünden. Als er meinen Namen hörte, schien er sehr erstaunt und bat um die Erlaubniss, mit mir sprechen zu dürfen. Er kam auf unser Arrestzimmer und frug mich, wessen Sohn ich wäre. Auf meine Antwort: Des Ritters Herkules von Salis, erwiderte er: „Haben Sie gut Herz, es soll Ihnen nichts geschehen." Zum Herzog zurückgekehrt, sagte er ihm, der Bündner sei der Sohn eines Edelmannes, der ihm sehr befreundet sei und mit dem er in lebhaftem Briefwechsel stehe[1] und wenn ich auch am Tode des edeln Hessen Schuld trüge, so würde er sich dennoch beim Gesandten dahin verwenden, dass er persönlich komme, mich los zu bitten, weil mein Vater bei Seiner Hoheit von Hessen in grosser Achtung stehe." Als dann der Herzog, freilich nur zum Scheine, so that, „als sollten wir nicht ohne Strafe ausgehen und als hätten wir unsern Abschied", wandte sich Herr von Marschall an den Gesandten (Grafen von Wittgenstein), „der dann zwei Tage darauf sich persönlich beim Herzoge einfand und als eine Gunst gegen seine eigene Person unsere Freilassung erwirkte. Von unserm Stallmeister geführt, begaben wir uns folgenden Tags zum Gesandten, um ihm unsern Dank auszusprechen."

Im Frühjahre 1611 von seinem Vater nach Hause zurückberufen, wurde Ulysses bei Gelegenheit der feierlichen Quittirung des Pagendienstes, wie damals üblich, vom Herzoge „mit einem schönen Degen, einem trefflichen Pferde und 100 Thalern beschenkt." Er sei übrigens, sagt er, dem Befehle des Vaters mehr aus Pflichtgefühl als aus freien Stücken nachgekommen, denn „obschon der Pagendienst an und für sich kleinlich ist, so hatte ich mich dennoch bald an das Hofleben gewöhnt und die vom Herzoge mir angebotene Stelle eines dienstthuenden Cavaliers wäre mir ganz erwünscht gewesen." Als er am 10. Juni in der Heimath anlangte, fand er die Seinen mitten in den Vorbereitungen zu der früher erwähnten Hochzeitsfeier seines ältesten Bruders Rudolf. Kurze Zeit nach derselben schlugen seine Eltern ihm selbst eine Heirath mit Violanda von Salis, Tochter des zu Sondrio im Veltlin niedergelassenen und begüterten Dr. jur. Joh. Baptista von Salis vor, welchen Antrag er aber Anfangs, „mehr dem Berufe der Waffen hold", von sich wies. Auf erneuertes Drängen seiner Eltern verlobte er sich mit Violanda den 15/25. Februar 1612 und im October desselben Jahres sah sich Ulysses, kaum achtzehn Jahre alt, schon durch das Band der Ehe gebunden.

---

[1] Marschall hatte im Jahre 1603 den Herzog Casimir von Sachsen-Coburg auf dessen Reise nach Italien begleitet und mit demselben die Gastfreundschaft im Hause des Ritters Herkules genossen.

Er beabsichtigte indess keineswegs „zu Hause zu bleiben“, sondern nahm sich vor, „bei der nächsten besten Gelegenheit“ in Kriegsdienste zu treten. Seinem brennenden Eifer sich die Sporen zu verdienen trat aber ein erst kurz zuvor erlassenes Verbot gegen die Anwerbungen in fremdländische Dienste hindernd in den Weg und auch sein Vater verweigerte ihm desswegen seine Einwilligung zur Anwerbung einer Compagnie. Als ihm aber nach vier Jahren, die er bei seinem Schwiegervater in Sondrio zubrachte, die Zeit endlich doch zu lange wurde, verschaffte er sich heimlich beim venezianischen Gesandten Padavino ein Patent zur Aushebung von 300 Mann Infanterie. „Hatte ich nun“, sagt er, „auf diese Weise auch meine Absicht erreicht, so blieb mir doch noch übrig, den Zorn meines Vaters zu besänftigen. Dies gelang mir denn auch durch die Fürbitte meines Bruders Rudolf, welcher mir, der ich Hauptmann geworden, bevor ich noch Waffen getragen, zudem noch erfahrne und im Lande guten Credit geniessende Offiziere zuführte.“[1]

Ulysses betheiligte sich alsdann am Friaul'schen Feldzuge und quittirte 1619 den venezianischen Dienst. 1620 machte er den Veltliner-Krieg mit, nach dessen unglücklichem Ausgang er sich dem Grafen Ernst von Mansfeld zur Verfügung stellte. Unter allerlei Abenteuern und wiederholt von einer ganzen Schaar Bauern verfolgt, durcheilten Ulysses Salis und Jacob Ruinelli,[2] so schnell ihre Pferde sie trugen, von Schaffhausen aus ziemlich grosse Strecken österreichischen Gebietes und gelangten über Engen, Tuttlingen und über den Heuberg nach Bahlingen. Von da gings andern Tags über Tübingen nach Stuttgart, „wo uns“, wie Ulysses berichtet, „der Herzog freundlich aufnahm und Dienste bei sich antrug, die wir jedoch ablehnten. Mittags speisten wir bei Hofe und Abends gab Oberst Schanelizky uns zu Ehren ein grosses Bankett.“[3] Ueber Pforzheim und Durlach zogen sie dann nach Germersheim, wo Mansfeld sie freundlich empfing und Salis zum Oberst-Wachtmeister ernannte.

Nach dem Ausbruche des Prättigauer-Aufstandes (1622) nach Hause zurückberufen, betheiligte er sich als Oberstlieutenant im

---

[1] Paul von Buol als Lieutenant, Paris von Pestalozzi als Sergeant.
[2] Der später (1627) von Jenatsch ermordete Oberst.
[3] S. 138, 139.

Regimente seines Bruders Rudolf am österreichisch-spanischen Kriege und trat 1627 in französische Dienste. Bei der Wiedereröffnung des Veltliner-Feldzuges im Jahre 1629 wurde er dann als Oberst-Inhaber eines Bündnerregimentes (in französischem Solde) in das Veltlin entsendet und später, 1635, vom Herzoge von Rohan mit dem Commando über die Forts in der Riva beauftragt.

Besondern Ruhm erntete Oberst Ulysses bei der Eroberung der Veste Francesca, welche hauptsächlich seiner persönlichen Tapferkeit und der vortrefflichen Anführung seiner Soldaten zu verdanken war, worüber der Herzog von Rohan in anerkennendster Weise bei Hof Bericht erstattete. „Der König", erzählt Ulysses, „schrieb mir bei dieser Gelegenheit einen sehr huldvollen Brief, den der Herzog mir in Gegenwart aller höhern Offiziere der Armee einhändigte. Bevor ich das Schreiben noch eröffnet hatte, hing er mir eine prachtvolle goldene Kette mit einer grossen, das Bildniss des Königs tragenden Medaille — 400 Thaler schwer — um den Hals mit den Worten: „„Der König hat mir aufgetragen, Ihnen diese Kette als Zeichen seines besondern Wohlwollens zu übergeben.""" Der huldvolle Brief und das prachtvolle Geschenk raubten mir beinahe die Sprache und ich musste mich erst fassen, um gebührend danken zu können."

Noch im nämlichen Jahre 1635 zum Commandanten und Gouverneur von Cläfen ernannt, gerieth Salis-Marschlins zwei Jahre später in nicht geringe Verlegenheit, als die Bündner, wie schon erwähnt, über die Vorenthaltung des Veltlins erbittert, sich gegen die Franzosen erhoben und Rohan mit seiner Armee aus dem Lande verdrängten. Die Bundeshäupter forderten ihn nämlich auf, das Castell zu Cläfen „einzig den III Bünden offen zu halten und unter keinen Umständen den Franzosen den Zugang zu demselben zu gestatten.

„Ich wusste nicht, was thun", sagt er, „noch was den Häuptern antworten. Es kämpfte in mir die Liebe zum Herzoge (Rohan) mit meiner Pflicht gegen mein Vaterland. Da guter Rath über Nacht zu kommen pflegt, legte ich mich nieder (das Schreiben der Häupter war Abends angelangt) und rief Gott den Barmherzigen an, damit Er mir den rechten Weg zeige." Unterm 20. März (1637) gab er dann den Bundeshäuptern und Räthen folgenden Bescheid: „Da jeder verständige Mann weiss, unter welchen Bedingungen ein Cavalier von Ehre einen seiner Obhut anvertrauten Posten zu halten verpflichtet ist, so hoffe ich, dass auch Ihr Herren dies gehörig erwägen werdet und bitte ich Euch versichert zu sein, dass, gleichwie meine Vorfahren jederzeit einen brennenden Eifer für den Dienst des Vaterlandes zeigten, soweit dies unbeschadet ihrer Ehre geschehen konnte, auch ich nicht Willens bin, aus der Art zu schlagen, sondern, dass ich mich im vorliegenden Falle so verhalten werde, dass meine Ehre ohne Makel bleibt."

Der unglückliche de Thou, welcher 5 Jahre später seine Mitwirkung an der Cinqmar'schen Verschwörung gegen Richelieu mit seinem Kopfe büsste, machte darob dem Obersten Salis, wie derselbe mit besonderer Genugthuung meldet, das Compliment, diese Antwort an die Bundeshäupter sei höher als alle seine Waffenthaten anzuschlagen und verdiene in der Geschichte aufbewahrt zu werden.

Salis-Marschlins wurde jedoch schon nach wenigen Tagen vom Herzog von Rohan seines Eides entbunden und stellte nun das Castell den III Bünden zur Verfügung, worauf Georg Jenatsch an seine Stelle trat, die er bis zu seiner Ermordung im Jahre 1639 behielt. Ulysses begab sich nach Chur zu Rohan, von welchem er mit Marschall Baron de Lecques, mit de Saint-Simon, Commandanten der Rheinschanze und dem Armee-Intendanten d'Estampes von Rohan zu einer nicht uninteressanten, intimen Besprechung beigezogen wurde. Lecques machte den Vorschlag, in der folgenden Nacht die Stadt Chur zu überfallen und Jenatsch mit den übrigen bündnerischen Obersten, welche die Bundeshäupter am meisten beeinflussten und den Anlass zum Aufstande gegen die Franzosen gegeben hatten, aus dem Wege zu räumen. „Wenn man zumal auf einiges Geld nicht sehe", so würden die Bündner ihren Fehler einsehen und zur Obedienz zurückkehren. Sei der Herzog damit einverstanden, so werde er (de Lecques) sein zu Trimmis lagerndes Regiment herbeirufen und um Mitternacht das untere, das Regiment Serres aber das obere Stadtthor mit Petarden sprengen lassen, während er selbst mit 150 in der Stadt befindlichen französischen Edelleuten Jenatsch und die übrigen Verschwornen überfallen und

„abfertigen" würde u. s. w. Salis-Marschlins, der die Sache im Prättigau plausibel machen und die dortige Bevölkerung versichern sollte, dass sie gar nichts zu befürchten hätte, wenn sie jetzt zu Frankreich halte, findet Lecques' Vorschlag „so verständig combinirt", dass er nach seiner Meinung nicht fehlschlagen könne. „Zum Oeffnen der Stadtthore", sagt er, „brauchte es nicht einmal der Petarden, indem schon Beile dazu hinreichten. Jenatsch und die übrigen Verschwornen wären unfehlbar umgebracht worden. Sie führten ein ausschweifendes, wenig anständiges Leben und hielten sich mit ihren 300 Mann für hinlänglich gesichert, — hätten aber eine bittere Täuschung erfahren." Obwohl sich auch die Uebrigen mit diesem Plane einverstanden erklärten, wollte Rohan dennoch nichts davon wissen. Wollte man zum Aeussersten greifen, machte er geltend, so würde man sich die Bündner für immer zu unversöhnlichen Feinden machen, während sie sonst mit der Zeit vielleicht doch noch auf Seite Frankreichs gezogen werden könnten. Lecques blieb nichts übrig, als sich in den Willen seines Kriegsobern zu ergeben, rief aber alle Anwesenden als Zeugen auf, dass es sein fester Wille gewesen, die von den Bündnern den königlichen Waffen angethane Schmach auch mit Gefahr seines Lebens zu rächen.

Nachdem das französische Heer das Land verlassen, kehrte auch Ulysses von Salis in Begleitung der Obersten Rudolf von Schauenstein und Ritter Andreas Brügger nach Frankreich zurück. Auf der Reise dahin besuchten sie zu Genf den Herzog von Rohan, der sich aus Furcht vor der Ungnade seines Königs dahin zurückgezogen hatte.[1] Er empfing sie mit grosser Herzlichkeit. „Ich hatte Mühe", erzählt Salis-Marschlins, „ihm meinen Sohn Herkules (den er stets in seiner Umgebung behalten und mit sich nach Genf genommen hatte), zu entreissen, aber die Klugheit rieth mir dazu, weil es sonst beim Cardinal (Richelieu) Misstrauen gegen mich erweckt haben würde.

---

[1] Rohan schrieb, um sich zu rechtfertigen, sein Manifeste sur les dernières occurences arrivées au Pays des Grisons et Valteline (in seinen Discours politiques, 1646, 12º abgedruckt). Vergl. auch Mémoires et lettres du Duc Henri le Rohan sur la guerre de la Valteline. Publiés par le Baron de Zur-Lauben. 3 Tomes. Genéve 1758, 8º.

„Zu Paris angelangt, suchten wir zuerst unsern General auf, der uns höflich empfing und uns Sr. Majestät vorzustellen versprach. Dies geschah denn auch, aber der König war wegen des Todes zweier Maréchaux de camp sehr übel gelaunt und sah uns kaum an, was Schauenstein und mich nicht wenig verdross. Erst bei dem Essen, welchem wir zusahen, richtete er sein Wort an mich und erkundigte sich mit gewohntem Wohlwollen nach allen Einzelheiten des Zuges nach Francesca. Unsere nächste Aufwartung galt Sr. Eminenz (Richelieu), welche mich sehr gnädig aufnahm und versicherte, der König sei mit meinen Diensten sehr zufrieden, — nicht so mit den Eurigen, sagte er zu Schauenstein und Brügger sich wendend und dieselben stehen lassend, als sie das Wort ergreifen wollten. Schauenstein war darüber so empfindlich, dass er quittiren wollte und erst nach einer gnädigen Audienz beim Könige sich eines Bessern besann. Auch Brügger wurde durch seinen Protektor, den Herzog von Nogent, der königlichen Gunst wieder theilhaftig, wenn auch nicht mehr in dem Grade wie früher.“

Auch den als Vertrauten Richelieu's bekannten Kapuziner P. Joseph[1] suchte Ulysses auf. „Dieser theilte mir mit, Seine Eminenz, deren Wohlwohlen ich in hohem Masse besässe, gedenke mich gänzlich an sich zu ziehen und sowohl mein als meiner Söhne Glück zu gründen. Ich dankte in passenden Worten und in der That habe ich des Kardinals Gunst niemals verloren.

„Pater Joseph sprach sodann noch lange darüber, wie unser Land wieder für Frankreich gewonnen werden könnte und wünschte die Ursachen der letzten Revolte zu kennen. Ich erwiderte offen, ohne Waffengewalt sei die Sache nicht ausführbar, und dann bedürfe es noch einer grossen Armee und sehr bedeutender Geldsummen. Es unterliege keinem Zweifel, dass die Spanier und Oesterreicher, sobald sie von einem solchen Plane Kenntniss erhielten, sich sofort zu absoluten Herren des Landes machen würden und dann gäbe es gar keine Hoffnung mehr, unsere Pässe aus ihrer Gewalt und unser armes Volk aus einer elenden Sklaverei zu befreien. Die Revolte gegen Frankreich sei durch das Ausbleiben des

---

[1] Clerc du Tremblay.

Soldes und Lasnier's[1] brutales Vorgehen zum Ausbruche gekommen.[2] Doch könne immerhin ein Umschlag eintreten, namentlich wenn Seine Majestät einen Fond dazu bestimme, sowohl um die bisherigen Anhänger sich zu erhalten, als um neue zu gewinnen." Als Brügger zwei Jahre später sich Urlaub erbat, um, wie er meinte, in den Bünden für die Interessen Frankreichs zu wirken, theilte P. Joseph dem Obersten Salis die Ansicht Richelieu's mit, auch er solle nach Hause gehen, um vereint mit Brügger zu sehen, was sich hierin machen lasse. Salis erwiderte, Brügger möge sagen, was er wolle, er sei der festen Ansicht, die Reise werde fruchtlos bleiben, wenn man ihnen nicht eine bedeutende Summe Geldes mitgebe. P. Joseph antwortete hierauf achselzuckend, der König wisse sein Geld anderweitig nützlicher anzubringen, worauf Ulysses erklärte, er verzichte auf den Urlaub. „Es gibt kein besseres Mittel", bemerkt er hiezu, „um den französischen Ministern ihre Befehle auszureden, als indem man von ihnen Geld verlangt. Wären sie mit demselben so freigebig, wie mit Versprechungen, so möchte der Dienst bei ihnen der beste von allen sein."

In den Jahren 1637—1640 nahm Ulysses am flandrischen Feldzuge Theil und zeichnete sich während desselben so aus, dass ihm der Kardinal de la Valette schon im ersten Jahre im Auftrage Richelieu's das deutsche Infanterie-Regiment Ranzau anbot, welches er von 400 Mann auf 1000 recrutiren und unter deutscher Capitulation commandiren könne. Ulysses glaubte jedoch dies günstige Anerbieten nicht annehmen zu können, indem er fürchtete, wenn er in einer andern als einer eidgenössischen Capitulation diene, den Unwillen der III Bünde zu erregen. Er bereute es später umsomehr, auf den Vorschlag Richelieu's nicht eingegangen zu sein, als die Offiziere jenes Regimentes ihn sehr gerne zu ihrem Vorgesetzten erhalten und er selbst sehr grosse finanzielle Resourcen aus demselben gezogen haben würde.

---

[1] Des französ. Gesandten.

[2] Derselbe hatte den Bündnern gedroht, „Einige von ihnen um einen Kopf kürzer machen zu lassen." Vergl. Ulyssens Denkwürdigkeiten, S. 255. Sprecher II. 204 und Juvalt 102.

Ulysses campirte im September 1638 mit seiner Compagnie in der Nähe von Cambray, als die Nachricht von der Geburt des Dauphin, nachmaligen Königs Ludwig XIV., anlangte und in der Armee grosse Freude hervorrief, wobei „das Pulver nirgends gespart wurde."

Bei dieser Gelegenheit erfahren wir auch, dass Salis-Marschlins seine beiden Söhne Herkules und Baptista auf diesem Feldzuge bei sich hatte, „um sie ihre Sporen sich verdienen zu lassen."[1] Herkules machte er zu seinem Fähndrich und Baptista trug die Musquete. Alle drei waren damals in der Abtei Vocielle bei Cambray einquartiert und hatten mit Rudolf von Schauenstein und Lazarus von Molina gemeinschaftliche Tafel. „Wir sparten", sagt Ulysses, „den wenn auch theuern Wein nicht und liessen es uns wohl sein, wobei Schauenstein, der ein guter Jäger war, die Küche reichlich mit Hasen, Wachteln und Rebhühnern versah. An unserm guten Tische nahmen daher stets viele Offiziere theil."

Salis-Marschlins stand in besonderer Gunst bei König Ludwig XIII., der beim Beginne des piemontesischen Feldzuges im Kriegsrathe ausdrücklich den Befehl ertheilte, die beiden Brüder Salis (Ulysses und Carl) sollten in seiner Umgebung bleiben. Sie seien, sagt Ulysses, desshalb nicht zu beneiden gewesen, weil Se. Majestät fortwährend auf Reisen war.[2] Der König begab sich mit dem Hofstaate und der Leibwache nach der Champagne über Amiens und St. Quentin, „an welch letzterem Orte er mit dem Kardinal Sforza zusammentraf, der ihm im Auftrage des Papstes das bei der Geburt eines Prinzen übliche Geschenk von geweihtem Linnen überreichte."

„Von da begab sich Se. Majestät längs der Landesgrenze nach Mezières. Hier erhielt er die Todesnachricht des Herzogs Bernhard von Sachsen-Weimar. Sie wurde anscheinend mit Bedauern, in Wirklichkeit aber nicht ungern vernommen, weil die französische Politik ihr Auge auf Breisach geworfen hatte, welches der Herzog eifrig hütete und das nun dem General von Erlach anvertraut war.[3]

---

[1] Bis dahin hatten sie in der militärischen Academie des Herrn de Vaux zu Paris ihren Studien obgelegen.

[2] In Flandern und Italien.

[3] Der Herzog soll bekanntlich durch seinen angeblich von Frankreich bestochenen Leibarzt Blandini vergiftet worden sein.

Man beschloss nun Letztern in das französische Interesse zu ziehen und im Kriegsrathe schlug der Kardinal (Richelieu) zu dieser Negotiation mich vor, da ich zu Erlach in freundschaftlichen Beziehungen stand. Der Auftrag wäre mir auch wirklich zu Theil geworden, wenn nicht der Staatssekretär de Noyers unter dem Vorwande, der Unterhändler müsse ein Franzose sein, seinen Vetter Baron Doseville an meine Stelle praktizirt hätte. Mit Wechseln und Baarschaft wohl versehen, reiste derselbe ab und brachte Erlach dahin, den Platz und die Besatzung dem Könige zu übergeben und ihm den Eid der Treue zu schwören."[1]

Im Februar 1640 erbat sich der Oberst Urlaub zu einer Reise nach Hause. „Beim Abschiede sagte mir der König: Seien Sie versichert, dass ich etwas für Sie thun werde. Der Kardinal (Richelieu) ergriff mit gewohntem Wohlwollen meine Hand: Gehen Sie in Gottes Namen nach Hause; wenn der König Sie wieder ruft, dann wird es sein, um ihm in einer Charge zu dienen, die Sie längst verdient haben. Der General (Graf Harcourt) war hiebei anwesend und sagte mir im Hinausgehen: Obschon ich Sie sehr liebe, verspreche ich Ihnen doch, dass Sie zu Hause bleiben dürfen, bis dies eintrifft. Ihre Kinder, Ihr Bruder und Ihre Compagnie werde ich mir besonders anem-

---

[1] Dr. August v. Gonzenbach will in seinem sehr ausführlichen Werke: Der General Hans Ludwig von Erlach von Castelen, ein Lebens- und Charakterbild aus den Zeiten des 30jährigen Krieges, Bern 1880—82 (Band I), auf Grund zahlreicher Urkunden darthun, dass es sich hier nicht um einen Verrath, sondern um eine rechtliche, auf früheren, zwischen Herzog Bernhard v. Sachsen-Weimar und der Krone Frankreich abgeschlossenen Verträgen beruhende Uebergabe handle. Salis-Marschlins blieb auch in spätern Jahren in freundschaftlichen Beziehungen zu General Erlach. Die Generalin, welche im Jahre 1644 eine Badereise nach Granbünden machte, schreibt ihrem Gemahl unterm 11. Juli 1644) von Chur aus: „Heute zu Mittag ist mir der Herr Feldmarschall von Salis eine halbe Stunde weit entgegengekommen, der schon zwei Tage einen Boten zu Ragatz, allwo wir gestern über Nacht gewesen, gehabt, der auf uns gewartet, es ihm wissend zu machen. Er sprach mich so hoch an mit ihnen auf sein Schloss Schleisniz (recte Marschlins), welches zwo Stund von hier liegt, zu kommen, mit ihnen zu Mittag zu essen, welches ich nicht wohl habe abschlagen können. Ist mir gewisslich so viel Ehre von ihm und den seinigen widerfahren, dass ich es nicht genugsam beschreiben könnte. Will Alles sparen, bis ich es selbsten euch, mein liebstes Herz, geliebts Gott, erzählen kann, was für ein schönes Gebäude und Garten er hat." Band III, S. 401.

pfohlen sein lassen. — Auf alle diese Reden, die ich für die am
Hofe üblichen Complimente hielt, legte ich kein sonderliches Gewicht.
Die Hauptsache war mir, nicht gar zu bald zurückkehren zu müssen."
Den Rest des Jahres brachte er zum Theil im Veltlin zu, um die
durch den Veltliner-Aufruhr in Verwirrung gerathenen Vermögens-
verhältnisse seiner Frau zu reguliren, theils hielt er sich in Marschlins auf, um den daselbst begonnenen Ausbau des Schlosses fort-
zusetzen.[1]

Sein Urlaub dehnte sich bis in den folgenden Sommer (1641)
aus. „Am 20. Juli erschien", so berichtet er weiter, „eine Staffete
mit einem vom 3. Juli datirten Briefe des Grafen Nogent, der nur
als Begleitschreiben einer Depesche des Kardinals diente und mich
dringend ersuchte, sofort an den Hof zurückzukehren.

„Der Kardinal wiederholte in seiner Depesche diese Aufforderung und behielt sich vor, mir die Charge, zu der ich bestimmt sei,
mündlich zu nennen. Ein weiteres Packetchen trug aber die Aufschrift: Pour les expresses affaires du Roy à Monsieur le Colonel
de Salis, Maréchal de camp. Ich war ganz überrascht über diesen
Titel." Das Päckchen enthielt ausser dem Brevet eines Maréchal
des camps et des armées du Roi auch ein höchst schmeichelhaftes
Schreiben des Königs, welcher Ulysses die Ordre ertheilte, sich sofort
zur Armee in Piemont zu verfügen, wo der Graf Harcourt ihm die
für ihn bestimmte Charge anweisen werde.

„So sehr ich einestheils", sagt er, „meine Kräfte zur Uebernahme einer so bedeutenden, von den französischen Grossen so
gesuchten Stelle unzureichend fühlte, und anderntheils auch den
Charakter der Franzosen und ihren Stolz erwog, der sie einem
Fremden nur ungern gehorchen lässt, so wollte ich dennoch nicht
durch eine übel angebrachte Weigerung die königliche Gnade ver-
scherzen und die Zukunft meiner Söhne aufs Spiel setzen."

Am 12. August (1641) trat er seine Reise nach dem Kriegs-
schauplatze in Begleitung seines Sohnes Baptista und seines Neffen
Rudolf[2] sammt Dienerschaft an.

----

[1] Ulysses hatte im Jahre 1633 das alte verfallene Schloss Marschlins,
sowie den grössten Theil der dazu gehörigen, 1463 von Erzherzog Sigmund den
Herren von Brandis zu Lehen ertheilten Güter angekauft.

[2] von Salis-Zizers, nachmals kgl. franz. Feldmarschall.

„Ich kam durch Solothurn, wohin ebenfalls der königliche Gesandte Montmartin zu einer ausserordentlichen Tagsatzung gekommen war. Er erwies mir grosse Ehre zum Aerger der eidgenössischen Rathsboten, welche kaum sich gegenseitig, geschweige denn einem Bündner eine so hohe Stufe von Ehre gönnen mochten.[1] Doch besser beneidet als beklagt.“ Zu seiner Equipirung waren ihm vom Kardinal 6000 Livres bei Herrn Lumaga in Paris angewiesen worden.

Anfang September langte der neue Marschall im Lager vor Coni an. „Am andern Morgen“, berichtet er, „besuchte ich den General, der mich umarmte und indem er mich den Offizieren vorstellte, denselben Gehorsam für meine Befehle empfahl. Die Maréchaux de Camp (Graf) du Plessis-Praslin und Marchese Villa begrüssten mich hierauf als Collegen, was auch Chatillou durch einen Vertreter thun liess. Darauf becomplimentirten mich verschiedene Maitres de camp, sowohl der Infanterie als der Cavallerie. Aufrichtiger Freundschaft versicherten mich Baron Saint-André-Montorun, de Villeneuve und Andere, die mit mir im Veltlin gewesen waren. Andere aber kehrten mir den Rücken und sahen mich übelwollend an und wie ich später erfuhr, hatten sie beim General Protest erhoben, unter einem Schweizer zu dienen, so lange Frankreich an tauglichen Männern keinen Mangel leide.“

Nachdem am 15. September (1641) Coni in die Hände der Franzosen gefallen, wurde Ulysses zum Gouverneure dieses Fürstenthums und dieser Stadt ernannt, welche Stelle er jedoch nur bis zum 2. Juni des folgenden Jahres (1642) behielt, wo dieser Platz der Herzogin-Mutter von Savoyen übergeben wurde. Seiner eigenen Aussage nach hätte sich Ulysses in Coni sehr beliebt gemacht, so dass man ihn ungern habe scheiden sehen.

„Es war dies um so bemerkenswerther“, sagt er, „als ich die Handlungen der Bürger und besonders die Jesuiten scharf beobachten liess, letztern das Läuten in der Nacht und Processionen ohne meine spezielle Erlaubniss untersagte. Beschwerden, welche bei der Herzogin (von Savoyen) hierüber erhoben wurden, fertigte Ihre kgl. Hoheit

---

[1] Salis-Marschlins war der Erste aus der Schweiz und Bünden, der zu dieser Charge gelangte.

mit der Entgegnung ab, man könne es mir nicht wehren, wenn ich als Commandant des Platzes alle mir nothwendig erscheinenden Sicherheitsmassregeln ergreife. Andrerseits kann ich es nicht verschweigen, dass ich von Seite der Kapuziner und namentlich vom Guardian derselben, Padre Anselmo, viele Freundschaft genoss und dass letzterer sich viele Mühe gab, die über mich und meine erwähnte Handlungsweise circulirenden Gerüchte Lügen zu strafen."

Im Frühjahre 1642 trat der Herzog von Bouillon an Stelle des Grafen Harcourt als Generalissimus an die Spitze der Armee und begrüsste den ehemaligen Pagen seines Vaters mit besonderer Herzlichkeit. Sein Commando war indessen nur von kurzer Dauer, indem im Juni desselben Jahres die von Herrn von Cinqmars, Favoriten Ludwigs XIII., im Vereine mit dem Herzog von Orleans und dem Parlamentsrath de Thou gegen den Kardinal Richelieu angezettelte Verschwörung, in welche auch Bouillon verwickelt war, zur Kenntniss der Regierung gelangte. Salis' Mittheilungen über die Verhaftung des Herzogs von Bouillon, bei welcher er selbst zugegen war, sind nicht ohne Interesse. Als der Herzog an die Spitze der Armee trat, war er nur mit einem Schreiben des Königs an die Maréchaux de camp versehen, welches seine Ernennung zum General anzeigte. Eine weitere Instruktion besass er nicht, wesshalb der Marschall de Chatillon dieselbe vom Hofe bringen sollte. Der Herzog hatte überdies noch einen andern Cavalier dahin entsendet, über dessen langes Ausbleiben er in grosser Sorge war. Der einzige Auftrag, den Chatillon in Paris erhielt, war aber der, dem Maréchal du Plessis-Praslin und dem Armee-Intendanten le Tillier den Befehl zu überbringen, sich der Person des Herzogs zu bemächtigen. „Den 22. Juni, an einem Sonntag", erzählt Salis-Marschlins, „wusste man, dass Chatillon Nachmittags im Lager eintreffen werde, aber der Umstand, dass der an den Hof gesendete Cavalier sich nicht dabei befand, bekümmerte den Herzog sehr. Du Plessis befand sich bei ihm. Saint-André und ich waren im Quartier und hörten die evangelische Predigt an. Nachher ritten wir ihm entgegen und als du Plessis und die Uebrigen zur Messe gingen, machte ich mit dem Herzog eine Tour durch das Lager, wobei er mir sagte: Herr von Salis, Sie sind einer meiner Freunde und ich muss Ihnen anvertrauen lass ich sehr in Sorgen bin, ob meine Feinde am Hofe mir nicht übel mitgespielt haben.

„Nach dem Diner ritt der Herzog mit allen höhern Offizieren Chatillon entgegen und richtete sogleich die Frage an ihn, ob er nicht Ordre mitbringe, was das Heer zu thun habe. Chatillon verneinte es. Der Herzog erbleichte, liess sich sonst aber nichts merken und frug nach den Neuigkeiten am Hofe und so kehrten wir in das Quartier zurück. Als sich Alle vom Herzoge verabschiedet hatten, begab sich Chatillon zu du Plessis-Praslin, liess heimlich auch le Tellier rufen und legte Beiden die mitgebrachte Ordre vor, über deren Ausführung sie sich eifrig beriethen. Der Herzog stand beim Heere in grosser Gunst und besonders ergeben waren ihm die beiden Cavallerie- und Infanterie-Regimenter seines Bruders, des Vicomte le Turenne, dann das Regiment Saint-Marsin, seine eigene Compagnie Carabinieri und viele Cavaliere, so dass zu befürchten stand, dieselben möchten zu seiner Vertheidigung die Waffen ergreifen.“

Ihr erster Plan, den Herzog in der folgenden Nacht zu arretiren, kam dann auch nicht zur Ausführung, weil die ganze Armee wegen eines drohenden Angriffes von Seite des Feindes unter die Waffen gerufen wurde. Tags darauf begannen Chatillon, du Plessis und le Tellier „dem Herzog gegenüber die Stadt Casale, deren Citadelle und die übrigen Festungswerke derart zu loben, dass er Lust empfand, sie zu sehen. Ich bat ihn, er möchte mir gestatten, ihn zu begleiten, was er mir gerne zusagte, da das Commando an diesem Tage Saint-André zufiel. Da aber auch dieser Casale noch nicht gesehen hatte, bat er die Herren du Plessis und Chatillon, den Befehl bei der Armee zu übernehmen, wozu sie sich sehr bereitwillig zeigten. Der Herzog begab sich nun mit zahlreichem Gefolge von Offizieren nach Casale“ (24. Juni), wo er vom Gouverneur, Herrn de Couvonges, feierlich empfangen wurde. „In allen Strassen schrie ihm die Bevölkerung ihr Lebehoch zu.“ Abends „vertrieben sich der Herzog und Saint-André die Zeit mit Schachspiel; ich beurlaubte mich, um Hauptmann Maillard aus Freiburg, der eine Schwadron Reiterei unter Villeneuve commandirte, zu besuchen. Eben standen wir im Begriffe, mit einigen andern Offizieren zu Nacht zu speisen, als Chatillon eintrat. . . . . Er frug mich . . . ob der

Herzog bei Tisch heiter gewesen sei, oder ob er schlechte Nachrichten erhalten habe. Ich antwortete, ich wisse es nicht. Auf meine Frage, wer bei der Armee geblieben, lachte er und sagte, der Marchese Villa, du Plessis und er hätten auch gerne etwas frische Luft schöpfen wollen.

„Ich war höchst erstaunt, dass diese Herren ohne Erlaubniss gekommen waren und die Armee allein gelassen hatten. D' Espanel flüsterte mir in's Ohr: Je crains fort, que ces Messieurs sont venus pour jouer un mauvais tour à Monsieur le Duc. Mehr als ein Mal gab ich (dem ebenfalls anwesenden Herrn de) Chambord, einem der vertrautesten Cavaliere des Herzogs, mit den Augen ein Zeichen, dass wir letztern davon unterrichten sollten. — Chambord wollte mich aber nicht verstehen und laut konnte ich es ihm nicht sagen.

„Inzwischen hatte du Plessis dem Gouverneur Couvonges im Namen des Königs befohlen, die Stadtthore zu schliessen und die Besatzung unter die Waffen treten zu lassen. Alsdann theilte er ihm seinen Auftrag mit und befragte ihn, wie man sich der Person des Herzogs am besten versichern könne. Couvonges erwiderte, bei Einbruch der Nacht werde Jemand, der einen Angriff auf Valenza vorschlagen wolle, mit dem Herzog eine Zusammenkunft in einem Zimmer des Erdgeschosses halten und hier könnte die Verhaftung vorgenommen werden.

„Als dann schon spät Abends die herzogliche Tafel aufgehoben war, begab ich mich zum Herzog, der, sich wundernd, mich noch so spät bei sich zu sehen, nach meinem Begehren frug. Ich bin gekommen, antwortete ich, um Ihre Ordres zu empfangen und Sie zu bitten, den Gouverneur anzuweisen, morgen früh bei Tagesanbruch die Thore zu öffnen, damit ich mich zur Armee begeben kann, denn die Herren du Plessis und Chatillon befinden sich hier.

„Zuerst wollte er dies gar nicht glauben und als ich Chambord als Zeugen aufrief, liess er ihnen sagen, er wolle sich feierlich verwahrt haben, wenn der Armee inzwischen etwas zustosse. Der Herzog ging mit grossen Schritten im Saale auf und ab und wandte sich dann zu mir, der ich mich gedankenvoll an die Wand lehnte. Herr von Salis, was fehlt Ihnen, Sie scheinen traurig zu sein? Ich antwortete, es sei dies meine gewöhnliche Stimmung. In diesem Augen-

dlicke kam einer seiner Cavaliere und flüsterte ihm einige Worte
n's Ohr. Der Herzog seufzte und der Ausruf: Mon Dieu, cela est-il
possible? entschlüpfte seinen Lippen. Jetzt trat Couvonges mit der
Meldung herein, die bewusste Person erwarte ihn im Erdgeschoss.
Statt aber dahin zu gehen, wandte sich der Herzog an den Gouverneur: Man sagt mir eben, es sei eine Ordre da, mich zu ver-
haften, sagen Sie mir offen, ob dies richtig ist. Da Couvonges ihn
nicht dazu bewegen konnte, in das untere Zimmer zu gehen, be-
tätigte er frei heraus, dass ein königlicher Befehl dazu da sei.
Der Herzog erwiderte, er glaube es nicht und verlangte, die Ordre
zu sehen. Kaum aber war der Gouverneur hinausgegangen, angeblich um dieselbe zu holen, in Wirklichkeit aber, um die Herren zur
Vornahme der Verhaftung herbei zu rufen, als der Herzog von
einem Pagen sich den Degen geben liess, auf den Hof hinaustrat,
dem Fourier seines Hauses befahl, ihm zu folgen und dann den
Palast verliess, ohne dass die Schildwache es bemerkte. Er konnte
kaum auf der Strasse angelangt sein, als die Herren mit gezogenem
Degen in den Saal stürzten. Als sie ihn hier nicht fanden, brach
u Plessis in Worte aus, die mir in's Herz schnitten. Ziemlich barsch
sagte er zu mir: Herr von Salis, Sie werden sich nicht weigern,
ihn mit uns zu suchen, denn haben müssen wir ihn, lebend oder
todt, so lautet der königliche Befehl! Ich versprach ihn zu begleiten
und währenddem die Uebrigen nach ihren Pferden sandten, bestieg
ich das meine.

„Inzwischen wurde in der Stadt Lärm geschlagen und im Augenblick war Alles unter den Waffen. In jedem Hause hatte man
brennende Kerzen an die Fenster gestellt und auf den Plätzen
brannten mehrere Feuer, so dass es fast taghell war. Wir ritten
nun umher, dahin, dorthin, Soldaten und Bürger zu guter Wache
anmahnend, bis es Tag wurde, ohne dass wir ihn gefunden hatten.
Der arme Herzog war mit seinem Begleiter zufällig in eine ärmere,
wenig besuchte Gasse gerathen, deren Bewohner keine Kerzen zur
Beleuchtung ihrer Fenster zu erschwingen vermocht hatten. Bei
Anbruch des Tages bemerkte er einen Heustall, in welchen er mit
des Fourier's Hülfe stieg und letztern dann nach sich zog. Aber
unglücklicher Weise sah dies ein Weib der Nachbarschaft." Das-

selbe machte nun, um die vom Gouverneur in Aussicht gestellte Belohnung von 2000 Scudi zu erhalten, hievon Anzeige, worauf ein von zwölf Musquetieren begleiteter Offizier den unglücklichen Fürsten aus dem Heu hervorzog. „In guter Escorte und in Begleitung des Gouverneurs wurde er abgeführt. Die Frau erhielt übrigens nichts für ihre Anzeige. Heute schrie man ihm nach: Verräther, Tod dem Verräther! Und wenn der Gefangene nicht eine starke Begleitung gehabt hätte, wäre er von dem unbeständigen Pöbel, der ihn gestern hochleben liess, heute gesteinigt worden.

„Um 9 Uhr (Vormittags) kam mein Adjutant (de Bruel) mit der Nachricht zu mir, dass der Herzog gefunden und in die Citadelle geführt worden sei. Ich begab mich sofort nach derselben. Es schien mir, als ob der Commandant der Citadelle mich nur ungern einliess, vielleicht aus dem Grunde, weil sich das Gerücht verbreitet hatte, der Herzog von Bouillon sei nach Casale gekommen, um mich an die Stelle Couvonges' zu setzen. Es musste übrigens bei Hofe darüber gesprochen worden sein, denn die angesehensten Personen der Stadt erwiesen mir viele Ehre. Später erfuhr ich durch den Grafen Nogent, der Kardinal hätte allerdings die Stelle des Gouverneurs von Casale mir zugedacht gehabt und Couvonges habe die Bestätigung in seiner Stelle nur seiner Beihülfe zur Verhaftung des Herzogs zu verdanken.

„Von einem Offiziere zum Herzog in's Kastell geführt, beklagte ich sein Unglück in Gegenwart der drei Maréchaux de camp, worauf der Herzog, Thränen im Auge, zu mir sagte: Herr von Salis, ich konnte gestern in Ihrem Gesichte das Unheil lesen, das mir widerfahren sollte. Seufzend ging er auf und ab. Die anwesenden Herren suchten ihn zu trösten; er möchte auf die Milde des Königs vertrauen und sie hofften, dass er sich als unschuldig zu erweisen vermöge. Auch baten sie ihn um Verzeihung dafür, was sie gethan, aber ein Ungehorsam gegen den königlichen Befehl hätte ihre eignen Köpfe gefährdet. Oefters sagte der Herzog: Meine Herren, ich bin Gottlob unschuldig, wenn auch sehr unglücklich!

„Ich bemerkte wohl, dass der Herzog gerne mit mir gesprochen hätte, aber vor jenen Herren es nicht wagte. Da diese mich offenbar nicht gerne hier sahen, verabschiedete ich mich, als der Herzog in

der anstossenden Capelle eine Messe anzuhören sich anschickte.[1]
Er umarmte mich weinend, so dass ich ebenso wenig meine Thränen
zurückzuhalten vermochte, und sagte zu mir: Monsieur de Salis je
vous prie, de me tousjours aimer, je ne seray pas tousjours mal-
heureux! Ich konnte vor Rührung nicht antworten. Weder diese
liebevollen Worte, noch das Mitleid, das ich für den Herzog empfand, entgingen den anwesenden Herren, welche daraus Verdacht
schöpften und bei Hofe mich anschwärzten. Ich bemerkte dies wohl,
indem Chatillon, der nach Paris gereist war, um Sr. Majestät und
dem Kardinal über den Vollzug der Verhaftung Bericht zu erstatten
und neue Ordre für das Verbleiben des Herzogs zu holen, bei seiner
Rückkehr Saint-André Complimente des Staatssekretärs Noyers mit-
brachte und ihm mittheilte, dass Se. Majestät mit der bei der Ar-
restation des Herzogs geleisteten Hülfe sehr zufrieden sei, — während an mich keine einzige Zeile geschrieben wurde. Von diesem
Augenblick an verlor ich die Lust, weiter zu dienen.

„Das Haus, in welchem der Herzog logirte“, berichtet Ulysses
dann weiter, „war stets vom Garde-Regimente umgeben. Sechs
Offiziere befanden sich stets in seinem Zimmer, 25—30 ausserhalb
desselben. Du Plessis und Chatillon waren zumeist bei ihm, um ihn
zu unterhalten. Eines Tages, als ich das Commando hatte, besuchte
ich ihn, als er nach einer Spazierfahrt eben aus der Kutsche stieg.
Sehen Sie, Herr von Salis, sagte er, so behandelt man einen armen,
unschuldigen Fürsten. Ich wusste nicht, was antworten, und da
gerade du Plessis dazu kam, der mich lieber anderswo gesehen
hätte, verabschiedete ich mich vom Herzog und sah ihn aus Gründen
der Klugheit nicht wieder.“

Der Ausgang des Prozesses ist bekannt. De Thou und Cinqmar
wurden enthauptet, der Herzog von Orleans verliess für einige Zeit
das Land und der Herzog von Bouillon bot für Freiheit und Leben
sein Fürstenthum Sedan und wurde dafür wirklich begnadigt.

Während die Marschälle du Plessis und Villa zu Turin mit
dem Herzog Thomas von Savoyen[2] über einen Friedensschluss ver-

---

[1] Ob der Herzog von Bouillon gleich seinem Bruder, dem bekannten
Marschall Vicomte de Turenne, der 1668 zur katholischen Kirche zurückkehrte,
convertit war, wussten wir nicht zu eruiren.
[2] Derselbe hatte seiner Schwägerin, der Herzogin-Wittwe von Savoyen,
die Regentschaft gewaltsam entzogen, was den piemontesischen Krieg veranlasste.

handelten, stand Ulysses von Salis, der noch als Gouverneur von Coni die Veste Demonte in Piemont erobert hatte, während einiger Zeit an der Spitze der Armee, bis der neue Generalissimus Herzog de Longueville eintraf.

Der Ruf von Ulyssens kriegerischer Erfahrung und seiner Pflichttreue wurde noch erhöht, als er unter grossen Schwierigkeiten den Uebergang der Armee über den Fluss Sesia bewerkstelligte, wodurch er dieselbe aus sehr kritischer Lage befreite. Während er sich noch an der Belagerung von Tortona (im October 1642) betheiligte und mit dem Marchese Villa den Auftrag, Serravalle zu nehmen, ausführte, zog er sich durch die beständigen Nachtwachen ein bösartiges Fieber zu, welches ihn so schwächte, dass er oft das Bewusstsein verlor und schon fast aufgegeben war. Der Marschall, der die in einem nebenanliegenden Zimmer stattfindende Consultation der Aerzte zum Theil mitangehört hatte, glaubte schon, sein Todesurtheil sei gesprochen. „In diesem Augenblicke", erzählt er, „kam der Herzog von Longueville, der mich jeden andern Tag zu besuchen pflegte, obwohl er selbst an fortwährendem Fieber litt. Mit zitternder Stimme erzählte ich ihm die Debatte der Aerzte. Er bat mich, den Muth nicht zu verlieren. Sein Arzt liege zwar krank zu Casale, doch verstehe er selbst etwas von der Heilkunde und werde sich von den Aerzten meinen Zustand beschreiben lassen und mir dann seine Ansicht mittheilen. Sollte dann sein Chirurg kommen, so möchte ich mir nur fröhlichen Muthes eine Ader öffnen lassen. Nach anderthalb Stunden kam derselbe wirklich, zog Blut ab und sofort fühlte ich mich leichter und das Delirium begann zu weichen. Ich glaube in der That, dass ich ohne diesen Aderlass keinen Tag länger gelebt hätte." Zu Capriata, wohin er sich dann trotz grosser Schwäche zu Pferde begab, erhielt er die Nachricht vom Hinschiede seines Gönners, des Kardinals und Herzogs von Richelieu, was ihn in seinem Vorhaben, den Dienst zu quittiren, bestärkte.

In Turin erwartete er Noyers' Antwort auf den Brief, in welchem er um seine Dienstentlassung aus Gesundheitsrücksichten angehalten hatte, und erhielt gegen Ende December ein königliches Schreiben, das ihm mit sehr huldvollen Ausdrücken Urlaub auf unbestimmte Zeit ertheilte.

„Da ich aber", sagt Salis-Marschlins, „seit dem Tode des Kardinals wirklich den Dienst gänzlich aufzugeben vorhatte, beschloss ich, zur Einholung meiner Entlassung selbst an den Hof mich zu begeben und verliess Mitte Januar 1643 Turin. Der König befand sich zu Saint-Germain und empfing mich äusserst gnädig. Als ich dem Kardinal Mazarin meine Aufwartung machte, liess derselbe einige hohe Herren, welche sich eben bei ihm befanden, stehen und umarmte mich, indem er den Wunsch aussprach, ich möchte zu seiner Person das nämliche Zutrauen gewinnen, wie zum verstorbenen Kardinal. Auch Herr de Noyers erwies mir viele Freundschaft und bot mir seine Dienste an. Ich ersuchte ihn, sich beim Könige für meine Entlassung zu verwenden. Er meinte, Se. Majestät werde diesen Entschluss ungern hören, doch hoffe er, eine Dispens von der nächsten Campagne zu erwirken, wenn ich die nächstfolgende dann wieder mitzumachen verspräche. Da ich dies aber durchaus nicht zusagen wollte, sagte er, er wolle zuerst mit dem Kardinal und dann mit dem Könige darüber sprechen. Der Kardinal liess mich einige Tage darauf zu sich bescheiden und theilte mir mit, der König wolle von meiner Entlassung nichts hören, dispensire mich jedoch vom nächsten Feldzuge und habe als Zeichen seiner besondern Zufriedenheit die Auszahlung von 4000 Livres anbefohlen.

„So war ich also für einstweilen losgesprochen und hoffte schon einen Vorwand zu finden, um auch später nicht einberufen zu werden. Meinen Hauptzweck, die Uebertragung meiner eigenen Compagnie auf meinen Sohn Herkules und derjenigen des verstorbenen Molina[1] auf meinen jüngern Sohn Joh. Baptista, hatte ich erreicht. Ich verabschiedete mich vom Könige, — es war am Vorabende, bevor er sich niederlegte, um nicht wieder aufzustehen, — und vom Kardinal, der mich beschwor, den Dienst des Königs nicht ganz zu verlassen. Auch Herr von Noyers, dessen Stern aber zu erbleichen begann, erwies sich nicht weniger wohlwollend. Ich beurlaubte mich auch vom Herzog von Longueville, dem Grandmaitre der Artillerie Grafen Harcourt, von den Marschällen Turenne und d'Estrée und den übrigen

---

[1] Jacob von Molina, der Schwiegersohn des Marschalls Ulysses, der mit einem Bruder Lazarus in Folge der bei der Erstürmung von Demonte erhaltenen Wunden im Jahre 1641 (den 20. November) gestorben war.

Herren des Hofes und alle zeigten sich mehr oder weniger betrübt, dass ich den Dienst zu verlassen gedächte. Ueberhaupt trug ich das Bewusstsein mit nach Hause, bei allen Offizieren mich beliebt und geehrt zu sehen, wie kein anderer Maréchal de Camp."

Auch später vermochten selbst die vortheilhaftesten Anerbietungen, wie die Berufung zum Amte eines Vicekönigs von Catalonien, nicht, Ulysses von Salis zum Wiedereintritte in die Dienste Frankreichs zu bewegen. „Wenn der König" (Ludwig XIII.), sagt er, „noch gelebt und mich in seinem Dienste zu sehen gewünscht hätte, so würden die mir angebotenen Vortheile mich zum Wiedereintritte bewogen haben; so aber wies ich dieselben besonders aus dem Grunde von der Hand, weil ich befürchtete, dass während der Regentschaft der Königin,[1] wie es auch früher während der Minorennität des verstorbenen Königs der Fall gewesen, neuerdings Unruhen entstehen möchten. Der Kardinal (Mazarin) vermochte nämlich Alles bei der Königin, war beim Volke verhasst und sowohl bei den Prinzen von Geblüt als bei den Herren am Hofe ungern gesehen. Ich hatte keine Ursache, meinen Entschluss zu bereuen, indem meine Befürchtung eintraf.[2]

Als der Marschall Ende März 1643 in der Heimat anlangte, fand er eben den X Gerichtenbund wegen der Wahl des Bundeslandammanns (des Bundeshauptes) in heftige Kämpfe verwickelt. Schon seit langer Zeit hatten die drei alten auf Davos angesessenen Geschlechter Buol, Guler und Sprecher fast ununterbrochen diese wie auch die übrigen Beamtenstellen der Thalschaft bekleidet. Ein Guler war es dann aber, der, um sich wegen der Bevorzugung seines Vetters Meinrad von Buol zu rächen, im Jahre 1642 die übrigen Gerichte des Bundes zu einer gewaltigen, gegen die Vorrechte seines Heimatthales und der drei Familien gerichteten Agitation veranlasste. Salis-Marschlins stellte sich, wie nicht anders zu erwarten, da es sich auch um sein eigenes und seiner zu Grüsch eingebürgerten Familie Interesse handelte, auf die Seite Gulers und wurde bald als Haupt und Vorkämpfer dieser Faktion angesehen, was ihm sein früherer

---

[1] Anna von Oesterreich.
[2] Die Unruhen der Fronde.

Freund und Parteigenosse Ritter Fortunat Sprecher von Bernegg sehr verübelt.[1] Schliesslich unterlag Davos und im Mai 1646 wurde Ulysses von Salis zum Bundeslandammann der X Gerichte erwählt. Trotzdem beklagt er sich später, dass der Dank für die Bemühungen, denen er sich zu Gunsten der Gerichte unterzogen, nicht gross gewesen sei.

Es war während dieser seiner Amtszeit, an Weihnachten 1646, als die Nachricht sich verbreitete, der schwedische General Wrangel ziehe mit seinem Heere von Schwaben her gegen Bregenz heran, was allerorts, auch in den Bünden, grösstes Entsetzen hervorrief. Salis-Marschlins benachrichtigte hievon sofort die Häupter der beiden andern Bünde und liess durch Eilboten die X Gerichte und die sog. 4 Dörfer von der drohenden Gefahr unterrichten. Nach Malans und Mayenfeld begab er sich persönlich, um die Bevölkerung zur Ergreifung der Waffen zu ermahnen, traf dieselbe aber, wie er unwillig bemerkt, „mehr damit beschäftigt, einzupacken und ihre Habe zu flüchten, als an der Vertheidigung des Landes theilzunehmen." Man stellte alsdann zu Mayenfeld einen Kriegsrath auf, zu dessen Präsidenten der Marschall erwählt wurde. „Viele Fähnlein", sagt er, „wollten mich zum General wählen, doch lehnte ich dies ab und würde es auch niemals angenommen haben, denn der (spanische Gesandte) Graf Casati sah mich mit Misstrauen an und seine Parteigänger streuten aus, Spanien würde, wenn ich General werde, keinen Beitrag zur Erhaltung der Mannschaften beisteuern. Ich selbst legte übrigens nicht allzu grossen Werth auf die Gunst des Volkes, das sich gegen meinen Bruder Rudolf so undankbar benommen hatte."

Später zeigte es sich indessen, dass Wrangel keineswegs die Absicht hatte, die Bünde zu beunruhigen, sondern lediglich darauf ausging, „sein Heer in den vier Herrschaften[2] zu sustentiren und möglichst grosse Contributionen aus denselben zu ziehen."

Die Gesundheit des Marschalls hatte inzwischen stets sehr viel zu wünschen übrig gelassen. „Das Jahr 1646", schreibt er, „war unheilvoll für mich, indem ich von einer Reise in's Veltlin zurück-

<hr>

[1] Kriege und Unruhen II, 347.
[2] Feldkirch, Sonnenberg, Pludenz und Bregenz.

kehrend erkrankte und mich kaum nach Marschlins zu schleppen vermochte, wo ich das ganze Jahr unter den Händen der Aerzte zubrachte. Dieselben riethen mir das Fideriser-Bad an, aber die Heilkraft desselben wurde durch allerlei Unfälle wirkungslos gemacht.

„Es starb nämlich meinem Schwager Pestalozzi ein auch von mir sehr geliebtes Söhnchen und als meine Schwester Hortensia, Gattin des Cavaliers Rudolf von Salis, von dessen Leichenbegängniss heimkehrte, scheute das Pferd, das sie ritt, bei Masans, so dass sie rücklings hinunterstürzte und fast sofort verschied. Dies Unglück geschah am 10. Juli (1646), war aber nur der Vorläufer eines andern, wie es denn namentlich in unserer Familie fast immer zu geschehen pflegt, dass ein Unglück niemals allein kommt. Es gefiel nämlich dem Allmächtigen, dass mein geliebter Sohn Joh. Baptista bei der Berennung des Forts Mardice bei Dünkirchen durch eine feindliche Kugel fiel. Er stand am 9. August (1646) mit seiner Compagnie und noch andern Mannschaften des Regimentes der Schweizergarden Wache in der Tranchée, als die Belagerten einen Ausfall machten, aber mit Verlust zurückgeworfen wurden. Leider liess sich die Tapferkeit meines Sohnes hiemit nicht begnügen und er verfolgte den Feind noch eine Strecke, tödtete eigenhändig mehrere Gemeine und nahm einen Offizier gefangen. Als er mit demselben in die Tranchée zurückkehrte, traf ihn jene verhängnissvolle Kugel, welche ihm das Leben und mir die Hoffnung nahm, ihn eines Tages aller der Ehren theilhaftig zu sehen, zu welchen Tapferkeit und gute Aufführung ihm Anspruch gaben.

„Er wurde von seiner Mannschaft in's Lager getragen und als sich das Gerücht hievon verbreitete, nahmen alle höhern Offiziere, auch der Herzog von Orleans, tiefen Antheil an seinem frühen Tode. Er hatte das 26. Jahr noch nicht erreicht und schon war ihm das Commando eines Cavallerie-Regimentes zugesagt worden. Ich empfing diese Trauerbotschaft am 30. August — mit welchen Gefühlen kann nur ein armer Vater ermessen, der einen zärtlich geliebten Sohn verliert. In meinem tiefen Schmerze gereichte es mir zu einigem Troste, dass ich nicht nur bei den Verwandten und Freunden, sondern auch bei hochstehenden Herren in Frankreich aufrichtige Theilnahme erfahren durfte. Der Marschall Bassompierre schrieb mir, mein Sohn sei ihm der liebste aller seiner Hauptleute gewesen und werde auch von der Königin und dem Herzog von Orleans schmerzlich vermisst. Der Marschall hatte die Güte, das Commando von Baptista's Compagnie für Denjenigen aufzuheben, den ich selbst dazu bestimmen würde. Ich erwählte hiezu meinen Neffen Herkules.[1]

„Die Leiche meines geliebten Sohnes wurde einbalsamiert und vorläufig nach St. Denys gebracht. Das Herz hingegen kam in die Heimath, um (nach der Intention des Verstorbenen) dem Sarge desjenigen beigeschlossen zu werden, der zuerst sterbe, — also wohl dem meinen oder dem meiner Gattin.[2] Nachdem der Feldzug alsdann beendigt war, liess Rudolf Salis, meines Bruders Abundi Sohn, das eigentliche Leichenbegängniss zu Charenton vornehmen.“

In den Jahren 1647—49 führte der Marschall, wie oben ausführlicher dargethan wurde, die Verhandlungen mit Oesterreich-Tirol über den Loskauf der Rechte auf die VIII Gerichte.

In den letzten fünf Jahren war er fast beständig krank. „Wie aber lang leben viel Plag“, so heisst es in der Trauerrede auf ihn,[3] „vnd endlich ein beschwertes Alter mit sich bringt, so hat Ihr Gnaden dises auch erfahren müssen: Dann nachdeme Sie nun ihre Tag auf ein gutes und hohes Alter gebracht, sind ihre Leibskräften zimlicher massen gewichen, die Krankheiten, sonderlich das Podagram, so offt bey Ihme angesetzt, dass Sie jetzt nunmehr fünff Jahr ihre meiste Zeit bethlägerig zubringen müssen; darzwischen Sie zwar keine sonderliche Aempter bedient, aber doch darbey mehr regiert, gerahten, vnd verrichtet, als wann Sie in der höchsten Amptsverwaltung gesessen, indeme Sie von hohen vnd niedern Standspersonen besucht, vnd Ihres weisen vnd trewen Rahts, welcher bei Ihnen nicht allein aus vielfältigem Lesen vnd Erkandtnuss aller der vornehmsten Historien; sondern auch durch Ihren scharffsinnigen Geist vnd selbs eigene wolgegründte Erfahrenheit in allerley Ständen und Regimentern zu finden ware, gepflogen worden.“

Den 3. Februar 1674, Vormittags um ½10 Uhr, starb der Marschall im 80. Altersjahre, umgeben von allen seinen Angehörigen

---

[1] Sohn des Abundius.
[2] Es traf Letztere, welche 1658 starb.
[3] Siehe unten.

und dem ganzen Hausgesinde und im Beisein des Predigers von Igis. Letzterer sprach ihm zu, „sich vor dem Tode nicht zu entsetzen. Christus habe uns von demselben mit seinem Tod geheiliget vnd zu einer Abdankung der Sünd vnd alles menschlichen Elends vnd zu einem Eingang in das ewige Leben gemacht," worauf der Sterbende antwortete: „Wann Gott wil, so ist mein Ziel: Der Wille des Herrn geschehe." Den 7. Februar fand in der Pfarrkirche zu Igis „bey hochansehnlicher vnd volckreicher Versammlung" und unter den „gewohnlichen Solenniteten" die Beisetzung statt.[1] Der dortige „Diener am Worte" Jacob Gujan hielt, unter Zugrundelegung des Textes 1. Buch der Chronik Cap. 29, V. 28: „Und er (König David) starb in gutem Alter, voll an Tagen, Reichthümern und Ehre",[2] die Leichenpredigt.

Ein mehr oder minder zutreffendes Urtheil über Ulyssens Persönlichkeit wird sich wohl Jeder aus Vorstehendem bilden können. Man vergesse dabei aber nicht, dass die Menschen, welche von den Einflüssen ihrer Zeit und Umgebung unberührt bleiben, von jeher zu den grössten Seltenheiten zählten.

Salis-Marschlins verdient ohne Zweifel den Ruf eines ebenso tapfern als erfahrnen und strategisch tüchtigen Militärs und be-

---

[1] Sein Grabmal ist daselbst noch heute zu sehen. Die Inschrift lautet:

Epitaphium

M.   U.   S.

ad famam nullo aevo intermorituram

Illustr^{mi} et Genero^{mi} Sago Toga fortissimi patris patriae

Ulyssis a Salis

qui anno Salutis M. D. C XVI. Venetis primum strenue

ad Gradiscam militans tres Cohortes duxit

(folgen alle seine militärischen Grade u. s. w.)

In his omnibus fuit magnus et gloriosus; fui ut es, eris ut sum.

Religio. Pietas Sophia prudentia virtus

Arma themis musa hoc clausa jacet tumulo.

Obiit III. Febr. A° MDCLXXIV. Aetat. suae LXXIX mon. hoc

Illmo D. parenti

Sibi et posteris Salic. de Marsch. heic posuit Colonel Hercul. a Salis.

[2] Im Drucke herausgekommen unter dem Titel: Christliche Leich-Predigt von dem seligen Abschied des frommen Königs Davids aus dieser Welt. Ueber den leidigen vnd hochbetrübten Todesfall, des Hoch-Wol-gebornen, Gestrengen Herren, Herren Ulyssis von Salis, Herren zu Marslins etc. Königl. Mayst. in Frankreich gewesenen Feldmarschallen etc. etc. Basel 1674.

festigte nicht wenig den alten kriegerischen Ruf seiner Familie, welche von Bucelin geradezu als ein „Kriegerseminar" bezeichnet wird.[1] Es würde jedoch seiner Soldatenehre keinen Eintrag gethan haben, wenn er dem Feinde, besonders Oesterreich und Spanien gegenüber, etwas mehr Billigkeit an den Tag gelegt hätte. Während er in Bezug auf die Ehrenhaftigkeit der Politik Frankreichs und der deutschen protestantischen Fürsten nicht das geringste Bedenken äussert und z. B. vom Grafen Ernst von Mansfeld stets nur mit Ausdrücken der höchsten Achtung und Pietät spricht, zeichnet er die Politik und Kriegsführung Oesterreichs stets nur in den schwärzesten Farben. Oesterreich gegenüber beurtheilt er jede nur einigermassen harte Behandlung des feindlichen Landes, mochte sie auch auf Kriegsrecht beruhen, überaus strenge und legt alle Ausschreitungen einzelner Soldaten der ganzen Armee zur Last. An den Streifzügen seines Bruders in das Montafun hat er hingegen nichts auszusetzen und sieht es als etwas ganz Selbstverständliches an, wenn er selber z. B. im Flandrischen Feldzuge so manches blühende Dorf vollständig ausplündert und niederbrennt und einmal 200 Bauern, die sich nicht ergeben wollten, in den Flammen umkommen lässt. Leider hat Herr von Mohr in seiner Uebersetzung der Denkwürdigkeiten des Marschalls die zwei Jahre, welche derselbe in der Mansfeld'schen Armee diente, übergangen. Das Original, welches wir nicht zur Hand hatten, dürfte wohl einige Andeutungen über die entsetzlichen Ausschreitungen und Grausamkeiten dieser berüchtigten Horde enthalten, welche mit den Mordbrennertruppen Herzog Christian's von Braunschweig bekanntlich der Schrecken von ganz Deutschland waren.[2] Ebenso erwähnt er mit keinem Worte der im Veltlinerkriege

---

[1] „Ex quo tempore familia Salicana *quoddam quasi seminarium Martiale* fuit ... ita, ut e tot millibus Germaniae nostrae Illustrium familiarum (quarum ad decem vel duodecim millia pluribus tomis Geneses collegimus) nullam omnino tanto bellicorum Ducum et Heroum numero parem, pro compertissimo habeamus" (? ?). Nucleus Hist. univ. Pars III in der Dedicatio.

[2] Siehe Karl Adolf Menzel, Neuere Geschichte der Deutschen, Bd. III, Seite 467, 468, wo die Beweise unter Berufung auf die acta Mansfeldica („gründlicher Bericht von des Mansfelders Ritterthaten") Seite 118, wörtlich abgedruckt sind. Vergl. auch Dr. Aug. v. Gonzenbach, der General Hans Ludwig von Erlach, Bd. I, S. 6, 7.

von Bündner-Soldaten an katholischen Priestern verübten Gewaltthätigkeiten und Scheusslichkeiten, von denen Quadrio und Andere
berichten.[1] Indess kann er doch nicht umhin, anzuerkennen, dass
die Mannszucht in der kaiserlichen Armee, namentlich im Heere des
Grafen Merode, welches im Jahre 1629 die Bünde passirte, eine
unvergleichlich bessere war, als die der Franzosen. Auch die 6000
Mann, welche die Bünde noch längere Zeit zur Sicherung der kaiserlichen Armee besetzt hielten, wurden, wie Ulysses selbst berichtet,
in so vortrefflicher Mannszucht gehalten, dass man niemals eine
Klage vernahm. „Auch verdiente er" (Merode), sagt der Marschall,
„sich dadurch den Dank der Bevölkerung, dass trotz der Zu-
muthungen der erzherzoglichen Räthe, welche die katholische Religion in den X Gerichten wieder eingeführt wissen wollten, zu keiner
Neuerung dieser Art die Hand bieten wollte. Ich bedaure es, dass
die Wahrheit es mir nicht gestattet, den Franzosen, obwohl ich ihr
Parteigenosse bin, nachsagen zu können, dass sie bei ihrem Aufenthalte in den Bünden ebenso gute Ordnung hielten."

In Betreff der einheimischen Politik huldigte Ulysses v. Salis
ganz und gar den Grundsätzen seines Vaters und seiner Brüder.
Bis zu seinem Lebensende war er ein warmer Gönner der Prädi-
kantenpartei und es ist bezeichnend für seine Gesinnungsweise, wenn
er es noch in seinen spätern Jahren bedauern kann, dass die Prädikanten in den politischen Angelegenheiten des Landes nicht mehr
„so grossen Credit" besässen wie ehemals.[2] Man braucht desshalb
an der Aufrichtigkeit der vom Prediger Gujan in seiner Leichenpredigt zum Ausdrucke gebrachten Trauer über den Tod des Marschalls nicht im Geringsten zu zweifeln, wenn er sagt: „Ja unser
werther Kirchenstand muss bitterlich wainen, seuftzen und klagen,
weil Er einen getreuen Vatter vnd einen eifrigen Beschützer verlohren,
der nicht allein allen Dieneren Gottes wol gewogen gewesen, sondern
auch Gott vnd seinem Wort getrew verblieben biss in den Tod."[3]

---

[1] Dissertazioni etc. II, 207; Lavizzari 188; vergl. Sprecher, Kriege und
Unruhen I, 193.

[2] S. 62.

[3] Christl. Leichpredigt etc., S. 36.

„Vnd wann ich", sagt Gujan im Eingange zu seiner Predigt,[1] „für meine wenige Person, mich auch dabey erinnere der grossen Gnaden vnd hohen Gunsten, die Ihr Excellentz diejenige Zeit über, so ich mich bey Ihro an dem Dienst des heiligen Evangelii aufgehalten, mir bewiesen, so kann ich nicht anderst, als mit allen vnwesenden Trauernden auss grossem Hertzenleid Ihro nachschreyen vnd sagen: Mein Vatter, mein Vatter, Wagen Israels vnd seine Reuter! wie vor Zeiten Elisa dem Propheten Elia nachgeruffen, alss er im feurigen Wagen gen Himmel gefahren."

Wir müssen indess Ulysses von Salis die Gerechtigkeit widerfahren lassen, dass er in spätern Jahren, wo es freilich zu spät war, das Geschehene wieder gut zu machen, die Fehler seiner eignen Partei in mehrfacher Hinsicht einsah und seine Gegner wenigstens in ein und dem andern Punkte mit mehr Billigkeit beurtheilte.

„Behüte mich Gott", sagt er,[2] „behaupten zu wollen, dass alle Verbannten (der Planta'schen Partei) Landesverräther gewesen seien, obwohl damals jeder spanische Parteigänger dafür gehalten wurde, während jetzt, da ich dies schreibe, derjenige, der es nicht ist, für einen schlechten Patrioten gilt. Es scheint mir, dass demjenigen, der mit Mässigung und ohne auf seinen Privatvortheil Rücksicht zu nehmen, sondern lediglich zum Nutzen des Vaterlandes ein Bündniss mit einem fremden Fürsten abschliessen oder erneuern hilft, der Name eines verdienstvollen Mannes zukommt. Ich halte es für höchst unpolitisch, aus einem freien und demokratischen Gemeinwesen Leute zu verbannen, die selbst von Einfluss sind oder einflussreiche Verwandte besitzen. Letztere, erbittert und verletzt, werden beinahe immer verderbliche Pläne schmieden. Die gegentheiligen Beispiele, welche das Alterthum uns gibt, sind sehr selten." Auch darin müssen wir ihm Recht geben, wenn er diejenigen, welche die Waffen gegen das Vaterland ergreifen, als Verräther bezeichnet.

Der Marschall konnte es jedoch niemals verschmerzen, dass die III Bünde mit Spanien Frieden geschlossen hatten, obwohl das Land durch denselben aus den unglückseligsten Wirren, vielleicht

---

[1] ibid. S. 8, 9.
[2] Denkwürdigkeiten, Seite 40.

vom Untergange errettet wurde. „In Wahrheit kann gesagt werden“, klagt er, „dass jetzt die spanische Partei herrscht, die französische im Todeskampfe liegt und die venezianische gänzlich verschwunden ist. Was unsere Vorväter verabscheuten (nämlich ein Bündniss mit dem katholischen Spanien), das haben wir mit Beifall aufgenommen, und wie die Zeiten sich geändert, so haben auch die Neigungen der Menschen gewechselt.“[1]

Ueberhaupt ist er, wie wir dies schon früher sahen, auf das Bündnervolk im Ganzen nicht gut zu sprechen und hebt bei jeder Gelegenheit dessen Abneigung gegen den Adel hervor. „Es ist nicht klug“, sagt er unter Anderm, „sich auf Versprechungen des Volkes zu verlassen, denn wenn dasselbe auch nicht immer mit sich einig geht, darin vereinigt es sich doch stets, wenn es gilt, über einen Edelmann, sei er gut oder schlecht, herzufallen,[2] und ein ander Mal: „Das Volk ist scheu und von Natur dem Adel feindlich gesinnt, weiss aber seine Empfindungen geheim zu halten; aber bei Aufständen lässt es seinen Hass bitter fühlen.“[3]

Die Liebe zu seiner Familie und die nicht immer ganz richtig verstandene Wahrung ihrer Ehre ist überhaupt einer der hervorstechendsten Züge seines Charakters, der sich fast auf jeder Seite seiner Denkwürdigkeiten widerspiegelt. Das Auge in Mitte seiner Angehörigen schliessen zu können, hielt er, obwohl sonst mit Leib und Seele Soldat, für den grössten Trost in diesem Leben.[4] Bemerkenswerth ist es auch, dass er einst (1636) einen katholischen Priester, welcher von seinen Soldaten bei der Eroberung von Francesca gefangen worden, und „der sich einen Salis nannte“, sofort in Freiheit setzte und mit einer Mission an den spanischen Obersten Guasco betraute.[5]

Die Memoiren, welche Feldmarschall Ulysses Salis hinterliess, erschienen trotz der vielen Rücksichten, welche er durch Verschweigung mancher Namen walten liess, dennoch erst in unsern Tagen

---

[1] Denkwürdigkeiten. S. 59.
[2] ibid. S. 38.
[3] ibid. S. 37.
[4] ibid. S. 219.
[5] ibid. S. 261.

im Drucke und nur in deutscher Uebersetzung. Das in italienischer
Sprache verfasste Original-Manuscript befindet sich in der Bibliothek des Kantons Graubünden. Gottlieb Emanuel von Haller citirt
dasselbe im V. Bande (Nr. 745) seiner Bibliothek der Schweizergeschichte und beurtheilt es sehr günstig. Die Denkwürdigkeiten
sind in der That eine wenn auch mit Vorsicht zu benützende, so
doch sehr ausgiebige Quelle der Geschichte der III Bünde im XVII.
Jahrhundert, namentlich für den Veltliner-Krieg.

IV.

AUS NEUERER ZEIT.

(1725—1814.)

Neue Fehden.[1]

Der Abschluss des Madrider-Friedens und des Mailänder-Capitulates von 1639 kann umsomehr als ein glücklicher Wendepunkt in der Geschichte Bündens bezeichnet werden, als dadurch eine 70jährige Periode des Friedens und der Ruhe eingeleitet wurde, wie das Land eine solche seit der Glaubenstrennung nicht mehr genossen hatte. Zwar hörten auch jetzt die Parteiungen nicht auf und drei Mal, 1661, 1684 und 1711, tagten Strafgerichte, die partheiisch genug verfuhren. Allein zum Aeussersten liess man es nicht mehr kommen, denn im letzten Augenblick erinnerte man sich stets der Verheerungen, welche die Parteileidenschaft früher angerichtet hatte.

Trotzdem war das genannte Capitulat Manchen und besonders der Familie von Salis stets ein Dorn im Auge. Es war nicht allein der Ausschluss des evangelischen Cultus vom Gebiete der Unterthanenlande, was die streng protestantische Familie gegen das Capitulat einnahm; noch unangenehmer berührte sie die Beschränkung des Aufenthaltes der Protestanten im Veltlin und in Cläfen, wodurch sie sich im Genusse ihrer Veltliner-Güter und in ihrem Streben, diesen Besitz zu vergrössern, gehindert sah. Es musste ihr dies um so unliebsamer sein, als die Resourcen in dem armen, gebirgigen Bündnerländchen von jeher sehr gering waren. Daher denn auch

---

[1] Für diesen und den folgenden Abschnitt unserer Arbeit sind wir, da die Ergebnisse der in den Pariser-Archiven in Bezug auf Graubündner-Correspondenzen angestellten Forschungen leider noch nicht zugänglich gemacht sind, hauptsächlich auf J. Andr. v. Sprecher's Geschichte der Republik der II Bünde im XVIII. Jahrhundert, Chur 1872, angewiesen. Dieselbe beruht auf langjährigen, sorgfältigen Studien und kann, soweit sie nicht auf confessionelles und speziell katholisches Gebiet geräth, als objectiv gehalten bezeichnet werden. Ein kurzer Auszug dieses Werkes dürfte um so eher von Interesse sein, als dasselbe doch nicht allgemein bekannt ist.

die fortgesetzten Versuche der Familie, diese ihr so verhassten Schranken zu Falle zu bringen.

Was die politischen Parteiungen anbelangt, so standen sich auch im XVIII. Jahrhundert eine französische und eine österreichische Faktion gegenüber und bei ersterer fiel die Führerrolle wie bisher der Familie von Salis zu. Jetzt indessen tritt immer mehr das Sonderinteresse der letztern in den Vordergrund, wesshalb man auch weniger von einer französischen, als von einer Salis'schen Partei sprach. Die Bekämpfung der Salis'schen Hegemonie durch die österreichische Faktion, welche alle Gegner des Hauses Salis in sich vereinigte, ist denn auch das charakteristische Merkmal der Geschichte Graubündens im XVIII. Jahrhundert.

Doyen der Familie war seit ungefähr 1720 der frühere Gesandte am Hofe von S. James und im Haag, Bundesoberst Peter von Salis-Soglio,[1] „ein Mann“, wie Sprecher sagt,[2] „dem an staatsmännischer Tüchtigkeit, Kenntniss der Höfe und der europäischen Politik kein anderer Bündner sich zur Seite stellen konnte. .... Freigebig, leutselig und von den angenehmsten Umgangsformen, besass er hingegen einen sehr grossen persönlichen und Familienehrgeiz und es wurde ihm Gewaltthätigkeit in der Verfolgung seiner politischen Ziele vorgeworfen. .... In seinem grossen Vermögen — er galt jetzt (nach dem Tode seines Schwiegervaters Bundespräsident Herkules von Salis-Soglio) für den reichsten Bündner — besass er die Mittel, politische Zwecke durchzusetzen; er gebot, wie behauptet wurde, über nicht weniger als 15 Stimmen, also über die grosse Mehrheit im Gotteshausbunde und wusste oft den grössern Theil der Veltliner-Aemter mit seinen Verwandten und Anhängern zu besetzen. Der Politik seiner Gegner im X Gerichtenbunde, ihn mit den andern Zweigen der Familie Salis-Soglio zu entzweien, war der kluge Envoyé durch Verheirathungen zuvorgekommen, so dass statt zu sinken, seine Macht sich nur vergrössert hatte.“ Während Bundespräsident Herkules, der bis dahin an der Spitze der Salis'schen Partei gestanden, ein entschiedener Anhänger Frankreichs gewesen und dafür

---

[1] Aus der Casa Antonio, geb. 1675.
[2] I, S. 209 ff.

von Ludwig XIV. mehrfach ausgezeichnet worden war,[1] sympathisirte Envoyé Peter mehr mit den protestantischen Seemächten England und Holland. Es war ihm auch gelungen, mit den Generalstaaten ein Bündniss abzuschliessen (1713), aber die Ausführung des hauptsächlichsten Punktes dieses Traktates, nämlich die „Erneuerung und Verbesserung" des Mailänder-Capitulates, scheiterte am Widerstande Frankreichs, wesshalb der Envoyé die französische Politik als eine den Bünden ebenso gefährliche wie die österreichische erachtete.[2] Trotzdem stand fast die gesammte Familie Salis, wie schon gesagt, auf Seite Frankreichs und nur der katholische gräfliche Zweig zu

[1] So z. B. sandte ihm der König im Jahre 1712 sein in Brillanten gefasstes Bild.

[2] Frankreich, so führt Peter von Salis in einem Briefe an Bundesschreiber (Sekretär) v. Reith aus, habe vor dem Frieden von Osnabrück das System gehabt, „alle Welt in der Meinung zu erhalten, Oesterreich sei der Beschützer Roms und der Papisten, es wolle das Deutsche Reich unterdrücken und alle Nachbarn unterwerfen, wesshalb Frankreich sich zum Beschützer der gefährdeten Freiheit der kleinern Staaten aufwarf. . . . . Seither ist es Frankreich gelungen, obenan zu stehen und Oesterreichs Macht zu schwächen. Jetzt aber ist es selbst päpstlich, geberdet sich als der Hort der römischen Kirche, um den päpstlichen Hof in seiner Gewalt zu haben und ihn zu zwingen, für die Interessen Frankreichs zu arbeiten."

Envoyé Peter von Salis vertrat die Bünde beim Utrechter-Friedensschlusse; die „Mémoires de M. de Salis envoyé des Grisons à la Haye" finden sich in der Kantonsbibliothek von Graubünden. Er wurde den 12. März 1748 von Kaiser Franz I. mit allen seinen Nachkommen in den Reichsgrafenstand erhoben (Anerkennung von England für den jeweiligen Chef des Hauses 1809) und starb den 14. Februar 1749. Peter's Sohn, Graf Hieronymus (geb. 1709, † 1785 zu London), ausserordentlicher Gesandter König Georg's II. von Grossbritannien an die III Bünde, vermählte sich 1785 mit Lady Marie Viscountess de Fane aus dem Hause der Grafen von Westmorland, Lords Burghersh (Nachkommen König Eduard II. von England und Isabellens von Frankreich, wesshalb sie das Wappen des Königreichs England führen), Erbin der väterlichen Güter in Irland. Dieser gräfliche Zweig des Hauses Salis ist seither in England und Irland naturalisirt. Wie sehr Envoyé Peter während seiner Ambassade nicht nur als Diplomat, sondern auch als Militär die öffentliche Aufmerksamkeit auf sich gezogen, ist daraus ersichtlich, dass die Republik Venedig 1716 ihm die Würde eines Feldmarschalls und Oberkommandanten ihrer sämmtlichen Truppen im bevorstehenden Türkenkriege anbot. Er schlug das Anerbieten jedoch aus und empfahl dem Senate den ihm persönlich befreundeten Grafen von der Schulenburg, der sich schon damals des Rufes eines trefflichen Feldherrn erfreute und später durch die Vertheidigung von Corfu gegen die Türken seinen Namen verewigte (Sprecher I, 98).

Zizers nebst vereinzelten Mitgliedern einiger andern Linien waren Oesterreich zugethan.

Bei der Musterung der gegnerischen Faktion fällt uns der Umstand auf, dass bis zur Mitte des Jahrhunderts kein Planta am politischen Leben in hervorragender Weise sich betheiligte. Die Mitglieder dieser Familie sassen damals zumeist auf ihren Gütern oder widmeten sich, was bei den Salis übrigens nicht weniger der Fall war, fremdländischen Militärdiensten, während andere in commerciellen, andere auch in gelehrten Berufsarten thätig waren. Inzwischen hatte die Familie Sprecher von Bernegg die Führerrolle bei der österreichischen Partei übernommen. An ihrer Spitze stand der Bundeslandammann, nachherige kaiserliche General Salomon v. Sprecher.[1] Letzterer hatte, um eine Revision des Bundesbriefes anzubahnen, eine diesbezügliche Convention allen Mitgliedern seiner Familie und andern einflussreichen Persönlichkeiten zur Unterzeichnung vorgelegt. Auch der Envoyé Salis wurde um seinen Beitritt angegangen — allein dieser weigerte sich dessen auf das Entschiedenste, da die Revision den Interessen des Gotteshausbundes und der Familie Salis durchaus entgegenstand. Diese Weigerung, verbunden mit der Eifersucht auf die Macht des Hauses Salis, soll es gewesen sein, was den X Gerichtenbund, auf welchen die Familie Sprecher den grössten Einfluss ausübte, neuerdings zum Anschlusse an die österreichische Partei bewog.[2] Der zum grossen Theile katholische Obere Graue

---

[1] Salomon Sprecher von Bernegg, geb. 1697, diente zuerst in spanischen, seit 1742 in kaiserlichen Diensten, 1746 Generalmajor, 1754 Feldmarschall-Lieutenant und Gouverneur von Como, 1757 Feldzeugmeister und Befehlshaber eines Armeecorps in Sachsen, starb den 19. September 1758 in Folge eines Sturzes aus dem Wagen.

[2] Dass der Marschall Ulysses von Salis-Marschlins sich vergeblich bemüht hatte, das Prättigau für Frankreich zu gewinnen, wurde oben (S. 210) berichtet. Beachtenswerth ist es, dass es wenige Jahrzehnte zuvor die Familie Salis gewesen war, welche Chur, die Hauptstadt des Gotteshausbundes, ihrer Vorrechte zu entkleiden trachtete. Anlass dazu gab ein langjähriger Erbschaftsstreit der Familie Salis-Soglio mit dem Churer-Geschlechte Mennhart, welcher 1691 vom Churer-Stadtgerichte zu Ungunsten der erstern entschieden wurde. Vergl. „Factum tale etc. des zwischen den Herren von Salis und den Herren Mennhartischen Erben obschwebenden Streithandels, den 7. October 1691 vor Stattgericht zu Cur producirt." Theils um den Spruch des Gerichtes, welchen sie überhaupt nicht anerkannte, rückgängig zu machen, theils um sich an der Stadt Chur

Bund war Oesterreich ohnehin seit jeher zugethan und wurde in
dieser Sympathie durch einflussreiche Persönlichkeiten bestärkt. Zu
den entschiedensten Gegnern der Familie Salis zählte daselbst Landrichter Baron von Schauenstein, welchen, wie Sprecher behauptet,[1]
„neben confessionellen Motiven — seine Familie war katholisch —
auch der Verdruss über einen verlornen Prozess wegen des Münz-
rechtes, den er gegen die Barone Salis-Haldenstein geführt, in dieses
Lager gedrängt hatte.“[2]

In Chur selbst hatte sich eine zwar nicht sehr zahlreiche, aber
einflussreiche Anti-Salis'sche Partei gebildet, die hauptsächlich aus
den alten Familien Tscharner, Bavier, Raschèr, Pestalutz, Buol und
Mennhart bestand. Trotz allen Sträubens derselben war es der

---

zu rächen, veranlasste die Familie Salis die Gotteshausgemeinden, das Forum
nach dem Bergell zu verlegen und Chur das Recht streitig zu machen, das
Siegel des Gotteshausbundes zu führen und wie bisher das Haupt des Bundes
zu bestellen. Als Chur an die beiden andern Bünde appellirte, hielten die Gotteshausgemeinden zwei Sonder-Bundestage zu Lenz und Conters, schlossen die
Stadt aus dem Bunde aus und erwählten in der Person Friedrich Anton's von
Salis-Soglio ein neues Bundeshaupt mit dem Titel eines Bundesdirektors. Von
den beiden andern Bünden vor ein Schiedsgericht citirt, leisteten die Gotteshausgemeinden keine Folge und erkannten ebensowenig das von demselben
gefällte Contumazurtheil an. Erst 1700 wurde der Streit durch Vermittlung der
eidgenössischen Stände Bern und Zürich beigelegt. Laut dem Compromiss vom
28. November genannten Jahres verblieben Vorsitz und Siegel der Stadt Chur;
das Bundeshaupt war aber nicht mehr, wie bisher, der jedesmalige Amtsbürger-
meister von Chur, sondern die Gotteshausgemeinden wählten aus den 15 Raths-
herrn der Stadt 2 Männer, welche unter sich zu losen hatten. Das auf diese
Weise bestellte Bundesoberhaupt führte von nun an den Titel Bundespräsident.
Der Salis-Mennhart'sche Erbschaftsprozess war noch im Jahre 1711 nicht endgültig entschieden. Vergl. C. v. Moor, Currätien II, S. 1071—1079.

[1] I, 209.

[2] Die Freiherrn Schauenstein-Reichenau und Salis Haldenstein waren zwei
Mal in Prozesse verwickelt. Bei dem am 16. April 1707 zu Chur tagenden ausser-
ordentlichen Schiedsgerichte, wo es sich um den Besitz der reichsfreien Baronie
Haldenstein handelte, war die Stimmung der beiden Parteien, welche nach da-
maliger Sitte mit zahlreichem Gefolge von Verwandten und Freunden erschienen,
so gereizt, dass das Gericht es für nöthig fand, den Landfrieden „bei Ehr und
Eyd“ einzuschärfen, alle Ausforderungen wie deren Annahme zu verbieten und
Ausforderer wie Cartellträger mit der gesetzlichen Strafe zu bedrohen. Vergl.
J. Bott, Die ehemalige Herrschaft Haldenstein, ein Beitrag zur Geschichte der
rhätischen Bünde, Chur 1864, S. 34 ff.

Familie Salis-Soglio gelungen, das Bürgerrecht von Chur zu erwerben (1727), wodurch ihr der Weg zum Bundespräsidium geebnet war.[1]

Es war im Jahre 1725, als neuerdings Verhandlungen mit Mailand angeknüpft wurden, um das Capitulat von 1639 zu erneuern. Unter den Gesandten, welche sich im folgenden Jahre (1726) zu diesem Zwecke nach Mailand begaben, waren auch zwei Salis, Landeshauptmann Gubert von Salis-Bothmar und Graf Rudolf Salis-Zizers, letzterer ein Urenkel des Convertiten Rudolf von Salis, welcher 1639 den Frieden von Madrid vermittelt und beschworen hatte.[2] Ausser manchen andern streitigen Punkten, wie Zölle, Pensionen, Gebietsabgrenzungen, Märkte u. dgl. sollten die Gesandten besonders auch die Duldung der Protestanten in den Unterthanenländern und die Aufrichtung einer „der Hoheit des Souverains" entsprechendern concordia jurisdictionalis über den Veltliner-Clerus auszuwirken

[1] Die Familie vertheilte fl. 18,000 als Almosen an die ärmern Bürger, Envoyé Peter allein jedem einzelnen derselben fl. 83. — Bundespräsident Herkules hatte das Bürgerrecht von Chur schon 1694 erworben, 1727 folgten Bundespräsident Anton (Casa Battista), Landeshauptmann Rudolf (Casa di Mezzo) und Envoyé Peter (Casa Antonio). Ein Zweig der Linie Samaden war schon im XVI. Jahrhundert, die Augustinische Linie und der jüngere Zweig von Rietberg im XVII. Jahrhundert in Chur eingebürgert.

Es war damals von grossem Werthe, das Bürgerrecht in möglichst vielen Gemeinden zu besitzen. Während die Familie Salis in den letzten Dezennien des XVII. Jahrhunderts durch die Landsgemeinden von Bergell (Ob- und Unterporta) ein Gesetz erwirkt hatte, dass Niemand bei sehr hoher Strafe und Verlust des eigenen Bürgerrechtes einen Fremden zur Aufnahme in das Bürgerrecht einer Bergeller-Gemeinde in Vorschlag bringen dürfe, war sie selbst in nicht weniger als 11 Gemeinden des Gotteshaus-, in 6 des X Gerichtenbundes und seit 1743 in einem Zweige (Seewis) auch in einer Gemeinde des Obern Grauen Bundes eingebürgert. Es kam daher nicht selten vor, dass auf den Bundestagen von den 63 Stimmen sämmtlicher Gerichte 11—12 von den Mitgliedern der Familie selbst abgegeben wurden, abgesehen von ihren Anhängern unter den übrigen 50 Stimmen. Vergl. J. A. v. Sprecher II, 539—41.

[2] Die übrigen Gesandten waren 1. aus dem Obern Grauen Bunde: v. Castelberg, v. Vincenz, v. Mont, v. Castelli, Beli v. Belfort, v. Schorsch und Tini; 2. aus dem Gotteshausbunde ausser den beiden Salis: v. Tscharner, Steph. v. Buol, v. Perini, v. Jecklin und Mengotti; 3. aus dem X Gerichtenbunde: v. Ott, Andreas und Georg v. Sprecher, zwei Herren v. Albertini, Guler v. Wynegg und Ulrich v. Buol.

trachten. Die Verhandlungen mit dem kaiserlichen Statthalter Grafen Daun[1] und dessen Räthen hatten indessen in Bezug auf die zwei letztern Punkte keinen Erfolg. Nur das Eine war erreicht worden, dass man den protestantischen Bündnern den Aufenthalt während drei Monaten (statt sechs Wochen) gestattete — ein Zugeständniss, welches indess, wie wir gleich sehen werden, durch § 33 des Anhanges zum neuen Capitulate, wenn auch nicht aufgehoben, so doch belanglos wurde. Trotzdem fand am 24. Oktober (1726) die feierliche Beschwörung des neuen Capitulates statt, da die bündnerischen Gesandten merkwürdiger Weise von den Gemeinden die Weisung erhalten hatten, den Traktat auf jeden Fall zu unterzeichnen.[2]

Die Gesandten traten am 10. November ihre Heimreise an, nachdem sie dem Statthalter nochmals ein Memorial zu Gunsten der Protestanten überreicht hatten. Stephan von Buol stellte dem Grafen Daun vor, dass wenn die selbst unter der spanischen Herrschaft selten oder fast nie in Vollzug gebrachten Bestimmungen des Capitulates von 1639 nicht modificirt würden, so stehe den Gesandten bei den protestantischen Gemeinden ein harter Stand bevor. Darin täuschte sich Buol allerdings nicht.

Schon am 12. Dezember desselben Jahres (1726) reichte der österreichische Gesandte bei den III Bünden, Baron Wenser, auf dem zu Jlanz versammelten Bundestage ein Schreiben ein, in welchem er, gestützt auf den oben berührten § 33 („sopra la religione") des neuen Capitulates, die sofortige Ausweisung sämmtlicher Protestanten, sowohl der niedergelassenen, als der eingebürgerten, aus dem Veltlin und den beiden Grafschaften verlangte. Die Emigrationsfrage wurde demnach zur Abstimmung an die Gemeinden ausgeschrieben und der damals gerade vorherrschende Einfluss der österreichischen Partei brachte es nach einem ersten Misslingen dahin, dass im Juni 1727 eine bedeutende Mehrheit der Gemeinden die Ausweisung der Protestanten aus dem Veltlin auf Grund jenes § 33 sanktionirte. Die protestantischen Gemeinden wurden hiebei von der Absicht geleitet, die übrigen Punkte des Capitulates aufrecht zu erhalten. Der Con-

---

[1] Graf Daun, Fürst von Tiano, kaiserlicher Feldmarschall, Vater des berühmten Feldherrn im 7jährigen Kriege.

[2] Sprecher I, 207.

gress erliess nun ein Edikt, welches die ansässigen, nicht eingebürgerten Protestanten im Veltlin zur Auswanderung aufforderte, während man für die eingebornen nochmals die Gnade des Kaisers anzurufen beschloss. Es war aber vorauszusehen, dass die Durchführung einer so strengen Verordnung umsomehr auf Schwierigkeiten stossen werde, als unter den zu Cläfen ansässigen Protestanten eine Reihe von Familien sich befanden, die zu den angesehensten der Bünde zählten.

Inzwischen war der bisherige österreichische Gesandte Baron Wenser abberufen und durch Baron Heinrich von Riesenfels ersetzt worden. Letzterer fand bei seiner Ankunft in den Bünden schon eine starke österreichische Partei vor, welche, obwohl zu einem nicht geringen Theile aus Protestanten bestehend, wegen der Kornbezüge aus der Lombardei für die Ausführung des Ausweisungsediktes eintrat. Als nun Riesenfels die Erfüllung der übrigen Punkte des Capitulates von der Ausweisung sämmtlicher Protestanten ohne Ausnahme abhängig machte, entstand zwischen den beiden Parteien grosse Erbitterung. „Besonders in Chur“, so berichtet Sprecher,[1] „wo die französische oder, genauer gesagt, die Salis'sche Partei fast alleinherrschend war, trat der Groll gegen die Katholiken und österreichisch Gesinnten stark hervor; es wurden Spottlieder auf dieselben verfertigt und in den Wirthshäusern gesungen. Andersgesinnte behaupteten, sich nicht auf die Gasse wagen zu dürfen und die Churer selber waren in eine Art von Belagerungszustand versetzt.“ Die Faktion Salis verlangte die Ausweisung der Kapuziner und klagte die österreichisch gesinnten Protestanten an, dass sie um des Mammons willen ihr Vaterland und ihren Glauben verrathen und es dahin gebracht hätten, dass nicht die ehrsamen Räthe und Gemeinden, sondern der kaiserliche Gesandte Herr und Meister in den Bünden sei.[2]

---

[1] I, 224.

[2] Wie heftig auch damals mitunter die politischen Streitigkeiten werden konnten, ist z. B. daraus ersichtlich, dass im Gerichte Schiers, zu welchem auch Grüsch gehörte, durch 14 Wochen keine Obrigkeit bestellt werden konnte. Selbst die Frauen betheiligten sich an diesen Kämpfen. In Grüsch kam es beim Kirchgange wegen des Vortrittes der Damen aus den Familien von Ott und von Salis zu einer argen Schlägerei. Frau Bundeslandammann von Ott, geb.

Unter solcher Aufregung versammelte sich am 9. Februar 1728 der grosse Congress. Das Resultat desselben war folgendes: 35 Stimmen verlangten prinzipiell die Emigration aller Reformirten aus den Unterthanenlanden, 22 gestatteten einstweilige Duldung der eingebornen Protestanten, 5 waren unklar und eine war ausgeblieben. Dementsprechend wies der Congress die Amtleute im Veltlin und in den Grafschaften an, sämmtliche Protestanten ohne Unterschied auszuweisen. Eine dreimonatliche Frist wurde zum Verkaufe der Güter bewilligt. Der regierende Bundespräsident Andreas von Salis stellte hierauf die Anfrage, ob dieser Beschluss so aufzufassen sei, dass er sofort und ohne weitere Approbation durch das Volk ausgeführt werden solle. Als der Congress bejahend antwortete, weigerte sich der Bundespräsident, das Edikt zu unterzeichnen und zu siegeln und verlangte eine Frist, um die Gemeinden seines Bundes über diesen Punkt noch besonders abstimmen zu lassen.

Dieser Schritt des Bundespräsidenten verfehlte jedoch gänzlich seinen Zweck und diente nur dazu, die Streitigkeiten zum vollen Ausbruche zu bringen. Der Obere Graue und der X Gerichtenbund erhoben gegen Salis' Erklärung als gegen eine unerhörte Neuerung Protest, worauf letzterer wieder mit einem Gegenproteste antwortete. Baron Riesenfels richtete eine Note an den Congress, in welcher er den Bundespräsidenten und namentlich den Envoyé Peter von Salis heftig angriff und Letzterm unter Anderm auch vorwarf, er suche alle Gewalt im Lande an sich und an seine Familie zu bringen und streue eigenes und französisches Geld mit vollen Händen unter dem Volke aus, um es zu bestechen u. s. w. Der Envoyé forderte hinwieder den Congress auf, ihn vor solchen Invektiven zu schützen und gab, als ihm nicht genügende Satisfaktion geleistet wurde, eine öffentliche Erklärung ab, in welcher er „seine Verläumder", freilich ohne einen Namen zu nennen, „gottlose Schelme und Ehrendiebe" intitulirte. So schloss der Congress seine Sitzungen in völligem Zerwürfnisse und bald nachher trat zu Davos ein nicht minder bewegter Bundestag zusammen.

---

von Sprecher, eine alte resolute Dame, gab dabei mit ihrem Krückenstocke das Zeichen zum Beginne des Kampfes.

Die Abstimmung bewies, dass der Zwiespalt sich nur vergrössert hatte. Zwischen den Häuptern, Landrichter von Schauenstein und Bundeslandammann Georg von Sprecher einerseits und dem Bundespräsidenten Andreas von Salis-Soglio andrerseits, „erhob sich bald nach dem Austausche der üblichen Complimente und Sincerationen bundsgenössischer Gesinnungen ein heftiger Wortwechsel, der so persönlich zu werden drohte, dass die Session den drei Herren silentium perpetuum auferlegen und anrathen musste, künftig die Anständigkeit besser in Observanz zu nehmen." Am 14. September trat Baron Riesenfels abermals mit einem Schreiben vor den Bundestag, in welchem er sich darüber beklagte, dass er während des letzten Congresses von Churer Bürgern insultirt und vom protestantischen Pfarrer Cabalzar in seiner Predigt vom 22. Februar heftig angegriffen worden sei.[1] Auch habe der Envoyé Peter von Salis den Churer Bürgern während des grossen Congresses, um sie gegen ihn aufzuhetzen, in den Wirthshäusern grosse Gastereien gegeben und den Pfarrer Cabalzar für dessen Predigt reichlich belohnt. Bevor diese Anstände indess zum Austrage kamen, trat ein Ereigniss ein, welches die öffentliche Aufmerksamkeit auf andere Bahnen lenkte.

Es war dies der Tod des Fürstbischofs Ulrich von Chur, Freiherrn von Federspiel, welcher den 11. Oktober 1728 nach einer 36jährigen Regierung starb. In dem Schreiben vom 12. Oktober, in welchem Baron Riesenfels Kaiser Carl VI. den Tod des Bischofs meldet, zählt er die hervorragendsten Candidaten für den erledigten Bischofsstuhl auf und nennt vor Allen den Domprobst Grafen Rudolf von Salis-Zizers,[2] der „trotz hohen Alters[3] noch bei guten Leibeskräften" sei. Schon bei der Wahl Federspiels im Jahre 1692 habe

---

[1] Die Klagen bezogen sich unter Anderm auf einige Spottlieder, welche Nachts vor der Wohnung des Gesandten gesungen worden. Eines derselben hiess z. B.:

> Auf des Herrn von Riesenfels Tod,
> Auf unseres Bürgermeisters Noth,
> Gemeiner drei Bünde Freiheit.
> Trinkt, Bürger, der Herren von Salis Gesundheit!

[2] Oheim des oben genannten Gesandten Grafen Rudolf.

[3] Er war 1649 geboren.

ler Domprobst die meisten Chancen gehabt, sei dann aber, weil er sich wie alle Salis Oesterreich feindlich erwiesen, vom spanischen Gesandten Grafen Casati bei Seite geschoben worden.[1] Jetzt, unmittelbar nach dem Tode des Fürstbischofs Ulrich, war er von den residirenden Domherren zum Kapitelsvicar erwählt worden und da der französische Gesandte Marquis de Bonac den apostolischen Nuntius Passionei für ihn gewonnen hatte, schien ihm wenigstens in den Augen der Partei Salis die Beförderung auf den Bischofsstuhl gesichert. Dass Graf Salis wirklich der ehrgeizige Mann und der Zwischenträger zwischen der französischen und der österreichischen Partei war, als welchen ihn Sprecher hinstellt, und dass er so sehr danach gestrebt habe, sich selbst oder einem Anhänger seiner Familie den Krummstab zu verschaffen, kann übrigens durch kein stringentes Argument bewiesen werden. Andrerseits ist es nur zu wahr, dass das Streberthum damals bei den Geistlichen adeligen Standes sozusagen zum guten Tone gehörte.[2]

Von den übrigen Candidaten nennen wir nur Baron von Rost, eigentlich Tiroler, aber im Obern Grauen Bunde naturalisirt.

Bundespräsident Andreas von Salis berief nun sämmtliche Boten eines Bundes, wie auch die beiden andern Landeshäupter zu einer auf den **23.** Oktober anberaumten Berathung in Angelegenheiten der bevorstehenden Bischofswahl. Es sollten dabei besonders die sogenannten 6 Artikel zur Sprache kommen. Dieselben waren zur Reformationszeit den Bischöfen von Chur aufgedrungen worden und wurden auch beschworen, so lange man, um die Aufhebung des Bisthums zu verhüten, der Gewalt nachgeben musste. Später hatten die Fürstbischöfe diese unwürdige Fessel abgestreift und es ist für die Gesinnung des Bundespräsidenten und dessen Anhänger charakteristisch, dass sie diese Artikel neuerdings auf's Tapet brachten. Die beiden andern Häupter erkannten denn auch die Inopportunität dieses Vorgehens vollkommen und würdigten Salis nicht einmal

---

[1] Seine Linie machte sonst hierin, wie schon bemerkt, stets eine Ausnahme von der übrigen Familie.

[2] Vergl. Dr. Sebast. Brunner, Der Humor in der Diplomatie und Regierungskunde im XVIII. Jahrhundert (archival.), 2 Bände, 1872.

einer Antwort, was denselben indess, wie leicht begreiflich, nicht wenig erbitterte.

Als auch auf erneuerte Einladung weder der Landrichter noch der Bundeslandammann sich zu den Verhandlungen einfanden, beschloss der Gotteshausbund Bern und Zürich, nöthigenfalls auch den französischen Gesandten in Solothurn um Hülfe anzugehen. Nun erschienen zwar die beiden Häupter, um eine weitere Verwickelung der Angelegenheit zu verhüten, aber ihre Debatten mit dem Bundespräsidenten waren resultatlos und wieder so heftig und leidenschaftlich, dass der Bundespräsident die Sitzung aufhob und auf eine Fortsetzung der Conferenz verzichtete.

Inzwischen war der Nuntius Passionei von Altdorf herübergekommen und hatte die Lage rasch überblickt. Da er fürchtete, durch die Erhebung des Grafen Salis auf den fürstbischöflichen Stuhl möchte die Familie Salis, das Haupt der strengen Protestantenpartei im Lande, übermächtig werden, neigte er sich einige Zeit dem Entschlusse zu, den Domprobst fallen zu lassen und an seiner Stelle den Baron Rost zu begünstigen. Während Riesenfels, sekundirt von der gesammten österreichischen Partei, für Baron Rost wirkte, blieb auch die Familie Salis nicht müssig. Sie liess in den Wirthshäusern der Stadt für den ärmern Bürger und für die aus Anlass des Marktes anwesenden Landleute auf eigene Kosten offene Tafel halten, wobei ihre Emissäre „die Leutseligkeit und vaterländische Gesinnung des gräflichen Prälaten und die Verdienste der Familie Salis um die Republik“ rühmten. Auch schilderten sie das gute Einvernehmen, welches zwischen beiden Confessionen, zwischen Gemeinen Landen und dem Bisthume herrschen werde, wenn der Dompropst den Bischofsstuhl besteige und donnerten gegen die „Fremden“, noch mehr aber gegen die bündnerischen Domherren, welche sich und das Land an Oesterreich verkauft haben sollten.

Der Bundespräsident berief den Gotteshausbund und zugleich die beiden andern Häupter auf den 10. Dezember zu einer neuen Besprechung ein. Der heftigen Scenen bei der letzten Session eingedenk, kamen die Häupter überein, nur schriftlich mit einander zu verkehren. Trotzdem war das Resultat dasselbe. Die Aufforderung des Bundespräsidenten, ihn in der Bischofsangelegenheit zu unter-

tützen und mit ihm gegen das „ungesetzliche“ Vorgehen des Dom-
apitels, welches sich an die sog. „Rechtsame“ des Gotteshausbundes
icht kehrte, Protest einzulegen, wurde von seinen Collegen abge-
hnt. So ging denn der Gotteshausbund allein vor und erliess einen
ierlichen Protest an das Domcapitel. Nachdem letzteres, so er-
lärt der Protest, die Bischofswahl ausgeschrieben habe, ohne den
und, gemäss dessen „alten Rechtsamen“, hievon in Kenntniss zu
etzen, und nachdem es der Aufforderung, die 6 Artikel zu be-
chwören, nicht entsprochen habe, so werde eine jede Wahl, welche
en „Rechten“ des Gotteshausbundes und den 6 Artikeln zuwider-
ufe, „protestando für null und nichtig“ erklärt. Das Domcapitel
ess sich indess dadurch nicht beirren, erwiderte einfach, es
erde die Wahl nach alten Bräuchen vornehmen und konnte ebenso-
enig durch Zusammenrottungen und lärmende Auftritte der von
en Gegnern aufgestachelten Bürgerschaft eingeschüchtert werden.

Den 13. Dezember erfolgte sodann die Wahl und es wurde,
ie Riesenfels dem Kaiser unterm 14. berichtet, „canonice cum omni
tu erwählet der canonicus officialis et scholasticus Josephus Bene-
ictus Freiherr von Rost mit 11 Stimmen; weiter hatte der Präpositus
raf von Salis 8 Stimmen, die andern zwey von denen 21 Votanten
ie Canonici Tschiderer und Castor. Woraus Ew. Kays. Mayestät
sehen, dass es bloss allein auf *ein* Votum angekommen.

„Gleich wie ich Ew. Kayserl. Mayestät“, fährt Riesenfels dann
eiter, „die stattliche und recht fürstliche Qualitäten, Suavität und
rudenz des neo electi bereits anerindert, ist selber ein getreu
yffrigster Vasall Ew. Kayserl. May., dem Landt genehm, denen
atholicis und Reformirten bekannt, kennet alle Leuth, den genium
ationis, und (ist) zugleich ein Pundtsmann, wie sich dan also gleich
lles acquiescirt, nachdem selber publicirt worden. Der neo electus
at per canonicos, wie gewöhnlich, denen Häuptern seine Election
indert und ist mit aller Höflichkeit felicitirt worden. Hat mich
uch ersucht, Ew. Kays. May. allerhöchster Protektion und gnaden
i empfehlen.“

Laut einem Schreiben Riesenfels’ vom 22. Dezember war Nuntius
assionei noch kurz vor der Wahl wieder für den Dompropst Grafen
alis gewonnen worden und hatte selbst während des Scrutinirens

zu dessen Gunsten gewirkt und Rost noch 4 Stimmen abwendig gemacht. Als letzterer dennoch als Bischof aus der Wahl hervorging, habe der Nuntius unmuthig die Feder von sich geworfen.

„So bedrohlich die Stimmung der französischen Partei vor der Wahl war", berichtet Sprecher, „so erfolgte nach derselben dennoch keine ernste Ruhestörung. Der Umstand, dass der Gewählte immerhin als Bürger des Obern Bundes angesehen wurde, mag hiezu das Meiste beigetragen haben, obgleich der Gotteshausbund und die ganze Salis'sche Partei ihn als Bischof nicht anerkannten. An stürmischen Scenen hatte es übrigens in Chur schon seit einiger Zeit nicht gefehlt und dieselben wiederholten sich später mehrmals. Der Bürgermeister Tscharner, welcher unmittelbar nach der Wahl dem neuen Bischofe, entgegen den ausdrücklichen Mehren der Zünfte, seine Glückwünsche darbrachte, stand in der Stadt als Gegner der Familie Salis keineswegs allein. Eine Reihe angesehener Churer Geschlechter, deren wir bereits erwähnt, verband sich kurze Zeit nachher zu einer Convention, um „„bei Ehre und Eid der unleydentlichen Gewalt, so sich einige Particularen in Chur angemasst"", ein Ende zu machen."

Bundespräsident Andreas von Salis erneuerte mittlerweile den Versuch, seine beiden Collegen zur Unterzeichnung eines neuen Protestes zu veranlassen, welcher dem Nuntius Passionei zur Beförderung an die römische Curie überreicht werden sollte. „Gelang es mir", so meint Sprecher, „in Rom gegen Rost einen Prozess anhängig zu machen, der voraussichtlich eine Reihe von Jahren hindurch vor der Dataria sich hinschleppen konnte, so blieb die Wahl von Rost's in suspenso und inzwischen genoss der Domprobst als Generalvicar[1] das Ansehen und den Einfluss, der dem Bischofe zukam und zwar ein Einfluss zu Gunsten der Partei Salis, der wahrlich nicht zu unterschätzen war." Vincenz und Sprecher lehnten indess die Mitsiegelung dieses Protestes beharrlich ab. Zu dem Streite wegen der Anerkennung des neuen Bischofs gesellten sich noch weitere heftige Zwistigkeiten, indem die beiden andern Bünde neuerdings mit ihren schon früher erwähnten Forderungen in Betreff der

---

[1] recte Capitelsvicar.

evision des Bundesbriefes hervortraten, während der Bundespräsident seinerseits für den Gotteshausbund Ansprüche erhob, die nur ues Oel in's Feuer gossen.

Der Gotteshausbund ordnete nun eine Gesandtschaft nach Zürich, ern und Solothurn ab, um die zwei genannten Stände und den anzösischen Gesandten um ihre Vermittlung anzugehen. Die drei esandten[1] wurden an allen drei Orten bestens empfangen und nden namentlich in Solothurn die günstigste Disposition vor. etzteres, sagt Sprecher, sei um so begreiflicher, als die Partei ilis, um gegen den Bischof und die kaiserlich Gesinnten eine festere .ütze zu gewinnen, sich gerne bereit zeigte, ihre reichen Mittel eigebig zu dem Zwecke zu verwenden, um für den Fall, dass die igesuchte Vermittlung der eidgenössischen Stände resultatlos bleiben ollte, das Volk zu Gunsten der Erneuerung der 1523 abgeschlossenen llianz mit Frankreich und für Annullirung des verhassten (Mainder-)Capitulats von 1726 zu bearbeiten.

Der Bundespräsident hatte es mit der schweizerischen Gesandthaft sehr eilig zu thun, da die Nachricht eingetroffen war, dass die ipstliche Confirmation Rost's unmittelbar bevorstehe. Der französsche Gesandte Marquis de Bonac hatte zwar den Cardinal Polignac zu vermocht, noch im Consistorium vom 13. März gegen die Praenisation des Freiherrn von Rost als Bischof von Chur Verwahrung nzulegen, worauf die definitive Entscheidung verschoben wurde. dess gelang es dem Domcapitel, vom kaiserlichen Gesandten in Rom terstützt, bald, die definitive Bestätigung Rost's auszuwirken. berdiess liess Kaiser Carl VI. den Häuptern eine Note überreichen, welcher er seinen festen Entschluss kundgab, die Wahl Rost's gen Jedermann zu vertheidigen. Diese Note war der Sache des tteshausbundes sehr nachtheilig, wesshalb der Envoyé Peter von lis im Juni an seine Freunde in Zürich schrieb: „Herr Clerig wird nen melden, dass wir von Allen verlassen sind und dass unser nd unterliegen muss, ja dass unsere Anrufung eidgenössischer rmittelung uns und Denen, welche sie angerathen, nachtheilig in wird."

---

[1] Darunter Herkules von Salis-Marschlins.

Trotz alledem bestand der Bundespräsident hartnäckig darauf,
dass Rost nicht anerkannt werde, bevor er nicht die 6 Artikel beschworen habe. Der neue Landrichter, Ludwig von Castelberg, hielt
sich hingegen an die katholischen Gemeinden des Obern Bundes und
der Bundeslandammann, jetzt ein Buol von Parpan, liess die Frage
offen. Die Spannung zwischen dem Gotteshausbunde und den beiden
andern Bünden nahm so stetig zu, umsomehr, als letztere neuerdings mit ihren Forderungen in Betreff des Turnus der Congresse
und des Bundestagspräsidiums auftraten.

Es gab zwar keinen Paragraphen der Verfassung, welcher dem
Gotteshausbunde und der Stadt Chur diese Vorrechte einräumte;
durch mehrhundertjährigen Gebrauch waren dieselben indess gleichsam rechtskräftig geworden und hatten auch die Convenienz für
sich. Wenn daher jetzt an dieser Einrichtung gerüttelt wurde, „so
lässt sich,“ wie Sprecher mit Recht glaubt, „wohl kaum ein triftiger
Grund dafür finden, wenn es nicht die schon lange gehegte Absicht
war, den allerdings hochzielenden Plänen und der Herrschsucht der
Familie Salis . . . . . Einhalt zu thun. Und freilich, wurde der Gotteshausbund jener alten Vorrechte entkleidet, so traf dieser Verlust
am schwersten die Familie Salis, in deren sehr zahlreichen Mitgliedern das Bundespräsidium gleichsam forterben zu sollen schien.“

Die Lage in den Bünden hatte sich in der That so gestaltet,
dass eine Aussöhnung ohne vermittelnde Hülfe von aussen her nicht
mehr zu erhoffen war. Bern erklärte zwar, es halte eine „Deput-
schaft“ immer noch für entbehrlich, schloss sich aber Zürich an und
empfahl, auch Luzern und die Urkantone zur Theilnahme an der
Gesandtschaft einzuladen. Diese katholischen Stände lehnten jedoch
trotz der eifrigsten Bemühungen des französischen Gesandten de
Bonac, jede Einmischung entschieden ab, worauf Bern Ludwig von
Wattenwyl und Zürich J. Caspar von Escher als Ehrengesandte an
die III Bünde abordnete. Der Erfolg ihrer Mission bestand indess
fast lediglich darin, dass grösseren Verwickelungen vorgebeugt
wurde. Bei der frühern gefahrdrohenden Lage war dies immerhin
etwas Dankenswerthes, wesshalb der grosse Congress vom Jahre
1730 unterm 3. März ein warmes Dankschreiben an Zürich und Bern
erliess, in welchem die Verdienste Escher's und von Wattenwyl's

in die III Bünde in den verbindlichsten Ausdrücken anerkannt
wurden.

„Und nicht mit Unrecht!" sagt Sprecher, „denn bei dem Rück-
blicke auf die masslose gegenseitige Erbitterung, auf die Unruhen
und Verfolgungen, auf die im ganzen Lande herrschende Verwirrung
musste sich Jeder sagen, dass ein Aufstand und höchst wahrscheinlich auch eines jener Strafgerichte, welche im vorhergehenden Jahrhundert das Schlussstück aller Wirren zu sein pflegten, ohne die
Dazwischenkunft der beiden eidgenössischen Stände unabwendbar war.

„Besondere Ursache zur Dankbarkeit hatte aber die Familie
von Salis, deren Ehrgeiz die gegründete Eifersucht der andern angesehenen Familien des Landes und den Argwohn des freiheit-
liebenden Volkes rege gemacht und zum Theil den Anlass zu diesen
Wirren gegeben hatte. Kam es zu einem Strafgerichte, so war
hauptsächlich sie als Opfer desselben ausersehen und ihr Sturz kaum
durch die grössten Opfer abzuwenden. Auch jetzt, nach der eidgenössischen Vermittlung, blieb ihr Einfluss drei Jahrzehnte hindurch
gelähmt, bis dann einer der begabtesten und thatkräftigsten Politiker,
welche dieses sehr alte Geschlecht im Laufe von sechs Jahrhunderten[1]
hervorgebracht hat, die Macht seines Hauses auf die frühere Höhe
emporhob." Zwar war dem Bundespräsidenten Andreas von Salis
im Jahre 1730 Martin von Salis-Rietberg, einer der heftigsten
Gegner und „Calumnianten" Oesterreichs, in dieser Charge nachgefolgt; allein bei der nächsten Wahl im Jahre 1732 wurde derselbe übergangen und an seiner Stelle Bürgermeister Johann Bavier
gewählt, während es der Familie Salis fast ein ganzes Jahrzehnt
nicht mehr gelingen wollte, eines ihrer Mitglieder zum Präsidium
des Bundes zu befördern. Mit diesem Wechsel in der Regierung
fand auch die Bisthumsangelegenheit ihren Abschluss, indem der
Gotteshausbund den Baron von Rost stillschweigend als Fürstbischof
von Chur anerkannte.

Schon einige Zeit zuvor war ein anderer Personenwechsel
auf politischem Gebiete eingetreten. Baron Riesenfels wurde im

[1] Seit seiner Ansiedelung in Hohenrhätien.

November 1729 abberufen und vorübergehend durch den frühern Gesandten Baron Wenser, dann im Januar 1730 definitiv durch den Grafen Paris von Wolkenstein ersetzt.

Während der Wirren in den Jahren 1728 und 1729 war eine beträchtliche Anzahl von einheimischen und bündnerischen Protestanten bereits wieder nach Cläfen, Tirano, Morbegno und Teglio zurückgekehrt, da die protestantischen Amtleute ihnen kein Hinderniss in den Weg legten. Die Häupter und Bundestage waren in allzu heftigen Zwist verflochten, als dass sie der strikten und ohnehin schwierigen Ausführung des Emigrationsediktes ihre Aufmerksamkeit hätten zuwenden können.

Als dann aber Anfangs des Jahres 1730 die Stürme in den herrschenden Landen sich zu legen begannen, die Bünde wieder in gemeinsame Berathungen getreten waren und die Familie Salis erkannte, dass sie, ohne zu Concessionen in der Emigrationsfrage sich herbeizulassen, Gefahr laufe, ihre Machtstellung selbst im Gotteshausbunde einzubüssen, musste sie sich entschliessen, den wieder aufgenommenen Beschlüssen gegen die Reformirten beizutreten. „Sie brachte dabei“, sagt Sprecher, „ein schweres Opfer, denn abgesehen von den Sympathien dieses eifrig protestantisch gesinnten Geschlechtes für ihre Glaubensgenossen, waren einige Zweige derselben in Cläfen haushäblich niedergelassen und fast alle Salis'schen Familien besassen zum Theil sehr ausgedehnte Güter in der Grafschaft und im Veltlin.

„Unter diesen Umständen“, meint derselbe Historiker, „darf es ihnen und andern reichbegüterten Familien, wie den Albertini, Planta, Stampa, Perini, zur Entschuldigung gereichen, dass sie anfänglich Alles aufgeboten hatten, um die Schlussnahmen bezüglich der Emigration, die doch eine nothwendige Folge des von den III Bünden beschwornen Capitulates waren, zu hintertreiben. Nachdem dieselben aber zum Gesetze erwachsen, war es ebensosehr ein Gebot der Pflicht wie einer gesunden Politik, diese Beschlüsse mit Nachdruck und Consequenz zum Vollzug zu bringen.“

Allein schon im Juni 1730 meldet Baron Wenser nach Wien, die Familie Salis bearbeite die eben in Chur zur Synode versammelten Pfarrer, um durch dieselben das protestantische Volk gegen die

Emigrationsbeschlüsse aufzuwiegeln. Wenser und sein Nachfolger
Volkenstein verharrten jedoch auf der strengen Durchführung des
Ediktes, welche denn auch ungefähr ein Jahr lang eingehalten wurde,
bis im Mai 1731 Hauptmann Guler von Wynegg, ein entschiedener
Protestant und Anhänger der französischen Partei, das Commissariat
zu Cläfen übernahm.

Mehrere Bündnerfamilien — Allen voran die betreffenden Linien
des Hauses Salis — bezogen jetzt wieder ihre Häuser zu Cläfen,
die sie für exempt erklärten, während andere in den Wirthshäusern
wohnten, wozu sie als „Reisende" berechtigt waren. Die Aermern
liessen sich von Guler als niedere Curialen, Schreiber oder Amts-
diener in seinen Palazzo aufnehmen, so dass Wolkenstein schon
unterm 24. Juli (1731) nach Wien berichten muss, Guler's Amts-
haus sei mit Reformirten angefüllt, denen er sogar gegen Bezahlung
den Titel von Curialen gebe, um sie unter diesem Vorwande der
Emigration zu entziehen. Der Bundestag sah sich daher veranlasst,
ein verschärftes Edikt zu erlassen, welches alles Domiziliren und
Quasi-Domiziliren von Protestanten in allen drei Unterthanenlanden
strengstens untersagte. Dies wirkte wenigstens für so lange, bis
wieder andere Ereignisse die Aufmerksamkeit von der Emigrationsfrage ablenkten. Das Edikt blieb zwar bestehen, allein die Ausführung war, wie unter den obwaltenden Umständen nicht anders möglich, stets grossen Schwankungen ausgesetzt.

Die folgenden drei Dezennien (1731—1761) können wieder als
eine Zeit der Ruhe bezeichnet werden. In ernsterer Weise wurde
dieselbe nur bei Anlass der Wahl des auf Joseph Benedikt (Freiherrn von Rost) folgenden Fürstbischofs Joseph Anton Freiherrn von
Federspiel[1] gestört (1754).

Die Herren in Soglio, sowie mehrere andere Zweige der Familie von Salis, welche damals nur einen sehr jugendlichen Repräsentanten im Capitel hatte,[2] begünstigten dies Mal den Domherrn Grafen

---

[1] Neffe des Fürstbischofs Ulrich von Federspiel.

[2] Graf Heinrich von Salis-Zizers, geb. 1733, Sohn des oben erwähnten
Gesandten Grafen Rudolf und der Anna Elisabeth, geb. Freiin von Buol-
hauenstein; er starb als Domprobst 1775. — Graf Carl Aegidius aus der-

Dionys von Rost aus dem einzigen Grunde, weil sie, wie Sprecher sagt,[1] voraussahen, dass Federspiel bei den Katholiken mehr Anklang finde! Podestà Ulysses von Salis-Marschlins,[2] der damals zuerst in bemerkbarer Weise auf der Arena des politischen Lebens auftrat, scheint sich im Interesse Frankreichs für den Abbé Pierre Täscher, den Sohn eines ausgewanderten Bündners, verwendet zu haben.[3]

Der damalige Bundespräsident Anton von Salis-Soglio[4] nahm dieselbe Haltung ein, wie sein Vorgänger und Vetter Andreas von

---

selben Linie, geb. 1712, Sohn des Grafen Leopold, kaiserl. Kämmerers etc. und Rittmeisters und der Catharina geb. Gräfin von Wolkenstein, wurde 1723, also 11jährig zum Domherrn (Sextar) ernannt; derselbe resignirte jedoch (jedenfalls vor 1732) und verheirathete sich (er hatte keine Weihen empfangen) mit Elisabeth von Paravicini, welche nach dem Tode ihres Gemahls († 1769) in das Dominicanerinnenkloster zu Catzis eintrat. Sie † daselbst den 8. September 1786. Leu, Tom. V, S. 296, 297, führt auch einen Grafen Lucius von Salis als Domcantor (1713) und später (1716) als Domscholasticus an. In der Stemmatogr. Fam. à Salis finden wir keinen Grafen Lucius.

[1] I, S. 326.

[2] Ein Ururenkel des Marschalls gleichen Namens.

[3] Folgende Notiz über Abbé Täscher und dessen Familie dürfte von Interesse sein. Nach Sprecher (I, S. 325 u.) soll zu Beginn des XVIII. Jahrhunderts ein junger Täscher aus Igis, wo diese Familie heute noch existirt, als Bursche eines Obersten Salis-Zizers (ohne Zweifel des nachmaligen Brigadier Baron Johannes), welcher mit seinem Regimente zu Orleans stand, aus Furcht vor der Strafe für eine Unvorsichtigkeit, welche dem Obersten die Uniform kostete, nach einem Seehafen und von dort auf die Insel La Martinique entflohen sein. Daselbst in den Dienst einer alten reichen Dame eingetreten, sei Täscher seiner treuen Dienste wegen in dem Testamente seiner Herrin mit einem reichen Legate bedacht worden, was den Grund zu seinem spätern Glück legte. Authentisch ist, dass der genannte Abbé Pierre Täscher (später Generalvicar von Vence und Aumonier am Pariser Hôtel de Ville) im Jahre 1757 und 1761 den Bundestag um die Anerkennung der Herkunft seiner Familie aus den Bünden anging und dieselbe auch erhielt. Im Dezember des Jahres 1771 zeigte ein gewisser de Täscher — der Taufname war nicht angegeben — den Bünden seine Ernennung zum General-Intendanten der Insel La-Martinique (wo er geboren war) an. Hatten Abbé Täscher und dieser General-Intendant nicht noch einen dritten Bruder, so war der letztere zweifellos der Vater der Josephine Täscher de la Pagerie, der Wittwe des Generals Beauharnais und Gemahlin Napoleon I. Jedenfalls war dieselbe die Enkelin eines gebornen Bündners.

[4] Aus der Casa Battista, geb. 1702, † 1765; er bekleidete 10 Mal das Bundespräsidium. „Patria et Religione optime meritus", sagt die Stemmatogr. Fam. à Salis Tab. XII von ihm. Er war der Schwiegersohn des Envoyé Peter von Salis-Soglio.

Salis im Jahre 1728 und ging insoferne noch weiter, als er, nachdem das Domcapitel die Beschwörung der sechs Artikel verweigert, die bischöflichen Güter sequestirte. Bemerkenswerth ist das Schreiben, welches der Bundespräsident damals (1755) in dieser Angelegenheit an den Bundestag richtete. Es handle sich, so führt Anton von Salis aus, nicht blos um die Rechtsame des Gotteshausbundes und der andern zwei Bünde, sondern auch um die Pflicht, darüber zu wachen, dass niemals ein Fremder den bischöflichen Stuhl von Chur besteige. Ein Ausländer werde niemals das Interesse des Bisthums und Gemeiner Lande so gewissenhaft vertreten, wie ein Bürger der Republik, der hier seine Güter, sein Geschlecht und seine Verwandten habe. Es sei vielmehr zu besorgen, dass er die Untergrabung der „Souveränität" der Gemeinden anstrebe. Dies zu verhüten, sei von den „weisen Altvordern" den Bischöfen und dem Domcapitel die Verpflichtung auferlegt worden, die sechs Artikel zu beschwören. Obwohl der neugewählte, aber noch nicht anerkannte Bischof ein Bundesmann sei, so liege den drei Bünden dennoch die Pflicht ob, dafür Sorge zu tragen, dass der Wahl eines Landesfremden und der Beiziehung eines österreichischen Wahlcommissärs ein für alle Mal ein Riegel vorgeschoben werde. Sollte der Kaiser einer Aufforderung in Bezug auf letztern Punkt nicht entsprechen, so wäre es angezeigt, die Hilfe anderer Mächte anzurufen.

Während der Obere Graue und der X Gerichtenbund mit der Anerkennung des neuen Bischofs nicht zögerten und bald die Aufhebung des Sequesters veranlassten, war der seinen culturkämpferischen Traditionen stets getreue Gotteshausbund niemals zu einer ausdrücklichen Anerkennung zu bewegen.

Aus Anlass dieser Anstände mit dem Bisthum erschien (1753) eine anonyme Schrift, betitelt: „Ausführung der Rechtsamen des Gotteshausbundes über das Hochstift Chur."[1] Auctor derselben war Podestà Ulysses von Salis-Marschlins, der diese weitläufige Dissertation im Auftrage des Gotteshausbundes und mit dem Aufgebote vieler

---

[1] Vergl. Gottl. Emmanuel v. Haller, Bibliothek der Schweizergeschichte. Bd. VI., S. 82, Nr. 271.

Gelehrsamkeit und grosser Geschicklichkeit, aber auf ganz falscher Grundlage verfasste. Die „Kurtzgedrungene Widerlegung der vom Gotteshausbunde gegen das Hochstift Chur vermeintlichen Gerechtsame" vom damaligen Dompropst Fliri kam leider, obwohl sie vom Capitel und selbst von Kaunitz gutgeheissen wurde, nicht im Drucke heraus. Erst in unsern Tagen machte man sich und zwar mit Erfolg wieder daran, Salis' Schritt sammt den neuern Machwerken dieser Art, welche jedoch nur ein Abklatsch der erstern sind,[1] zu widerlegen.[2]

Verdienstvoller als die erwähnten Unternehmungen des Bundespräsidenten Anton von Salis auf kirchlichem Gebiete waren dessen Bemühungen um das Zustandekommen eines Concordates der drei Bünde mit dem Apostolischen Stuhle. Es handelte sich hiebei hauptsächlich um die schon beim Abschlusse des II. Mailänder-Capitulates (1726) angestrebte concordia jurisdictionalis über die Veltliner Geistlichkeit, gegen welche vielfache und zum Theile berechtigte Beschwerden erhoben wurden. Es gab sehr Viele, welche sich dem geistlichen Stande ohne Beruf und nur zu dem Zwecke zuwandten, um an den Privilegien der Geistlichkeit theilzunehmen. Ein sehr grosser Missbrauch bestand namentlich darin, dass zahlreiche Leute, ohne die Weihen oder auch nur die Tonsur zu empfangen, geistliche Kleidung, manchmal auch nur das beim Clerus übliche Collar trugen, um sich der weltlichen Gerichtsbarkeit zu entziehen.

Die bischöfliche Behörde von Como scheint diesem Unfuge leider nicht genügend gesteuert zu haben und nur zu häufig kam es vor, dass von solchen sogenannten collarati, hie und da selbst von eigentlichen Clerikern, schwere Verbrechen, sogar Mord und Todtschlag, verübt wurden.

Ein solcher Fall ist auch in den Annalen der Familie Salis verzeichnet, indem Herkules von Salis zu Grüsch, Podestá von Tirano,

---

[1] Prof. G. W. Röder, historisch-staatsrechtliche Beleuchtung der Hoheitsrechte des Standes Graubünden in Angelegenheiten des Bisthums Chur, 1835 und Alfons von Flugi, die Hoheitsrechte des Kantons Graubünden über das Bisthum Chur, Chur 1860.

[2] Domherr v. Mont und Prof. Placid. Plattner, das Hochstift Chur und der Staat, Chur 1860; J. F. Fetz, die Schirmvogtei des Hochstiftes Chur und die Reformation, zwei Monographien, Luzern 1866.

den 29. August 1732 von einem Cleriker, Namens Maurizio, gemeuchelt wurde, was seine Familie ohne Zweifel in ihrer antikatholischen Gesinnung nicht wenig bestärkte.

Es war im Jahre 1752, als Bundespräsident Anton von Salis, der zu Kardinal Alessandro Albani in freundschaftlichen Beziehungen stand, die Concordatsangelegenheit in Anregung brachte. Wie der Kardinal im November 1752 berichtet, war Papst Benedikt XIV. gerne bereit, mit den III Bünden Verhandlungen anzuknüpfen. Auf Seite des bündnerischen Volkes, ob katholisch oder protestantisch, wurde das Bedürfniss nach einem Concordate so allgemein empfunden, dass von den 63 Stimmen der Gerichte 57 die Anfrage in Betreff der Einleitung von Verhandlungen mit der römischen Curie bejahten. Die übrigen sechs Stimmen waren in Folge grossen Schneefalles ausgeblieben. Die Leitung der Unterhandlungen und die gesammte Correspondenz wurde vom Bundestage dem Abte von Disentis, Bernhard von Frankenberg, einem tüchtigen Canonisten, und dem Bundespräsidenten Anton von Salis übertragen, welche sich ihrer Aufgabe mit vieler Hingebung widmeten.

Obwohl aber der Papst eine eigene Commission von Kardinälen mit dieser Angelegenheit betraute und namentlich die Kardinäle Rezzonico, Torriziani, Valenti und Archinti, sowie der Grosskanzler der Lombardei, Graf Christiani, Fürst Kaunitz und der Versaillerhof die Beförderung der Interessen Bündens versprochen hatten, führten die Verhandlungen dennoch zu keinem Ziele. Ob daran die Gegenanstrengungen des Veltliner-Clerus schuld waren, wie von bündnerischer und namentlich Salis'scher Seite behauptet wurde, oder ob andere Hindernisse sich geltend machten, ist noch nicht ganz sicher festzustellen. Die Sache wurde aussichtslos, als Benedikt XIV. im Jahre 1758 starb, denn die schweren Kämpfe, welche sein Nachfolger Clemens XIII. namentlich mit Portugal zu bestehen hatte, drängten die Bündner-Angelegenheit immer mehr in den Hintergrund, sodass die Verhandlungen allmälig im Sande verliefen.

„Es konnte nicht fehlen," so fährt Sprecher in seiner Geschichte weiter. „dass diejenigen, welche früher so lange an der Spitze des Staates gestanden, mit steigender Erbitterung alle Versuche, wieder an das Ruder zu gelangen, scheitern sahen. Um die Mitte der fünfziger Jahre, als die österreichische Partei auf dem Gipfel ihres Einflusses stand, bildete sich eine Coalition, zunächst innerhalb der Familie Salis, zu dem Zwecke, die Gegner zu stürzen und ihr wieder zu der verlorenen Machtstellung zu verhelfen. Die erste Anregung ging Anfangs des Jahres 1755 von derjenigen Soglier Branche der Salis'schen Familie aus, welche casa di mezzo genannt wurde.[1] Diese Herren[2] wandten sich zunächst nicht an ihre ältern, in Rang und Würden stehenden Familienmitglieder, sondern an einen erst 27-jährigen, in weitern Kreisen aber noch wenig bekannten Mann, der schon damals durch seinen Hass gegen die österreichische Partei ebensosehr wie durch seine ungewöhnlichen Gaben die Aufmerksamkeit seiner Familie auf sich gezogen hatte — Ulysses von Salis-Marschlins. Sohn des Präsidenten Gubert von Salis, der ein Alter von beinahe hundert Jahren erreichte, war er am 25. August 1728 im Schlosse Marschlins geboren und bezog im 17. Jahre, durch vorzüglichen Privatunterricht vorbereitet, die Universität Basel, auf welcher er nur ein Jahr verweilte, deren wissenschaftliche Hilfsmittel er aber mit solchem Fleisse sich zu Nutze machte, dass er bei seiner Rückkehr in die Heimat mit umfassenden und gründlichen (?) Kenntnissen in den Rechts- und Staatswissenschaften, in der Geschichte und der Philologie ausgerüstet dastand. Im Jahre 1755 hatte er schon mehrmals als Landammann das Hochgericht der IV Dörfer im Bundestage und bei den Congressen vertreten.

„Ulysses Salis war damals ein Feuergeist, von persönlichem und Familien-Ehrgeiz verzehrt, von rücksichtsloser Herrschsucht und Leidenschaftlichkeit, dabei mit einem in seltenstem Grade ausgebildeten Geschicke für die politische Intrigue ausgestattet. Als solcher tritt uns Salis-Marschlins in seinen eigenen Correspondenzen entgegen und dieses sein Bild, wenn auch verschleiert, erkennen wir

---

[1] So genannt sowohl wegen der Lage ihres Hauses auf Soglio zwischen den beiden andern Case (Battista und Antonio), als auch wegen der Abstammung vom mittlern der drei Stammväter der Linie Soglio, Rudolf, daher auch manchmal Casa Rodolfo (in Soglio selbst jetzt meistens Casa Max) genannt.

[2] Landeshauptmann Rudolf der Jüngere und dessen Bruder Oberst Andreas.

auch in seiner eigenen Selbstschau, wie er dieselbe in seinem Mémoire sur les Grisons entwirft, wieder.

„An ihn wendeten sich also im Frühjahr 1755 diejenigen Mitglieder des Hauses Salis, welche den Entschluss gefasst hatten, die österreichische Partei und deren Häupter zu stürzen. Ulysses rieth seinem Schwager, Commissari Andreas von Salis(-Soglio), einem fein gebildeten klugen Diplomaten, den Beitritt an und veranlasste denselben, auch das Tagsteiner und Silser Haus beizuziehen, während er selbst sich an den Brigadier von Travers und an den Landeshauptmann Stephan von Salis(-Maienfeld) wendete, der, ein Neffe des Generals Sprecher,[1] ein wichtiger Anhänger der österreichischen Partei gewesen war, der seiner derangirten Verhältnisse wegen, aus denen sein Oheim ihn nicht jederzeit loszumachen bereit war, einer Annäherung nicht unzugänglich erschien und von da an wirklich eine Doppelrolle spielte, wie Salis-Marschlins selbst berichtet.[2]

„... Nach kurzer Zeit stand letzterer schon als wirkliches Haupt einer anti-österreichischen Coalition da, welche nicht blos fast alle Branchen und Mitglieder der Familie Salis, sondern auch eine Reihe anderer Männer von Ansehen und Einfluss in allen III Bünden vereinigte und die sofort ihre Aktion begann.

„... So lange General Sprecher lebte und selbst noch mehrere Jahre nach dessen Tode scheiterten alle Unternehmungen gegen ihn und seine Partei. Aber schon im Jahre 1760 waren die Umstände diesem Unternehmen günstiger. Seit Sprechers Tode fehlte seiner Partei ein thatkräftiges Haupt."

Die übrigen österreichischen Parteihäupter standen fast ohne Ausnahme im Greisenalter und fühlten sich einem so entschlossenen, unermüdlichen und jugendkräftigen Gegner wie Salis-Marschlins nicht mehr gewachsen.

Auch sonst hatte sich in der politischen Lage Manches verändert. Seit der Ernennung des Grafen, nachmaligen Fürsten Kaunitz als

---

[1] Seine Mutter, eine geborne von Buol, war die Schwester von Sprechers Gemahlin.

[2] Memoire S. 39 ff. — „Le Gouverneur Etienne de Salis homme desprit et très habile, qui a été toujours très attaché au parti autrichien, mais qui s'est joint à la famille, depuis qu'il s'est aperçu, qu'on ne vise pas à moins, qu'à sa destruction." S. 46. Stephan von Salis starb 1794.

Hof- und Staatskanzler der österreichischen Staaten war in der innern und äussern Politik Oesterreichs eine grosse Wendung eingetreten, welche sich auch in den Beziehungen zu den III Bünden offenbarte.

Als österreichischer Gesandter bei den III Bünden wurde im Jahre 1761 Baron Rudolf Anton von Buol-Schauenstein, der Abstammung nach ein Graubündner, aber in Oesterreich naturalisirt, accreditirt.

Ungefähr zur selben Zeit begannen auch wieder Verhandlungen mit Venedig. Es handelte sich hiebei um die Erneuerung der 1706 vom Grafen Ulysses Salis-Zizers Namens der Bünde vermittelten Allianz, welche zwar nur auf zwanzig Jahre abgeschlossen, 1726 und 1746 aber stillschweigend erneuert worden war. Das Bündniss garantirte den als Handelsleute, Wirthe und Handwerker im Venezianischen sesshaften Bündnern (meistens Engadiner, Bergeller und Puschlaver) volle Religionsfreiheit und die Privilegien freier Ein- und Ausfuhr, Befreiung von gewissen Steuern u. s. w. Seit längerer Zeit hatte Venedig es aber unterlassen, die 1706 zugesagten Pensionen an die Bünde auszubezahlen, welche Schuld schon im Jahre 1755 sich auf 32,000 Dublonen belief — eine zu damaliger Zeit namentlich für bündnerische Verhältnisse sehr grosse Summe.

Es waren nun hauptsächlich die Engadiner, welche die Erneuerung des Bündnisses in Anregung brachten und mit Venedig in Unterhandlungen traten. Sie wurden hiebei anfänglich wenigstens zum Scheine von der Familie Salis, besonders von Salis-Marschlins unterstützt. Wir werden später sehen, welchen Zweck letzterer dabei im Auge hatte.[1] Venedig ging dann auch auf die Wünsche der

---

[1] Salis-Marschlins stellt die Sache etwas anders, aber, wie Sprecher (I., 382) nachweist, nicht ganz der Wirklichkeit entsprechend dar. Er sagt (Mém., S. 41): „. . . . la République de Venise ayant declaré . . . ., que son alliance avec notre état devant expirer en Decembre 1766, elle ne la renouvelleroit plus, on vit à l'étonnement de tout le monde les adhérents les plus déclarés de la cour de Vienne, les Sprecher, les Planta, les Albertins afficher publiquement un zéle extraordinaire pour le renouvellement de cette alliance directement opposée aux interêts de la cour de Vienne, qui en voyoit l'extinction avec plaisir.

„Le mystére de cette conduite n'étoit cependant pas impénétrable. En se déclarant eux les premiers, il falloit suivant leur idee, que les Salis se

Bündner ein, wodurch die französische, namentlich aber die österreichische Diplomatie in einige Unruhe versetzt wurde. Oesterreich sah sich besonders durch den in Aussicht gestellten Ausbau einer von Bergamo über den St. Markusberg nach Morbegno im Veltlin und von dort nach Chur führenden Strasse in seinen Interessen bedroht, indem dieselbe dem Handel und den Zolleinkünften Mailands ebenso grossen Eintrag thun musste, als sie für Venedig wegen der direkten Verbindung vom adriatischen Meere zur Nordsee vortheilhaft gewesen wäre. Salis-Marschlins und seine Freunde aber erreichten durch diese Anerbietungen Venedigs dasjenige, was sie bezweckt hatten. Der Wiener Hof entschloss sich auf den Vorschlag seines Gesandten Baron Buol hin mit den Bünden neue Verhandlungen über die Beilegung sämmtlicher noch bestehender Differenzen anzuknüpfen.

Nach den bündnerischerseits von Commissarius Andreas von Salis-Soglio[1] und dessen Schwager Ulysses von Salis-Marschlins mit Mailand geführten Vorverhandlungen schritt man auf dem Bundestage im September 1761 zur Wahl der eigentlichen Gesandten. Die Wahl fiel für den Obern Grauen Bund auf Baron Mont-Löwenberg, für den X Gerichtenbund auf Vicar Joh. Anton v. Sprecher und für den Gotteshausbund auf Commissari Andreas von Salis. Als 4. Gesandter, supernumerär und ohne Stimme wurde den dreien später noch Salis-Marschlins beigegeben, jedoch erst nachdem der Gotteshausbund einen Revers ausgestellt hatte, dass Ulyssens Votum bei den Gesandtschaftsverhandlungen nur in Vereinigung mit demjenigen seines Schwagers Geltung haben und er den letzten Rang einnehmen solle.

---

déclarassent à leur tour, pour ou contre l'alliance. Si c'étoit *contre* l'alliance, c'étoit là une nouvelle raison à faire valoir contre eux, à la cour de France et c'étoit là un moyen sûr de les perdre de credit dans la ligue de Cadé (Gotteshausbund), dont les peuples étoient intéressés plus que ceux des autres lignes à la conservation de cette alliance. Si c'étoit *pour*: ils ne doutoient pas, que la maison d'Autriche, voyant le renouvellement de cette alliance inévitable reviendroit à eux et leur accorderoit les grâces, qu'ils avoient sollicités jusqu'ici sans succés. — Nous vimes le piège, cependant nous ne pûmes nous dispenser de nous déclarer pour le renouvellement d'une alliance avantageuse et très necessaire à l'independence de notre État . . . . . ." Pag. 41.

[1] Aus der Casa Antonio, geb. 1725, gest. 1765.

Uebrigens traten im Personale der Ambassade noch vor Antritt der Reise Veränderungen ein. Sprecher erkrankte plötzlich[1] und Baron Mont wurde, wahrscheinlich auf Veranlassung v. Salis-Marschlins', zu seinem Regimente nach Frankreich abberufen. An Stelle des ersteren wurde der Landeshauptmann Stephan von Salis-Mayenfeld gewählt, für Mont der Baron Buol, Bruder des kaiserlichen Gesandten. Jetzt bestand die Gesandtschaft aus nicht weniger als drei Herren von Salis und nur einem Mitgliede der alten österreichischen Partei, denn der Landshauptmann Stephan war schon damals von Ulysses von Salis heimlich für seine Politik gewonnen worden. Während also fast Jedermann zwei der drei Gesandten für Anhänger Oesterreichs hielt, war die Ambassade in Wirklichkeit in die Hände der Familie Salis übergegangen, welche diese Eroberung sich trefflich zu Nutzen zu machen verstand. „Mit diesem Siege", sagt Sprecher, „begann freilich die Wiedererhebung der Macht dieser Familie, aber auch eine Reihe von Verwicklungen und Umkehrungen der Parteiziele, wie sie in der Bündnergeschichte vorher nur einmal in diesem Grade erlebt worden war und auch später nur einmal sich wiederholte.

„Die Umkehr der Parteistellungen trat freilich erst später ein, vor der Hand verfocht die Familie Salis und ihr Anhang, vor Allen der Bundespräsident Anton und der Commissari Salis-Seewis noch die Interessen Frankreichs. Nur Salis-Marschlins und sein Schwager in Soglio scheinen schon damals, allerdings weiter sehend und weiter strebend als ihre Familiengenossen, das (neue) Capitulat und dessen Ziele und Folgen vertheidigt zu haben."

Die Gesandtschaft reiste endlich am 29. April (1762) ab und erreichte am 8. Mai Mailand, wo alsbald die Verhandlungen mit dem General-Bevollmächtigten Grafen Firmian in Angriff genommen wurden. Salis-Marschlins hat die Geschichte dieser diplomatischen Conferenzen mit erschöpfender Gründlichkeit dargelegt.[2]

---

[1] Er starb bald darauf.

[2] Geschichte der in den Jahren 1761—1763 zwischen Ihrer Majestät der Kaiserin Königin (Maria Theresia) als Herzog zu Mailand und der Republik der III Bünde gepflogenen Unterhandlung. Chur, 1764, Fol. Herausgegeben auf Befehl der Ehrsamen Räthe und Gemeinden.

„Graf Firmian," so berichtet Sprecher, „war offenbar zu bedeutenden Concessionen geneigt; allein dieselben sollten durch nicht geringere von bündnerischer Seite erkauft werden. Den Gesandten hatte er sich in Privatgesprächen genähert. Sowohl den Commissari Andrea als dessen Schwager Ulysses Salis kannte er als sehr fähige und feine Diplomaten und es mochte wohl jetzt, wie Salis-Marschlins es in seinem Mémoire auch andeutet,[1] im Grafen der Gedanke reifen, die Familie Salis . . . . . für die österreichische Politik zu gewinnen, wodurch der Einfluss dieses Staates in der Republik ein unbedingt gesicherter werden musste, da ein Abfall der alten österreichischen Partei vorerst kaum zu befürchten stand. Dies konnte freilich nur erreicht werden, so lange Frankreich in dem noch immer andauernden 7jährigen Kriege ein Verbündeter Oesterreichs blieb. Schon um dessentwillen musste Graf Firmian für die Gewährung beträchtlicher Vortheile an die Bünde, sowie auch an die Familie Salis Geneigtheit an den Tag legen. Allein sicherlich würde er nicht so weitgehende Concessionen gemacht haben, wie die Deputirten sie mit heimbrachten, wenn nicht eben jetzt denselben ein neuer, allerdings höchst unfreiwilliger Bundesgenosse zu Hülfe gekommen wäre: der Gesandte der Republik Venedig bei den III Bünden, Kanzler Giovanni Colombo."

Die Bünde hatten nämlich Venedig eingeladen, zur Vereinbarung der oben erwähnten Allianzerneuerung einen Gesandten abzuordnen. Die Familie Salis hatte sich diesem Ersuchen angeschlossen, aber lediglich zu dem Zwecke, um auf die österreichische Diplomatie eine Pression auszuüben. Sie sah sich in dieser Taktik nicht getäuscht. Venedig zeigte sich geneigt, den Wünschen der Bünde zu entsprechen und entschloss sich, als die drei Herren von Salis, welche sich als die eifrigsten Beförderer des venezianischen Bündnisses gerirt hatten, nach Mailand abgeordnet wurden, zu raschem Handeln.

Jetzt nahmen die Verhandlungen in Mailand einen unerwartet schnellen und günstigen Verlauf. „So rasch," sagt Sprecher, „wurden nun die wichtigsten Artikel erledigt, so entgegenkommend zeigte sich Graf Firmian, dass schon in der zweiten Hälfte Juni der Vertragsentwurf fertig vorlag und der Ratification durch den Bundestag

---

[1] S. 36.

und die Gemeinden sowie der Kaiserin unterbreitet werden konnte. Am 26. Juni hatten die Gesandten ihre Abschiedsaudienz bei Firmian und am folgenden Tage waren sie im Besitze des Originals des Vertrages. Sie hatten weit mehr erreicht, als sie jemals zu hoffen wagten, — ein Ausspruch, der sich nicht blos im Mémoire sur les Grisons (von Salis-Marschlins), sondern wiederholt aus dem Munde des Bundespräsidenten Anton von Salis und Anderer in den Depeschen Colombo's wiederfindet." [1]

Der Vertrag umfasst in 4 Hauptcapiteln 50 Artikel. Das zweite Capitel betrifft die Verhältnisse der Geistlichkeit in den Unterthanen-

---

[1] Salis-Marschlins sagt in seinem Mémoire (S. 38): „Ces bonnes gens, qui n'avoient consenti à placer trois Salis au nombre des Députés, qui avoient été à Milan . . . . . furent très surpris d'apprendre, que cette cour (de Vienne) se déclaroit fort contente de notre conduite, qu'elle nous avoit accordé des articles, qu'on n'avoit jamais pu obtenir, quelle n'avoit plus que faire d'eux, puisque tous les points de contestations étoient en regle, et que pour surcroît c'étoit aux Salis, que de charges aussi considérables que celle de Colonel au service de cette cour étoient destinées . . . . . . Après quoi l'on ne s'étonnera plus, que ces Messieurs (die Sprecher, Albertini u. s. w.) conçurent une secrète antipathie contre le traité de Milan et une haine des plus violentes contre nous, qu'ils soupçonnoient d'avoir inspiré à la cour de Vienne des maximes, qui ne les accommodoient pas, et contre toute notre famille en général. S. 38.

In nicht geringe Verlegenheit wurde Salis dadurch versetzt, dass Graf Firmian die Errichtung eines bündnerischen Regimentes in kaiserlichem Dienste antrug und die Gesandten bat, ihm einen geeigneten Chef für dasselbe vorzuschlagen. Die Errichtung eines solchen Regimentes würde aber für das in französischen Diensten stehende Regiment Salis, welches Ulyssens Bruder Anton befehligte, von grossem Nachtheile gewesen sein. Ulysses wusste sich zu helfen. „Ce fut que j'engageai le Gouverneur Etienne de Salis, celui des Députés, qui étoit le plus avant dans la confiance du Comte de Firmian, d'insinuer ce Ministre, d'offrir le Régiment en question au Colonel André de Salis, homme de mérite et de crédit, dont les talens militaires étoient conus, persuadé qu'aussitôt que le Comte de Firmian se trouveroit engagé de façon à ne pouvoir plus reculer avec quelqu'un de notre famille, à ce sujet, tout le parti autrichien, composé de familles jalouses de la nôtre, s'opposeroit de tout son pouvoir à cette levée. Le coup réussit, comme je l'avois prévu, on cria contre les Salis et contre la levée même, et la cour, qui n'y songeoit que pour se dispenser d'autres dépenses en faveur de son parti Grison, fut charmée de se voir dispensée de celle-ci aussi, et n'en parla plus. Cependant quelque bien," fügt er indess hinzu, „que ce coup me soit réussi dans la vue en laquelle je l'avois porté, il me nuisit aussi bien, qu'à toute ma famille infiniment d'un autre coté, parsque la crainte, que notre famille ne s'emparât de la confiance de la cour de Vienne, augmenta la jalousie du vieux parti de cette cour contre notre famille, à un point excessif." S. 37, 38.

landen. Laut Artikel 10—14 verpflichtet sich die Kaiserin, beim Papste ihr kräftiges Fürwort zu dem Zwecke einzulegen, um den III Bünden eine concordia jurisdictionalis gleich derjenigen auszuwirken, welche im Jahre 1615 zwischen dem Erzbischof von Mailand und der spanischen Regierung vereinbart und im Jahre 1617 von Papst Paul V. ratificirt wurde.

Der Artikel 23 lautete sodann dahin: „Sollte es Löbl. drey Bündten belieben, ... festzusetzen, *dass fürohin keine liegenden Güter ohne Erlaubniss des Landesfürsten in der Kirchen Hände kommen können*, wie Solches in dem Mayländischen üblich ist, so werden Ihro Majestät gar nichts dawider haben, weil sie nicht befinden, dass solches den vorhergehenden Capitulaten zuwider seye.“

Artikel 24, 25 und 26 betreffen das Placet, die bischöfliche Mensa von Como und den Gratisaufenthalt der bündnerischen Zöginge auch während der Ferien im Collegium Helveticum zu Mailand.

Einige Bewilligungen, wie z. B. die freie Einfuhr von Veltliner Produkten ins Mailändische, die Herstellung der Märkte zu Damaso, Gravedona und Gera kamen hauptsächlich der Familie Salis zu Gute.[1]

Die wichtigste Concession an dieselbe war jedoch in einem geheimen Artikel enthalten, welcher in die gedruckten Exemplare des Mailänder-Vertrages nicht mit aufgenommen wurde und erst ein Jahr später, als dessen Bekanntwerden nicht mehr verhindert werden konnte, den Gemeinden mitgetheilt wurde. Derselbe besagt, dass man ins Künftige nicht mehr darauf dringen werde, dass die protestantischen Familien (des Gotteshausbundes), „welche *dermalen* (attualmente) mit ihren Angehörigen und ihrer Dienerschaft im Veltlin und der Grafschaft Cläfen ansässig sind“, diese Länder verlassen sollten.

„Unterdessen hatte“, so erzählt Sprecher weiter, „der Minister-Resident Venedigs Colombo seine Reise angetreten..... Schon am dies-

---

[1] Depesche des Gesandten Buol an die Kaiserin Maria Theresia d. d. Johenems den 27. Juli 1762. Die Forderung in Betreff der Märkte sei auf Betreiben des Bundespräsidenten Anton v. Salis in die Gesandtschaftsinstruction aufgenommen worden und habe für die Seidenzucht der Familie als grossen Werth.

seitigen Fusse des St. Markusberges wurde er von Hauptmann Peter von Salis(-Soglio), dem Sohne des oftgenannten Bundespräsidenten Anton, begrüsst. Bei Morbegno kamen ihm der letztere selbst und der regierende Podesta Baptistin von Salis(-Soglio) entgegen und geleiteten ihn in den Flecken, wo dem Gesandten zu Ehren grosse Tafel und Abends ein Feuerwerk stattfand. Folgenden Tages geleitete ihn der Hauptmann nach Cläfen, wo er wiederum bei einem Mitgliede dieser Familie bewirthet und mit Aufmerksamkeiten überhäuft wurde. Colombo berichtet (in seiner ersten Depesche vom 23. Juni an den Dogen), inmitten aller dieser Festlichkeiten sei sein Augenmerk stets darauf gerichtet gewesen, die Gesinnungen des Bundespräsidenten und der andern mit ihm in Verkehr getretenen Mitglieder der Salis'schen Familie über seine Mission zu erforschen. Da habe er nun namentlich den Erstern, welcher ein Mann von grossem Ansehen und Einfluss in Bünden sei, durchaus günstig und sogar eifrig dafür gestimmt (infervorato) gefunden..... Colombo hielt den Bundespräsidenten für aufrichtig[1] und stand in der festen, aber irrigen Meinung, dass die gesammte Familie Salis für die Venezianische Allianz durchaus eingenommen sei..... Noch am 30. Juni hatte er keine zuverlässigen Berichte über den Gang der Unterhandlungen in Mailand, obwohl man in eingeweihten Kreisen über deren glänzenden Erfolg bereits vollkommen unterrichtet war."

Erst Anfang Juli erfuhr er durch den Bundespräsidenten en charge von Pestalutz die III Bünde und speziell die Familie Salis hätten, wie Salis-Marschlins ihm geschrieben, alle Ursache, sich über den Erfolg der Mailänder-Conferenzen zu freuen. Nähere Aufschlüsse wollte ihm Pestalutz nicht geben. Allein schon zwei Tage später, nachdem Colombo zu Chur den Landeshäuptern sein Beglaubigungsschreiben überreicht hatte, expedirte er einen Courrier mit einer sehr langen Depesche nach Venedig, in welcher er die Ueberzeugung ausspricht, dass er mitsammt seiner Regierung das Opfer einer beispiellosen Täuschung geworden. In einer Unterredung mit dem Bundespräsidenten Anton von Salis habe Colombo denselben an die

---

[1] „è un uomo di animo nobile e sincero."

im Veltlin mit ihm gepflogenen Unterredungen erinnert und ihm seine frühere eifrige Betreibung eines Traktates mit Venedig vorgehalten, die so seltsam mit seiner jetzigen Haltung contrastire. „Salis rechtfertigte sein und seiner Familie Benehmen, indem er versicherte, keine Ahnung von einem so glänzenden Erfolge der Mailänder Gesandtschaft gehabt zu haben, den man nun durch ein Eingehen auf Venedigs ungleich weniger vortheilhafte Bedingungen doch unmöglich preisgeben könne und dürfe! Vor Allem sei dem Venezianischen Projekte der Umstand nachtheilig, dass diese Republik sich nicht habe entschliessen können, die baare Bezahlung der rückständigen Pensionen in dasselbe aufzunehmen.

„In einem um 8 Tage spätern Schreiben spricht sich Colombo ganz resignirt aus. Seit die ganze Familie Salis für den Mailänder-Vertrag sich interessire, würde auch mit grossen Summen nichts auszurichten sein, da diese Herren im Vereine mit der alten österreichischen Partei über die grosse Mehrheit der Stimmen im Bundesrathe verfügten. Unterm 28. Juli berichtet dann Colombo in einer zum Theile mit Chiffern geschriebenen Depesche, er habe mit einem der Häupter der alten österreichischen Partei eine geheime Unterredung gehabt, in welcher dieser Staatsmann ihn über die Intriguen und die Endziele der Familie Salis und ihrer Anhänger vollends ins Reine gesetzt habe. Offenbar gehe das Streben dieser Familie dahin, sich an die Spitze zugleich der österreichischen und der französischen Partei zu schwingen und hiemit die Regierung des Landes ganz in ihre Hände zu bekommen. Ihre Endtendenz ziele auf Umgestaltung der demokratischen Verfassung in eine aristokratische. Wer aber ein freier Bündner bleiben wolle, dem bleibe nichts Anderes übrig als auszuwandern oder aus allen Kräften diesem Streben entgegenzuwirken.“

Obwohl Colombo wiederholt Andeutungen über das voraussichtliche Schicksal der 7000 im Venezianischen niedergelassenen Bündner fallen liess und besonders im Engadin, Bergell und in Puschlav eine Agitation gegen den Mailänder-Vertrag in Scene setzte, konnte er dennoch nichts mehr ausrichten und wurde vom Dogen und dem Senate zurückberufen. „Geleitet von mehreren Mitgliedern der Familie Salis verliess Colombo die Hauptstadt Rhätiens, nachdem er noch mit dem österreichischen Gesandten Buol wegen des Passes für die Reise durch Tirol unangenehme Erörterungen gehabt."[1]

Inzwischen hatte sich am 17. August (1762) zu Ilanz der Bundestag versammelt. Seit Menschengedenken, schreibt Buol untern 1. September, sei kein Bundestag so frequentirt gewesen. Nach mehrtägigen Debatten wurde der Mailänder-Vertrag mit ziemlich bedeutender Mehrheit unverändert angenommen und auch von der Kaiserin genehmigt, worauf die Ratification am 7. October zu Wien erfolgte.

Im Spätherbste 1762 erfolgte auch die Abstimmung der Gemeinden mit sehr grosser Mehrheit für die Annahme des Traktats; der geheime Artikel war dem Volke eben noch nicht bekannt geworden.

Am Hofe von Versailles erregte der Abschluss dieses Capitulats grosse Unzufriedenheit und wenig hätte gefehlt, so würde der Herzog von Choiseul, Minister-Präsident Ludwig XV., die Entlassung des vom Brigadier, nachmaligen Marschall Anton von Salis-Marschlins befehligten Bündnerregiments verfügt haben. Der Brigadier, der sich eben zu Hause auf Urlaub aufhielt, eilte nach Paris zurück, wo es ihm dann gelang, den Zorn der beiden einflussreichsten Minister, Choiseul und Praslin, zu beschwichtigen.

Die Proklamirung des erwähnten Ediktes (von der todten Hand) im Veltlin und in Cläfen war eine der ersten Verfügungen des folgenden grossen Congresses und Salis-Marschlins mag, wie Sprecher bemerkt, wohl nicht ganz Unrecht haben, wenn er dem damals regierenden Haupte des X Gerichtenbundes, Vikari Christoph Sprecher von Luzein, und dessen Partei die Absicht zuschreibt, durch die rasche Publikation dieses Ediktes den Widerstand der gesammten Unterthanenlande und dadurch auch in Bünden einen Sturm gegen die Familie Salis hervorzurufen. War man sonst auch auf protestantischer Seite für das Edikt eingenommen, weil es gegen die katholische Geistlichkeit gerichtet war, so wusste doch Jedermann, dass

---

[1] Ueber diese ganze Colombo'sche Angelegenheit vergl. V. Cérésole, La république de Venise et les Suisses. Venise 1864, 8°.

die Familie Salis, welche im Veltlin unter allen bündnerischen Geschlechtern weitaus die meisten Güter besass, auch ein materielles
Interesse daran hatte, dass die schönen Liegenschaften, welche sich
noch in weltlichen Händen befanden, nicht in den Besitz der Geistlichkeit übergingen.

Dieser gegen die Salis'sche Politik gerichtete Anschlag blieb denn
auch nicht ohne Erfolg. Als das Edikt, welches *jede Veräusserung
weltlicher Güter, sei es an einzelne Kleriker, sei es an die Kirche
überhaupt oder an geistliche Genossenschaften, schon von dem
Tage der Publikation des Ediktes an, für null und nichtig* erklärte,
publicirt wurde, da erhob sich sowohl unterm Klerus als unter
den Laien der Unterthanenlande ein Sturm der Entrüstung.[1] Anfangs
September 1763 überreichte eine zahlreiche veltlinische Deputation
dem Bundestage eine Petition der Geistlichkeit, des Adels und
der Gemeinden, welche um so mehr von Erfolg begleitet war,
als Graf Firmian zur Ratification des Capitulats den Abgesandten
Bündnens (v. Sprecher) gebeten hatte, seiner Regierung den Wunsch
der Kaiserin vorzutragen, sie möchte das damals schon publicirte
Edikt von der todten Hand zurückziehen, indem der Papst andern-
falls seine Einwilligung zu den von seiner Entscheidung abhängigen
Artikeln des Capitulats niemals ertheilen werde. Dem entsprechend
wirkte auch der Gesandte Baron Buol. So geschah es denn, dass
am 14. September die Revocation des besagten Ediktes mit 40 gegen
3 Stimmen beschlossen wurde. Der regierende Bundespräsident
Anton von Salis und sämmtliche anwesende Mitglieder seiner Familie, sowie mehrere Boten seiner Partei, gaben die Erklärung zu
Protokoll, diesem Beschlusse nicht beigestimmt zu haben; Salis
weigerte sich überdies, denselben zu unterzeichnen.[2]

---

[1] Salis-Marschlins behauptet, die Herren von Sprecher und deren Anhänger hätten den Sturm im Veltlin erregt: „. . . . ils encouragèrent sous main
les Valtelins à s'opposer à l'un et à l'autre (dem Edikt von der todten Hand
und dem geheimen Artikel), et excitoient le clergé catholique à indisposer les
communes de leur religion contre ces deux articles, qu'on leur faisoit envisager
comme des innovations très préjudiciables, s'engageant de leur coté de les appuyer moyennant une bonne somme d'argent, que la Valteline devoit fournir.“

[2] Salis-Marschlins spricht sich über diesen Bundestag folgendermassen
aus: „Elle (la diéte de l'anné 1763) étoit trop noire, pour ne pas exciter l'in-

Wenige Tage danach erfolgte auch der Angriff auf den geheimen Artikel. Baron Mont, der regierende Landrichter des Obern Bundes, verlangte, dass die Wohlthat des geheimen Artikels auch den Protestanten seines Bundes gewährt werde, — ein Begehren, dem sich der X Gerichtenbund sogleich anschloss, welchem aber von Seite Oesterreichs nicht entsprochen wurde.

Während dieses Anlaufs gegen den geheimen Artikel entstand in den ungemischt protestantischen Gemeinden eine gewaltige Agitation *gegen* die schon vollzogene Revocation des Ediktes „und es braucht nicht erst gesagt zu werden, dass die Familie Salis, welche insgesammt und solidarisch für das Edikt und für den geheimen Artikel in die Schranken trat, diese Agitation mit allen Mitteln nährte und hegte."

„Zuerst," so berichtet Sprecher, „kam es in den Gerichten Schiers, Grüsch und Seewis zu gewaltsamen Auftritten gegen die Sprecher'sche und Ott'sche Familie, welche, auf ihren starken Anhang gestützt, es an Vergeltungen nicht fehlen liessen, sodass in jenen Gemeinden die blutigsten Händel an der Tagesordnung waren und zuletzt mit schweren Bussen gegen derartige Ausschreitungen vorgegangen werden musste."

---

dignation de ceux, qui avoient à cœur le bien de la patrie, puisqu'elle tendoit directement à la frustrer d'un des avantages les plus essentiels, que le traité de Milan lui avoit procuré.

„Ce sentiment réunit presque tous les Salis . . . . ; mais cette union, qui leur auroit été très avantageuse en tout autre tems, leur devint nuisible dans la situation, où les affaires se trouvoient alors. Car les familles jalouses de la nôtre se saisirent habilement de cette circonstance, pour nous rendre odieux au peuple, dans les communes catholiques, pour engager les Valtelins à ne pas regretter l'argent et pour lier plus fortement leur parti et y attirer par l'un et par l'autre de ces attraits encore bien d'autres; ainsi que, non seulement nous eûmes le désagrément de voir l'Édit et l'article secret rejetté, mais encore le désavantage d'avoir donné lieu à un parti, qui se voyant dans la necessité de rester inséparablement uni, pour n'être pas exposé au ressentiment d'un peuple, qui n'ignoroit pas, qu'on avoit fait du tort à la Patrie, en étoit d'autant plus redoutable, et qui encouragé par ses succès et guidé par l'esprit bouillant et entreprenant du General Travers (vergl. weiter unten S. 287) ne visoit pas à moins, que de se rendre maître absolu du Gouvernement de notre Republique." S. 39, 40.

Die Aufregung erreichte in den ersten Monaten des folgenden Jahres 1764 ihren Höhepunkt. „Ueberall waren die Salis'schen Emissäre im Stillen überaus thätig. Sie vertheilten allerorts Pamphlete, in welchen ausser General Travers (der seit einiger Zeit zu den erbittertsten Feinden der Familie Salis zählte) namentlich die Familie Sprecher als Urheberin der Widerrufung des Ediktes dargestellt und angegriffen wurde. Unter solchen Umständen trat am 13. Februar der grosse Congress zusammen. Es wurde sofort bemerkt, dass der Gotteshausbund unter vier Mitgliedern drei Herren von Salis zählte, wovon zwei ausser der Tour einberufen waren. Schon in den nächsten Tagen brach der von dieser Familie erregte Aufruhr aus. 600 Bauern aus dem Obern Bunde und aus der Herrschaft (Mayenfeld) rückten in Chur ein und verlangten in tumultuarischer Weise zunächst die Einsetzung eines Strafgerichts wider alle Diejenigen, welche zur Revocation des Ediktes beigetragen. Namentlich genannt wurden sämmtliche in Aemtern stehende oder gewesene Mitglieder der Familien Travers, Sprecher, Albertini, Tscharner, Latour u. s. w. Als die Boten des Obern und X Gerichtenbundes keine Miene machten, dieser Forderung Gehör zu geben, verlangten die Landleute die Auslieferung der zwei Bundeshäupter Mont und Sprecher. Ersterer floh, rechtzeitig gewarnt, nach Reichenau; Letzterer konnte sich aus dem Rathhause in seine Wohnung retten, welche aber von den Tumultuanten in Brand gesteckt worden wäre, wenn nicht der österreichischgesinnte Theil der Stadtbürger mit der Einäscherung des „Alten Gebäu", der Wohnung des Bundespräsidenten Anton von Salis, gedroht hätte."[1] Aehnliche Auftritte wiederholten sich auch noch anderwärts.

Am Schlusse der Session langte eine von 12 Repräsentanten ebenso vieler Häuser der Familie von Salis unterzeichnete Vorstellung

---

[1] Das „Alte Gebäu" zum Unterschied vom „Neuen Gebäu" (letzteres erbaut von Oberst Rudolf von Salis-Soglio a. d. C. di Mezzo, jetziges Regierungsgebäude) war von Envoyé Peter v. Salis-Soglio erbaut und kam durch dessen Tochter Margarethe an den Churer-Zweig der Casa Battista, in dessen Besitz es sich noch befindet. (Derzeitiger Besitzer der k. und k. Feldzeugmeister und General-Genie-Inspector, Freiherr Daniel v. Salis-Soglio.) Ueber den Gebäu-Garten, „die Perle der Gärten Graubündens," mit seinen Wasserspielen etc., cf. Sprecher II, 28. Leu Tom. V, pag. 300.

an, welche den Zweck hatte, die im Volke über sie umlaufenden Gerüchte zu widerlegen. Wie aus dem sehr umfangreichen, ohne Zweifel von Salis-Marschlins abgefassten Memoriale hervorgeht, richteten sich jene Gerüchte gegen den Reichthum der Familie, gegen ihr Streben, immer mehr Besitzungen im Veltlin zu erwerben, gegen das angebliche Bemühen, diese Güter der Theilnahme an öffentlichen Lasten und sich selbst der gesetzlichen Gewalt der Amtleute zu entziehen. Es sei daher, so werde von ihren Gegnern behauptet, gleichgültig, ob die Geistlichkeit oder die Herren von Salis die Güter im Veltlin und in der Grafschaft Cläfen besässen. Das Memorial sucht dann nachzuweisen, dass zwar 13 Häuser der Familie in der That im Veltlin begütert seien, dass aber alle diese Besitzungen zusammen nicht den zehnten Theil der in den Händen der Geistlichkeit befindlichen ausmachten; ferner, dass die Familie, weit entfernt, keine Steuern bezahlen zu wollen, sowohl die Landes- als die Gemeindeauflagen im Gegensatze zum Veltliner-Adel stets in Baar entrichte. Auch habe sie jederzeit sowohl die Civil- als die Criminal-Gerichtsbarkeit der bündnerischen Amtleute für sich und ihre Güter anerkannt und sich deren Gewalt unterworfen, während bekanntlich die Geistlichkeit sammt ihren enormen Besitzungen der Auktorität des Landesherrn nicht unterworfen sei.[1] Endlich habe die Familie Salis in den letzten Jahren keine neuen Ankäufe von Gütern in den Unterthanenlanden mehr gemacht. Sie sei bereit, um jene Gerüchte zu widerlegen, ihre sämmtlichen Landgüter an den Ersten, der sich melde, gegen einen preiswürdigen Kaufschilling zu veräussern. Man war seiner Sache sicher, dass sich Keiner dazu finde. Auf Verlangen der Familie und auf ihre Kosten wurde dieses Memorial in extenso auf die Gemeinden ausgeschrieben. So geschickt es auch abgefasst war, so blieb dennoch die erhoffte Wirkung hinter den Erwartungen zurück.

Um für die wichtige Ediktsangelegenheit bei dem Volke Stimmung zu machen, gaben Salis-Marschlins und der Podestà (nachmals kurbayrischer Geheimer Rath) Baptistin von Salis mehrere

---

[1] Die Familie hatte sich indess schon im Jahre 1554 ausdrücklich das Recht zuerkennen lassen, dass sie in den Unterthanenlanden vor kein Gericht citirt werden könne; bestätigt durch Bundestagsbeschluss vom 28. Juli 1615.

anonyme Broschüren im Drucke heraus. Von ersterem sind z. B. die „Patriotischen Gespräche", von letzterm das „Schreiben eines Schulmeisters", welches unter Anderm auch viele Angriffe nicht nur auf die Geistlichkeit, sondern auch auf die katholische Kirche enthält.[1]

Ueberhaupt erschienen jetzt von beiden Seiten eine Menge meist anonymer Broschüren, welche sich an Heftigkeit und Invectiven überboten und auf der einen Seite stets die Tendenz zeigten, vor dem der Freiheit gefährlichen Einflusse des Hauses Salis zu warnen.[2] Auch in den Unterthanenlanden erschienen solche Schriften, deren Spitze ebenfalls meist gegen die Herren von Salis gerichtet war. Es wurden ihnen, natürlich in zum Theile übertriebener Weise, Bedrückungen und Erpressungen und ein „tyrannischer Despotismus" vorgeworfen. Auch besetze die Familie, so behauptete man, die Aemter fast immer mit ihren Mitgliedern oder mache sich die Commissäre und Richter unterwürfig und ihren Capricen dienstbar, während sie selbst in mehrfacher Hinsicht eine sogar von der bündnerischen Regierung unabhängige Stellung und Herrschaft sich anmasse.[3]

Die Anstrengungen der Gegenpartei blieben denn auch in der That nicht ohne Erfolg, indem das Edikt von der todten Hand und der geheime Artikel im Februar 1766 vom Volke mit grosser Mehrheit definitiv verworfen wurde. Trotzdem blieb die im geheimen Artikel zugestandene Privattoleranz thatsächlich bestehen.[4]

---

[1] Vergl. Bapt. v. Salis, Kleine Schriften, Chur und Zürich, 1765.

[2] So heisst es z. B. im „Echo", S. 15:
„Lasst nicht ein einzig Haus in Bünden Alles gelten,
Sonst bleibt Euch bald nichts mehr als das Recht zu schelten.
Wie ging es einst Florenz und Rom, der Nachbarin?
Fiel nicht durch Uebermacht die edle Freiheit hin?
. . . . Dem stärksten Haus allein soll man das Recht gewähren.
Veltlin an sich zu zieh'n, darinnen frey zu wohnen,
Da alle Bauern schon demselben müssen frohnen,
Weil fast das ganze Land und Leuth in seinen Händen,
Wo soll ein Amtmann sich mit seinem Recht hinwenden?"

[3] Crollalanza, Storia del Contado di Chiavenna, Milano 1870, S. 437.

[4] In der Grafschaft Cläfen stand diese Privattoleranz in naher Beziehung zu den Handelsprivilegien, welche der Familie von Salis aus der damals (1760 bis 1788) ausschliesslich in ihren Händen befindlichen Zollpacht erwachsen

Inzwischen war die venezianische Allianzangelegenheit zu einem den Bünden sehr nachtheiligen Abschlusse gelangt. Kaum war Colombo von seiner verunglückten Ambassade heimgekehrt, als die Republik Venedig durch Schreiben vom 15. September (1764) den III Bünden die Allianz von 1706 kündigte. Um die Kündigung womöglich rückgängig zu machen, erklärte sich Peter Conradin von Planta-Zuz bereit, auf eigene Kosten eine Gesandtschaft nach Venedig zu übernehmen. Derselbe begab sich im Februar des folgenden Jahres (1765) in Begleitung seines Vetters Friedrich von Planta zu Samaden und eines ansehnlichen Gesandtschaftspersonals nach Venedig, wo er indess nicht das Geringste ausrichtete.[1]

Der Senat erklärte vielmehr am 7. August (1765) nochmals die Allianz von 1706 sammt allen ihren Rechtsfolgen für aufgehoben und erloschen. Zugleich wurde den auf venezianischem Gebiete niedergelassenen Bündnern die Ausübung jedweden Gewerbes verboten. Trotz aller Memorialien, Vorstellungen und Proteste vermochte Planta diesen Beschluss nicht rückgängig zu machen und selbst das Ansuchen der bündnerischen Landeshäupter um Verzögerung der Ausführung dieser Verordnung wurde abschlägig beantwortet.

Die um ihren Erwerb gebrachten Handwerker kehrten in immer anwachsender Menge nach den Bünden zurück und erfüllten ihre heimatlichen Thäler mit Verwünschungen nicht nur gegen die venezianische Regierung, sondern noch mehr gegen Jene im eigenen Vaterlande, deren selbstsüchtiger Politik sie ihr Unglück zuschrieben.

waren. (Vergl. folgendes Capitel.) Die Protestanten zu Cläfen bildeten, wenn auch ohne öffentlichen Gottesdienst, eine Corporation, deren Schutz die Familie von Salis um so mehr sich angelegen sein liess, als ein erheblicher Theil des Cläfner-Kirchenfonds von Salis'schen Stiftungen herrührte. cf. Kind, Die Standesversammlung von 1794. Ihre Ursachen und Folgen, in der Raetia, Mittheilungen der geschichtforschenden Gesellschaft von Graubünden. I. Jahrg., Chur 1863, S. 15 ff.

[1] Salis-Marschlins spricht sich über diese Gesandtschaft folgendermassen aus (S. 41 des Mémoire): „. . . . la résolution d'envoyer une députation à Venise sans avoir auparavant sondé le terrain et préparé les esprits, et celle de choisir pour Envoyé un jeune homme sans expérience, dont l'esprit vif et bouillant formoit un parfait contraste avec la prudence froide et lente du Sénat de Venise, étoient des fautes de grammaire, qui la dispensoient de la peine d'être fort inquiète du succès de cette négociation."

Es erschien jetzt leicht, mit Hülfe der Zurückgekehrten und
ller übrigen Gegner der Familie Salis einen Volksaufstand gegen
e zu erregen und ihren Sturz herbeizuführen. Dieser Plan bestand
i der That und würde auch ausgeführt worden sein, wenn nicht
ie Familie Salis ihren Gegnern zuvorgekommen wäre. Von diesem
coup de la providence", wie Salis-Marschlins diesen Schachzug
nnt, soll in Folgendem kurz die Rede sein.

Die zwei hervorragendsten Gegner der Familie von Salis zu jener
eit (1762—1770) waren der General Travers und der Gardehauptmann Friedrich von Planta zu Samaden. Sprecher theilt uns über
ieselben folgende biographische Notizen mit: „Baron Johann Victor
ravers von Ortenstein, geb. 1721, Sohn des Brigadier gleichen
amens, trat 16 Jahre alt in das französische Regiment seines Vaters,
ar schon 5 Jahre später Capitaine und Inhaber einer Garde-Com-
agnie und diente in den Feldzügen 1744 bis 1747 und im sieben-
hrigen Kriege in den Schlachten von Bergen, Sondershausen,
unterburg u. s. w., wo er mitten im Schlachtgetümmel kämpfte,
it so ausgezeichneter Bravour, dass der Sieg in mehreren dieser
chlachten seiner Tapferkeit zuzuschreiben ist. Diesem Umstande
rdankte er denn auch sein ungewöhnlich rasches Avancement. Im
lter von 26 Jahren commandirte er schon als Brigadier und 41 Jahre
t als Generallieutenant. Als im Jahre 1762 das Regiment des
pfern (Marschalls) Baron Carl von Salis-Mayenfeld durch dessen
eiwillige Resignation frei wurde, hoffte Travers dasselbe zu er-
lten und als diese seine Erwartung getäuscht und das Regiment
aton von Salis-Marschlins übergeben wurde, der des Herzogs von
oiseul besondere Gunst genoss, da empfand er diese Zurücksetzung
tief, dass er gegen die Familie Salis, deren eifriger Anhänger
sonst gewesen,[1] und zumal gegen den Bruder seines Nebenbuhlers
n bittersten Groll fasste und nunmehr alle Aktionen von deren
egnern zu unterstützen sich entschloss. Seit dem Frieden befand
ch der General meistens auf Urlaub in Bünden. Er gehörte mit
inem sehr bedeutenden, auf eine Million geschätzten Vermögen zu

---

[1] Mit der Linie Salis-Zizers (in deren beiden Zweigen) war er nahe
rwandt.

den reichsten Adligen des Landes. In Versailles und Paris, wie in Bünden erregte seine Schönheit Bewunderung und selbst am französischen Hofe übertraf ihn kein Cavalier an Eleganz und Feinheit der Umgangsformen.

„Sein treuester Genosse in den Parteikämpfen, . . . an Entschlossenheit und Verwegenheit, wohl auch an Geist und Schlauheit ihm überlegen, war Friedrich von Planta, bei seinen Zeitgenossen unter dem Namen Zizka (der Einäugige) bekannt. Geboren im Jahre 1737, wurde er in Genf erzogen und zeichnete sich schon als Knabe sowohl durch seine ungewöhnliche Körperkraft als durch sein feuriges Temperament, grosse Charakterfestigkeit, aber auch durch Verwegenheit und einen unbändigen Trotz aus. 17jährig trat er als Fähndrich in ein Garderegiment in Frankreich, wurde schon nach drei Jahren Hauptmann im Regimente von Diesbach und bei allen Anlässen während der Campagnen, die er mitmachte, that er sich durch grosse Bravour und durch seinen militärischen Scharfblick hervor. Während der nicht häufigen Urlaubszeiten hielt er sich bald in Genua, bald in Paris und Genf oder in Bünden auf und war seines Witzes und seiner Kenntnisse wegen ein gern gesehener Gast bei den Schöngeistern zu Genf und Versailles, selbst bei Voltaire.

„Zum Theil war es eine Folge seines rücksichtslosen Auftretens gegenüber dem Obersten Salis-Marschlins, noch mehr aber das Bekanntwerden einer zwar nur vorübergehenden Correspondenz mit der Marquise Pompadour, bei welcher Planta über Choiseul, ihren gefährlichsten Gegner, Klage geführt haben sollte, was ihm im Jahre 1765 die Entlassung aus der Armee zuzog. Da er den Obersten Salis, vielleicht nicht mit Unrecht, als Urheber der Denunziation in Verdacht hatte, so lässt es sich denken, dass die ohnehin in brüsker Form ertheilte Entlassung nicht dazu diente, seine Gesinnungen gegen die Familie Salis zu verbessern. Hiezu kam aber noch ein anderer Beweggrund. Wie er schon als Knabe sich der Unterdrückten und Schwachen angenommen und manche Beule im Kampfe für seine Schützlinge davongetragen, so stellte er sich von nun in die Reihe der Gegner der Familie Salis, in deren Reichthum, Macht und geschlossener Verbündung er eine grosse Gefahr für die Freiheit des Vaterlandes, wie für die politische Zukunft der andern alten

Geschlechter Bündens erkannte. Jene Familie zu bekämpfen, sei es auf Landsgemeinden wie in Rathsälen und mit Hilfe der Presse und dem Volke seine demokratische Verfassung zu erhalten, stürzte auch er sich, nur mit noch grösserer Waghalsigkeit, in den Strudel mehrjähriger erbitterter Kämpfe."

Planta und Travers unterhielten eine sehr emsige Correspondenz mit der französischen Botschaft zu Solothurn, besonders mit deren erstem Secretär, Herrn de Barthés. Auch der Marquis d'Enragues, sowie St. Foix, chef de bureau im auswärtigen Amte zu Paris, und andere hohe Herren in Frankreich, welche über den Abschluss des III. Mailänder-Capitulates noch immer sehr aufgebracht waren, boten gerne die Hand zu Intriguen gegen die Familie Salis. Letztere war indessen in ihren Beziehungen zum Versailler-Hofe den Gegnern überlegen, indem der Minister Herzog von Choiseul ganz entschieden für das gesammte Haus Salis eintrat. Auch Choiseuls Gemahlin und besonders seine Schwester, die Herzogin von Grammont, nahmen in den Hofkreisen lebhaft Partei für ihren Günstling, den Obersten Anton von Salis-Marschlins, und dessen Familie.

Den unmittelbaren Anlass zu der Travers-Salis'schen Fehde gab ein an und für sich unbedeutender Streit zwischen den Gemeinden des Ortensteiner-Gerichtes, in welchen der General, der auf Schloss Ortenstein oder zu Paspels wohnte, mit hineingezogen wurde. Zum Austrage dieser Anstände wurde auf den **31.** August **1766** eine ausserordentliche Landsgemeinde des Ortensteiner-Gerichtes nach Tomils einberufen, welcher Versammlung Jedermann mit Besorgniss entgegensah. Auch Travers begab sich dahin und zwar, weil er zuvor schon mehrmals in seiner Sicherheit bedroht worden, in Begleitung mehrerer Freunde und einer ganzen Schaar von Dienern und Arbeitern, erstere mit Pistolen, letztere mit Gewehren bewaffnet. In dem nahe bei Schloss Ortenstein gelegenen Dorfe Tomils angelangt, sagte der General den Bauern in romanischer Sprache, er sei gekommen, ihre Klagen entgegenzunehmen; nach Andern soll er sie gleich anfangs aufgefordert haben, auseinander zu gehen. Wollten sie die gegen ihn ausgesprochenen Drohungen erfüllen, so mögen sie es auf ihre Gefahr hin thun. Durch dies Auftreten gereizt,

stürzte die ganze Versammlung der Bauern auf Travers und sein
Gefolge los, während die Angegriffenen sich Schritt für Schritt zurückzogen. Als sie so an einer Mauer angelangt waren, erfolgte plötzlich
ein gewaltiger Steinhagel; einer der schwersten Steine traf den
General an die Stirne, sodass er taumelte und zu Boden stürzte.
Erst jetzt, als seine Begleiter ihn mit Blut überströmt niedersinken
sahen, gaben sie einige Schüsse ab, wodurch ein Bauer sofort tödtlich
und zwei andere schwer verwundet wurden. Dieser ersten Salve
folgte, als der Steinhagel sich wiederholte, eine zweite, welche zwei
Landleuten das Leben kostete und drei weitere verwundete. Jetzt
flohen die Bauern in die Berge. Travers, der inzwischen wieder
zu sich gekommen und sich erhoben hatte, liess die Verwundeten
durch einen mitgebrachten Chirurgen verbinden.

Man kann sich denken, dass dieser bedauerliche Vorfall im
ganzen Lande die grösste Aufregung hervorrief. Travers begab sich
zwei Tage später trotz seiner Verwundung nach Chur, um seinen
Sitz im Bundestage, der soeben beginnen sollte, einzunehmen und
stieg auf dem bischöflichen Hofe ab.

Die Nachricht von der Katastrophe war ihm schon voraus-
geeilt und die bei solchen Fällen stets geschäftige Fama entstellte
die Thatsache ins Ungeheuerliche. Kein Wunder daher, dass in Chur
eine furchtbare Aufregung entstand und gewisse Leute sorgten dafür,
dass dieselbe nicht so bald nachliess. Es ging sogar das Gerücht,
die Bürger und zugeströmten Bauern beabsichtigten einen Sturm
auf den Hof, um Travers herabzuschleppen und zu justificiren. Zur
Verhütung weiterer Ungelegenheiten begab sich der General nach
Feldkirch, wo er ruhigere Zeiten abzuwarten gedachte.

Der Gotteshausbund — übrigens nur durch eine schwache Mehrheit seiner Gemeinden vertreten — trat nun, seine Befugnisse über-
schreitend, als criminalgerichtliche Instanz auf und schloss vorerst
Planta, welcher sich als treuer Freund Traversens bewiesen, vom
Bundestage aus.[1]

---

[1] Planta sass als Vertreter des Gerichtes Ob-Fontana-Merla (im Oberengadin)
im Bundestage.

Travers sandte inzwischen an die Landeshäupter eine Berichtigung der coursirenden Gerüchte und bezeichnet in derselben ohne Umschweife einige Mitglieder der Familie Salis als die Urheber der Tomilser-Katastrophe. Sollte ein Gericht über ihn eingesetzt werden, so sehe er sich veranlasst, zum Voraus alle Mitglieder dieses Hauses als Beisitzer oder Richter zurückzuweisen.

Dass die Familie Salis wirklich den Anstoss zu den Tomilser-Vorgängen gegeben, dürfte wohl schwerlich nachzuweisen sein, obwohl man behauptete, der Landeshauptmann von Salis-Sils habe kurz vor der Tomilser-Landsgemeinde eine Unterredung mit Sayn Ragutt Tscharner, dem Hauptanstifter dieser Streitigkeiten, gehabt. Unleugbar ist es aber und wird es auch von Salis-Marschlins zugegeben, dass die Familie diese Vorfälle nach Kräften zu ihren Zwecken ausnützte.

Es war für Travers und Planta von geringem Nutzen, dass sie eine ganze Fluth von Broschüren und Pamphleten in das Publikum warfen, in welchen sie zum Theil in gemässigter, zum Theil aber auch in heftigster Sprache nicht blos über den Ursprung des Streites der Ortensteiner-Berggemeinden Aufklärung zu geben sich bemühten, sondern namentlich auch alle frühern Angriffe gegen die Familie Salis erneuerten und ihr die Absicht des Umsturzes und der Umwandlung der Landesverfassung in eine aristokratische, nach dem Muster Berns und Zürichs zum Vorwurfe machten.[1] „Weder Traversens noch Planta's Stellung“, sagt Sprecher, „wurde dadurch gebessert. Die Gegenpartei blieb die Antwort nicht schuldig und

---

[1] „Les ennemis des Salis publient, que les Salis sont des tyrans, qui visent à l'aristocratie, qu'il n'ya pas d'autre moyen de conserver le peuple dans la liberté, que de mettre les Salis aussi bas, qu'ils n'osent se remuer. Les Salis saisissent la circonstance des meurtres commis par le Général de Travers, pour se défaire du plus violent et du plus inplacable de leur ennemis, qui avait conjuré leur perte depuis longtemps, et crient à haute voix, qu'il faut punir es meurtres et faire justice. Dans le fond les ennemis des Salis voudroient s'emparer entièrement du timon de l'état, pour forcer ensuite les cours étrangères de leur accorder des pensions et des largesses. Les Salis voudroient empêcher, que les puissances étrangères ne se mélassent pas de nos affaires (??), persuadés, que dans ce cas là, ils se soutiendront toujours à coté des gens, qui seront bientôt las de servir la patrie pour rien.“ Salis-Marschlins, Mémoire sur les Grisons, pag. 52.

brachte ihr auch jene polemische Literatur unzweifelhaft grossen Schaden, so behauptete sie sich gleichwohl am Ruder und alle Anstrengungen dieser beiden Männer, die Macht und den Einfluss der Familie Salis zu brechen, blieben umsonst: die öffentliche Meinung stand . . . . . auf Seiten der Gegner und Barthés' Wort (womit derselbe seine Beziehungen zu Travers abbrach): „„Vous n'avez pour ainsi dire, point d'amis"" enthielt damals noch Wahrheit und nur sehr wenige Parteigenossen hatten den Muth, gegen die Allgewalt der öffentlichen Meinung anzukämpfen. Selbst Planta-Zuz, ohnehin mit der Verurtheilung seiner verunglückten Ambassade nach Venedig belastet, hatte sich dahin resignirt, bessere Zeiten und Umstände abzuwarten, um an der Familie Salis Rache zu nehmen."

Inzwischen hatte das zuständige Criminalgericht von Ortenstein-Fürstenau am 23. November 1766 sein Urtheil gefällt und den General Travers sammt seinem Gefolge, als im Stande äusserster Nothwehr begriffen gewesen, von aller Schuld freigesprochen. Die Gegenpartei erkannte diesen Spruch jedoch nicht an und verlangte vom Gotteshausbunde ein Strafgericht. Vom Bundespräsidenten Nicolaus von Salis-Rietberg darum angefragt, erklärte sich die Hälfte der Gotteshausgemeinden mit der Aufstellung eines Strafgerichtes, dem man den Namen eines „unparteiischen Tribunals" gab, einverstanden. Als Präsident desselben hatte sich endlich, nachdem Nicolaus von Salis sich längere Zeit vergebens um einen solchen bemüht, der schon erwähnte Podestà und nachmalige Geheime Rath Baptistin von Salis finden lassen, ein excentrischer Mann, „über dessen zum Theil echte, zum Theil simulirte Frömmigkeit", wie Sprecher sagt, „man nicht recht ins Klare kommt, auch nachdem man sich die Mühe genommen, sein handschriftliches Tagebuch und sein „„Herzensprotokoll"" bis zu Ende zu lesen. Neben vielem Wissen hatte auch eine Menge abstruser Ideen über Welt- und Menschenverbesserung (à la Joseph II.) in seinem Kopfe sich angelagert, die sich unter Anderm in einem eigenthümlichen System der Kindererziehung kundgaben.[1] Seine

---

[1] Von seinen zehn Kindern erreichte nur der älteste Sohn das Mannesalter. Geh. Rath Baptistin war der Neffe und Schwiegersohn des früher genannten Bundespräsidenten Anton v. Salis-Soglio.

Begriffe von Recht und Unrecht in politischen Dingen waren bei grösster Redlichkeit im Privatleben, gelinde gesagt, sehr verwirrte."[1]

So wenig Baptista als Präsident eines vom halben Bunde angefochtenen Gerichtes am Platze war, so glaubte der Bundespräsident doch froh sein zu müssen, sich seiner versichert zu haben, zumal der Podestà einer der allerentschiedensten Verfechter der Interessen seines Hauses war und bei den politischen Feldzügen seiner Vettern sich willig als enfant perdu gebrauchen liess.

Baptista ging denn auch bei dieser Angelegenheit in seiner gewohnten Manier vor. So liess er z. B. Jan Tscharner von Rothenbrunnen, der wichtige Depeschen Planta's an Travers überbringen sollte, hart an der Grenze des Tomilser-Gebietes aufgreifen und in Gewahrsam legen. Das versiegelte Paket, welches Tscharner bei

---

[1] Salis-Marschlins charakterisirt ihn als „. . . . homme d'une probité à toute épreuve, d'une fermeté, qui va à l'excés, fort peu versé dans les affaires et fort peu porté à s'en meler." Der Geh. Rath, wohl die originellste Persönlichkeit in der Familie, gab eine ganze Reihe, meist erbaulich sein sollender Bücher im Drucke heraus, so z. B. „Neue Urkunde für die Kirche und den Glauben", 1767; „Ein Aufschluss der Bibel oder das Gesetz", 1787, u. s. w. Seine Schrift Sopra il Matrimonio ed il Celibato etc., 1795, musste er auf Veranlassung der protestantischen Landessynode zurückziehen, wie denn überhaupt die Geistlichkeit über Baptista's theologisirende Schriftstellerei wenig erbaut war. Unter Anderm schrieb er auch „über das Danzen" und vertheidigte dies Vergnügen den beiden Predigern zu Chur gegenüber lebhaft. Baptista glaubte sich auch berufen, für die Vereinigung der beiden Confessionen zu wirken und begab sich zu diesem Zwecke im Jahre 1771 nach Wien, um Maria Theresia und Joseph II. für seinen Plan zu gewinnen. Er suchte die Kaiserin unter Anderm dazu zu bewegen, ihn zu ihrem Minister für die Protestanten ihrer Staaten zu ernennen und in allen Pfarrkirchen jede Woche wenigstens einen Gottesdienst halten zu lassen, „der römischkatholisch, lutherisch und reformirt zugleich sey." Von seinen vielen Memorialien sei nur eines hier erwähnt, das er Kaiser Joseph überreichen liess: „Wenn Ew. Kayserl. Majestät, nachdem Allerhöchstdieselben mich recht kennen, finden werden, dass ein einziger Allerhöchstdero Minister Ew.Kayserl. Majestät Hulde so verdienet, als ich, oder Allerhöchstdenenselben und dero Unterthanen so nützlich und erreulich ist, als ich, so lassen Ew. Kayserl. Majestät mich, als einen Betrüger aufhängen." Baptista gab selbst die ganze Masse seiner Memorialien und Eingaben mit den ihm darauf gewordenen, nichts weniger als schmeichelhaften Antworten und sammt seinen Betrachtungen darüber im Drucke heraus (Memorialien und Einlagen des B. von Salis, während seinem Aufenthalte in Wien 772). Der Geh. Rath starb 1809 zu Bondo im Alter von 71 Jahren.

sich trug, erbrach er ohne Weiteres und veröffentlichte mit einem entsprechenden Commentar die darin befindlichen wichtigen Correspondenzen zwischen dem Abte von Dissentis, Columban Sozzi, Travers, Planta und andern Anti-Salis'schen Parteigängern.

Eine so flagrante Verletzung des Briefgeheimnisses erregte allenthalben die grösste Entrüstung und Baptista von Salis machte die Sache dadurch nicht besser, dass er in einem den 29. Januar (1767) erlassenen Manifeste der Vorsehung „Preis und Dank" dafür sagte, dass sie ihm Briefe von so ausserordentlicher Wichtigkeit in die Hände gespielt habe!

Der über Baptistin's Vorgehen „am meisten aufgebrachte von Planta," so berichtet der Gesandte Baron Buol unterm 13. Februar (1767) an Kaunitz, „verfiele sogleich auf den kecken Vorsatz, sich auf eint oder andere ebenfalls gewaltsame weysse zu rächen, und in ermangelung eines füglicheren Behuf, mittels seinem ziemlich starken anhang die Stadt Chur selbsten feindlich zu überfallen: Welcher bedenkliche anschlag onfehlbar gedyen wäre, wenn nicht die entzwischen zu Reichenau erfolgte arretirung des ersten Traversischen Widersachers, Landeshauptmann Rudolph Salis von Sils solchen gehemmt hätte."[1] Es gelang letzterm jedoch schon nach zwei Tagen bei Nacht und Nebel aus seiner Haft nach Chur zu entkommen, woselbst er sich, wie Buol weiter berichtet, „dermahlen in guter Sicherheit aufhaltet, zugleich aber nebst seiner allda Vollständig versammelten Familie zu revangirung dieser Begegneten unbilde so Verfängliche schritte Vorkehret, dass der Obere Bundt zu Verhütung deren Vorzusehenden misslichen Folgen veranlasset wurde, auf künftigen Montag eine zu gemeinsamer Fridensstiftung abgesechene zusammenkunft nacher Reichenau zu bestimmen, auch nachhin eine ausserordentliche Versammlung Gemeiner III Bünde . . . . zu veranstalten."

---

[1] Planta arretirte den Landeshauptmann im Schlosse des Baron Buol (Bruder des Gesandten) mit den Worten: „Monsieur, je vous annonce les arrêts; je sais, que c'est une violence contre le droit des gens. Les Salis ont fait de même à mon Statthalter Jan (Tscharner). Vous êtes Salis et je le fais vis-à-vis de vous."

Diese Versammlung „zur Aufrechterhaltung des Friedens" wurde
m bestimmten Tage zu Reichenau eröffnet. An derselben nahmen
er ganze Obere Graue Bund und zehn Gerichte des Gotteshaus-
undes Theil. Bundespräsident Nicolaus von Salis-Rietberg und
undeslandammann Joh. Ulrich von Salis-Seewis lehnten hingegen
ede Theilnahme ab und als ersterer sich weigerte, die aufgefangenen
riefschaften herauszugeben, siedelte die Versammlung, welcher die
ähe Churs hinderlich erscheinen mochte, nach Thusis über. Die
husner-Versammlung war, wie Sprecher sagt, weit mehr, als eine
losse Demonstration gegen die Salis'sche Partei. „Deren Auftreten
i den letzten Jahren, besonders seit dem dritten Mailänder-Capitulat
atte gezeigt, dass sie entschlossenen und sehr schlauen Führern
ehorchte, deren Pläne man . . . . zu errathen glaubte: rück-
ichtslose Niederwerfung aller Gegner . . . mit Gewalt oder List
nd Beherrschung des Landes — Alles mit Unterstützung Frank-
eichs." Diese Pläne sollten vereitelt, die gegenseitige Verbrüderung
er Bünde erneuert und befestigt und Massregeln gegen den Miss-
rauch von Macht und Einfluss von Seite einzelner Familien ergriffen
erden.

Eine Reihe dieser Beschlüsse, gewöhnlich als Thusner-Artikel
ezeichnet, waren daher direkt gegen die Familie von Salis gerichtet,
msomehr als sie damals, wie schon angedeutet, zwei Mitglieder
n Consortium der drei Landeshäupter, der höchsten Behörde, sitzen
atte. Der Artikel 15 z. B. lautete folgendermassen: „Da einem
eyen demokratischen Stande nichts gefährlicher sein kann, als die
ebermacht vornehmer, zur Aristokratischen Oberherrlichkeit ge-
eigter Herren, so ist künftighin festgesetzt worden, dass aus keinem
elichen Geschlecht zwey Häupter zu gleicher Zeit seyn können
nd dass auf den Bundestagen höchstens *fünf*, auf Congressen, ausser-
rdentlichen Versammlungen und Syndikaturen *zwey*, und endlich
ey allen üblichen Ausschüssen, Deputationen, Abgesandtschaften
usser Lands *ein* Subjekt und nicht mehrere gestattet werden soll
nd zwar bey unvermeidlicher straff nicht nur vor (für) die Herren
is betroffenen Familie, sondern auch vor alle und jede, die mit
nen eingesessen und in Lands- und in Standessachen fortgefahren
ären."

Diese Artikel wurden jedoch, als man sie dem nächsten Congresse zur Genehmigung vorlegte, verworfen und nach- wie vorher sassen im Bundestage gewöhnlich sieben, häufig acht bis neun, mitunter elf oder zwölf Mitglieder der Familie Salis.

Obwohl auf Seite der Gegner das Fehlschlagen der Hoffnungen, die sie auf die Thusner-Versammlung gesetzt hatten, neue Erbitterung hervorrief, so kam der allgemein befürchtete Bürgerkrieg dennoch nicht zum Ausbruch — „dank ebensosehr dem politischen Interesse der grossen Familien,“ wie Sprecher sagt, „als auch einem Reste von Vaterlandsliebe, welchen auch die leidenschaftlichsten Parteigänger sich bewahrt hatten.“ Am 11. Juni berichtete Buol nach Wien, die Unruhen hätten etwas nachgelassen und am 25. des gleichen Monats konnte er den Eintritt „vergnüglicher Ruhe“ melden.

Diese Ruhe wurde etwas später, indess nur momentan, durch eine neue Broschüre Friedrichs von Planta gestört. Diese Schrift, betitelt: Le spectacle de la folie au pays des Grisons, La Haye, 1767, ist lediglich gegen die Familie Salis und deren Anhang, sowie gegen die Stadt Chur gerichtet. Da Planta unter Anderm den 1765 verstorbenen, wegen seiner Rechtschaffenheit im Privatleben allgemein geachteten Bundespräsidenten Anton von Salis der Unterschlagung venezianischer Pensionsgelder und das regierende Haupt des Gotteshausbundes mehrfacher Amtsverletzung bezichtigte, erhoben für den erstern seine Söhne, für letztern Salis-Marschlins und Lieutenant v. Perini vor dem Churer-Stadtvogteigerichte Klage auf Ehrenkränkung und Verleumdung.[1] Das Stadtvogteigericht, obwohl nach dem Bundesbriefe in diesem Falle nicht competent, da Planta seinen ständigen Aufenthalt niemals in Chur genommen, verbannte ihn aus den III Bünden und erklärte alle seine Schriften für „null, infam und unnachtheilig für Jedermann.“[2]

---

[1] Sprecher (I., S. 503, 504) widerlegt die gegen den Bundespräsidenten Anton v. Salis erhobenen Anschuldigungen bis zur Evidenz.

[2] Folgende Stelle aus einem Briefe Planta's an den Bundespräsidenten Nicolaus v. Salis, welchen ersterer in seiner eben erwähnten Schrift (S. 46) veröffentlichte, mag als Stylprobe gelten: „Puisque Votre Sapience fait ou laisse faire sous le nom de la Louable Ligue de Dieu des actions de Diable, il faut

Ueber Planta's weitere Lebensschicksale berichtet uns Sprecher Folgendes: „Im Jahre 1768 begab sich Planta nach Berlin, wo Friedrich II. ihn mit Majorsrang in seiner Armee anstellte. Nachdem er mehrere politische und militärische Missionen im In- und Auslande zu völliger Zufriedenheit des Königs erledigt, in der Zwischenzeit aber in den Jahren 1771—72 mehrmals Bünden, Mailand und Wien besucht hatte, trat er im Jahre 1774 wieder in französischen Dienst, in welchem er es mit Oberstlieutenantrang zum Aide-maréchal general de logis du Roi brachte. In Wien hatte er den Kardinal Prinzen de Rohan kennen gelernt, bekannt durch die La Moth'sche Halsband-Affaire. Der Prinz, ein Freund der Gelehrten und Schöngeister, suchte Planta durch eine Anstellung als Ober-Kämmerer an seine Person zu fesseln und in dieser Stellung scheint er auch Rohan's Schicksale während der Revolution getheilt zu haben. Er starb im Jahre 1807 und hinterliess nur einen natürlichen Sohn, den spätern Napoleonischen General Kirchner, der bei Bautzen durch die nämliche Kugel fiel, welche den Marschall Duroc tödtete."

Auch Travers war gegen Mitte des Jahres 1767 nach Frankreich zurückgekehrt und lebte als Privatmann abwechselnd zu Paris und Compiègne, später in Metz. Salis-Marschlins sorgte dafür, dass der gefährlichste Gegner seiner Familie die Heimath nicht wieder sah.[1] Der General, dessen Gesundheit durch die vielen Gemüths-

---

qu'elle ait un conseil infernal et une tête de fou. Pour moi, cela étant, je ne saurais idolâtrer votre personne: je lui donne cependant le litre de „Sapience", parceque c'est l'usage et non loi à l'égard de quiconque est revêtu de l'office et non dignité de président; je lui donne, dis-je, ce titre, quand même le manège des suffrages serait si inconcevablement insidié, que quelque-fois, je parierais qu'à nommer par la pluralité deux Planta pour l'élection, il en résulterait par le sort un Salis pour président, quoique dans ces deux noms il n'y ait que deux seules lettres de semblables . . . ."

[1] „Il n'ya guère d'esperance", schreibt Ulysses v. Salis in seinem Mémoire (S. 52), „qu'on puisse concilier des vues aussi diamétralement opposées. Cependant cette guerre politique auroit pû durer encore quelques années, sans en devenir à des éclats fâcheux, si l'esprit violent et inquiet du General Travers et de son aide de camp le Capitaine Frédéric Planta, ne s'en étoit pas mêlé. Mais depuis que ces deux Messieurs se sont jettés à là tête la première dans le parti opposé aux Salis, — depuis les affreux excès, auxquels ils se sont livrés, qui ne peuvent avoir que le dérangement entier de leur finances et le désespoir

bewegungen während der Parteikämpfe (1764 - 1767) erschüttert
worden, starb den 5. September 1776, nachdem ihn König Ludwig XVI.
einige Monate zuvor in den Grafenstand erhoben hatte.

Gegen Ende des Jahres 1767 richtete Salis-Marschlins sein
Mémoire sur les Grisons an den Herzog von Choiseul.[1] Dasselbe
enthält hauptsächlich eine Darlegung der Rolle, welche die Familie
Salis in den oben erwähnten politischen Kämpfen (1761—1767) spielte.
Obwohl ohne Zweifel von grossem historischen Werthe, so muss
dasselbe doch mit aller Vorsicht benützt werden, weil es, wie
Sprecher ganz richtig bemerkt, weit mehr verschweigt, als es ent-
hüllt und dabei keineswegs von Schönfärberei im eigenen Interesse
frei ist. Aufrichtig bekennt aber Ulysses, dass er durch die furchtbare Eifersucht, die er gegen seine Familie wachgerufen, die meisten
Kämpfe von 1764—1767 verschuldet habe.[2] Es stimmt hiemit sehr
wenig überein, wenn das Memoire anderseits behauptet, der grösste
Fehler, den sich die Familie Salis habe zu Schulden kommen lassen,
sei ihre zu grosse Mässigung und ihr Hang nach Ruhe gewesen.[3]

à leur suite; il n'est que trop vrai, qu'une terrible catastrophe paroit inévitable,
à moins, qu'on ne trouve moyen d'empêcher, que Travers revienne dans le pays
des Grisons. Ce sera là un service trop essentiel, que la France pourroit rendre
non seulement à tous les Salis et leur amis, mais à tout notre État. Elle s'atta-
cheroit par là un parti solide, qui puissement soutenu par la France, dans la
crise où nos affaires se trouvent, ne demanderoit pas mieux, après cela, que de
lui être sincèrement attaché par sentiment de reconnaissance, sans la moindre
vue intéressée."

[1] Herausgegeben von Theodor v. Mohr im Archiv für Graubünden.

[2] „J'avoue de plus, que par la terrible jalousie, que j'ai attiré à ma famille, lorsque je ne songeai qu'au moyen d'éluder la levée d'un Regiment au
service d'Autriche, et par les maximes, que j'ai taché d'inspirer à la cour de
Vienne au sujet de son parti, j'ai donné lieu à la pluspart des affaires, qui se
sont succedées sans interruption chez nous, et qui ont eu pour but principal
d'abaisser les Salis et d'obliger la cour de Vienne, à retablir en faveur de son
parti son vieux système, ou d'engager celle de France à subentrer à sa place."

[3] „Il ne me reste que d'avouer, que dans toutes les affaires, dont je viens
de faire le récit depuis la réunion des Salis . . . . j'ai communément concouru
avec ma famille, j'ai eu part à ses deliberations, à ses resolutions et même aux
fautes, qui se sont glissées dans sa conduite, ordinairement par un excès de
moderation et par un penchant trop decidé pour la tranquillité et le repos."

Von den Charakteristiken, die Salis-Marschlins in kurzen Zügen von
16 Mitgliedern der Familie Salis und von 26 andern Herren, welche sich damals

Wahrscheinlich lag dem Mémoire noch eine andere Absicht zu Grunde. Schon lange hatte Choiseul beabsichtigt, einen Bündner mit dem schon seit mehreren Dezennien unbesetzt gebliebenen Posten eines diplomatischen Vertreters der Krone Frankreich bei den III Bünden zu bekleiden und zwar sollte dieser Gesandte einen höhern Rang einnehmen als der österreichische. Während er aber zuvor zwischen Ulysses von Salis-Marschlins und Joh. Gaudenz

---

um politischen Leben betheiligten, geben wir hier folgende wieder: „Le Président André de Salis, chef militaire de la Ligue Cadé (Gotteshausbund), homme d'une grande probité et de beaucoup de pénétration, mais irrésolu, aimant le repos et d'un froid à glace dans les affaires. Il n'y a jamais été attaché à aucune cour étrangère. Le Gouverneur Rodolphe de Salis-Soglio, frère du précédant, plus vif et plus actif que lui, mais se laissant absolument conduire par les lumières supérieures de son frère . . . . . Le Commissaire Jean Gaudenz de Salis-Seewis, homme de beaucoup d'esprit, versé dans les affaires, décidement et uniquement attaché à la France, plus même qu'à sa propre patrie, dont le système, peut-être meilleur que le mien, est, que la cour de Vienne ne cessera surement pas de soutenir ses partisans avec de l'argent, et qu'ainsi la France devoit se résoudre à nous appuyer de la même manière.“ (Salis-Seewis, der Grossvater des gleichnamigen Dichters, wurde den 1. Februar 1776 von Louis XVI. von Frankreich in den Grafenstand erhoben und starb 1777.) „Le Stadtammann Antoine de Salis, jeune homme, qui a bien de talens, beaucoup d'application, de la probité et de la conduite, qui est en situation à pouvoir prétendre à la présidence de la Ligue Cadé et de remplir le poste, qu'occupoit feu Mr. son père Bundespräsident Anton), dont il a herité la politique et particulièrement la maxime de ne montrer de la prédilection pour aucune cour etrangère . . . Le Landammann Frédéric de Salis-Soglio, genie mediocre, cependant fort attaché à sa famille . . . Le Gouverneur André Stupan, homme fort zélé pour la France et pour les Salis . . . mais exigeant et avide: il a une Compagnie au Régiment de Salis . . . u. s. w.“ Von der gegnerischen Seite, die im Ganzen zu dunkel gezeichnet ist: „Le Bundslandammann Jean Sprecher . . . . genie assez borné, mais riche . . . . Ils (der Bundslandammann und seine Verwandten) sont également constants dans leur haine contre les Salis et la France . . . .“ „Le Landammann Pierre de Planta de Zernetz, homme d'un esprit subtil et pénétrant, capable de reflexions, fort accredité dans son parti, plein de détours et de finesse et se faisant gloire de tromper ceux, que se fient à lui (?) . . . . . Le Commissaire Jaques Planta, homme sensé et de probité, mais avare et ambitieux, flegmatique de tempérament et opinatre en sa haine contre les Salis . . . . . Le Landrichter Montalta, chef actuel du corps catholique, genie borné, entêté et fort passioné pour la cour de Vienne . . . . Le Landrichter Gabriel . . . . homme très intriguant, versé dans l'art de briguer les suffrages du peuple, et dans cette le tirer l'eau à son moulin, decrié à cause de son avidité insatiable“ u. s. w.

von Salis-Seewis, dem entschiedensten Anhänger Frankreichs, geschwankt, entschied sich der Herzog von Choiseul, nachdem er das Mémoire sur les Grisons gelesen, für erstern. König Ludwig XV. ertheilte hierauf demselben den Charakter eines bevollmächtigten Ministers der Krone Frankreich bei den III Bünden mit einem Gehalte von 10,000 Lires.

„In dem Ringen um Gleichstellung in Macht und Einfluss mit dem Salis'schen Hause", so führt Sprecher weiter aus, „waren die andern hervorragenden alten Geschlechter bis zum Beginne des 7. Jahrzehnts Sieger gewesen; im Bemühen, dasselbe zu stürzen, waren sie unterlegen. Die zwei der gefürchtetsten und verwegensten Gegner lebten in der Verbannung; aus der Sprecher'schen Familie hatten sich fast alle ältern Mitglieder, die seit 40 Jahren im Kampfe gestanden, von den Geschäften zurückgezogen und sassen auf ihren Gütern. Zwei Albertinische Familien waren ins Ausland gezogen; die Mitglieder der übrigen Branchen widmeten sich vorzugsweise Aemtern oder der Bewirthschaftung ihrer Güter im Veltlin. Unter den Planta war es nur der Gesandte Peter Conradin zu Zuz, welcher den Kampf mit dem Hause Salis weiterführte und mehr als einen Sieg erfocht. Planta-Zuz strebte das Haupt der österreichischen Partei zu werden und wurde auch als der Rührigste eine Zeit lang als solches anerkannt, bis er, allzusehr darauf bedacht, die Interessen seines Hauses geltend zu machen, mehrere der einflussreichsten Familien, die Montalta und die Albertini, sich entfremdete.

„Während die ehemalige österreichische Partei also einer völligen Zersplitterung entgegenging, nahm die Familie Salis, welcher es gelungen war, ihre Gegner niederzuwerfen, an Wachsthum, Macht und Einfluss zu und stand bald als fast gebietendes Geschlecht in Bünden da. In der That zählte sie eine seltene Vereinigung machtverschaffender Kräfte: Männer wie Salis-Marschlins, dem an Staatsklugheit, Meisterkunst der Intrigue, Energie und Leutseligkeit im Umgange kein anderer Bündner gleichkam und welcher als diplomatischer Vertreter Frankreichs über bedeutende politische Mittel verfügte; Parteiführer und Diplomaten wie Salis-Seewis und Mayenfeld. In Präsident Peter von Salis-Soglio besass die Familie ein

Mitglied, das als Inhaber der Landeszölle, der grössten Speditions-
und Bankgeschäfte in Chur und Cläfen grossen Credit im ganzen
Lande hatte. Die meisten der 13 Zweige dieses altberühmten Hauses
waren im Besitze nicht blos bedeutenden Vermögens in den herrschenden, sondern, wie mehrfach erwähnt, auch in den Unterthanenlanden und zwar als Eigenthümer nicht blos von grossen Liegenschaften,[1] sondern auch von Capitalien, sodass eine grosse Anzahl
von Gemeinden des Veltlins als Schuldner in Verbindlichkeiten zu
ihnen standen.[2] Ausserdem bezogen sie sehr bedeutende Einkünfte
von ihren Compagnien und Antheilen an solchen in Frankreich und
Holland. Zählte man doch am Schlusse dieser Periode innerhalb
des Hauses Salis zwei Generallieutenants, zwei maréchaux de camp,
drei Brigadiers und drei Oberste und Oberstlieutenants, sieben Haupt-

[1] Die grössere Hälfte des bündnerischen Privatbesitzes im Veltlin befand
sich in den Händen der Familie Salis.

[2] Die Familie Salis war, wie Sprecher (Bd. II. — Kulturgeschichte —
S. 270) sagt, unbestritten die reichste in den Bünden. Ihr Besitz erstreckte
sich auch auf die Schweiz und das Ausland. Im Thurgau besass sie (die Linie
Salis-Soglio) die adelige, altstiftische Herrschaft und Gerichtsherrlichkeit Ober-
Aich und Engishofen, im St. Gallischen Rheinthale die Herrschaft Widnau-
Haslach (Salis-Soglio) mit den nämlichen Rechten, wie die Grafen Werdenberg
und seit 1395 die Grafen Hohenems sie besessen hatten (der Reichshof Lustenau-
Widnau-Haslach war schon vor 890 von König Arnulf dem Grafen Ulrich III.
vom Linzgau geschenkt worden); ferner die Schlossgüter und Herrensitze
Grünenstein, Monstein, Greifenstein, Riseck, Sulzberg, Helsberg, Schäflisberg,
Staufacker, Schloss Helmsdorf am Bodensee; die Herrschaft Binningen bei Basel
u. s. w.; in Schlesien ausser den Herrschaften Gallwitz, Peterwitz, Löwenstein,
Niclasdorf, Neudorf, Schönwald und Bratsch die (selbst erbauten) Ortschaften Salis-
feld und Saliswald (Salis-Samaden), in Frankreich die Herrschaft Salny und Arief
und Güter in den Ardennen (Salis-Samaden), ebenso in England und Irland u. s. w.
Die Freiherren von Salis-Haldenstein hatten als Besitzer der reichsfreien
Baronie Haldenstein (bei Chur) die hohe und niedere Gerichtsbarkeit, „Stock
und Galgen", das Asylrecht, die Marktgerechtigkeit und das Münzrecht in
groben und feinen Münzsorten mit eigenem Bild und Wappen (bestätigt von
Kaiser Franz I., 1748, und Joseph II., 1768).
Es muss indessen bemerkt werden, dass der *zusammenhängende* Grund-
besitz der Familie von Salis, soweit er sich auf bündnerischem Boden (und in
den Unterthanenländern) befand, dem der alten Berner, Zürcher und Waadtländer
Geschlechter nicht gleichkam und sich noch weniger mit dem ausländischen
Grossgrundbesitz messen konnte, wie dies übrigens beim Bündner-Adel überhaupt niemals der Fall war und nicht sein konnte.

leute, — der untergeordneten Offiziersstellen nicht zu gedenken, in activem Dienst oder pensionirt, mit einem Gesammteinkommen aus diesen Chargen von mindestens 80,000 Gulden.

„Welche Summe von Macht und Einfluss ein solcher Zusammenfluss von Mitteln in einem so geldarmen Lande verschaffen musste, liegt auf der Hand. Durch Aufhebung der Erblichkeit der Offizierstellen im französischen Dienste, durch Vergabung von solchen an Söhne minder bemittelter, angesehener Familien, durch Auswirken von Pensionen an ausgediente Offiziere und Soldaten ihres Regiments[1] gewannen sie in einer Menge von Gemeinden Wortführer ihrer Partei und ebenso wussten sie durch Allianzen mit reichen und hervorragenden Familien ausserhalb der ihrigen die eigene Partei zu verstärken."

Den im Obern Bunde vielvermögenden Abt von Dissentis, Columban Sozzi, soll Salis-Marschlins durch Auswirkung einer Abtei in Frankreich gewonnen haben.

Selbst vom österreichischen Gesandten Baron Buol hiess es, er stehe in bleibender Verbindlichkeit gegenüber Salis-Marschlins wegen dessen Uebernahme einer bedeutenden Hypothek, die auf Buol's und seines Oheims stark mit Schulden belasteten Herrschaft Reichenau ruhte.

Der Zeitraum von 1768 bis zum Ausbruche der französischen Revolution kann, wenigstens im Vergleiche zum vorhergehenden Jahrzehnt, als eine Zeit des Ausruhens bezeichnet werden, während welcher sich ein ungewöhnlich reges Schaffen auf den neutralen Gebieten der Volkswirthschaft und des Schulwesens bemerkbar macht. Es ist eine allgemein anerkannte Thatsache, dass die Familie Salis an diesem Wettstreite sich in hervorragender Weise betheiligte und namentlich um das Schulwesen sich verdient machte. Die Eifersucht auf ihren vorwiegenden Einfluss hinderte die Familie indess in vielen Fällen an einer noch ausgiebigern Entfaltung dieser Thätigkeit und erstickte manchmal die bestgemeinten Bemühungen schon im Keime oder nach dem ersten gelungenen Versuche.

---

[1] Vor der französischen Revolution gab es in Frankreich zwei Regimenter Salis-Marschlins (bis 1786) und Samaden (bis 1794).

Der Merkwürdigkeit halber erwähnen wir an dieser Stelle des in der Geschichte der Pädagogik wohlbekannten Philantropins zu Marschlins, welches der Minister Ulysses von Salis im Jahre 1771 daselbst errichtete.

Schon zehn Jahre zuvor hatten die beiden Gelehrten Martin Planta und Johann Peter Nesemann[1] im Einverständnisse mit Salis-Marschlins Anfangs zu Zizers, dann zu Haldenstein eine ähnliche Anstalt eröffnet, nachdem zuvor schon mehrere derartige Versuche am Widerstande der Gemeinden, am „Souveränitätsschwindel der einzelnen Hochgerichte", wie Planta sagt.[2] gescheitert waren. Die Haldensteiner Herrschaftsleute brachten zwar dem Institute ebenfalls keine Sympathie entgegen, allein sie konnten sich „den richtigen Begriffen, die ihnen ihr gnädig regierender Herr[3] beibrachte, und seinem Willen nicht widersetzen."

Planta nannte die Anstalt zu Haldenstein „Seminar", die Bezeichnung Philantropin, welche 1771 mit dem pädagogischen Unternehmen Basedows in Dessau aufkam, wurde erst nach Verlegung des Instituts nach dem Schlosse Marschlins gebräuchlich.

Die Zöglinge, meistens Söhne aus den höhern Ständen, sollten vor Allem zum Christenthum herangebildet, dann für den Staats- und Militärdienst, theils auch für den Kaufmannsstand vorbereitet werden. Planta und Nesemann bewegten sich auf protestantisch-gläubigem Standpunkte, wobei es freilich nicht an sehr sonderbaren Methoden der Gottesverehrung fehlte. Das Lehrverfahren lehnte sich an das in den Franklin'schen Stiftungen zu Halle eingehaltene Verfahren an. Das Lernen sollte so leicht und angenehm als möglich gemacht, überhaupt mehr der Verstand als die Gedächtnisskraft geübt und der Schüler mit Allem, „was er nicht versteht", verschont werden. Gewissenhaftigkeit, Ehrgefühl und strikter Gehorsam wurden als „höchste Lebensregel" eingeschärft.

Die ganze Disciplin der Anstalt beruhte auf der Uebertragung von Aemtern, welche der ersten römischen Republik entnommen

---

[1] Gebürtig aus Bahrendorf bei Magdeburg, zuvor Erzieher im Hause des Generals von Sprecher.

[2] In seinem Bericht an die helvetische Gesellschaft zu Schinznach.

[3] Freiherr Thomas III. von Salis.

waren. Die Zöglinge wählten aus ihrer Mitte Consuln, Censoren, Prätoren, Volkstribunen, Quästoren u. s. w., welche die Aufsicht über die Mitschüler auszuüben hatten. Der Censor hatte den Auftrag, gegen Ende der Woche die drei „Tugendhaftesten und Sträflichsten" öffentlich zu nennen und die Beweise für die von ihm gemachten Aussagen vorzubringen. Am Samstag wurde dann die ganze Republik vor Gericht citirt, wobei die obrigkeitlichen Personen und die Lehrer an eigenen Tischen Platz nahmen, während die Uebrigen in weitem Halbkreise umhersassen. Der Quästor trug die Anklage nach den Regeln des römischen Gerichtsverfahrens vor, worauf die Angeklagten sich entweder selbst vertheidigten oder ihre Vertheidigung einem „Advocaten" übertrugen; der Consul verhörte die Zeugen, formulirte das von der Mehrheit der Schülerschaft gefällte Urtheil, welches dann, um vollzogen zu werden, noch der Bestätigung von Seite des Lehrerconventes bedurfte. Die Zöglinge sollten auf diese Weise „denken, reden und prüfen lernen" und so in das Gerichtsverfahren eingeführt werden.

Die Uniform bestand aus dunkelblauen Röcken und Camisols mit grossen gelben Knöpfen. Eigenthümlich war es auch, dass zweierlei Kost, eine Art table d'hôte für die Zöglinge aus reichern Häusern und ein einfacherer Tisch für die Unbemittelten geführt wurde.

Im Jahre 1771 siedelte die Anstalt, welche jetzt etwa 100 Zöglinge zählte, nach dem Schlosse Marschlins über, wo der Minister Ulysses von Salis für diesen Zweck kostspielige Neubauten hatte aufführen lassen. Das Philantropin gelangte hier zu grosser, aber nur kurzer Blüthe, bis nämlich Salis-Marschlins im Jahre 1775 neben Magister Thiele, auf Empfehlung Basedows den berüchtigten Dr. Friedrich Bahrdt, der ihn durch Zusendung gläubig gefärbter Predigten getäuscht, als Director der Anstalt berief. Bahrdt, bekanntlich ein Mann lasterhaften Lebenswandels, gab vor, im Unterrichte sich der sokratischen Methode zu bedienen, wobei er indess auf solche Abwege gerieth, dass dem Seelenleben und der Urtheilsreife der Zöglinge unheilbarer Schaden erwachsen musste. Bahrdt verliess zwar Marschlins im Frühjahre 1776 in grösstem Zerwürfnisse mit dem Besitzer der Anstalt — allein der Schaden war schon

geschehen und viele Zöglinge verliessen das Philantropin. Dazu
kam noch ein weiterer ungünstiger Umstand. Die politischen Gegner
des Ministers schrieben ihm die Absicht zu, sein Philantropin als
Pflanzstätte für politische Agenten und Herolde der Familie von Salis
auszunützen. Die Folge davon war, dass in Marschlins die Zahl der
Söhne vornehmer Bündner-Familien der Anti-Salis'schen Partei immer
mehr abnahm, während nach den Bahrdt'schen Erziehungsexperi-
menten selbst befreundete Familien ihre Söhne der Anstalt entzogen.
So erfolgte im Jahre 1777 zum grössten Schmerze des Ministers
die Auflösung des Philantropins.

Der weitere Vorwurf, das Marschlinser-Philantropin sei „eine
Speculation des Herrn von Salis" gewesen, dürfte wohl, so glauben wir,
der am wenigsten gerechtfertigte sein, denn Ulysses v. Salis brachte
für seine Anstalt die grössten finanziellen Opfer, ohne jemals dafür
Ersatz zu finden.[1]

Auch den in vielfacher Hinsicht traurigen Zuständen des Veltlins
wendeten Salis-Marschlins und andere Mitglieder der Familie ihre Aufmerksamkeit zu. Ersterer ging unter Anderm mit dem Plane um, durch
Regulirung der Adda und durch Austrocknung der vielen Sümpfe
nicht blos bedeutende Strecken Landes zu cultiviren, sondern auch
den fiebererzeugenden Nebeln zu steuern. Leider musste er nach
einem ersten gelungenen Versuche von diesem Vorhaben, dessen Ausführung ihn zu einem der grössten Wohlthäter des Landes gemacht
hätte, abstehen, hauptsächlich wegen Mangels an der nöthigen Unterstützung von Seite der Gemeinden, welche dem Minister auch hier
allerlei eigennützige und politische Absichten unterschoben.

Vor Allen war es aber der Landeshauptmann Graf Peter von
Salis-Soglio,[2] der mit ebenso grosser Munificenz als Einsicht und

---

[1] Ueber die philantropischen Anstalten zu Haldenstein und Marschlins
vgl. J. Bott, die Herrschaft Haldenstein, S. 46—62; J. A. v. Sprecher, Geschichte
der III Bünde im XVIII. Jahrhundert, Bd. II, S. 467 ff.; Dr. Kellner, Erziehungs-
geschichte, 3. Aufl., Bd. II, S. 119; Isaac Iselin, Schreiben an U. v. Salis über
die Philantropinen in Dessau und Graubünden, nebst Antwort des Herrn von
Salis und einem Entwurf der Ephemoriden der Menschheit, Basel 1775, 8°;
J. C. Lavater, Schreiben an das Publikum, 1776 u. s. w.; J. Keller, Das rhätische Seminar Haldenstein-Marschlins, Gotha 1883, 8°.

[2] Enkel des Envoyé Grafen Peter.

Klugheit der oft drückenden Armuth der Cläfner-Bevölkerung zu
Hülfe eilte und sich dadurch die Dankbarkeit der Unterthanenlande
in seltenem Grade erwarb.[1] Sein Amt versah er mit solch gewissen-
hafter Gerechtigkeit und Unparteilichkeit, überhaupt in jeder Hinsicht
in so untadelhafter Weise, dass seine Regierungszeit mit Recht als
eine der besten und glücklichsten gepriesen wurde.[2]

Um eine bessere Justizverwaltung im Veltlin und den beiden
andern Vogteien anzubahnen, gaben Salis-Marschlins und Bundespräsident Rudolf von Salis-Soglio[3] verschiedene Schriften heraus,
welche, mochten sie auch in mancher Hinsicht der praktischen Bedeutung entbehren, immerhin von dem guten Willen der Verfasser
Zeugniss ablegten.[4] Solche Vorschläge kamen übrigens zu spät,

---

[1] cf. Crollalanza, Storia del Contado di Chiavenna, S. 406 ff.

Die Cläfner setzten dem Grafen ein schönes Denkmal (seine Marmorstatue
auf dem Hauptbrunnen der Stadt, die Inschrift s. bei Crollalanza l. c.), zu
dessen feierlicher Enthüllung die Festschrift herausgegeben wurde: Poesie
latine et italiane in lode dell'Illust^{mo} Signor Conte del S. R. J. Don Pietro
de Salis, già Governatore e Capitano generale della Valtellina, dedicate alle
loro Excellenze il Signor Conte D. Girolamo de Salis, già inviato straordinario
di Sua Maestà Brittanica alla Rezia e la Signora Contessa Donna Maria de
Visconti di Fane, Pari (Pairs) d'Irlandia, amorosi di lui genitori (112 Seiten).
Ein auf Kosten des Consiglio di giurisdizione angefertigter Kupferstich dieses
Denkmals wurde an alle Gemeinden der Grafschaft Cläfen vertheilt; einige
wenige Exemplare dieser nun sehr selten gewordenen Kupferstiche haben sich
noch erhalten. Das Denkmal wurde zur Zeit der Revolution (1797) zerstört.

Von den Gliedern der Familie, welche sich in den herrschenden Landen
durch gemeinnützige Legate verdient machten, ist besonders Oberst Rudolf von
Salis-Soglio (a. d. C. d. M., † 1797) zu erwähnen, welcher der Stadt Chur fl. 84,000
vermachte.

[2] Graf Peter starb 1807. Er war dreimal vermählt: 1. mit Elisabeth von
Salis-Soglio (a. d. C. Antonio † 1764), 2. mit Anna von Salis-Soglio (a. d. C. Battista
† 1767), 3. mit Anna von Salis-Soglio (aus demselben Hause, † 1829). Ueber die
2. Gemahlin schrieb P. Kind: Denkmal der grossen Thaten Gottes in der Seelen-
führung der 1767 verewigten Reichsgräfin A. von Salis, 1768, 4°, und — Lebens-
lauf der Frau Gräfin Anna von Salis. Aus dem Italienischen, Chur 1768, 4°.

[3] A. d. Casa Battista, Bruder des Geheimraths Baptistin.

[4] Von ersterem ist: Unvorgreiflicher Entwurf einer Verbesserung des
Justizwesens in den Unterthanenlanden, auch ins Italienische und Romanische

da die Corruption im Veltliner-Beamtenwesen zu sehr veraltet war, als dass eine Remedur auf friedlichem Wege noch möglich gewesen wäre.

übersetzt; von letzterem: Handbüchlein für Beamtete im Veltlin, Sindicatoren und andere, die über Veltlinergeschäfte urtheilen sollen, Chur 1784, 8°, und Ueber die Anstände der Republik Graubünden mit dem Thal Veltlin und der Grafschaft Klefen, ihren Unterthanen, Chur 1789, 8°.

Des Geschickes Wechsel.

Im Mai vorigen Jahres beging die französische Republik die Centenariumsfeier der Constituirung jener Nationalversammlung von 1789, deren Beschlüsse so welterschütternde Consequenzen nach sich ziehen sollten. Für die Familie von Salis war es jedenfalls kein freudenreicher Erinnerungstag, knüpft sich doch an ihn das Andenken an eine Zeit schwerster Heimsuchung, unter deren Folgen sie zum Theil heute noch leidet.

Die in Frankreich und allerorts mit aller Macht aufstrebenden Ideen von Freiheit, Gleichheit und Brüderlichkeit fanden auch in alt fry Rhätien und zumal im Veltlin und den beiden anderen Landvogteien nur zu lebhaften Widerhall. Die Familie Salis hatte Ursache genug, die fernere Entwicklung dieser Gährung, welche die mächtigsten Throne ins Wanken brachte, mit Besorgniss zu verfolgen. Nicht alle ihre Mitglieder waren von den nämlichen edeln Gesinnungen für das Wohl des Volkes beseelt, wie der Minister von Marschlins, namentlich in seinen älteren Jahren, und Graf Peter. Zudem hatten die katholischen Unterthanen das Edikt von der todten Hand immer noch nicht vergessen können und sahen mit nicht ganz ungerechtfertigtem Unwillen und steigender Erbitterung, wie die schönsten Stücke ihres Landes in stetig wachsender Zahl in den Besitz des Hauses Salis übergingen.[1]

Diese Unzufriedenheit steigerte sich zur Entrüstung, als die Familie sogar den Versuch wagte, die Unterthanenlande durch Kauf vollends an sich zu bringen. Es war am S. Andreas-Congress des

---

[1] In der Copia delle note dai Commissarii delegati dal Governo Cisalpino per esaminare lo stato dei beni del signor Ercole de Salis-Tagstein, nella Valtellina e Chiavenna, sottoposti alla confisca etc. heisst es folgendermassen: „È però necessario riflettere, che tanto nella ex-contea di Chiavenna, quanto in tutta la Valtellina, i fondi migliori erano in una gran parte di pertinenza della famiglia Salice, che tali fondi vagliono lir. 1000 sino lir. 1200 per pertica.

Jahres 1783, so berichtet Sprecher am Schlusse seines Werkes,[1]
als den Häuptern ein gedrucktes Exemplar einer Einlage des Geh.
Raths v. Salis vorgelegt wurde. „Die Einlage, wenn auch hie und
da etwelche Ueberschwenglichkeit und jene Sentimentalität verrathend,
welche damals herrschende Mode war, sagte dem Volke derbe Wahr-
heiten und machte ihm schnöde Versäumniss seiner Pflichten gegen
die Unterthanen, besonders die Vernachlässigung von deren Erziehung,
deren leiblicher und geistiger Wohlfahrt zum Vorwurfe. Seit er
Podestà in Morbegno gewesen und mit eigenen Augen alles Elend
und Uebel, das dort herrsche, gesehen, habe er sich überzeugt, dass
die Herrschaft der Republik über diese Länder ihr zum grössten
Unsegen gereiche und er denke darüber nach, wie sein Vaterland
von diesem Fluche entlastet werden könne, ehe es zu spät sei und
das Land zum zweiten Male für die Bünde verloren gehe. Es gereiche dem Freistaate zwar zum Ruhme, dass die Abgaben, welche
das Land dem „Fürsten“ entrichte, äusserst gering seien. In ganz
andern Dingen liege die Ursache der Verkommenheit des Landes
und seiner Bewohner: im steten Wechsel der Amtleute und in deren
sehr verschiedenartiger intellektueller und moralischer Befähigung;
im Verkaufe der Aemter und in den hohen Preisen der Mehrzahl
derselben, welche die Käufer nöthigen, entweder umsonst zu funk-
tioniren, oder das Volk zu bedrücken, um nicht blos den Ankaufs-
preis, den Lebensunterhalt und die Repräsentanzkosten während der
Amtsdauer, sondern auch noch einen anständigen Gewinn heraus-
zuschlagen — Alles zum Theil Folgen der demokratischen Verfassung
des Landes und ein neuer Beweis, dass Unterthanen einer Demokratie
selten so glücklich seien, als deren Glieder.

„Dann eröffnet Salis seinen Vorschlag: Das Veltlin und die
beiden Grafschaften an einen Dritten, den er aber erst später nennen
werde, um den Preis von 943,000 Gulden zu verkaufen. Er berechnet
nämlich, wunderlich genug, den baaren Werth des Landes für den
Käufer nach dem Ertrage, welchen die Aemter . . . . . . einzubringen
pflegten, allerdings etwas zu niedrig, auf fl. 543,000. Dieser Summe
erbiete sich der Käufer noch 400,000 fl. beizulegen, sodass die Ge-
sammtsumme fl. 943,000 betragen würde, — eine Summe, wie sie

[1] S. 531 ff.

in Bünden wohl noch nie beisammen gewesen und mit welcher man unsäglich viel Gutes durch Stiftung von Spitälern, Zucht- und Waisenhäusern, Wittwenkassen, Erstellung besserer Schulen, Erhöhung der Pfarrbesoldungen u. s. w. zu schaffen vermöge. Einen so günstigen Anlass, Nutzbringendes zu begründen und Tausende von Menschen zu beglücken, möge man doch nicht von der Hand weisen.

„„Sollte es aber dennoch geschehen"", ruft Salis aus, „„so nehme ich den Allgegenwärtigen zum Zeugen, dass ich an Allem, was unsere Unterthanen leiden und an aller Verwerfung des Guten und des Segens, an der Fortdauer des Bösen und des immer sichtbarer werdenden Fluches und an aller Verantwortung, die Ihr zu geben haben werdet, jetzt und immer und am letzten grossen Gerichtstage unschuldig sein will.""

„Es braucht wohl kaum gesagt zu werden, dass dieser Vorschlag, sobald er bekannt wurde, die Kritik des ganzen Bündnervolkes herausforderte und ein enormes Aufsehen erregte. Den Käufer meinte ein Jeder augenblicklich zu errathen. Es wird wohl schwerlich jemals vollständig aufgeklärt werden, ob Baptista v. Salis von dem Hause, dessen Mitglied er war, wirklich Auftrag zu seinem Vorschlage erhalten, oder ob er, freilich nicht ohne Wissen desselben, auf eigene Faust seinen Antrag als Fühler der öffentlichen Meinung gestellt habe. Dass der wunderliche Geheim-Rath nicht selten sich dazu hergab, den grossen Politikern seiner Familie als enfant perdu bei Eröffnung ihrer Feldzüge zu dienen, haben wir schon erwähnt; wahrscheinlich war es auch hier der Fall. Missfiel — wie vorauszusehen — der Vorschlag, so liess Baptistin es sich gefallen, desavouirt zu werden, und ohnehin war ja der Käufer nicht genannt. Gefiel er dagegen, um so besser! Dann konnte man offen als Käufer auftreten.

„Wie dem auch sei, auf eine so entschiedene Verurtheilung des Vorschlages, wie sie derselbe erfuhr, waren die Urheber desselben doch nicht gefasst. So hatten also — sagte man — Diejenigen, welche im Jahre 1763 jene Familie beschuldigten, sich zu Herren des Veltlins machen zu wollen, dennoch richtig beurtheilt! Und welche Folgen für die Freiheit des Bündnervolkes mussten daraus entspringen, wenn ein einziges Haus, mochten dessen Väter noch so bedeutende Verdienste um dieselbe sich erworben haben, in den Besitz eines Landes wie das Veltlin trat, unermessliche Reichthümer ansammelte, und wenn aus der Herrschaft über die Unterthanenlande die Begierde entstand, auch das freieste Volk der Welt zu unterjochen?

„Es hätte kaum der Erwiderung auf den Vorschlag Baptistin's, welche aus der Feder des Bundeslandammann Heinrich v. Sprecher floss, bedurft, um dessen vollständige Verwerfung herbeizuführen. Bei der Aufnahme der Mehren am grossen Congresse des Jahres 1784 ergaben sich für vollkommene Verwerfung des Salis'schen Antrages 62 Stimmen, eine war ausgeblieben."

Die Entrüstung des Volkes, welches diesen Vorschlag als einen seiner Souveränität angethanen Schimpf auffasste, war so gross, dass der Congress mit 53 Stimmen beschloss, es solle die betreffende Einlage des Geh. Raths öffentlich durch Henkershand verbrannt werden, was man indess zu verhüten wusste.

Ob die allerdings hochfliegenden Pläne der Familie von Salis wirklich, wie man vielfach behauptete, dahin zielten, sich ein souveränes Fürstenthum zu gründen,[1] müssen wir dahin gestellt sein lassen. Wir wussten wenigstens nichts ausfindig zu machen, was auf eine solche Absicht hindeutet, es wäre denn der Umstand, dass der Geh. Rath Baptista, der bei Verfolgung der politischen Ziele seiner Familie seinen Vettern stets vorauseilte, sich den sizilianischen Fürstenstand erwarb.[2] Auch ist aus einem Briefe Ulyssen's von Salis-Marschlins vom 24. April 1764 ersichtlich, dass die Familie schon damals es sich sehr angelegen sein liess, vom Grand-Généalogiste des Königs Ludwig XV. von Frankreich ein Diplom zu erlangen, welches das gesammte Haus Salis dem hohen Adel Frankreichs einverleiben wollte.[3]

---

[1] Kind, „die Standesversammlung von 1794." S. 14.

[2] Er machte übrigens keinen andern Gebrauch hievon, als dass er im Wappen eine Fürstenkrone führte.

[3] Der erwähnte, an Landeshauptmann Rudolf v. Salis-Soglio jun. gerichtete Brief hat — mit Auslassung einiger unwesentlicher Stellen — folgenden Inhalt:

Waren nun der Versuch, das Veltlin an sich zu bringen, und die sich daran knüpfenden Hoffnungen auch gänzlich zu nichte geworden, so gab der darüber entstandene, heftige Entrüstungssturm andrerseits doch auch Zeugniss von der Festigkeit der Stellung des Hauses Salis, welches einstweilen — freilich nur noch ein Dezennium hindurch — seinen überwiegenden Einfluss in den politischen und socialen Angelegenheiten des Landes trotz vielfacher Anfeindung festhielt.

Am Schlusse dieser Periode stossen wir wieder auf heftige Zwistigkeiten zwischen den Häusern Planta und Salis, wobei ersteres, besonders Gaudenz von Planta, Vicar des Veltlins, die Stelle des Angreifers einnahm. Mit welcher Leidenschaftlichkeit letzterer den alten Familien- und Partei-Hader erneuerte, ist daraus ersichtlich,

„Monsieur et très honoré Cousin!

Mon frère n'a pas oublié de faire usage à Paris des Documents, qui regardent notre famille, que vous avez eu la bonté de me confier. On l'a conseillé de les présenter au grand généalogiste du Roi, affin qu'il lui donne le Diplome, qui va mettre notre famille au pair de la haute noblesse de France et de faire insérer ensuite ce diplome dans le nobiliaire de Mr. de Zurlauben, et des amis l'ont assuré, qu'indépendement du Lustre, que cela donne à notre famille, cela ne sauroit que nous être fort avantageux dans un pays, où l'on regarde beaucoup plus sur cette sorte de tabioles, que sur quelque chose de plus solide. Comme vous avez été celui, qui a le plus contribué à nous faire obtenir tout au moins cet avantage sur nos envieux, j'ai crû être en devoir de vous donner part d'autant plus, que nous avons encore besoin de vos bontés...... S'il vous plaisait donc, de me les (einige weitere Documente) confier pour quelque temps, je vous engage ma parole d'honneur, qu'elles vous seront très exactement rendues et je vous en serai infiniment obligé aussi bien que mon frère et toute la famille...... Il ne me reste que de vous renouveler les assurances de la Considération parfaite et du dévouement entier avec le quel j'ai l'honneur, Monsieur et très honoré Cousin. Votre très humble et oblig. Serviteur.

à Marschlins, le 24 Avril 1764.

U. de Salis.

Zu diesen Bemühungen dürfte wohl auch jenes Mémoire des Baron Zurlauben in Beziehung stehen, welches letzterer am 2. Mai 1769 an der Academie Royale des Inscriptions et belles lettres zu Paris über verschiedene, die Familie Salis betreffende Documente vorlas und in der schon citirten Schrift Essai historique et critique sur plusieurs monuments de l'antiquité et du moyen age (vgl. oben S. 4) veröffentlichte. Wir können uns nicht der Annahme entschlagen, dass die Fälschung jenes vom 10. August 918 datirten Documentes in diese Zeit fällt.

dass er in einer kritischen Zeit, wo man sich eben damit befasste, die Anstände zwischen den III Bünden und deren Unterthanen zu schlichten, die Auflehnung der letztern unterstützte, nur um gegen die Familie Salis zu agiren und das Misstrauen gegen dieselbe zu steigern.[1]

Von einer eingehenderen Erörterung dieser unerquicklichen Reibereien dispensiren wir uns um so lieber, als wir in Folgendem noch die letzten Phasen dieses alten Zwistes durchzumachen haben.

Was ferner sowohl bei den Bündnern als bei den Unterthanen die Gemüther in besonders hohem Grade gegen die Familie Salis einnahm, das war die Zollpacht oder der sogenannte Appalto, welchen sie viele Jahrzehnte hindurch innehatte. Im Jahre 1716 war nämlich vom Bundestage dem Envoyé, nachmaligen Grafen Peter von Salis-Soglio für sein Guthaben von 30,000 Gulden, die er zur Bestreitung seiner Ambassade an den Höfen von S. James und im Haag aus eigener Tasche ausgelegt hatte, die Zollpacht Gemeiner Lande vorläufig auf acht Jahre überlassen worden. Sie blieb aber bis zum Jahre 1728 in seinen Händen, in welchem sie dann an das erste Handelshaus des Landes, an die Firma Massner, überging. Von 1760 an, wo der Hauptmann, später Präsident der Syndikatur, Peter von Salis-Soglio, die Erbtochter des Hauses Massner ehelichte,[2] verblieben die Zölle, trotz steigender Mitbewerbung der Firma Bavier und deren Mit-Interessenten bis zum Jahre 1788 *allein* in den Händen dieses Chur-Soglioer Zweiges (Casa Battista) der Familie Salis. Als dann nach Ablauf des Pachtvertrags (1788) das Handelshaus Bavier einen mehr als doppelt so hohen Pachtschilling anbot, erklärten sich die Erben des inzwischen verstorbenen Präsidenten Peter zur Concurrenz sofort bereit. Der Bundestag würde denselben auch wirklich den Vorzug gegeben haben, hätten die Concurrenten nicht erklärt, solange steigern zu wollen, bis ihre Mitbewerber zurückträten, selbst auf die

---

[1] Kind, die Standesversammlung von 1794: ihre Ursachen und Folgen, in der Raetia, Mittheilungen der geschichtforschenden Gesellschaft von Graubünden, I. Jahrgang, S. 32.

[2] Margaretha Massner, Tochter des Bundespräsidenten Daniel Massner und einer von Tscharner.

Gefahr hin, dadurch Schaden zu erleiden. Schliesslich kam ein Einverständniss zu Stande, laut welchem die Partei Salis dem Hause Bavier einen Antheil am Ertrage der Zölle überliess. „Im Publikum", sagt Sprecher,[1] „hatte dieses Wettsteigern um die Zölle das grösste Aufsehen erregt. Wenn, so sagte man, die Herren von Salis ohne Bedenken ein Mehrgebot von 18.000 fl. per annum stellen können, so folgt daraus, dass sie wenigstens während der letzten zehn Jahre beinahe fürstliche Einnahmen gehabt haben müssen. Es regte sich nicht blos der Neid, das Volk rechnete bereits aus, um wieviel Gemeine Lande seit Dezennien an ihren Einnahmen verkürzt worden seien!" Es war diese Unzufriedenheit des Volkes nur zu begreiflich und um so berechtigter, als die so lange im Besitze der Familie befindliche Zollpacht derselben ein Uebergewicht verschafft hatte, welches, wie Moor in seiner Geschichte Curraetiens ausführt,[2] „de facto einem Handelsmonopol gleichkam und jede Concurrenz anderer Kaufleute auszuschliessen drohte. Namentlich war solches in Cläfen, dem wichtigsten Stapelplatze am Fusse des Splügen der Fall, welcher umsomehr von den Salis beherrscht wurde, als die dortigen evangelischen Familien mit der Zolldirection zu Chur in engster Verbindung standen. Dazu kommt noch, dass die Zollpächter den Zoll nur einigermassen zu ermässigen brauchten, um ganze Verkehrslinien an sich zu ziehen und den Speditionsverdienst von allen Seiten in ihr eigenes Geschäft zu leiten." Diese Verhältnisse wurden durch die später vollzogene Coalition der beiden Häuser Salis und Bavier nicht verbessert, indem sie, nun im Besitze eines wirklichen Monopols und als Inhaber der dem Lande zustehenden sogenannten „Tratten" d. h. der Bezugsscheine für zollfreies, aus der Lombardei importirtes Getreide, den Getreidehandel jetzt gänzlich beherrschten. Dadurch, dass sie, um höhere Preise zu erzielen, sowohl das inländische, als auch das aus der Lombardei importirte Getreide und andere Landesprodukte, anstatt damit den Landesconsum zu decken, trotz strenger Verbote nach Süddeutschland ausführten, entstand bald im Lande eine förmliche Theuerung.

[1] 1, 524.
[2] Bd. II, S. 1186.

So kam denn das Verhängniss immer näher heran. Ulysses von Salis-Marschlins war schon 1792 von seinem Posten als französischer Minister-Resident zurückgetreten, als ihm der Minister der auswärtigen Angelegenheiten Dumourier den bestimmten Auftrag ertheilte, den Freistaat der III Bünde zur Betheiligung am Kriege gegen Oesterreich aufzufordern. Salis-Marschlins antwortete, die Pflichten, die er seinem Vaterlande schulde, erlaubten ihm nicht, diesen Auftrag auszuführen, es bleibe ihm daher nichts übrig, als den König um seine Entlassung zu bitten. Diese wurde ihm denn auch auf ehrenvolle Weise mit dem Beifügen ertheilt: „que le Roi respectoit ses motifs.“

Während der französische Adel und viele Militärs nach dem verunglückten Fluchtversuche der königlichen Familie im Frühjahre 1792 in grosser Zahl emigrirten, harrten die Schweizergarden bekanntlich treu an der Seite des unglücklichen Monarchen aus, bis der verhängnissvolle 10. August des Jahres 1794 sie beinahe vernichtete und die übrig Gebliebenen zur Quittirung zwang. Unter den 11 Officieren aus der Familie Salis,[1] welche damals noch in französischen Diensten standen, war es vor Allen der Gardehauptmann Baron Rudolf von Salis-Zizers, welcher sich bei der Vertheidigung der Tuillerien durch heldenmüthige Tapferkeit auszeichnete.

---

[1] Es waren dies: 1) Der Maréchal de Camp und Regimentsinhaber Freiherr *Vincenz* Guido von Salis-Samaden mit seinen drei Söhnen; 2) Joseph Vincenz (trat dann in venezianische Dienste), † 1802; 3) Tacius *Rudolf* Gilbert, Lieut. in der kgl. Garde und Ritter des hl. Ludwig, und 4) Joachim *Valentin* Amadeus, Capitaine und Aide-Major im Regimente von Diesbach, Ritter des Ordens der hl. Jungfrau vom Berge Carmel und des hl. Lazarus von Jerusalem etc., † 1837; dann ferner 5) Maréchal de Camp Baron Heinrich von Salis-Zizers und 6) dessen Bruder Rudolf; 7) Baron *Gubert* Dietegen von Salis-Haldenstein, Capitaine, † 1831; 8) Friedrich Anton von Salis-Soglio, Oberstlieutenant, später Kurpfälzisch-bayrischer Oberst der Infanterie à la suite, † 1809; 9) Friedrich Anton von Salis-Soglio, Neffe des vorigen, Lieutenant im Regimente von Salis-Samaden, † 1799; 10) Joh. Gaudenz von Salis-Seewis (der Dichter), Gardecapitaine (bekanntlich eine am Hofe von Versailles gerne gesehene Persönlichkeit), † 1834 und 11) dessen Bruder *Gubert* Abraham Dietegen, Fahnenjunker in der Garde des Königs, † 1840 Unter den von Mitgliedern der Familie befehligten Compagnien hatten sich eine und die andere durch mehrere Generationen forterfebt bis zum 10. August 1794, so z. B. die im Jahre 1628 von Ulysses von Salis-Marschlins errichtete Garde-Compagnie.

Nur wie durch ein Wunder errettet, wurde er später jedoch verrathen und den 2. September vom Pöbel in der Conciergerie ermordet. Sein Name ist mit Castelberg und andern Bündnern auf dem Schweizerdenkmal zu Luzern verzeichnet. An seinen Bruder, den Maréchal de Camp Baron Heinrich, richtete Louis XVI., der sich mit seiner Familie beim Sturme auf die Tuillerien in die National-Versammlung geflüchtet hatte, jenen Armeebefehl, laut welchem er die Schweizer — allerdings zu spät — aufforderte, sich in die Casernen zurückzuziehen.[1] Ein anderer Sohn des Hauses, Herkules von Salis-Soglio, welcher in edler Begeisterung für die Erhaltung der gesellschaftlichen Ordnung seinen Arm der Bekämpfung des Umsturzes leihen wollte, trat in niederländische Dienste, starb aber schon den 22. Juli 1794 erst 19jährig an den Wunden, welche er in der Schlacht bei Jemappe erhalten hatte.

Als in Frankreich die Schreckensherrschaft zur vollen Geltung gelangt war, da liess auch in der Schweiz und in Graubünden der Ausbruch der Unruhen nicht mehr lange auf sich warten. Die X Gerichte waren es zuerst, welche zu Beginn des Jahres 1794 in einer offenen „Erklärung" die Ursachen der herrschenden Uebelstände erörterten und nach langer Zeit wieder einmal ein Strafgericht verlangten, „damit man den Landesverättern iren lon gebe." Schon die erste Forderung, dass jeder in „verfassungswidriger Weise" erlangte Einfluss auf Landesangelegenheiten einer eingehenden Revision unterworfen werden solle, liess keinen Zweifel darüber aufkommen, auf wen es dabei in erster Linie abgesehen war. Das Strafgericht, welches sich den Namen einer „Standesversammlung" beilegte und dessen Mitglieder sämmtlich der Familie Salis feindlich gesinnt waren, gerieth indess in nicht geringe Verlegenheit, als sich weder schriftliche Klagen noch auch ein Veltliner Abgesandter zur Beschwerdeführung einfand. Die Versammlung verfiel daher

---

[1] Die flüchtig auf einen Zettel hingeworfene, heute noch in einem der Salis'schen Familienarchive im Originale vorhandliche, eigenhändige Ordonnanz lautet: „Le Roi ordonne aux Suisses de se retirer à leur casernes, il est au Sein de l'assemblée nationale.
Paris, le 10 Aout 1792.   Louis.
                                                    à Salis.

auf ein anderes probates Auskunftsmittel, indem sie alle Anschuldigungen und persönlichen Angriffe, mit welchen die Familie schon in früherer Zeit in Privatstreitschriften und Pamphleten bekämpft worden war, als Untersuchungsmaterial benützte.

Der erste Angriff richtete sich gegen den politischen Führer der Familie, Minister Ulysses von Salis-Marschlins. Gaudenz von Planta, einer der Haupthelden der „Standesversammlung“, denunzirte ihn als unrechtmässigen Besitzer des Gutes il Piano di Castione im Veltlin. Vorgeladen, wies der Angeklagte die Rechtmässigkeit seines Besitzes nach, erhielt indess die Weisung, noch weiterer Untersuchung gewärtig zu sein. Er brauchte nicht lange darauf zu warten, gab dann aber dem Drängen seiner Angehörigen und Freunde nach und begab sich vorderhand nach Zürich, wo seine Familie seit 1670 das Bürgerrecht genoss. Ohne eine weitere Citation an ihn ergehen zu lassen, behandelte man ihn schon als einen Geächteten und ordnete Commissäre nach dem Schlosse Marschlins ab, um seine Papiere mit Beschlag zu belegen. Dieser Act ging mit solcher Brutalität vor sich, dass er mehr einer Plünderung ähnlich sah, wobei sogar die Familie des Ministers und dessen 97jähriger Vater gröblich insultirt wurde.[1]

Alsdann wurden eine Menge Anklagen gegen den Minister vorgebracht, wie z. B. er habe bei der Erbschaft des Commissarius Rudolph von Salis-Soglio, dessen Miterbe er gewesen, die Gemeinde Castione um 300.000 Lire übervortheilt; er habe mit dem kaiserlichen Beamten in Vorarlberg die Vereinbarung getroffen, „dass nur salischgesinnten Gemeinden Korn verabreicht werden sollte“[2] u. s. w. — Anschuldigungen, welche ihren Grund meistentheils blos in der feindseligen Gesinnung der Standesversammlung und in Denunziation hatten. Das Urtheil lautete dann dahin: „dass beklagter Herr Podestat,[3] Ulysses Salis von Marschlins, auf lebenlang aus dem Gebiet gem. Landen kapitaliter verbandisirt seyn solle, sodass, wenn er

---

[1] Moor II, 1201; Sprecher II, 458.

[2] Zschocke, Standesversammlung a. a. O., S. 54.

[3] In den Strafgerichtsacten erscheint Salis-Marschlins stets nur unter diesem Titel.

über kurz oder lang in der eint oder andern Gemeind der Löbl. drei Bünde, oder in einer Jurisdikzion der unterthanen Landen betreten werden sollte, die Obrigkeit befugt und verpflichtet seye ihn einzuziehen und auf Spesen gem. Landen zu executiren." Auch wurde er für vogelfrei erklärt und sein gesammtes Vermögen konfiszirt.

Da bei dem zugleich festgesetzten Termine, innerhalb dessen er sich dem Gerichte zu stellen hatte, von einem freien Geleite nicht die Rede war, hielt er es nicht für rathsam, der Citation Folge zu leisten. Statt dessen reichte er im October (1794) eine „Schutzschrift an die ehrsamen Räthe und Gemeinden der Republik Graubünden" ein, die aber keinen Erfolg hatte. Salis-Marschlins hielt sich noch bis zum Ausbruche der helvetischen Revolution in Zürich auf und begab sich 1799 seiner persönlichen Sicherheit wegen nach Oesterreich.[1]

Indessen ging die „Standesversammlung" in ähnlicher, wenn auch nicht ebenso schroffer Weise gegen eine Reihe anderer Glieder der Familie Salis und gegen andere Bündner vor, welche man als die am meisten begüterten betrachtete.[2] Auf diese Weise charakterisirte sich die Standesversammlung in der That, wie Moor bemerkt,[3] „als ein Finanzmanöver, das insoferne als gelungen betrachtet werden darf, als es dem souveränen Volke gelang, seinen bisherigen

---

[1] Salis-Marschlins schrieb während dieser Zeit seine „Bildergallerie der Heimwehkranken. Lesebuch für Leidende", 3 Bände, nach seinem Tode herausgegeben zu Zürich 1801 mit einem literar-historischen Vorbericht seines Sohnes Carl Ulysses; „Hinterlassene Schriften, während der Revolution geschrieben", 2 Bände, Winterthur 1803—1804, 8°. Von seinen übrigen Schriften nennen wir noch „Fragmente der Staatsgeschichte des Thals Veltlin", 1792, 2 Bände (gegen das Werk des Jesuiten Quadrio, Dissertazioni critico-historiche, gerichtet), Ergänzung hiezu in seinem „Schreiben an die Herren Verfasser des Journals für Aufklärung", 1789, 8°; „Brief an Väter und Kinderfreunde", Chur 1775, 4°, u. s. w.

[2] So z. B. gegen den Commissarius Anton von Salis-Soglio (Casa Antonio), Landeshauptmann Rud. von Salis-Sils, Vicar Rudolph von Salis-Soglio, Friedrich Anton von Salis-Soglio, Vicar Anton von Salis-Tagstein u. s. w. Die Erben des Präsidenten Peter von Salis-Soglio wurden zur Rückzahlung von zwei Drittheilen des Reingewinns der Zollpacht für die Jahre 1783—1790 sammt Zinsen verurtheilt. Ihre, wie auch der übrigen Gemassregelten Vertheidigungsschriften sind bei den Landesschriften gedruckt zu finden.

[3] II, 1209, 10.

Führern, Leitern und Staatsmännern auf dem früher so beliebten Wege der Strafgerichte von den angesammelten Reichthümern gegen eine Viertelmillion Gulden wieder abzunehmen."

Indess warteten der Familie Salis noch ungleich grössere Verfolgungen und Verluste. Die siegreiche Revolution war inzwischen nach Italien vorgedrungen und Bonaparte hatte den 24. Mai 1796 seinen Einzug in Mailand gehalten. Damit war die Herrschaft Oesterreichs in der Lombardei und zugleich sein Einfluss auf das Veltlin zu nichte gemacht. Im Mai des folgenden Jahres suchten die Unterthanenlande bei Bonaparte um die Einverleibung in die cisalpinische Republik nach und erhielten natürlich bereitwilligste Zusage. Unterm 21. Juni 1797 erklärte sich das Veltlin mit den beiden andern Vogteien von der rhätischen Republik als „einer von der Oligarchie beherrschten und unterdrückten Nation" förmlich los und erliess zugleich (den 28. October 1797) die Verordnung, dass alles auf Veltliner, Cläfner und Wormser (Bormio) Gebiet liegende bündnerische Privateigenthum zur Vergütung des durch die vielen Ungerechtigkeiten und Bedrückungen der Nation verursachten Schadens confiscirt sein solle.[1] Die Familie von Salis erlitt dadurch einen Verlust, der nach Millionen zählte, und von dem sie sich bisher noch niemals vollständig zu erholen vermochte.

Es wäre der französischen Regierung und Bonaparte ein Leichtes gewesen, diese Confiscation rückgängig zu machen, wie z. B. daraus ersichtlich ist, dass der französische Gesandte bei den Bünden, Comeyras, auf Geheiss seiner Regierung die Behörden in Cläfen anwies, das Eigenthum des Herkules von Salis-Tagstein unangetastet zu lassen. Als Grund dieser Verfügung gibt Comeyras den Umstand an, dass Salis-Tagstein sich zweier französischer Familien angenommen, welche von den Oesterreichern auf Veltliner-Gebiet verhaftet worden waren, wodurch er sich um die

---

[1] „Se però li voti delli Amici della Libertà sono paghi sull'avenire, la giustizia nazionale esigge, che se non si può per intiero riparare le sofferte ingiustizie e spoglie, al meno si assicuri alla nazione tutto quello, que nel suo territorio poseggono li odiati tiranni Griggioni" u. s. w. Aus der Proclamation vom 28. October. Vgl. Moor II. 1242 u.

französische Nation verdient gemacht habe.[1] Demgemäss wurde Herkules sein ganzer Besitz zurückerstattet, obwohl er sich bei den Unterthanen durch seine Gewaltthätigkeiten verhasster gemacht hatte, als irgend ein anderes Mitglied der Familie. Sogar alles das, was einige aufrührerische Bürger noch vor der Confiscation aus dem Salis-Tagstein'schen Hause zu Chiavenna geraubt hatten, musste ersetzt werden.[2]

Die andern Familienmitglieder und die übrigen von der Confiscation betroffenen 149 Familien waren nicht so glücklich, obwohl von den verschiedensten Seiten bei der französischen und italienischen Regierung, später auch bei Bonaparte Fürsprache für sie eingelegt wurde. Unter den europäischen Fürsten war es namentlich König Friedrich Wilhelm III. von Preussen, welcher am Schicksale der Familie seines Geheimen Kriegs- und Domänen-Rathes Rudolf von Salis-Soglio[3] lebhaften Antheil nahm und der seinen Gesandten zu Rastatt, Grafen

---

[1] Das Schreiben des Gesandten lautet:

Liberté!   *Egalité!*

Coire le 2 nivose, l'an VI de la République.

Le Résident de la République Française près celle des Grisons .... aux ventes des objets confisqués sur les Grisons à Chiavenne. (Die Aufschrift ist unvollständig.)

Je suis chargé, citoyen, par mon gouvernement de m'opposer à toute mesure de sureté générale pris pour punir les ennemis de la liberté, qui auroient pu atteindre monsieur de Salis de Tagstein. La République Française entend lui donner une preuve de reconnoissance pour l'accueil, qu'il fit à la famille des citoyens Semonville et Maret, après que ceux eurent été arrêtés sur votre territoire par un crime du gouvernement Autrichien.

J'écris ce jour au Directoire exécutif de la République Cisalpine pour lui communiquer cette demande de mon gouvernement et lui demander la main levée de toutes les propriétés confisquées à Chiavenne ou ailleurs sur monsieur de Tagstein.

J'ai cru devoir vous faire part aussi de cette lettre, affin que vous ayez à suspendre, si bon vous semble, toute mesure ultérieure et relative aux biens de ce particulier.

Salut

P. J. B. Comeyras.

[2] Sie raubten, wie die Copia delle note presentate dai Commissarii delegati .. per esaminare lo stato dei beni del Signor Ercole de Salis-Tagstein etc. besagt, Weine, Liqueure, Meubel u. s. w. und selbst Dokumente.

[3] Aus der Casa di Mezzo, ältester Sohn des Podestà Herkules, geb. 1767, † 1807 zu Berlin, vermählt mit Julia von Knoblauch aus Königsberg. Er ist der Verfasser der Schrift: Die drey Bünde in Hohen-Rhätien, ein Beitrag zur Kenntniss der dortigen neuesten Ereignisse. Berlin 1799, 8°.

Görz, beauftragte, ein von Rudolf von Salis an die cisalpinische Regierung gerichtetes Mémoire nachdrücklich zu unterstützen.[1]

Das vom 7. Februar 1798 datirte Mémoire stellt die Bitte, das von den Veltlinern unterm 28. October 1797 erlassene Confiscations-Decret aufzuheben oder wenigstens, falls dies auf zu grosse Schwierigkeiten stossen sollte, den weitern Verkauf der confiscirten Güter zu inhibiren, bis die Sache definitiv geregelt werden könne. Die Antwort des Ministers Melzi lautete in sehr verbindlichen Ausdrücken dahin, das Ansuchen des Baron von Salis beziehe sich auf Ereignisse, welche *vor* der Vereinigung des Veltlins mit der cisalpinischen Republik stattfanden, wesshalb seine Regierung nicht in der Lage sei, in dieser Angelegenheit für sich allein vorzugehen — natürlich ein leerer Vorwand, der nur auf dem schlechten Willen der cisalpinischen, von Bonaparte durchaus abhängigen Regierung beruhte.[2]

---

[1] Der Brief des Grafen Görz an den Minister Melzi lautet:

Rastadt, 17. Februar 1798.

Citoyen Ministre!

Autorisé par les ordres de S. M. le Roi, à témoigner par votre organe au gouvernement de la République Cisalpine la protection que S. M. Prussienne daigne accorder au requérant, baron de Salis, et l'intérêt particulier, que ce monarque prend au sort de cette estimable famille, je me confie avec plaisir aux sentimens, que vous m'avez, Citoyen Ministre, témoigné et inspiré, pour recommander à votre intervention auprès du Directoire de la République le mémoire, qu'à cet effet le sudit baron de Salis, conseiller privé du Roi, aura l'honneur de vous remettre. D'après les sincères dispositions de S. M. pour la République, sur lesquelles, d'après ses ordres exprès, j'ai eu l'honneur de vous prévenir préalablement, les égards que votre gouvernement voudra avoir, ne pourront être qu'un témoignage agréable à S. M. de ceux de la République envers elle. Agréez les assurances de la haute estim et considération avec laquelle je suis Citoyen Ministre

Le Comte de Görz.

[2] „La demande de monsieur le baron de Salis", sagt der Minister Melzi l'Erile in seinem Antwortschreiben an den Grafen Görz (13. März 1798), „ayant trait à un objet compliqué avec des vues de justice et des considérations politiques, qui se rettachent à une époque antérieure à la réunion de la Valtelline à la République Cisalpine, son Directoire exécutif après avoir employé toutes les mesures de précaution propres à suspendre tont acte irréparable, pour garantir autant, qu'il peut dépendre de lui les droits respectifs des intéressés, n'étant pas à même dans les moments de passer tout seul à une ultérieure résolution définitive, ordonne au soussigné d'assurer en attendant V. E. qu'il aura certainement les plus grands égards, que la circonstance lui permettra, à une pétition munie d'un si respectable appui."

Umsonst machte man darauf aufmerksam, dass die Familie von Salis schon lange bevor das Veltlin und Cläfen den III Bünden unterthan wurde, daselbst begütert und mit Rechten begabt gewesen, dass sie schon in früher Zeit den Beherrschern des Landes[1] in kritischen Zeiten ausgezeichnete Kriegsdienste geleistet hatte und dafür mit mehreren Privilegien belohnt worden sei. Alles dies konnte auf die prinzipiellen Gegner der „Privilegienherrschaft" keinen Eindruck machen. Die Familie sah sich vielmehr, wie Carl Ulysses von Salis-Marschlins[2] in seinem Schriftchen über die Confiscation sagt,[3] als eigentliche Gegnerin des republikanischen Systems bezeichnet.

Als Oberst Friedrich Anton von Salis (1796) den Führern der gegnerischen Partei vorwarf, sie erlaubten sich alle Gewaltthätigkeiten, wenn ihre Privatmeinung nicht mit den Beschlüssen des Bundestages und der Congresse übereinstimmten, erwiderte Gaudenz von Planta, „wenn ein Herr von Salis zum Apostel der Demokraten werde, so komme ihm dies vor, als wenn der böse Geist Busse und Bekehrung der Sünden predigte."

„In der That hat aber", so bemerkt Kind mit vollem Recht, „der böse Geist Rhätiens nicht Busse und Bekehrung der Sünden gepredigt, sondern die kostbare Zeit mit Gezänke verderben lassen."[4]

In der Parteistellung war mit dem Ausbruche der Revolution eine vollständige Umwandlung vor sich gegangen. Man nahm bisher stets an, wie Moor sagt, dass erst die französische Revolution mit ihren Greueln und der Umsturz des legitimen französischen Herrscherthrones die Familie von Salis ihrer traditionellen Parteinahme für Frankreich entfremdet und Oesterreich in die Arme geworfen habe. So natürlich es auch sei, dass ein Geschlecht, welches seit drei Jahrhunderten fast ausschliesslich in französischen Diensten gestanden,

---

[1] Den Visconti und Sforza.

[2] Zweiter Sohn des Ministers.

[3] Historische Erläuterungen über die am 28. October 1797 ergangene Confiscation des bündnerischen Privateigenthums im Thale Veltlin und in den Grafschaften Cleven und Bormio. Gesammelt und mit Urkunden belegt von C. U. von Salis-Marschlins im Jahre 1814. Chur, neu aufgelegt und gedruckt bei A. T. Otto's sel. Erben, 1837. S. 12.

[4] Die Standesversammlung von 1794, in der Rätia, S. 79.

sich in einer Weise an das Königliche Haus attachirte, dass der Sturz desselben ihm alle Sympathie für die „grosse Nation" benahm, so sei der Wendepunkt der Salis'schen Politik doch schon um 30 Jahre früher anzusetzen und auf das Mailänder-Capitulat vom Jahre 1762.63 zurückzuführen.[1] Uns scheint indess die damals (1762) angebahnte Annäherung an den Wiener Hof doch nicht so weit gediehen zu sein, dass die Familie von da an „fortwährend" zu Oesterreich gehalten und dessen Interessen in Bünden vertreten habe.

Jetzt aber freilich, wo ihre Feinde für das revolutionäre Frankreich eintraten und sich zur Partei der sog. „Patrioten" vereinigten, da stellte sie sich mit ihren Anhängern als die Partei der „Vaterländer" — von ihren Gegnern als die „aristokratische" Partei bezeichnet — entschieden auf Seite Oesterreichs. Die „patriotische" Partei hatte sich schon zu Beginn der neunziger Jahre unter Tscharner, Heinrich Zschokke und Jost gebildet. „Ihr musste sich", wie Kind sagt,[2] „sofort Alles anschliessen, was bisher gegen die in der Familie Salis repräsentirte königlich französische Partei Front gemacht hatte." Zu den hervorragendsten neu-französischen Parteigängern und heftigsten Gegnern des Hauses Salis zählte ausser Tscharner auch Jak. Uhr. von Sprecher und Gaudenz von Planta. Die geheime Leitung dieser Faktion ging vom Freimaurer-Orden aus, ein neuer Beweis dafür, dass die Loge an der Verbreitung der Revolutionsideen unmittelbar betheiligt war. Bei den Häuptern der sog. patriotischen Faktion brach sich sofort die „Ueberzeugung" Bahn, „dass von einer gedeihlichen Entwicklung der Republik gar keine Rede sein könne, bevor die einflussreichsten Glieder der Familie von Salis und einige ihrer hauptsächlichsten Anhänger im Oberlande, so namentlich die Riedi und die von Montalt, auf kürzere oder längere Zeit von der Theilnahme an allen öffentlichen Angelegenheiten entfernt sein würden."[3]

Hierin stimmte der in dieser Hinsicht schon längst entschiedene Vicar Gaudenz von Planta mit seinen Freunden Johann Baptista von Tscharner und Jakob Ulrich von Sprecher vollständig überein.

---

[1] Geschichte von Currätien, II, S. 1180 ff.

[2] Kind, Die Standesversammlung von 1794. S. 38.

[3] Moor, Currätien, II, S. 1248.

Es handelte sich einzig noch um die Mittel und Wege, um zu diesem Ziele zu gelangen. Während aber der energischere Planta zu Gewaltmassregeln schreiten wollte, glaubte Tscharner diesen Zweck schon durch Einberufung einer ausserordentlichen Standesversammlung zu erreichen. Die Meinungsverschiedenheit dieser beiden Parteiführer in diesem und verschiedenen andern Punkten, besonders die Weigerung Tscharner's, zur Verfolgung der Familie Salis die Hand zu bieten, führte bald den Bruch zwischen ihnen herbei.[1]

Nachdem 1797 der morsche Bau der alten Eidgenossenschaft und mit derselben die Oligarchien zu Bern, Basel, Zürich und Solothurn gestürzt und eine Verfassung nach neufranzösischem Muster eingeführt worden, hielten es die rhätischen „Patrioten" für opportun, die Frage des Anschlusses der Bünde an Helvetien den Gemeinden in einem Ausschreiben vom 20. Februar 1798 vorzulegen. Die „Vaterländer" setzten ihrerseits Alles in Bewegung, um einen derartigen Beschluss zu vereiteln und einige Zeit schwankte das Uebergewicht zwischen den beiden Parteien. Als aber einige Salis'sch gesinnte Gerichte ein Strafgericht in Vorschlag brachten, da drang Tscharner auf augenblickliche Einberufung des Landtags, dessen Resultat nach äusserst heftigen Auftritten die Aufstellung eines aus lauter „Patrioten" zusammengesetzten, sogenannten „unparteiischen Tribunals" war. Dieses höchst parteiische Tribunal ging in gleicher Weise wie die Standesversammlung von 1794 gegen die Aristokraten, namentlich gegen die Familie Salis vor mit Geldstrafen,[2] Güterconfiscationen, Entziehung des Bürgerrechtes u. s. w. „Man sieht", bemerkt hiezu v. Moor,[3] „dass es hauptsächlich die österreichisch gesinnte Familie von Salis war, welche die dem Obergeneral (Bonaparte) und der französischen Republik (wegen Verweigerung des von ersterm geforderten Anschlusses an Helvetien) schuldig geglaubte Genugthuung aus ihrer Tasche leisten musste. Ueberhaupt gibt J. B. von Tscharner . . . . . . diesem sogenannten „unparteiischen" Gericht das Zeugniss der Unwissenheit, des Unverstandes und der grössten Parteilichkeit."

---

[1] Tscharner war mit Elisabeth von Salis-Mayenfeld vermählt.

[2] Die Familie v. Salis allein musste mehr als 46,000 fl. bezahlen.

[3] Geschichte von Currätien II, 1262.

Unter fortwährenden Reibungen und Thätlichkeiten gelang es endlich, sämmtliche Bussen im Betrage von 60,000 fl. zum Incasso zu bringen. Sie deckten aber kaum drei Viertheile der durch das „unparteiische Gericht" verursachten Unkosten.

Einige Zeit schien es, als ob die Uneinigkeit unter den „Patrioten"-Führern der Gegenpartei, zu welcher ausser der Familie von Salis fast die gesammte katholische Geistlichkeit und die Bevölkerung des Obern Grauen Bundes zählte, zu statten kommen sollte. Die „Vaterländer" hatten die Unmöglichkeit des Fortbestandes der III Bünde als eines selbstständigen und unabhängigen Staates ebenso gut als die „Patrioten" eingesehen, suchten aber, um die alte Verfassung zu erhalten, ein Schutzbündniss mit Oesterreich anzubahnen. Nachdem das Volk durch Flugschriften pro et contra bearbeitet worden, gelangte der den Anschluss an Helvetien betreffende Artikel zur Ausschreibung, wurde aber im August 1798 vom Volke mit grosser Mehrheit verworfen. Kurze Zeit darauf machte auch die „patriotische" Landtagsregierung der frühern Häupterregierung wieder Platz, was einen sofortigen Wechsel der Politik mit sich brachte. Verfolgte der abgetretene Landtag helvetisch-französische Tendenzen, so neigte die jetzige Regierung um so entschiedener zu Oesterreich. Sie sah sich in Folge der Drohungen des neuen französischen Gesandten Guyot veranlasst, Kaiser Franz um Schutz gegen eine allfällige französische Invasion anzugehen. Den 17. October (1798) kam dann eine Uebereinkunft zwischen den Häuptern, Bundesobersten und Kriegsräthen des Freistaates der III Bünde und dem General Freiherrn von Auffenberg als „Commandirenden der nach Bünden beorderten kaiserlichen Truppen" zu Stande, in Folge deren Auffenberg noch im nämlichen Monat seinen Einzug in Bünden hielt. Das Commando über die bündnerischen Truppen wurde dem sizilianischen Generallieutenant Anton von Salis-Marschlins übertragen. Derselbe verlangte indess, um die Einheit der Operation zu sichern, dem Oberbefehle Auffenbergs untergeordnet zu werden.[1]

---

[1] Anton von Salis-Marschlins, der jüngere Bruder des Ministers, geb. den 24. Februar 1732, trat im Jahre 1749 als überzähliger Fähndrich in seine eigene Compagnie im Regimente Travers ein, commandirte dieselbe zwei Jahre später

Das Blatt wandte sich aber wieder, als zu Anfang März (1799) die Franzosen unter Massena, Loison und v. Mont[1] in das Land einfielen, Auffenberg gänzlich schlugen und gefangen nahmen. Massena setzte sofort eine neue provisorische Regierung ein, welche ohne seine specielle Genehmigung keine Verfügung von irgend welchem Belange treffen durfte. Eine weitere Massregel war die Aushebung von 61 „Vaterländern“, welche als Geiseln nach Salins in Burgund deportirt wurden. Unter diesen befanden sich nicht weniger als dreizehn, zum Theile noch jugendliche Mitglieder der Familie v. Salis.[2]

---

als Hauptmann, 1762 Oberst und Inhaber des Regimentes Feldmarschall Carl von Salis-Mayenfeld, machte er mit demselben den siebenjährigen Krieg mit. Nach dem Frieden von Hubertsburg (1763) erhielt er vom Herzog von Choiseul, General-Obersten der Schweizer- und Bündner-Regimenter, den Auftrag, sein Regiment neu zu organisiren, was er innerhalb zweier Tage mit solchem Geschicke ausführte, dass der Herzog diese Organisation allen Schweizer-Regimentern als Muster anempfahl. Nachdem Salis-Marschlins im Jahre 1768 zum Brigadier und bald darauf zum General-Inspector der Schweizer- und Bündner-Regimenter befördert worden, ernannte ihn König Ludwig XV. im Jahre 1772 zum General-Inspector der gesammten französischen Infanterie, in welcher Charge er sein Talent glänzend bethätigen konnte, 1780 wurde er zum Maréchal de Camp ernannt. Als König Ferdinand von Neapel ihn im Jahre 1786 durch seinen Minister Akton kennen lernte, bewog er ihn zum Eintritte in seine Armee in gleicher Charge, aber mit dem Range eines Generallieutenants. Anton Salis diente in Neapel bis 1799, wo er resignirte und obwohl schon bejahrt, ein Regiment in kaiserlichem Dienste, aber in englischem Solde errichtete, welches unter seiner Führung in Italien gute Dienste leistete. Er starb 1807 zu Marschlins im Alter von 75 Jahren. Von seiner ersten Gemahlin, einer geborenen Baronin von Leyden aus Holland, hatte er keine Kinder; aus der zweiten mit einer von Trütschler aus Sachsen, aus erster Ehe verwittweten von Orelli, hinterliess er eine Tochter, vermählte von Schulthess-Rechberg.

[1] Joseph Lorenz von Mont, aus einem der ältesten Bündnergeschlechter, geb. 1750; früher in Diensten Ludwig XVI. und als Adeliger gefangen gesetzt, sollte er nach wenigen Tagen guillotinirt werden, als ihn der Sturz Robespierre's befreite. Später trat er in die Dienste der Republik, wurde von Napoleon zum Generallieutenant, Grafen und Pair von Frankreich ernannt. Vergl. Sprecher, XVIII. Jahrhundert, II, 277; Bündner Monatsblatt 1857, Seite 87.

[2] Es waren dies:

1. Landvogt *Vincenz von Salis-Sils*, geb. 1760, Präsident der Syndicatur, im November des Jahres 1804 Schweizerischer Gesandter zur Kaiser-Krönung Napoleons. † 1832 als der Letzte seiner Linie.

2. *Carl Ulysses von Salis-Marschlins*, geb. 1760 als der zweite Sohn des Ministers, ausgezeichneter Naturhistoriker. Verfasser zahlreicher wissen-

Es war dies überhaupt eine Zeit schwerster Prüfung für die Familie – vielleicht auch eine Vergeltung für so manche Schuld aus früherer Zeit. Die sich stets gleichbleibende Verfolgung der Familie durch die französische Soldateska lässt die Nachricht als

---

schaftlicher Werke. Die Zeit seiner Internirung zu Salins benützte er zum Studium des Jura, als dessen Resultat er seine „Streifereien durch den Jura in den Jahren 1799 und 1800", Winterthur 1805, herausgab. Andere Schriften von ihm sind: Versuch einer historisch-topographischen Beschreibung des Hochgerichtes der V Dörfer. 1810; Beiträge zur natürlichen ökonomischen Kenntniss des Königreiches beider Sicilien, 2 Bände, Zürich 1790; Reisen in verschiedene Provinzen des Königreichs Neapel, Zürich und Leipzig 1793; dasselbe ins Englische übersetzt. Translated from the German by Anth. Aufrere, London 1795, 8°: Anleitung zur Verbesserung der Volksschulen im Kanton Graubünden, Chur 1813; Briefe zweyer ausländischer Mineralogen über den Basalt, Zürich und Leipzig 1792; Ueber unterirdische Elektrometrie nebst einigen sie betreffenden Versuchen, aus dem Französischen, Zürich 1794; Geschichte des Bergbaues in Graubünden u. s. w.

Carl Ulysses † 1818. Vergl. And. Wolff in seinen „Biographien zur Kulturgeschichte der Schweiz", 1858—62, Carl Ulysses von Salis-Marschlins. Dr. Amstein schrieb „Personalia von Landammann Carl Ulysses von Salis-Marschlins als Materialien zu einer Biographie", 1827, welche jedoch nicht im Drucke herauskam. Das Manuscript befindet sich in der Kantonsbibliothek.

3. *Joh. Baptista von Salis-Rietberg*, geb. 1741, Bundespräsident etc., † 1816 als der letzte männliche Sprosse seiner Linie.

4. *Johann Jakob von Salis-Jenins* und Aspermont, geb. 1741, † 1813.

5. *Johann Luzius von Salis-Mayenfeld*, geb. 1754, Sohn des Landeshauptmann Stephan, † 1834.

6. *Anton von Salis-Soglio* (Casa Battista), Sohn des Präsidenten Peter, geb. 1762, † 1821.

7. *Anton von Salis-Soglio*, Oheim des Vorigen, geb. 1737, Bundespräsident etc., † 1806 unvermählt.

8. *Hieronymus von Salis-Soglio*, Bruder des Vorigen, geb. 1742, † 180.. Oberst in kgl. niederländischen Diensten, Bundespräsident.

9. *Rudolph von Salis-Soglio* (Casa Battista), Bundespräsident und Bürgermeister von Chur, geb. 1747, † 1821.

10. *Friedrich Anton von Salis-Soglio* (Casa di Mezzo), Bundeskanzler etc., wurde nach Besançon deportirt, wo er schon nach kurzer Zeit, den 14. April 1799 aus Kummer über das Unglück seines Vaterlandes und seiner Familie im Alter von 26 Jahren starb. Seine junge Wittwe Margaretha von Salis-Sils vermählte sich 1804 in zweiter Ehe mit dem Bundespräsidenten Joh. Baptista von Salis-Rietberg.

11. *Gubert Abraham Dietegen von Salis-Seewis*, geb. 1747, † 1840.

12. *Herkules Dietegen von Salis-Seewis*, Bruder des Vorigen, geb. 1770, †?.

13. *Hieronymus Dietegen von Salis-Grüsch*, geb. 1775.

sehr glaubhaft erscheinen, dass Bonaparte es in der That auf den vollständigen Ruin des Hauses Salis abgesehen hatte. Hiezu sollten besonders auch die nach den Vermögensconfiscationen fast unerschwinglichen Kriegscontributionen dienen. Alle erwachsenen männlichen, noch nicht deportirten Familienmitglieder, welche irgend welchen Einfluss besassen, waren ins Ausland, nach Oesterreich oder Deutschland, zum Theil auch in abgelegenere Bergthäler entflohen. Die von Chiavenna her in das Bergell einrückenden Franzosen fanden die drei Palazzi auf Soglio verlassen und aller Kostbarkeiten, die man rechtzeitig in Sicherheit gebracht hatte, baar. Um so schrecklicher hausten sie in andern Salis'schen Häusern, z. B. zu Chur und Zizers und man erzählt, ihre erste Frage beim Betreten einer Ortschaft sei stets dahin gegangen, ob kein Salis'sches Haus daselbst vorhanden sei.[1]

Im April (1799) vollzog sich die von Bonaparte dekretirte Vereinigung der Bünde als „Kanton Rätien" mit Helvetien, wurde aber schon im folgenden Monat von Seite der Bünde wieder aufgelöst. Die neuen Staatseinrichtungen hatten im Volke keinen Boden gefunden. Die Vereinigung war überhaupt nur unter dem Einflusse der französischen Bajonette erzielt worden und meist mit der Bitte um das Brod verbunden. „Der Sprung von der weitgehendsten Demokratie", sagt Bott.[2] „bis zu einer mit der obersten Gewalt ausgerüsteten Centralregierung war doch zu gross und unvermittelt; die Bünde mit ihren residirenden Orten, die Bundesbehörden mit ihren Befugnissen, die Hochgerichte mit ihren Privilegien und die ehrsamen Räte und Gemeinden als höchste Instanz in Landesangelegenheiten wurzelten als eine ehrwürdige Erbschaft von Jahrhunderten

---

[1] Die beiden Schlösser zu Zizers wurden total ausgeraubt und was die Soldaten nicht mitschleppen konnten, zerschlugen und zerstörten sie. Als sie zuletzt an der Hand der Gräfin Emilie (Gemahlin des sicilianischen Feldmarschall-lieutenant Grafen Simon) noch einen kostbaren Ring entdeckten, denselben aber, weil er zu enge war, nicht abzustreifen vermochten, begaben sie sich eben daran, den Finger abzuschneiden, als dies noch im letzten Augenblicke durch einen französischen Offizier verhindert wurde.

[2] Herrschaft Haldenstein, Seite 72 ff.

zu tief im politischen Bewusstsein des Bündnervolkes, als dass man nicht freudig Alles daran gesetzt hätte, sie zu retten. So kam es denn im Mai 1799 zu dem übereilten Aufstande des ergrimmten Oberlandes und der Gefangennahme und Niedermetzlung der fränkischen Besatzung in Dissentis und zum verwegenen Anstürmen des wuthentbrannten Volkes bis Reichenau (bei Chur). Diesen Auftritten folgte die grauenvolle Rache der erbitterten französischen Soldaten, welche in dem Blute des tollkühnen Haufens, in den rauchenden Trümmern der Ortschaften und in der Einäscherung des an den verübten Greueln unschuldigen Gotteshauses zu Dissentis die Sühne für die Meuchelung ihrer Waffenbrüder suchten. Wie ein Donnerschlag den andern ablöst, trat in jener sturmbewegten Zeit gleich darauf die Verdrängung der französischen Truppen und die Besetzung des Landes unter Suwarov, Rosenberg und Hotze durch die Russen und Oesterreicher ein, der die Auflösung der helvetischen Behörden und die Einsetzung einer Interimalregierung (unter dem Präsidium des vormaligen Commissarius von Cläfen Anton von Salis-Soglio) und die Wiederherstellung der alten Verfassung mit veränderter Parteistellung auf dem Fusse folgten."

Die Anhänger der alten Verfassung liessen es sich nicht wenig kosten, in der wiedererrungenen Stellung sich zu behaupten und hatten schon zuvor, um der Erschöpfung der Landeskasse zu begegnen, trotz ihrer schweren Verluste eine Summe von 40,000 Gulden gezeichnet; so der Fürstbischof Buol, die Stadt Chur und unter den Partikularen besonders mehrere Mitglieder der Familie Salis. Wie früher die Franzosen, so hoben nun auch die Oesterreicher eine grosse Anzahl „Patrioten" als Geiseln aus, welche zu Innsbruck internirt wurden. Die Interimalregierung suchte zwar eine Auswechslung der beiderseitigen Gefangenen zu bewirken und der exilirte Minister von Salis Marschlins nahm sich dieser Sache besonders angelegentlich an. Die österreichische Regierung liess aber durch den Grafen Lehrbach dem Präsidenten der bündnerischen Regierung, Anton von Salis, antworten, man verkenne zwar die wohlmeinende Gesinnung nicht, welche dieses Gesuch veranlasst hätte, allein man könne dasselbe nicht berücksichtigen, weil die zu Innsbruck Internirten, anstatt sich still zu verhalten, das wärmste und thätigste Interesse für die Revolutions-Regierung in der Schweiz an den Tag gelegt und von Conspirationen nicht abgelassen hätten.[1]

Die Wiederherstellung der alten Autonomie, welche, wie erwähnt, die Einen aufs Neue gewaltsam von Haus und Herd vertrieb und Andere zu den ehrenvollsten Opfern begeisterte, war auch dieses Mal nicht von langer Dauer. Nach der unglücklichen Schlacht bei Marengo (14. Juni 1800) ordnete die Interimalregierung den Grafen Johann von Salis-Soglio und den Exminister Salis-Marschlins ans kaiserliche Hoflager ab, um den Kaiser zu ersuchen, bei dem in Aussicht stehenden Friedensschlusse auf das Beste des „Bündnervolkes bedacht zu sein und es vor jeder Art einer Einverleibung in irgend eine der neugebildeten Republiken zu bewahren, dagegen seine uralten Verbindungen mit dem Allerdurchlauchtigsten Erzhaus Oesterreich mehr und mehr" zu befestigen.[2] Salis-Marschlins, obwohl geistig und körperlich gebrochen, erklärte sich bereit, den ihm gewordenen Auftrag auszuführen und begab sich zu diesem Zwecke nach Wien.[3] Hier erlag er aber bald den auf der Reise ausgestan-

---

[1] Schreiben des Grafen Lehrbach vom 6. Mai 1800.

[2] Schreiben der Interimalregierung an den Grafen Lehrbach vom 16. September 1800.

[3] Salis-Marschlins schreibt unterm 16. September 1800 an die Regierung, obwohl sein Alter und die schweren Schicksalsschläge, die ihn getroffen, es ihm zum Herzenswunsch machten, seine letzten Lebenstage in Ruhe und Zurückgezogenheit von allen Staatsgeschäften verbringen zu können, so wolle er den ihm gewordenen Auftrag dennoch nicht ablehnen, damit er sich nachher keine Vorwürfe zu machen habe, irgend etwas unterlassen zu haben, was zum Wohle des Vaterlandes dienen konnte. Sollte eine Wendung der Friedensverhandlungen seine Anwesenheit in Wien erfordern, so werde er nicht säumen, sich dahin zu begeben, um die Bemühungen des Grafen Johann von Salis nach Kräften zu unterstützen. „Vor Allem werde ich", sagt er am Schlusse seines Schreibens, „genaue Relation abstatten und dann Euer Weisheiten fernere Befehle gewärtigen, in der festen Zuversicht, Euer Weisheiten werden fortfahren, durch ein muthiges, männliches Betragen und durch ausdauernde Standhaftigkeit unsern Bestrebungen die Hände zu bieten und die Versicherungen, die wir von Ihrem rühmlichen Eyfer für die gute Sache abgeben werden, werkthätig zu bestätigen.

„Inzwischen erstatte ich Euer Weisheiten für das geneigte Zutrauen, mit welchem Sie mich gütigst beehren, den schuldigsten und verbindlichsten Dank und habe die Ehre mit der ehrerbietigsten Ergebenheit zu verharren, Euer Weisheiten Gehorsamst ergebener Diener

Niederdorf, den 16. 7bris 1800.　　　　　　Ulysses von Salis."

denen Strapazen; ein Nervenfieber raffte den 72jährigen Greis am 6. October 1800 hinweg.

Der bald darauf, im Februar 1801, zu Luneville abgeschlossene Friede entschied wieder zu Gunsten der Franzosen, die schon vorher, im Juli 1800, die Bünde abermals besetzt und mit der helvetischen Republik wieder vereinigt hatten.

Die Helvetik hatte jedoch in der That, wie Bott sagt, weder in Bünden noch in der Schweiz besonderes Glück; sie war nirgends populär und reizte allenthalben zu dem entschiedensten Widerspruche. In der Schweiz erfolgten vom Januar 1800 bis zum October 1801 nicht weniger als vier gewaltsame Umwälzungen in den Behörden und ihren Bestrebungen. Diese Aufstände hatten namentlich in dem Kampfe zwischen den Unitariern und Föderalisten, den Vertretern der Einheitsregierung und einer unbeschränkten Demokratie ihren Grund. Sie nahmen besonders nach der Abberufung der französischen Truppen im Juli 1802 einen bedenklichen Charakter an, stürzten Land und Volk von Neuem in den Abgrund der wildesten Anarchie und hatten die Beseitigung der Helvetik und eine abermalige Veränderung der Staatsform durch auswärtige Vermittlung zur Folge.

Es war abermals Bonaparte, der sich (October 1802) zum Vermittler aufwarf und der Schweiz im Februar 1803 die Mediationsverfassung gab, welche alle Unterthanenlande befreite und alle Vorrechte der alten eidgenössischen „Orte“, sowie die Privilegien der Geburt, der Personen oder Familien aufhob.

Mit der, wenn auch unter Belassung der alten Autonomie vollzogenen, definitiven Vereinigung der III Bünde als „Kanton Graubünden“ mit der Schweiz war der Sturz der Familie von Salis besiegelt. Nach mehreren Jahren der grössten Wirren, welche das Land vollständig erschöpften, folgten nun zehn Jahre der Ruhe, bis 1814 die Frage des Anschlusses an die Eidgenossenschaft nochmals auftauchte.

Kaum war der allgewaltige Corse von seiner schwindelnden Höhe herabgestürzt und hatten die Truppen der alliirten Mächte auf ihrem Marsche nach Frankreich auch die Schweiz besetzt, als die reactionäre Partei der „Vaterländer“ ihr Haupt wieder erhob und den Augenblick herangekommen wähnte, um die von „Monsieur

Napoleon Bonaparte" decretirte Vereinigung der III Bünde mit der Eidgenossenschaft zu sprengen. An der Spitze dieser Partei standen wieder einige Glieder der Familie Salis, vor Allen der damals regierende Bundespräsident Rudolf von Salis-Soglio, „ein Aristokrat vom reinsten Blute",[1] wie ihn Oberst Ulrich von Planta-Reichenau in seiner Schrift über diese Bewegung[2] charakterisirt, dann Baron Heinrich von Salis-Zizers, „ein alter Soldat, treuer Anhänger Oesterreichs, eine excentrische Natur, die Alles niederreissen wollte, was zwischen dem 10. August 1792 und dem 4. Januar 1814 lag und an neue Schöpfungen erinnerte, der kein Opfer für Legitimität und das alte Herkommen gescheut haben würde";[3] ferner die Grafen Franz Simon von Salis-Zizers und Johann von Salis-Soglio und Andere.[4]

Der gegnerischen „liberalen" oder Schweizer-freundlichen Faktion schlossen sich jetzt auch einige Mitglieder der Familie Salis an, wodurch das Band der bisher in der Familie bestehenden Einigkeit zerstört wurde. Es waren dies namentlich Johann Gaudenz von Salis-Seewis (der Dichter), welcher übrigens schon früher zur bonapartistischen Partei gehalten hatte, und Baron Franz Schauenstein von Salis-Haldenstein. Dieselben holten sich ihr Losungswort, was wohl noch Wenigen bekannt sein dürfte, freilich anderswo — nämlich in der Loge.[5]

---

[1] Aus Salis'schen Briefen.

[2] Die gewaltsame politische Bewegung vom 4. Januar 1814. Chur 1858, Seite 13.

[3] Ibidem.

[4] Vergl. bei Moor, Currätien II. S. 1371.

[5] Das Mitgliederverzeichniss der Churer Freimaurer-Loge vom Jahre 1820, welches wir in einem der Familien-Archive (Casa Antonio) vorfanden, dürfte von um so grösserm Interesse sein, als uns dasselbe über die Haltung einiger am damaligen politischen Leben betheiligter Persönlichkeiten aufklärt. Des Raumes wegen nennen wir nur die wichtigern Namen. „État des membres du G∴ N∴ V∴ F∴ Ss∴ pour la liberté et l'union à l'Orient de Coire en Suisse, le premier jour du 3e mois de l'année de la vraie lumière 5820, soumis au directoire suisse écossais et à la direction du grand-maître de l'ancien rite écossais en Suisse, le Très-vénérable frère Ott (Gaspard) de Zurich, ancien membre du petit conseil et Colonel des milices.

Dignitaires du [?]∴

Ambroise de Sprecher-Bernegg, né à Luzein en 1783, chevalier et Major — Meister vom Stuhl ou président.

Es war in den ersten Tagen des Jahres 1814, als die Führer der reaktionären oder „independenten" Partei auf die Nachricht hin, dass Bern die Mediationsverfassung gestürzt und die alte Verfassung wieder hergestellt habe, sich entschlossen, auch ihrerseits energisch vorzugehen. Baron Heinrich Salis-Zizers und ein österreichischer Offizier, Namens Camichel, stürmten zu diesem Zwecke am 4. Januar mit etwa 400 mit Prügeln bewaffneten Bauern das Rathhaus zu Chur, wo eben der Grosse Rath tagte, und erpressten von demselben — freilich im Einverständnisse mit zweien der Landeshäupter, Rudolf von Salis und La Tour — einen Beschluss, laut

Jean Gaudence de Salis-Seewis, né à Malans en 1762, Bundslandammann (Landammann de l'une des trois ligues) et colonel des milices, Premier accesseur.

François Thomas de Salis-Haldenstein, né à Haldenstein en 1780, Capitaine; second accesseur.

Paul Christ, né à Coire en 1787, Capitaine, maître des cérémonies.

Mathieu Bauer, né à Coire en 1771, marchand, gardien de la □∴ . . . . .

Membres de la □∴

1. Ambroise de Sprecher-Bernegg, 4º degré (garde maçonique).
2. Jean de Salis-Seewis.
3. George de Bavier, né à Marschlins en 1773, major, 4º degré.
4. Jean Caflisch, né à Hohentrins en 1768, rentier; Royale architecte.
5. Pierre de Salis, né à Londres en 1799, Lieutenant de la garde suisse au Service de S. M.

C-Maîtres écossais.

7. Baron de Salis-Haldenstein, 3º degré. . . . . .
14. André Traugott Otto, né à Coire en 1789, imprimeur, 3º degré. . . . . .
17. Pierre Louis de Donatz, né en 1782 à Valence en Dauphiné, Lieutenant-général, 2º degré.
20. Antoine Victor Comte de Travers, Bundes-Statthalter (gouverneur d'une des ligues), né à Ortenstein en 1782, 2º degré.
21. André Jenatsch, né à Samaden en 1800, marchand, 1ier degré.
22. Ambroise Boner, né à Malans en 1803, marchand, 1ier degré.
25. Antoine de Otto Jenatsch, né à Coire en 1796, Lieutenant, 1ier degré.
26. Martin Bavier, né à Coire en 1796, Lieutenant, 1ier degré.

Frères servants.

Philippe Schaff, Tailleur, né à Coire en 1789, maçon du premier degré (ne sait pas écrire). . . . . .

Nr. 85.

Certifié conforme au nom de la respectable □∴ Le Président signé: .. de B. Le premier accesseur, signé: Baron J. G. de Salis-Seewis. Le second accesseur, signé: Baron Schauenstein de Salis in Haldenstein. Le Secretaire, signé: E. J. Jenatsch."

welchem die alte Verfassung, wie sie vor 1792 bestanden, wiederhergestellt und die seither abgeschlossenen Verträge und Allianzen mit Frankreich und der Eidgenossenschaft aufgehoben wurden. Dieser Entschluss sollte den alliirten Mächten durch einen besondern Abgeordneten, den Grafen Johann von Salis, angezeigt und dieselben ersucht werden, die Freiheit und Unabhängigkeit der Bünde zu garantiren. Am Abend desselben Tages wurde dann noch unter der Anführung eines gewissen Fisel, Adjutanten des Baron Heinrich Salis, das Kantonswappen vom Regierungsgebäude heruntergerissen und zertrümmert.

Wenn aber die Reaktionäre glaubten, durch einen solchen Handstreich zum Ziele zu gelangen, so hatten sie sich gänzlich verrechnet. Der österreichische Gesandte bei der Eidgenossenschaft, von Lebzeltern sprach seine Missbilligung über das Vorgefallene in sehr bestimmten Ausdrücken aus. Seine Majestät der Kaiser werde, so schreibt er an den Landammann der Schweiz, v. Reinhard, über diese Vorfälle sehr betrübt sein, weil ihm nichts mehr am Herzen liege, als die innere Ruhe der Schweiz und weil solche Mittel, wie die Herren Heinrich von Salis-Zizers und Camichel sich erlaubten, den Prinzipien und Absichten der alliirten Höfe direkt entgegengesetzt seien. Der Kaiser, so äusserte sich Herr von Lebzeltern einem bündnerischen Diplomaten[1] gegenüber, wisse wohl, welch wichtige Rechte er ehemals in Graubünden besessen habe, und dass der frühere Stand der Republik seinen Interessen günstiger wäre, allein das Wohl der Schweiz liege ihm mehr am Herzen als seine Convenienz.[2]

Um die den allgemeinen Frieden und die Ruhe der Schweiz bedrohenden Reaktionsbestrebungen zu paralysiren, stellte Lebzeltern an die Bünde das Ersuchen, baldmöglichst einige Deputirte mit den erforderlichen Instructionen nach Zürich zu der daselbst mit den Vertretern der Alliirten abzuhaltenden Conferenz zu senden und schlug vor, denselben auch den Grafen Johann Salis beizuordnen. Letzterer hatte schon seit längerer Zeit in Wien geweilt und dürfte

---

[1] von Albertini.
[2] Planta, Seite 27.

den von Baron Heinrich ausgeführten Gewaltact schwerlich gebilligt
haben. Sein allgemein als durchaus ehrenhaft anerkannter Charakter
und seine an allen Höfen bekannte und geschätzte Persönlichkeit
musste den Grafen zu einem solchen Vertrauensposten besonders geeignet erscheinen lassen. Die Bundeshäupter entsprachen denn auch
bereitwillig dem Verlangen der Mächte und beauftragten den Landvogt Vincenz von Salis-Sils, Graf Johann von Salis-Soglio, Bundeslandammann Jakob Ulrich von Sprecher und Landrichter Vieli an der
Zürcher-Conferenz theilzunehmen. Graf Johann weilte indess immer
noch zu Wien und scheint, auf Aussichten bauend, welche ihm vom
Fürsten Metternich eröffnet worden,[1] es vorgezogen zu haben, am
Wiener Hofe die Sache seiner Partei zu betreiben. Diese Aussichten
erwiesen sich indess als hinfällig und auch die Zürcher-Conferenz
führte zu keinem günstigen Resultat. Durch Note vom 26. März
(1814) eröffneten die Gesandten der alliirten Mächte den Bündner-
Deputirten, „dass ihre Regierungen die politische Existenz der Schweiz
nur insoferne anerkennen würden, als ihre Bundesverfassung auf den
Grundlagen der seit 1803 bestandenen XIX Kantone beruhe." Dem
entsprechend wurde die Bundesacte am 9. September (1814) unterzeichnet und damit war der Anschluss Graubündens an die Schweiz
zur unabänderlichen Thatsache geworden.

Die Erbitterung darüber war auf Seite des conservativ gesinnten Theiles der Familie Salis sehr gross und der ganze Misserfolg dieser letzten Campagne wurde jenen Familienmitgliedern
zugeschrieben, welche sich „in die Clique der Sprecher, Tscharner
und Comp." hätten hineinziehen lassen.[2]

Auch die Versuche, welche die Bündner in demselben Jahre
(1814) unter der Führung der Obersten Rudolf Max von Salis-Soglio[3]

---

[1] Graf Johann an die Standeshäupter, 15. Februar 1814.

[2] André von Salis-Soglio an seinen Vater Commissar Anton, den 2. Sep-
ember 1815.

[3] Aus der Casa di Mezzo, geb. 1785. 1805—1810 kgl. bayrischer Lieutenant
m Leibregiment, machte 1809 den Tiroler Feldzug mit, Kammerherr des Königs
Max I. Joseph, dann Landammann des Bergell, Oberst und Oberst-Kriegsrath,
Mitglied der Kantonal-Militär-Commission, Bürgermeister von Chur (8 Mal),
Bundespräsident (2 Mal), † 1847.

und Gubert von Salis-Seewis zur Wiedereroberung der ehemaligen Unterthanenlande machten, scheiterten gänzlich und zwar am Widerstande Oesterreichs, welchem der Wiener-Congress diese Landstriche mit der übrigen Lombardei zugesprochen hatte. Es war daher nur ein geringer Trost für die Familie, dass einige ihrer Mitglieder nach der Restauration des französischen Königsthrones von Karl X. in ganz ausserordentlicher Weise ausgezeichnet wurden, indem derselbe Baron Heinrich von Salis-Zizers zum General-Lieutenant und Obercommandanten sämmtlicher Schweizer-Garden am kgl. Hofe ernannte und dessen Neffen, Graf Franz Simon von Salis-Zizers, vom Major unmittelbar zum Obersten und Inhaber eines der vier Linien-Regimenter beförderte.[1] Dies werde, meint André von Salis-Soglio, welcher seinerseits eine Gardecompagnie erhielt, dann auch zum Bataillons-Commandanten befördert und mit dem Ritterkreuze der Ehrenlegion decorirt wurde, „ein Donnerschlag für unsere Herren Jacobiner und sonstigen Gegner sein." Damals hatte sich zu Paris eine ziemlich zahlreiche Salis'sche Colonie gebildet, welche in der legitimistisch gesinnten Pariser-Gesellschaft ihre sehr beliebten Cirkel hielt.[2] Ueberhaupt liessen sich jetzt und etwas später neuerdings mehrere Familienmitglieder im Auslande dauernd nieder, zum Theil aus dem Grunde, weil sie sich mit den neuen Verhältnissen ihres Vaterlandes nicht auszusöhnen vermochten. Die Zurückgebliebenen aber fanden sich meistentheils bald in die neue Lage der Dinge und Manche unter ihnen gingen nur allzusehr auf die Ideen des landläufigen sog.

---

[1] Graf Franz Simon, geb. 1777, Major im Regiment Graf Christ in piemontesischen Diensten, 1816—1830 Oberst-Inhaber des I. Infanterie-Regimentes in französischen Diensten, 1830 Brigade-General und Commandeur der IV. Militärdivision zu Bologna in päpstlichen Diensten, Commandeur der Ehrenlegion, Commandeur und Ritter zahlreicher hoher Orden. Er starb den 23. October 1845 zu Zizers.

[2] Ausser den schon genannten und andern Offizieren hielten sich zu Paris auf: die Salis-Tagstein, Baron Rudolf von Salis-Samaden mit seiner Frau (geb. Bethune des Planques, aus I. Ehe verwittwete Gräfin de la Tour du Pin), Baron Joseph Vincenz Salis-Samaden mit seiner Familie; dann häufig auch Graf Jérôme Salis-Soglio mit Familie u. s. w. Auch in Wien hatte sich damals eine solche Colonie von Salis'schen Familiengliedern angesammelt, die zuweilen über zwanzig Personen zählte.

„Liberalismus" ein. In mehrfacher Hinsicht dürfte daher das Wort
des Marschalls Ulysses auch auf die jetzigen Verhältnisse Anwendung
finden: „Was unsere Väter verabscheuten, das haben wir mit Beifall aufgenommen und wie die Zeiten sich geändert, so haben auch
die Neigungen der Menschen gewechselt!"[1]

Mit dem definitiven Anschlusse Graubündens an die Schweiz
hat die Geschichte der Familie von Salis, insoferne selbe auf die
Geschicke des Bündnerlandes einen massgebenden Einfluss ausübte,
ihren Abschluss gefunden und mahnt uns, wie so vieles Andere, was
der „guten alten Zeit" angehört, nur noch an die Eitelkeit und Ver-
gänglichkeit alles Irdischen.

----

[1] Denkwürdigkeiten. S. 59; vergl. oben S. 242.

BEILAGEN.

Beilagen

zum 1. Theil des Kapitels: Drei Bischofswahlen,

S. 67 ff.

Nr. 1. Auszug aus dem Briefe Friedrich Hektor's von Salis an seinen Bruder Bartholomæus, de dato 17. April 1551.

Minem Hertzlieben Brudern, Herrn Bartlium von Salis, Ertzpriester zu Rom in des Closhus (sic) Odescalco. Al S. Arciprete di Sondrio in Roma in Casa del Sr. Paulo Odescalco.

Honoratissimo mio fratello. Sappi V. S. (Vostra Signoria) a li 17. del presente fu portata la presente (lettera) dal nostro Sr. Anthonio (Salis) ... Io non ho mai abandonato el Lector, perch'è stato di bisogno grande, perchè ha havuto grandissimo contrasto per la fede et per quello libreto, et per divina gratia havemo avuto la victoria contra detti et presente il Vergerio, el quale mai hebbe ardire di parlare; l'hanno havuto per grande vergogna et scemamento. Ma questo vi so dire, ch' havevano favore gran^{mo}: Io gli ho molto obviato, e certo era necessario. El Lector e stato constante et gli habiamo fatto tutto quello favore et ajuto, come semo per la fede catholica oblegati in questo et altro affare et spero in Dio se, farà di meglio ...... Tutti li Parenti et Amici vi aspetano con gran^{ma} divotione. Il nostro Sgr. Agosto et il figlio, el Capi^{neo} Dietegano et molti di li altri nostri hanno fatto in questa Disputanza da veri Catolici et fanno..... Degnatevi de racommandarmi a Suà Santità et gli sono fedele servitore, et a li Ill^{mi} Signori Cardinali et a tutti li Amici et Signori.

Con grande fatica havemo havuto la sentenzia ordinata et antenticata et segellata. El Commissario ha fatto di vero Signore et Catholico e quale molto se offerà et il Capitano Hercule. Rodolfo et tutti li nostri.... Guardatevi de la vita adogni modo et state allegro et sano et mi racommando. Così Christo Jesù li mal vi guarda tutti. Man hat mir gsait, wie die(selben?) nit wohl zufriden siendt, und wie Gorig und andere habend gsait, und sich merken lassen, che 'amicitia del Vergerio con esso (Planta) plasara (?), sarà la sua rovina, Dio il voglia et per la Intreria sua. Così in Clavenna hanno li lassati introdurre, però ler von Vispron Domenig hab ich nit mügen han. El Vergerio ha deto publico, che vole fare favori, wie den die conschaft hand deponiert. Dio sia semper con Noi. F. HE von Salis.

Nr. 2. Vincenz Quadrio an Barthol. v. Salis, d. d. 31. Juli 1551.

Al molto Rdo Sigr Btolome Sales, dignissimo Arciprete di Sondrio, Et Barba suo ossmo a Roma. Rdo Sigr. Barba mio Osservmo Et Sigr. Doctor Patrone mio Sempre ossmo.

Ho receputo le Vostre, datte in Roma, la Prima a 25. d'Aprile, a cui ho risposto, le Altre, una de 2. et a 9. et 16. del presenti:[1] a cuy ho risposto in parte, et in parte respondo, come Vergerio con Bartholomeo Bolzo et Jacomo Suo fratello et Josepho et il Smocher di Casaza, Cusini del Planta, con Altri, sono andati la notte di l'Assensione a Santo Gaudenzio, et tanto male han fatto, che mi rizza li capilli, a dirlo, come intenderete. Andarono et per una fenestra intrarono con Pali di ferro hanno rotto et portato via la Capsa dell Santissimo Corpo de Santo Gaudentio, hanno robato tutto l'Argento, hanno apichato et la figura del Crucifisso, l'hanno flagellato et tirato per terra et sborato per mezzo, taliato il naso a tutti quanti li santi; cavato gli occhi a la figura del Sigr Teghano Sales, quale era dipinta sotto l'Anchona, rovinato tutta quanta bella Chiesa per forsa, contra la volontà del più Populo dicendo male a Sua Santità, quanto sa et po dir un Giotto; a tale che la Valle, et precipue la Casa de Salici hanno fatto et fanno quello sia possibile, per vindicar, et volevano occider Vergerio, …. Ma la buona sorte non volse, che ninno de Salici era in Pregallia, quando accascò questo caso, e così per il furore grande mosso per questo il Vergerio fuggì verso Clavenna, per andar in Valtellina.

Io subito di questo avisato, con quatro cavalchai la notte, et il Venerdi doppo l'Ascensa, a una hora avanti giorno rivai a Novate, e con quello Notario Secreto spettando, che il Vergerio venisse, et li spettai. Vedendo che non veniva il Sabato, cavalchai a Clavenna, et intesi come quelli di Bregallia avevano mandato dietro Messi, et fu fatto fermar a ragione, a tale che a dato sicurità △ 2000 di star a ragione, et coluy di consignarlo in propria Persona, sotto pena della vita. Per il che il Vergerio ritornò a Vicosoprano. Io tornai a Casa tutto sconsolato et veniva per andar a Como: ma a Domasio trovai lo Rdo P. Lectore, quale andava a Clavenna a predicar: li feci compagnia: (Il P. Lectore) predicò in Clavenna le Feste di Pascua[2] et le altre Feste et giorni predicò in Bregallia, a Sollio et a mezzo la valle sotto Vicosoprano, con grande contatezza del Populo, et ne sono venuti assai à la Fede antiqua, per la sua bona et santa predica, che Dio sia laudato.

Poi sua Paternità con Tre di noi, Siamo stati a Coïra, passando per il Populo di Sorsett,[3] dove, che il Populo a havuto tanta contentezza, che il Zoppo sia deponuto, quanto dir si possa, laudando della Justitia et fanno animo contra Laterani, per il che a Cuyra una bona Parte fa il Simile; et quelli di Sorsette hanno cassato il Podestà, quale a nome del Planta era posto, per esser Heretico, et ne hanno fatto un Catholico et così di giorno in giorno nascono Cose nuove.

Poi Sua Paternità ha ricevuto certi Testimonii di fede digni, fra quali li è stato il Sr. Vicario de Castromuro, il Domenico Mandolla et Altri, che per

---

[1] Der Brief dürfte daher nicht vom 3., wie es in A Porta's Copie heisst, sondern vom 30. Juni datirt sein.

[2] Es ist hier das Pfingstfest gemeint, für welches in Italien heute noch die Bezeichnung „Pascua" vielfach üblich ist.

[3] Oberhalbstein.

questa Posta veniranno a Roma; Sua R^{da} Paternità il tutto a visto, la volontà del Populo et la fama del Planta, le Chiese in Coyra rovinate, et molto bene da Plebani et Gentilhomini di quelle terre s'è informato et della amicitia et consilio dato per il Vergerio al Planta, che dovesse andar à Roma, et con uno Notario presentarsi avanti a Sua Santità, con dir, che confessava lo errore Suo, e che adesso giurava fedeltà di non essere più, ma buono Catholico, chiedendo à Sua Santità, che li perdonasse, et darli quella penitenza, che a Luy pare, et del tutto farne rogar il Notario, che Sua Santità haverne perdonato, per vero, perché ancora Luy è stato in simile termine et che sarà stato Episcopo e così l'ottiene per certo. Ma se questo dovesse essere, sarà a far che li Catholici, quelli sono li Peggiori ne Paesi delli Signori, venissero Heretici et sara cosa facilissima, per esser il Planta heretico, et dico adesso, et quello, che sustene i Predicanti et quanti per lui fanno, li riputo heretici, peggiori che lui. Et bene so io, che dirà adesso, che sono Christiano, perché teme; ma le conditioni sue non sono gia buone, perché non si trova in lo Episcopato. Che stia a suo nome pure uno, che sia Catholico ma tutti Heretici, marci ne Officiali ne Altri et Tutti quelli, li quali sono stati li Principii a far Articuli contra la Fede et rovinar a Chiesa, tor via la Messa, facendosi ricchi del Sangue di Christo, di Villani farsi Nobili. Lo Ofmastro[1] e Anz Giarner, quello crudelle Heretico.

Poi sua R. P^{ta} non ha volesto tior più Testimonii, perché li pare a Luy, che siano bastanti di deponer non un Episcopo ma uno Papa, atteso che sa l'amicitia del Vergerio. . . . . . .

Essendo Canonico detto Vicario (Castelmur) in Cuyra, et il Planta, dell Anno dell 1546 et 47 et 48 più volte disputando fra loro, il Planta negava la santa Messa, et che non sia possibile, ma sia cosa posta dall Antichristo per sommolar denari. Che non si doveva pregar per li morti, che li santi non possano far miracoli, che non sia Purgatorio nissuno: che non sia peccato a mangiar Carne, ne Venerdi ne Sabato: ne il jejunar non si trova in la Scrittura: (!) che ne Santi ne Sante possano essendo morti pregare per nissuno: che la Gloiosa Vergine Maria non sia più che una altera Donna et che non si debba pregarvela per gratie alchune: che non voleva creder a cosa alchuna, Salvo alli Evangelisti (tutto del resto, che per Altri era ordinato, non voleva fusse valido): non voleva fusse Monache, ne Frati, ma tutti maritarsi; che ogni cosa fusse commune, con Mille altre cose; a tale che più e più volte legendo se non libri heretici et disputando, sono venuti in gran contentione, a tale, che si dettono et venettero in „frid": imperò atteso tutte queste cose, io crederò, che se ragione si trova, che la se debba fare, et non lasciarsi dar cianze da ninno: ma al Processo solo. Impero sopra di questo fatelo examinar a punto per punto, come i ho scritto et se lo volesti far dir, fate che li R^{mi} S^{ri} Inquisitori lo commandano, che dirà, et essendone di bisogno di più, farò venir lo Padre Inquisitor, et tanti ne farò dir, che saranno uno numero infinito di vera Scientia. Per esser stato io in fuora, non ho posuto scriver più presto.

Però ho ricevuto anchora quella del Sr Doctor[2], Data in Roma ali 25. 'Aprile: a cui a hora per brevità di tempo a Tutti Duy darò risposto. Cercha

---

[1] Hofmeister des Bischofs.
[2] Paul Odescalchi.

che il Planta abbia confessato, io ho molto a caro; ma che Justitia seguite secondo Iddio e la ragione, non risguardando a favori, dove va l'honor et culto di Dio. . . . . .

Impero il mio Sor Doctor essendo oggi venuto a Como ho trovato che V. Sig.^{ria} a scritto al Sig.^{or} Suo Padre . . . . impero vedo, che Vostra Sig.^{ria} scrive, come Sua Santità sarà per confirmar il Zoppo et che lo voleva cavar di prigione per favore dei Suizeri. Questo sarà liberar il Ladro, acciò che una altra volta possa robar et postponer le cose di Dio per li Suizeri. Perché sono cose mendicate e niuno di loro le cognoscono: et a questo modo, li altri Catholici si faranno della lor secta et meritamente certe senza mio dubio et giuro ad Sancta Dei Evangelia, che do termine Duoi anni, perché sarà cosa grande; essendo Costui scelerato et cattivo. Oyme, Guay a Sua Santità per (che) ha visto la cosa in modo, che il Signior li ha dato in hora la occasione di redimer quello Paese et scatiar li Praedicanti, i quali di giorno in giorno crescono; et confirmando costui contra il debito seguiterà, che li Catholici diranno: se Costui, che di tal conditione è confirmato, admuque la sua fede è buona; seguiterà che la Casa de Salici, dove si ritrova tanti famosi Capitani et Colonelli, che sempre sono stati fidelissimi alla santa Chiesa, vedendo questa iniquitate, che si voltassero et saranno buoni di voltar tutto lo Populo; seguiterà, che il Paese nostro, qual confina con Venetiani, con Milano, con lo Imperatore, sarià una Spelunca et Refugio di fugitivi, quali tanta sta loro amicitia in molte Terre d'Italia, come in Brescia etc. —

Sua Santità ne risguarda a questo et ad altri pericoli, che cascono adunque per Suizeri, se vuol confermar uno Heretico, qual il suo cuore è Heretico etc. . . . .

Li Predicanti di Valtellina et delli Signori sono andati a Cuyra con il Giotto del Vergerio a far il Pitagh[1] et il suo Capitulo: hanno fatto accetar tutti li Predicanti, dove erano forse 57. Et io ho seguitato et voleva, che il Sig.^r Capitano di Rozünz[2] Le pigliasse per Morder, dove che faceva pensiero di averlo[3] et condurlo su quello del Imperatore come sarià avuto: ma il Giotto per il male fatto di Santo Gaudentio, come fu a Tosana, voltò et non andò per il Dominio suo, perché neanche in Sorsette non puo l'andare, che sarià preso; Cosi nel ritornar spero, che il Sig.^r Capitano lo prenderà, se viene per il Paese suo. etc. . . . .

De guerra Si parla assai. Il Sig.^{or} Battista (Salis) sarià Capitano, ma contra la Chiesa non vuol andare, et cosi il Populo non vuole, che al Rè, ne Duca Ottavio si dia gente, ma avendone di bisogno per 4500 Huomini li saranno dati da parte delli Sig.^{ri} Baptista et Collonello Antonio et Sig.^r Agosto et Sig.^r Capitano Teghano[4] et sua Parte, dico questo, et hanno grande desiderio di andar a Carpi.

Qua si dice molte Baye di questo Planta, che vol far et dir, che tutte sono Baye . . . . si sa bene chi è, et non fusse che in Casa et cosi non perde tempo di cercar favori et da Suizeri et d'Altri. Hortliebt è stato da Suizeri

---

[1] Beitag.

[2] Hauptmann Barthol. von Stampa, Herr zu Rhäzüns.

[3] nämlich den Vergerius.

[4] Alle von Salis.

per tor favore: ma il Capitano della Guardia di Roma l'ha mandicato lui: imperò si volono posponer le cose di Dio per favori, non so che mi dir!

Aveva scripto al Rmo di Carpi et Burgos, ma per la Posta Sabato proximo scriverò in breve parole il tutto al P. Fra Theofillo,[1] al Rdo P. Inquisitore, scriverò anchora et li mandarò opere assai, La Bolla di Giulio commentata per il Vida et a la Sigra Nipote di S. Santità; che certo e cosa grande le Giotonarie, che fanno et componono.

V. Sria stia allegro. Il Sor Bapt. spedira adesso la cava (?) del Canonicato et V. Sria con il Sor Capitano et bene altro per hora non dico, Salvo, che tutti Parenti nostri fanno il suo debito et così li Amici Vostri; per la Posta di Sabato ordinaria il tutto a tutti nararò. V. Sria non si fidi da nissuno, ne li Suoi Secreti a nissuno dica. Alla Sria Vostra co tutti Amici mi offerisco et racommando alli Rmi Cardinali, maxime a Carpi, con il P. Inquisitor, mi offerisco et racommando in gran presa. Da Como 3. Junio 1551. Di Vostra Sria Nepote et Servitor Vinco Quadrio.

Nr. 3. Erzpriester Barthol. von Salis an den Fürsten Don Ferrando Gonzaga, d. d. 4. Juli 1551.

Illmo et Excellmo Signor mio Ossermo!

Per ch'io mi dubito, che la mia di 30. di Maggio non sia pervenuta nelle mani di V. Extia e il negotio importa, tornerò a repplicar a V. E. il successo della causa mia, confidatomi però nella bontà e cortesia Sua, che la si degnara di legger questa mia et ajutarmi.

L'Adversario mio, cioè il Vescovo di Coyra, come V. E. sa, citato ad personaliter comparendum e stato sforzato comparire in Persona a Roma, e così d'ordine di Sua Santità fu posto nel convento della Minerva in distretto, ove è stato esaminato, et per quel ch'io odo dai Rmi Cardinali Inquisitori (perché non vogliono lasciar veder il suo constituto) ha confessato in alcune cose di esser Lutherano, come sarebbe a dir, di haver mangiato Carne il Venerdì e il Sabato, di non aver creduto nell'intercessione dei Santi, di non saper l'Ave Maria all'usanza dei Catholici; e perché al Vescovo è apposto ch'egli ha detto contra della Nostra Donna cose horrende e contra del Smo Sacramento dil Corpo di Christo, le quale cose tutte negava e diceva, ch'i testimonii erano subornati: i Cardinali mi feciero instanza, ch'io volesse far venir a Roma i testimonii, dicendomi, che gli era convitto per Heretico, e che senza fallo sarebbe privato del Vescovato; così io promise di far quello che Se Rmme Signorie mi commettevano: e mentri ch'io mi disponeva a questa santa impresa, ecco che vengano lettere del Rè di Francia a Se Sta in favor dell'Adversario mio, tanto calde, quanto dir si possa, nelle quale, come è publica voce e fama, Sua Maestà si doleva molto del Papa, che tenesse tanto ristretto il Vescovo: per il che narrando a Sua Sta, che era obligato . . . . . ajjutarlo, la pregava che lo volesse cavar di priggione e trattarlo come la Persona sua: e il Notario di Se Sta gli aggiongeva, che il

---

[1] P. Theophil von Tropeus, der erste Commissarius des hl. Officiums und Vorgänger Michael Ghislieri's in diesem Amte.

Rè gli haveva minaciato di metterlo lui in priggione, s'il Papa non liberava il Vescovo: con queste lettere soppragionsero lettere d'alcuni Cantoni de Suizzeri, che sanno il francese, che supplicavano ancor di più, che S^a Beatitudine le volesse non solo cavar di priggione, ma anchora tirarlo appresso di se e provisionarlo. Il Papa mosso di questi sì eccesivi favori francesi, fu costretto cavatolo di Priggione, di dargli Stanza nel Suo Palazzo con 23 Scudi di provisione al meno (con tutto ch'i R^mi Cardinali e massime i R^mi Carpi e San Giacomo dicessero molte volte a S^a B^ne esser questo contra il dover, poi ch'il Vescovo havea confessato, non essendo anchora sentenziato, cavarlo di Priggione, e con scandalo dei Catholici tirarselo appresso). La cosa è dispiacinta a tutta Roma, ma maggiormente credo dispiaceva ai Catholici del nostro Paëse, i quali sapendo la vita sua, pigliaranno grandissimo scandalo da questa risolutione del Papa. Io ho havuto ricorso in questi miei travagli ai R^mi Carpi e San Jacomo, et ai Sig^ri Embasciadori della M^ta Caesarea e del Rè de Romani, quali per esser occupati in maggior imprese, non hanno potuto attender a questa mia. Hora Eccell^mo S^or mio, se V^a E^tia per l'amor di Christo e della Sta Fede e l'interesse de Sua Maestà non m'aginta a remover da S^a Sta i favori francesi e far che la Giustitia habbia suo luoco, ch'altro non dimando, oltra che Dio ne restarebbe dishonorato, e i Catholici de partibus ne pigliariamno malissimo odor della sedia Apost^ca, a me pare, che S^a M^ta e V. Eccellentia, che hanno fatto fede a S^a Sta, l'Adversario mio per publica voce e fama esser tenuto per Lutherano, restariamno ingannati insieme con me dalla buona giustitia, che si sperava haver da S^a Beatitudine, l'Adversario mio, che si vede agiutato da Francia, pigliarebbe animo, essendo liberato per favor loro, come si pensa di esser nelle nostre Lighe, sempre nemico della Maestà Caesarea, e di V. E^tia. Per il che, per l'amor di Dio prego V. E^tia di nuovo scriver a S. Sta et ai R^mi Cardinali Carpi e San Jacomo, e in particular caldamente al Sor Don Diego (de Mendoza), Imbasciador di S^a M^ta, che ciaro si sia, quanto po appresso nostro Signore et al Sor Embasciatore del Rè di Romani, che operine appresso a S. Sta, che la giustitia habbia suo luoco, non risguardando a favori di Francia, ne di Sguizzari, che non vi hanno che fare in questo Vescovato, ma si ben la M^sta dell Imperatore e del Rè de Romani, perchè si estende in Spirituale nei Dominii loro venendoli ancor la Regaglia, ciò la maggior parte de l'entrata. — E V^a Ecc^tia potra di nuovo referir a S^a B^ue et agl'altri Sig^ri, quello ch'Ella n'ode di questo Vescovo, mio Adversario, e per ch'il Rè di Francia in Persona ha scritto al Papa, Supplico parimente, che la si degni far che la M^sta Caesarea, ed il Rè de Romani scrivano anche loro a S. Sta. Il che se V. E^tia per l'infinita cortesia si degnara di far, oltra il merito appresso a Dio per l'interesse della Sta Fede, e appresso a S. M^ta, io offro in particular a V. E^tia la Persona mia con tutta la Casa dei Salici, ai servituti di V. E^tia e di tutta la Sua Casa Illma, poi l'essermi offerto affettionatissimo delle Maestà dell Imp^re e del Rè de Romani, quali insieme con V. E^tia nostro Sor Dio conservi longamente. E qui li bascio le mani, pregandola a perdonarmi che sì lungamente la fastidisco. Di Roma, il 4. di Giulio 1551. Di V. S^ra Illma et Ecc^tia Servitor aff^mo Bartolomeo Salici Arciprete di Sondrio.

Nr. 4. Barthol. von Salis an seinen Bruder Friedrich,
d. d. 14. Octobor 1551.

Li passati scrissi et mandai una (lettera) mia per il fiolo del Monicho de Sto Gaudenzo:[1] credo vi sia portada, per la calda commissione altrui fatta et per mancho impedimento de tempo ho scritto una mia al R. p. Comissario Inquisitore: et quella lassata aperta, atzo sia a voy tutti communa de vedere et legere, alla quale non so più adjungere, però infra voy tutti pensarete et farete del melgio. Supra ogni cosa non manchate di animo etc. . . .

Sono stato in Ponte, Vincentio voleva darme de Ducati Portogalesi, et non altrimenti Scudi, così me sono partido senza denari; le Biave voleno assendere in grandissimo valore, però convene che scodiamo, et interim pregari quelli nostri Parenti, ita che accordino de lor un poccho per homo, per darme subventione ad questa nostra pressa, in brevi ge saranno resi senza lor danno, pertzò li pregare tutti, uno per uno, me diano soccorso. Qua in casa non amo ne butiro, ne formaggio, ne carne sellata, pertzò mandacene, se ge fusse di far qualche becharia qua in Casa. . . . forsi che la Molgier del nostro Cusino Hansly ne darebbe denari, pagando il suo fitto o il Cap° Antonio un poccho per accaduno, o vero io ho audito, che habe recevuto una grandissima summa de quello (vino) de Morbegno. Con il favore del Cap° et del suo Vicario scodaremo de lo de Malenco . . . a tutta nostra possanza. Così voglio fare in Pregallia.

Io mando il Gian Paul, tanto nostro viscerato amico, il qual sarà guida et animo de quelli testimonii incasso et più oltra, secondo il bisogno. Che il nostro Messir Antonio de nostro Ruodolpho Sales vada con il R. p. Inqui: perché è homo accorto et saputo, se puo mandare secondo il bisogno.

Me accore in memoria: il Jo. Traverso (scrisse) al Podestà de Trahona, atzo bandischa li Prædicanti e Maestri di Scuola Lutherani. Ma questa è una finta ad tempus, insina, che'l planta posse essere confermato. Così feranno con quelli di Clavenna. Guardate che ipocrisia Traversa sia questa — Tal è questa informatione ve ne data et mandata de Roma de quelli soy advocati et Domestici del Papa, atzo possono significare al Papa uno tanto potere delli Traversi et Plantani in el nostro Payso, potere come lui, il Zoppo et il Jacobo Traverso si sono aventado di essere di tanto Parentado et de tanta autoritade, che potranno far conscendere il Payso de Grisoni a la fede et obedientia della Sede et giesa Romana, come già era nel tempo passato.

. . . tutti quelli Communi cridano contra il Planta et la sua heresia, che non lo vogliano per Episcopo, ma vogliono il B/° Sales — così di Zitzers, de Cuyra Tomiliascha, il Ministral Prüs et altri parenti — de Trimons, Ambrosius Cromer sarà amico et ne farà delli altri in Cuyra, forsi ne presterà denari. . — —

Dubbio, che sia una qualche intelligentia del Traverso con li altri Soy favoriti Signori delle Lege et Lutherani una con il Epó Vergerio, insina ad uno tempo et nella expeditione del Planta. Ma questi Soy consigli et penseri, quali ge andarono in fumo vano, vengano da Roma. Se questa non è intelligentia

---

del Epò Vergerio con il Joh. Traverso, certo il Vergerio aveva tal cosa per maggior ingiuria et desdegno et ira contra il Traverso.[1]

Item ch'il R. Sr Castelmur, il Sr Capit. Antonio, mio fratello Messer Federico dicano, come il Zoppo Planta a conduto il Epò Vergerio per il muro del Castello et Lobia. Lo mandò in quella Capella de Alto in el Domo de Cuyra. Casparo Beaso forsi et altri diranno come lo fece invitare et condurre più et più volte in Castello alli pasti. diranno forsi quelli familiari allora in Castello, questo sarà utile a Sapere, perché luy a negato in Roma a le Sue interroganze, probando in contrario, sarebbe cosa di su rovina, una con le altre sue negative.

Il Zoppo andava alle Sepulture, alli Baptisterii in compagnia de Predicanti Lutherani, Zwingliani, et così assentiva a li lor Sacramenti et ordini Zwingliani — andava alle sepulture et exequii del Burgomeister Lu. König. et a la de la molgiere del Predicante de S[to] Martino: a tenuto (in der Taufe) uno fiolo dell' Anna Knoll et forsi uno de mio suo fratello al baptizare. — —

Operate atzo il Sr Capitaneo Antonio (Salis-Rietberg), la sua S[ra] Consorte, li altri lor Parenti proximi del quond. Epò Lutio, il Sr Bartho[o] Castelmuro dicano et fatzeno mia sensa da quella gravissima imputatione del tossico. Il Capit. Antonio. Georgio Beli furono a la presenza, quando io comparisse alla presentia del Epò Lutio in la Sua Stuvetta del Castello, in una perdonanza de Cuyra, lamentandomi de tal falsa imputatione a me data, dove in presentia de lor duo Capitanii disse, de may averme de tal cosa imputado e che io era et me teneva homo de bene, dove se confiderebbe et della vita, et animo sua in le proprie mani, et fatzeva mentire quelli maldicenti.

Vorebbe che l'ditto dali parenti del R[mo] Epò fosse redutto in Scritto et del R[do] Sr Castelmuro, dico per mani del Notario, qual sarà il R[do] pdrè frate hieronymo: perché la mano suo v'entra ad essere cognosciuta in Roma. Et de questo non sia fallo, per tanto importa et perché siamo mortali. Et quelli Traversi ge fanno grandissimo falso fondamento, con darme tal murmuratione et in Roma, et in Allemagna, per farse bona la lor institia, e a me cargo.

Il Traverso debe aver detto: che il Epò Lutio habe detto in el ultimo de la vita sua, de me essere stato tossicato; Si domanda al R. Sr Castelmuro et li altri parenti come de supra. et che ne sia rogato il s[sto] R. p. hieronimo de gratia, di questo benefizio in mio honore. Non se fatza fallo, ma darge expeditione. Il Sr Capitano non sarà negligente con li Soy parenti, et il Castelmuro.

Il Sr de Castiono, et il Zoppo heretico ne avevano preparato de farme decapitare per causa de questa imputatione, gia avevano fatto revere qualchi testimonii et Considerare quali tradimenti contra de me Mode de nuovo dicono, che io habbia ditto male et contra di Signori Cantoni Suizeri, et le nostre Lige. ita che non posso comparere securo per le false insidie di Traversi.

---

[1] Weil Travers das Bisthum gegen die Angriffe der auf die Säcularisation hinarbeitenden Prädikanten vertheidigte.

Nr. 5. Breve Julius III. an die III Bünde, d. d. 18. Juli 1551.

Dilectis filiis trium ligarum Rhaetiae primae conciliariis. Ad litteras, quibus electum Curiensem nobis commendatis, ita respondemur: Illum citari sicuti conquerimini unquam jussimus, sed ipse ultro ac sponte, quod se de criminibus, quae ei objiciebantur, purgaret. Romam venit et ultro eorum Cardinalium, qui a nobis haereticae pravitatis inquisitioni praefecti sunt, judicio se subjecit, a quibus summa sua voluntate non pro carcere sed quasi pro diversorio fuit ei locus in hujus urbis illustri monasterio assignatur et in tota causa cognoscenda ita se praefati Cardinales gesserunt, ut eorum potius humanitatem ac benignitatem quilibet laudare, quam de severitate conqueri possit. Quod vero a nobis ipsi Electo prestari potuit, prestitimus, nam receptis prioribus litteris vestris statim eundem in palatias nostras duci et ibi honeste et indulgenter tractari mandavimus. Qui si non expectato judicii exitu abire et redire ad vos voluerit, id pro suo arbitrio facere poterit, cum neque clausus sit neque ab ullo custodiatur, vix famae suae integritati consultius existimaverit crimina diluere seque vobis ab omni haereseos probro purgatum reddere. Juri suo favorem et gratiam nostram vestro et intuitu non defuisse intelligatis. Romae apud S. Petrum, d. 18. Julii 1551.

(Brev. Julii III. Jul. Aug. Sept. 1551, Tom. III. Nr. 603.) Mitgetheilt vom hochw. Herrn Pfarrer G. Mayer zu Obernrnen, Kanton Glarus, z. Z. Professor im Priesterseminar St. Luzi in Chur.

Personenregister.

A

v. Achalm, Grafen 29 n.
Albani, Kardinal 269.
de Alberti, Fam. 28 n.
v. Albertini, Fam. 264,
    272 n., 276 n., 283,
    300.
    Heinrich 252 n.
— Brigadier 252 n.
— Saint-André, Baron
    Marschall 225, 226,
    227, 231.
Abundantius, Bischof von
    Como 29 n.
Akton, Minister 326 n.
Alexander IV., Papst 13.
Alexius Casp., Prädikant
    154, 170.
Anna von Oesterreich 284.
P. Anselm. Ord. Cap. 226.
Archinti, Kardinal 269.
Ardüser, Hans 107.
— Hans jun. 198.
Aretino, Pietro 41 n.
v. Armagnac, Graf 25.
Arnold (v. Mätsch), Bisch.
    von Chur 16.
Asimo, Bisch. v. Chur 29 n.
v. Aspermont, Herren 29.
— Ulrich 16 n.
Attendolo-Sforza-Bolo-
    gnini, Contessa, s.
    Salis.
— Mutio, gen. Sforza,
    28 n.

v. Auffenberg, General,
    325, 326.
de Avila, Alphons 90.
de Aymonibus, Ardicius 11
Azzo, Bisch. von Brescia
    12.
de Azzolinis, Rufinus 25 n.

B

v. Baden-Durlach, Mark-
    graf, s. Carl.
Bärtsch, Ulrich 196.
Bahrdt, Dr., Friedr. 304.
Baldiron, Oberst 186, 190
    bis 194, 198, 199.
Banner, General 208 n.
de Barthés 289, 292.
Basedow 303.
Baselga, Jacob 107.
Bassompièrre, Marsch. 236
Bavier, Fam. und Firma
    251, 313, 314.
— Joh., Bundespräs.
    263.
— Georg 333 n.
— Martin 333 n.
Beatus, Fürst-Bischof von
    Chur (à Porta) 88—116,
    129, 132, 139 n.
Beauharnais, Gen. 266 n.
de Beccaria, Geschlecht
    28 n.
— Rufinus 16.
— Gebrüder 139 n.
Beli v. Belfort, Georg 50,
    52, 82, 348.

Beli v. Belfort, Landvogt
    185.
— Christoff 139 n.
— Gesandter 252 n.
de Belleti, Paolo 28 n.
v. Bellmont, Freih. 29.
Benedict XIII. 197 n.
Benedict XIV. 197 n., 269.
St. Bernhard v. Clairv. 7.
Bernhard, Herz. v. Sachs.-
    Weimar 222, 123 n.
Bernhardin (della Croce),
    Bisch. von Como 54 n.
Berthold I., Bisch. v. Chur
    18 n.
Besta, Familie 28 n., 167.
— Azzo 167 n.
— Carlo 167 n.
— Alba 167 n.
Biveroni Jacob 56.
Blanca, Maria Sforza 27.
Blandini, Arzt 222 n.
Blech, Alexander, Prädik.
    160, 175, 177, 178.
de Blonay, Baron Daniel
    187 n.
— Violanta, s. Salis.
Bolzo, Barthol. 342.
— Jacob 342.
Bona Sforza, Herzogin 27.
de Bonne, Marquis, Ges.
    257, 260, 262.
Bonaparte 266 n., 319, 320,
    324, 326 n., 328, 331, 332.
v. Bonstetten, Albr. 48 n.
— Jodocus 171.

Ponte

de Ponte, Parinus 24 n.
v. Pontresina, Tobias 32 n.
à Porta, Fam. 28 n., 150.
    Beatus, s. Beatus.
— Joh., Prädik. 158.
v. Prevost, Familie 28 n.,
    34, 41.
— Andreas 27 n.
— Anna geb. Castel-
    mur 59 n.
    Schier, Caval. 93.
— Joh. Bapt. Zambra
    155. 182.
— Joh. Bapt. Zambra
    jun. 182, 183.

Q

de Quadrio, Geschl. 28 n.
— Otto 16.
— Vincenz 44, 45, 68,
    71 ff., 342, 345, 347,
    139 n.
— Hieron. 79.

R

Radzivill, Fürst Nicolaus
    IV. 120 n.
v. Rhäzüns, Freiherrn 29.
Rhätus 3, 28 n.
v. Raschér, Familie 251.
— Peter s. Peter.
— Hans Martin 139 n.
v. Rechberg, Conrad, Abt
    48.
v. Reinhard, Landamm.
    334.
v. Reith 249 n.
Renato, Camillo 56.
Rezzonico, Kardinal 260.
v. Richelieu, Kardinal 218,
    219, 220—223, 230.
Rieder, Gallus 175.
v. Riesenfels, Baron, Ge-
    sandter 254—259, 263.
Rink v. Baldenstein, Hans
    62 n.
— Dorothea, s. Salis.

sel. Robert d'Arbriselle
    5, 6.
Robustell, Contyn. 127 n.
— Jacob 167.
v. Römerstall, Barthol. 171.
v. Rohan, Herzog Henri
    182, 207, 217—219.
— Kardinal 297.
da Romano, Ezzelin 10.
    13—15.
— Alberich 15.
v. Rosenberg, General 329.
v. Rosenroll, Sylvester 150
— Christoph 175.
v. Rost, Baron, Domherr
    257, 258, s. Jos. Benedict.
Roth v. Schreckenstein,
    Fam. 134 n., 135 n.
— Regina, s. Salis.
— Conrad 136 n.
v. Rothenbrunn, Rud. 18 n.
Rotta, Weihbischof 40.
Roy, Marcus, s. hl. Fidelis.
Rudolf II., Kaiser 19 n.,
    87 n., 130 n., 135, 174 n.,
    207 n.
Rudolf, Bischof v. Chur
    30.
Ruinelli, Oberst 179, 180,
    216.
de Rumo, Familie 28 n.
Rusca Nicolaus, Erzpr.
    158, 159, 166.

S

de Saint-André, Marschall
    225—227, 231.
Sales, s. hl. Franz v. Sales.

Salis.

I. Salis in Gallien:
sel. Gerald 5, 6.
Fulco sen. 5, 6 n.
Aldeardis 5. 6 n.
Grimoald 6, 7.
Fulco jun. 7.
II. Salis zu Brescia:
Salvus 8, Albertus 8.

Salis

Ardericus 8, 9, 17 n.
Lanfranc. 8, 9, 17 n.
Gerold 8, 9, 17 n. Ri-
    baldus 9.
Bonifaz 10.
Brixianus 10.
Emanuel Garcia 10.
Rudolf, Everardus, Ja-
    cobus 9.
Laurentius, Abt 12.
Loradinus 10.
Philippinus 10.
Bruno Can. 11.
Richelda, Aebtissin 11.
—   —   11.
Cavalcha, Bisch. 12—15.
Giovanni zu Trient 15.
P. Clemente, O. Praed.
    16.
Johannes 16 n.
III. Salis zu Como:
Johannes 16, 18.
Friedrich 17.
fr. Johannes 17.
Anselmo, Tommaso,
    Maffaeus 17 n.
IV. Salis in Hohenrhä-
    tien:*
Ser Rudolf 18, 19, 21.
    34.
Schwicker 31.
Johannes 19 n., 134.
Johannesstamm.
Hans 33.
Rudolf Fracapan 35 n.
Bartholom., Erzpr. 43,
    66—101, 341, 345, 347.
Friedrich, Can. 43, 79 n.,
    80, 82, 347, 348.
Friedrich Hektor 68,
    341.
Balthasar 35 n.
Franz 35 n.
Bapt., Pfarrer 43.
Friedrich, Abt 42.

* Die Stämme und Linien folgen
sich in genealogischer Ordnung.

Salis

Rudolph zu Promontogno 55, 71. 347, Gemahlin Anna geb. v. Missani 56, Söhne: Anton 60, 71, 78, 79 n., 80, Caspar 107, Joh. Bapt. 60 n., 107, Rudolf 60 n., 127.
Josua, Oberst 59, 60, 138.
Friedrich zu Wangen 36 n.
Rudolf gen. Madogg 62.
Friedrich zu Zuz 62.
Friedrich zu Castasegna 121.
Gaudenz zu Castasegna 121.
Joh. Oliverius 79 n., 121.
Hans zu Celerina 188, 209 n. Gemahl. Susanna geb. v. Salis 209 n.
Jacob, General 209, 210 n.
Simon zu Chur 202 n., Tochter Violanta 202 n.

Samaden.
Friedrich 46, 55—59, 86, 107, 129. 136, Gemahlin Ursine v. Travers 56.
Johannes 86, 165 n., 188, III. Gemahlin Ursula Stocker 188 n.
Friedrich, Abbé 213.
Vincenz Guido, Marschall 315 n.
T. Rudolf 315 n., 336 n., Gemahlin geb. Bethune des Planques 336 n.
Joseph Vinc. 315 n., 336 n.
Joachim Valent. 315 n.

Sils.
Rudolf, Landeshauptm. 291, 294, 318 n.
Vincenz, Landvogt 326 n., 335.

Gubertus-Stamm.
Gubert Sussus 21, 31, 32, 34, 61 n.
Rudolf Sussus 22, 23, 25, 28 n., 31, 32, 61 n., Ge-mahlin Magdalena geb. v. Castelmur 28 n., Toch-ter Antonia verm. de Vertemate 28 n.
Guidott 32 n.
Augustin I. 22, 23, 24 n., 25, 30, 32 n., 33.
Andreas (Andriotta) 22, 23, 32 n.
Augustin II., 26 n., 27, 30, 117 n.
Andreas, Ritter 26 n., 27, 33.
Rudolfet 33.
Anton, Gesandter 27 n.
Rudolf gen. Doxia 26, 28 n., 48 n., 62, Gem. Eleonore geb. Gräfin Sax-Monsax 28 n., 48 n., Tochter Luna verm. 1. Vice-domini, 2. Belletti 28 n.
Gubert der Grosse 26 n., 27, 130 n.
Rudolf der Lange 27, 47, 48 n., Gemahlin Maria geb. Gräfin Sax 47, 48 n.
Andreas, Commissar 43, 124, 162 n.
Herkules zu Chiavenna 46--55, 59, 71, 86, 138 n., 146, Gemahlin Maria v. Pestalozzi 53.
Baron Rudolf, Feldzeugm. 23 n., 53 n., 86, 87 n., 105 n., 114, 147, 174 n., Gemahlin Claudia geb. Contessa Grumelli 87 n.
Abundius 54, 146, Ge-mahlin Hortensia geb. Gräfin Martinengo 54 n., 146.
Herkules jun., Ritter 55, 129, 146, 168, 169, 170 n., 172 bis 174, 197 n., 212, 214, 215, Gem. Margar. geb. v. Ott 147.
Rudolf, Freiherr 148, 160, 174, 177, 181, 188, 198 bis 206, 213—217, 235, Gem. Anna geb. v. Hartmannis 148, 206 n., Sohn Her-kules 181, 204, 207 n.

Alt-Grüsch.
Abundius 173, 181, 197, 201, 212, 237, Söhne Herkules 181, Rudolf 237.
Herkules, Podestà 268.
Carl, Hptm. 170, 181, 222, Gem. Hortensia Gugel-berg v. Moos 171 n.

Marschlins.
Ulysses, Marschall 169, 170 n., 187, 189, 199, 200 ff., 212, 243, 250, 315 n., Gem. Violanta 215.
Herkules, Oberst etc. 219, 222, 233, 238 n., Bruder Joh. Bapt. 222, 224, 233, 236, 237.
Herkules 261 n.
Gubert, Präsident 270.
Ulysses, Minister 266, 267, 270. 284, 291, 296—300, 302—308, 315- -318, 330.
Anton, General 276 n., 280, 287—289, 325, 326 n., Gemahl. 1. Baronin von Leyden 326 n., 2. von Trütschler 326 n., Tocht. verm. von Schulthess-Rechberg 326 n.
Carl Ulysses, Landamm. 326 n.

Alte Churer oder Augst. Linie.
Augustin 43, 121, 124, 137, 187, 341, 344, Söhne An-ton 137, Andreas 137, Tochter Maria verm. Gincciardi 137 n.
Augustin 170 n.
Anton, Vicar 189, Gem. Anna geb. v. Gugelberg 170 n.

187 n., Söhne 1. Friedr.
187 n. 2. Rudolf, Com-
missar 187 n., 252, 3. Anton 187 n., 4. Baptista
187 n., 5. Johannes 187 n,
6. Andreas 187 n., Töch-
ter 1. Violanta verm.
Baronin v. Blonay 187 n.,
2. Anna verm. v. Tavel
187 n., 3. Ursine verm.
v. Brügger 187 n.

Anton, Bundespräsident
266—269, 274, 276, 278,
281, 283, 292, 296.

Peter, Präsident 278, 300,
313, 318 n., 327 n., Sohn
Anton 327 n.

Anton 299 n., 327 n.

Baptistin, Geh. Rath 278,
284, 292 - 294, 306 n.,
309—311.

Rudolf, Bundespräs. 306,
318 n., 327 n., 332, 333.

Hieronymus, Oberst 327 n.

Daniel, Feldzeugm. 283 n.

Friedrich, Landammann
299 n.

2. Casa di Mezzo.

Andreas, Bundespräsid.
255—257, 263, 266.

Herkules, Bundespräsid.
248, 252.

Rudolf. Landeshptm. jun.
270 n., 299 n., 311 n.

Friedrich Anton, Bundes-
director 251 n.

Rudolf, Geh. Rath 320, 321,
Gemahlin Julie von
Knobloch 320 n.

Herkules 316.

Friedrich Anton, Oberst
53 n., 315 n., 318 n., 322.

Friedrich Anton, Bundes-
kanzler 315 n., 327 n.

Rudolf Maximilian 335.

Andreas Oberst 270 n.,
276 n., 299 n.

Rudolf, Oberst u. Burger-
meister 283 n., 306 n.

3. Casa Antonio.

Andreas, Commissar 271,
273, 274.

Anton, Com. 318 n., 329.

André, Commandant 336.

Graf Peter, Envoyé 248
bis 252, 255, 256, 261,
266 n., 283 n., 303.

Graf Hieronymus, Envoyé
249 n., 306 n., Gemahlin
Maria Viscountess de
Fane 306 n.

Graf Peter, Landeshptm.
305, 306, 308, Gemahlin
1. Elisab. v. Salis 306 n.,
2. Anna v. Salis 306 n.,
3. Anna v. Salis 306 n.,
Sohn Graf Jérôme 35 n.,
336 n.

Graf Leopold Fane 35 n.,
Gemahlin geb. Mac Do-
nald 35 n.

Graf Johann 330, 332, 334,
335.

Graf Peter 333 n.

4. Tagstein.

Anton, Vicar 318 n.

Herkules, Assistent 308 n.,
319, 320 n.

Seewis.

Dietegen d. Grosse 44,
50—53, 129, 130 n., 342,
Gemahl. Dorothea Rink
v. Baldenstein 130.

Dietegen jun. 52 n., 84,
85 n., 88, 89, 94, 107 —
110, 114 n., 115, 129 —
136, 138, 150, 344, Ge-
mahlin 1. Regina Roth
v. Schreckenstein 136,
2. Anna v. Salis-Sama-
den 136, Tocht. Doro-
thea verm. v. Salis 136.

Hieronymus Dietegen,
136, 149, 196. Sohn

Dietegen der Fromme
136 n.

Albert Dietegen 149, 150 n.,
Gemahl. Maria v. Mont
150 n., Söhne: Die-
tegen 150 n., Gallus
150 n., Gottfried 150 n.
Tochter Regina 150 n.,
165 n.

Constantia 134 n.

Hartmann 171 n.

Joh. Gaudenz Graf, Com-
miss. 274, 299, 300.

Sohn Joh. Ulrich, Bundes-
landamm. 294.

Joh. Gaudenz (Dichter),
315 n., 332, 333 n.

Gubert Abraham Dieteg.
315 n., 327 n., 336.

Herkules Dieteg. 327 n.

Grüsch.

Hieronymus Dietegen
327 n.

v. Salis, Baptista, Ord.
Präd. 42.

— Johann, Curat 43.

— Thomas z. Cläfen
71, 80 n.

— Gaudenz, Kanzler
170.

Salúz, Georg. Antistes
154, 159.

Salveggia 13.

v. Sax, Heinrich 49 n.

— Eberhard, 49 n.

— -Monsax, Grafen
28 n., 29, 49, 60 n.

— — — Graf Rudolf,
Abt 48.

— — — Graf Gerold,
Abt 48.

— — — Graf Johann
Peter 48 n.

— — — Gräfin Eleo-
nore, s. Salis.

— — — Gräfin Maria,
s. Salis.

Ortsverzeichniss.

Berichtigungen und Nachträge.[1]

Seite 8, n. 1 (ebenso S. 10, n. 4 und 12, S. 12, n. 7) lies statt Antiquitates Med. Evi **Rerum itali-
carum Scriptores**. Liber **Poteris** ist wohl richtiger als Potheris.

Seite 14, Zeile 7 von oben, lies statt diese letztern **erstere**.

Seite 17, n. 3, lies statt 1401 **1461**.

Seite 28, Zeile 9 von unten, lies statt erwarb **besass**. Zeile 1 von unten lies **denselben**.

Seite 29. Von den seiner Zeit in Bünden angesessenen Dynastengeschlechtern seien besonders noch
erwähnt die Grafen von Toggenburg, die Herren von Brandis, von Hewen; von den ältesten
noch existirenden Ministerialgeschlechtern (s. S. 21, n. 3) die von Mont, von Castelberg,
von Stadion. (Vgl. Codex dipl. v. Th. u. C. v. Mohr.)

Seite 48, Zeile 20 von unten (u.), lies statt 1508 **1582**.

Seite 49, n. 1. Ob die alten Grafen von Sax, die Freien (spätern Grafen) von Sax-Monsax und die von
Sax zu Hohensax einerlei Ursprungs waren, wie J. U. von Salis-Seewis (Hinterl. Schriften,
S. 247 ff.) annimmt, ist noch nicht sicher festgestellt. Jedenfalls ist aber der sel. Notker Balbulus von St. Gallen **nicht** hierher zu zählen. Ueber Graf Joh. Bapt. v. Monsax vergl. Mittheil. des histor. Ver. d. Kant. Schwyz, 1890, Heft 7, S. 9—11.

Seite 52, Zeile 7 von oben, lies statt Propst **Papst**.

Seite 56, Zeile 9 von unten, ergänze des **Prädikanten und Antistes** Fabritius.

Seite 58, Zeile 11 von oben, lies **Sant'Abondio**. Ueber Friedrich v. Salis vergl. noch die „Relazione de
Grisoni fatta dal secretario Padavino" in der Rätia, Mittheil. der geschichtforsch. Gesellsch. v.
Graub., III. Jahrg., S. 188 ff. (Vergl. auch ibid. pag. 191 und 205 ff.)

Seite 62, n. 2. Vergl. hiezu Ardüser's Chronik, Ausgabe v. J. Bott, Chur 1877, S. 124.

Seite 84, Zeile 4 von oben, lies **nicht** geringere.

Seite 91, Zeile 7 von oben, lies **Scrutator**.

Seite 101, n. 2, lies **Albosneein**.

Seite 118. Zu Vergerio's Charakteristik vergl. Sixt, P. P. Vergerius, S. 518 ff. und Dr. Andreas Räss, die
Convertiten seit der Reformation, Bd. II, S. 526 u. ff.

Seite 121, n. 1, lies statt aste **arte**.

Seite 124, Zeile 2 von unten (nicht in der n.), lies die bittere **Erfahrung**.

Seite 127, Zeile 4 von oben, streiche **jetzt**.

Seite 137, n. 1. Wir müssen hier auf die in Aussicht gestellten Convertitenbilder verweisen.

Seite 148, n. 1, Zeile 2 von unten, lies **Hoffart**.

Seite 160, Zeile 14 von oben, lies statt über das **an dem**.

Seite 167, n. 1, lies **Rud**. Planta.

Seite 176, Zeile 6 von oben, lies statt gerufen **zugerufen**.

Seite 182, n. 1, streiche **nach**.

Seite 208, Zeile 2 und 3 lies: blieb abermals Sieger, zögerte aber wieder trotz vielfacher Mahnungen
mit der Restitution des Veltlins u. s. w.

Seite 210, Zeile 4 von unten, lies statt Erwähnungen **Erwägungen**.

Seite 219, Zeile 5 von oben, lies statt könne **konnte**.

Seite 221, Zeile 3 von unten, ergänze erhalten **hätten**.

Seite 231, n. 1. Der Herzog von Bouillon convertirte geraume Zeit vor seinem Bruder dem Marschall
de Turenne. S. Dr. Aug. v. Gonzenbach, der General H. L. v. Erlach, Bern 1882, III. Theil
Seite 134.

---

[1] Von den Druckfehlern führen wir hauptsächlich nur die sinnstörenden an.

Seite 281, Zeile 16 und 17 von oben, lies: als Graf Firmian **bei der** Ratification des Capitulates **den Gesandten Bündens** u. s. w.

Seite 300, Zeile 11 von oben, streiche **der**.

Seite 303, Zeile 2 von oben (und folg. Seiten), lies Philanthropin.

Seite 315, Zeile 6 von unten und u., Zeile 2 von unten, lies **1792** statt 1794; vgl. folgende Seite u.

Seite 327, Mitte, lies **Rud. Wolf.**

Seite 332, u. 1 gehört zu „Monsieur Bonaparte", Zeile 1 oben.

Seite 342, Zeile 1 oben, lies statt 31. Juli **30. Juni.**

Seite 346, Zeile 19 von oben, lies statt odor **edie.**

Schliesslich sei noch bemerkt, dass die Krone des Wappenhelmes in der Initiale nur in Folge eines Missverständnisses des Zeichners mit s i e b e n Z a c k e n versehen wurde.

Stammtafel der Reichsfreiherrn von Salis, Freiherrn zu Paradies (Alt-Grüsch).

(Zu Tab. IV und V der Stammatgr.)

Herkules *von Salis ab Soglio,*
n. 1501, ältester Sohn Ritter Rudolf des Langen († 1515) und der Gräfin Maria v. Sax-Misox.
General-Obrister der Rhät. Truppen in kgl. franz. Diensten etc., † 1578,
∞ *Maria von Pestalozza aus Chiavenna.*
Tochter des Alomotius de Pestalozza.

Rudolf, n. 1529,
kais. General-Feldzeugmeister etc. etc.
Reichsfreiherr den 12. Mai 1582,
† 1600 zu Basel.
∞ *Claudia Contessa Gremelli von Bergamo,* † 1601 kinderlos.

Abundius,
n. 1531, kaiserl. Oberstlieutenant im Cavallerie-Reg.
Graf Badá,
† 1567 im Türkenkriege, zu Wien.
∞ *Hortensia Gräfin Martenaga di Barca,*
Tochter des Grafen Alexander M. d. B. in Venedig.

Martha,
∞ Thomas de Cittarinoni.

Alexander (Convertit?)
† unvermählt.

Ritter **Herkules**, n. 1566,
Haupt der venez. Partei, Gesandter etc.
† zu Venedig 1620,
∞ *Margaretha von Ott,* † 1617,
Tochter Jakobs v. O. u. d. Anna v. Buol.

Anna
† 1671
zu Chur,
Gottesdienst.

Reichsfreiherr **Rudolf**, n. 1589,
Nachfolger im Baroni u. Fideicommiss,
General der Bündner etc., † 1625,
∞ *Anna von Hartmanis,* † 1638,
in 2. Ehe verm. mit Ambrosius Planta
von Wildenberg zu Makans.

Abundius,
† 1661 zu Grüsch,
∞ *Cleophea Beti
Ischia,* † 1662.

Ulysses
zu Marschlins.
(siehe folg. Tafel.)

Hortensia, † 10. Juli 1646.
∞ Rudolf Andreas
Freiherr von Salis-Zizers,
Gesandter zu Madrid etc.

Joh. Casimir, † 1622.
Claudia, † 1668.
∞ Joh. Anton von Pestalozza.

Carl, n. 1603, † 1671,
kgl. franz. Gardehauptm.
Bundeshauptmann der
X Gerichte, Stadtvogt
von Mayenfeld etc.
∞ *Hortensia Engelberg
von Mans,* Wittwe des
Hauptm. Hartmann
von Salis
Tab XV,
† 1675.

Reichsfreiherr **Herkules**,
n. 1613, † 1671,
Vicar des Veltlins, Commissar von
Cläfen, Bundeshauptmann, der
X Gerichte etc.,
Flaminia Planta von Wildenberg,
† 1604 Carl, 81.,
Tochter Johann II. von Rhäzüns.

Ursula,
† 1714,
∞ Joh. Baptista von
Tscharner.

Jacob,
kgl. franz.
Hauptmann,
starb an der
Pest 16..

Margaretha,
∞ Gabriel Beli
von Belfort.

Herkules, Ifreir., n. 1617,
† 1690 zu Grüsch, succedirt
sein. Vetter Herkules 1671,
kgl. franz. Gardehauptm.
Bundeshauptm. der X Ge-
richte etc.
∞ *Maria Flaminia
Planta von Wildenberg,*
Tochter Joh. Heinrich's
von Rhäzüns († 1643).

Cleophea,
∞ Rudolf von
Salis-Soglio
(U. d. M.)
Commiss. von
Cläfen.

Anna Catharina,
† 16...,
verl. mit Baptista
von Salis-Soglio
(U. d. M.)

Rudolf,
n. 1620,
Fähndrich bei
der kgl. franz.
Garde,
† zu Paris 1646.

3 Töchter.

Rudolf, n. 1628, † 1679,
kgl. span. Hauptmann,
Elisabeth, n. 1649, † 1714,
∞ Joh. Friedrich v. Brügger,
Landeshauptmann und Bundeshauptm.
der X Gerichte.

Cleophea,
∞ Balthasar
von Planta-
Zuz.

Regina,
n. 1655,
† 1798.
∞ Julius von
Capol zu
Flims.

*Maria Flam-
dria,*
∞ Joh. Anton
von May.

Margaretha Cath.,
n. 1657, † 1719,
∞ Thomas Reichs-
freiherr v. Schauen-
stein u. Ehrenfels
zu Haldenstein.

Anna Cath.,
∞ J. Davatz,
Prof. der
Philos.

Abundius, Reichsfr.,
n. 1661, succed. s. Vater
1696, Herr zu Bünnin-
gen, † 1710 zu Bünnin-
gen, beiges. im Münster
zu Basel im Grabe des
General-Feldzeugm. Frhr.
Rudolf.
∞ *Maria Magdalena Gisler
von Wynegg,* verwittw. v. Ott,
† 1685, kinderlos.

*Joh. Hein-
rich,* † 1708.

Ulysses,
Reichsfreihr., succe-
dirt s. Bruder Abun-
dius 1710, Vicar des
Veltlin, Präsident d.
Syndicatur, Bundes-
hauptm. der X Ge-
richte etc., † 1727,
∞ *Cecilia Schmid
von Grüneck,* † zu
Grüsch 1736.

Herkules,
n. 1668,
Freiherr zu
Paradies,
Herr zu Bün-
ningen; Po-
desta zu Teg-
lio, Landes-
hauptmann
des Veltlins,
† 1733.

*Hortensia
Claudea,*
∞ Ludwig
Baron
Thumb von
Neuburg.

Herkules, Reichsfreiherr, n. 1697, succedirt s.
Vater 1727, Podestà zu Tirano, ermordet den
29. August 1734.

2 Töchter.

Stammtafel der Reichsfreiherrn von Salis zu Marschlins, Freiherrn zu Paradies.

Ulysses,
n. 1594, † 1674.
3. Sohn des Ritters Herkules,
Herr zu Marschlins,
kgl. franz. Feldmarschall etc. etc. etc.
♀ *Violanta von Salis*, **Tab. X.**

Margaretha,
♀ 1. Jakob von Molina de Mesoleinis,
2. Thomas H. Reichsfreiherr von Schanenstein und Ehrenfels,
Freiherr zu Haldenstein etc.

Herkules, n. 1617, † 1696.
Herr zu Marschlins, Freiherr zu Paradies, Gerichtsherr zu Eigg etc. Kurpfälzischer Oberst u. Gouverneur von Frankenthal, Landeshauptmann des Veltlins, Gesandter an den Herzog von Lothringen, Landes-Obrister etc. etc.
♀ 1. *Barbara Dorothea von Salis,* (Tab X.) † 1660,
2. *Barbara Nicolea Baronin von Blonay und Chatelard etc.,* † 1686.

Joh. Baptista,
n. 1620.
kgl. franz. Gardehauptmann, fiel bei der Belagerung von Mardik 1646.

I. *Violanta,* ♀ Joh. Heinrich Hirzel, Patrizier von Zürich.

I. *Margaretha,* ♀ Joh. Georg von Racher.

I. *Dorothea,* † 1710. ♀ Anton v. Salis-Seewis, kgl. span. Hauptmann; Podestà von Tiran, Commissar von Cläfen etc.

I. *Ulysses,* † 1739. Herr zu Marschlins, Stadtvogt zu Mayenfeld etc. ♀ *Hortensia Ungelberg von Mons,* † 1680, Tochter des Landeshauptm. Joh. Luzi und der Marg. Cathar. von Salis-Zizers.

II. *Franziska Nicolea,* ♀ Carl Gubert von Salis-Mayenß bt. Podestà von Tirano und Morbegno, Bundeslandammann, Gesandter nach Mailand etc.

II. *Maria Magdalena,* ♀ Rudolf Baron von Blonay u. Chatelard.

II. *Anna Hortensia,* ♀ Albrecht von May zu Bern.

II. *Esperance Claudia,* n. 1673, † 1729. ♀ Johann Planta von Wildenberg.

Reichsfreiherr *Herkules,*
n. 1683, succedirt s. Vetter Frhr. Herkules zu Grüsch nach dessen Ermordung 1752. kgl. französischer Oberst etc., † 1752.

Rfreihr. *Joh. Luzius,*
n. 1685, succedirt s. Bruder Herkules 1752, Major in belgischen Diensten etc., † 1767 zu Breda.

Carl Ulysses,
n. 1690, † 1728.

Barbara Dorothea,
n. 1691, † 1784, ♀ Baptista von Rosenroll.

Hortensia,
♀ Peter Planta von Wildenberg.

Joh. Gubert Rudolf, Reichsfreiherr,
n. 1696, † 1765, succedirt 1767 s. Bruder Hans Luzi. Präsident der Syndicatur etc. ♀ Perpetua von Salis-Soglio a. d. C. Antonio.

Ulysses, n. 1728, † 1800.
Podestà von Tirano, bevollmächtigter Minister u. Resident der franz. Krone bei den III Bünden etc.
♀ *Barbara Nicolea von Rosenroll.*

Margaretha,
n. 1730, † 1792.
♀ Andreas v. Salis-Soglio (C. Antonio) Comm. von Cläfen und Gesandter zu Mailand etc.

Anton, n. 1732, † 1813.
kgl. franz. Feldmarschall, kgl. siz. Generallieutenant etc. etc.
♀ 1. *Cornelia Adelaide Baronin von Leyden,* † 1783 zu Cöln.
2. *Wilhelmine von Tröltschler,* verwittwete von Orelli, † 1809.

Hortensia,
n. 1766, † 1817.
♀ Dr. Joh. Georg Am Stein, Dr. med.

Ursula, n. 1753, † 1821.
♀ Rudolf von Salis-Soglio a. d. Casa di Mezzo, Herr zu Husbach, Wichuan und Schnuitter.

Joh. Rudolf,
n. 1756, † 1835,
Perpetua,
n. 1758, † 1845.

Carl Ulysses,
n. 1760, † 1818. Landammann etc.
♀ *Anna Paula von Salis-Seewis,* Tochter des Grafen Joh. Ulrich I. u. der Jacobea von Salis-Bothmar.

Cornelia Adelaide,
n. 1763, † 1837.

Fridericia Sophia Adelaide,
n. 1796, † 1835,
♀ Joh. Friedr. von Schulthes-Rechberg.

Barbara Jacobea,
n. 1793, † 1871.
♀ Carl von Pestalozzi, eidgen. Oberst.

Ulysses Adalbert, n. 1795, † 1896.
Letzter seiner Linie.
Capitaine-juge im kgl. sardin. Schweizerregiment de Blaz auf Corsica.
♀ Ursula Margaretha von Salis-Mayenfeld.

Catharina Wilhelmine,
n. 1805.

2 Töchter.

Stammtafel der Familie Planta von Wildenberg-Zernéz.

Conrad Planta, ältester Sohn Johann's,
∞ Anna Maria Planta.

Johann I. Planta, Herr von Rhäzüns
(kath.),
enthauptet den 31. März 1572,
∞ Anna Flandrina Tscharner.

Concordia zu Fideris im Prätt.,
(protest.), 1563 Landeshauptm. etc.,
∞ 1. Cleophea Beli von Belfort.
2. Anna Vinzerini.

Balthasar zu Zernéz (prot.),
1565 Commissar. zu Cläfen etc., war 6 Mal
vermählt,
∞ 1. Benvenuta v. Campell.
6. Catharina v. Prevost.

Angelina, Aebtissin von Münster, † 1599.
Maria Magdalena,
Klosterfrau zu Münsterlingen
im Thurgau.

Barbara,
∞ Joh. Schalkett
von.
Anna Maria,
∞ Conrad Toutsch.

Johann II.
Herr v. Rhäzüns,
1579 Landes-
hauptmann etc.,
† 1615.
∞ 1. Marg. v. Stampa,
2. K. Gugelberg v. Moos.

Conrad, Domdecan
von Chur und Dom-
herr von Basel etc.
Anna Maria (kath.),
∞ 1. Barth. v. Stampa,
2. Rud. v. Schauen-
stein.

Barbara, ∞ 1. N. v. Castelberg.
2. N. v. Marmels,
3. N. Enderlin v. Monsswick.
Anna Maria, ∞ N. Beli v. Belfort.
Cathar. Bach., ∞ 1. Joach. v. Jochberg,
2. Vespasian v. Salis.
Ursula, ∞ Hartmann v. Hartmannis.

Conrad (Convertit).
Barbara,
∞ Victor Travers von
Ortenstein,
Landvogt auf Castels.
Daniel, † 1623.
Balthasar, † 1611,
∞ Ursula v. Schmuenstein.

Joh. Baptista,
geb. 1587. † 1622.
1565 Commissar.
zu Cläfen etc.
Hauptm. in franz.
Diensten,
unvermählt.

Balthasar
zu Süs.

Ritter **Rudolf**
zu Zernéz
(Convertit),
geb. 1570, † 1698,
∞ **Marg. v. Tra-
vers,** (Convertitin),
kinderlos.

Pompejus zu
Paspels und Rietberg
(Convertit), geb. 1569,
ermordet auf Rietberg
den 23. Febr. 1621,
∞ **Cathar. v. Salis-
Rietberg.**

Anna,
Aebtissin zu
Münster,
† 1625.
Violanta,
∞ Rudolf de
Pompejus Planta
v. Zernéz,
Castellan von
Tarasp.

Joh. Barthol.
(kath.),
∞ N. v. Schauen-
stein.
Seine Söhne
blieben ohne
Nachkommen.

Bartholomäus,
Herr von Rhä-
züns,
(kath.),
† 1620.
∞ N. v. Menn-
hard.

Ambrosius zu *Malans,*
(prot.), Landrichter, Bundeshauptm.,
∞ Anna von Hartmannis,
Wittwe des Frhrn. Rud. v. Salis.
Descendenz erloschen 18..
Flandrina (protest.), ∞ Herkules
Freiherr v. Salis (de Rudolf).

Catharina,
Rudolf Travers von
Ortenstein.
Margaretha,
∞ Joh. Bapt. v. Prevost
(† 7. März 1641).

Rudolf von *Tarasp,*
geb. 1603, erdosselt
den 26. Dez. 1640,
∞ Violanta v. Planta-
Rhäzüns
(de Johann II.)
Seine Descendenz
erlischt 1847.

Aulus,
Castellan zu Tarasp,
wohnte zu Meran,
∞ N. Kleinhans.
Pompejus zu Remüs,
∞ N. Baronin Schmuen-
burg zu Salthans und
Platten.

Johann Heinrich,
Herr von Rhäzüns,
(protest.), † 1646,
∞ Regina v. Salis
(de Albert Tab. XV.)
Wittwe Vespasians
von Salis (Tab. X.)

Maria Flandrina,
∞ Herkules Freiherr
von Salis
(de Abundius).

Rudolf von Steiasberg,
Stifter dieser Linie,
ermordet den 30. Oc-
tober 1610,
∞ 1. Rhea von Porta.
2. Maria Schorn.

Johann, geb. 1605, † 1660,
zu Zernéz,
∞ 1. Maria Jecklin v. der
Hohenrealt,
2. Catharina v. Planta-
Rhäzüns.

Stammtafel der Familie von Travers.

Johann I. (Sohn Jakobs), fürstbischöflicher Hofmeister,
Landeshauptmann, General-Obrister der III Bünde im
Müsser Kriege; wird protestantisch,
† den 22. September 1563,
⚭ Anna Planta, Schwester des Fürstbischofs Thomas.

Jakob (kathol.) geb. 1500, † 1555, ⚭ Anna von Bühlen, Erbin von Ortenstein.	**Ursula** (protest.), ⚭ Friedrich von Salis-Samaden.	Anna.	Barbara.	Johann II. (protest.), 1565 Vicar des Veltlins, ⚭ Catharina von Salis (de Augustin, Tab. VII.)

Johanna, geb. 1530, † 1603, Landeshauptmann etc., ⚭ Lucrezia von Salmenstein.	**Margaretha** (Convertin), ⚭ Rudolf von Planta-Wildenberg zu Zernez.	Anna, ⚭ Carlo Besta.	Augustin, Landammann des Oberengadins, † 1619, ⚭ Maria von Planta-Zuz.	Johann III. Oberst, Commissar etc. 1601, ⚭ Maria von Salis.
				Johann Anton, Landammann etc., ⚭ Catharina Dusch.

Johann Dieter, † 1652, Landvogt auf Castels, ⚭ Barbara Planta von Wildenberg (de Conradin), kinderlos.			Anna Besta, Carlo Besta, Allan ⚭ Prosper Robustella, Ritter, (Häupter des Veltliner-Aufstandes).	Johann IV., † 1617, ⚭ Barbara von Salis. Tab. 4
Jakob, † 1627, unvermählt.				Victor, † 1662, ohne Nachkommen, ⚭ 1) Anna von Roseler, 2) Maria Wiezel von Serwiezel.
Rudolf, † 1642, kgl. franz. Oberst etc., ⚭ **Catharina** Planta v. Wildenberg-Zernez (de Pompejus), Stammmutter der *Freiherra und Grafen Travers von Ortenstein*.				Margaretha, ⚭ N. Wiezel von Serwiezel.